思想的・睿智的・獨見的

經典名著文庫

學術評議

丘為君	吳惠林	宋鎮照	林玉体	邱燮友
洪漢鼎	孫效智	秦夢群	高明士	高宣揚
張光宇	張炳陽	陳秀蓉	陳思賢	陳清秀
陳鼓應	曾永義	黃光國	黃光雄	黃昆輝
黃政傑	楊維哲	葉海煙	葉國良	廖達琪
劉滄龍	黎建球	盧美貴	薛化元	謝宗林
簡成熙	顏厥安	（以姓氏筆畫排序）		

策劃 楊榮川

五南圖書出版公司 印行

經典名著文庫

學術評議者簡介（依姓氏筆畫排序）

- 丘為君　美國俄亥俄州立大學歷史研究所博士
- 吳惠林　美國芝加哥大學經濟系訪問研究、臺灣大學經濟系博士
- 宋鎮照　美國佛羅里達大學社會學博士
- 林玉体　美國愛荷華大學哲學博士
- 邱燮友　國立臺灣師範大學國文研究所文學碩士
- 洪漢鼎　德國杜塞爾多夫大學榮譽博士
- 孫效智　德國慕尼黑哲學院哲學博士
- 秦夢群　美國麥迪遜威斯康辛大學博士
- 高明士　日本東京大學歷史學博士
- 高宣揚　巴黎第一大學哲學系博士
- 張光宇　美國加州大學柏克萊校區語言學博士
- 張炳陽　國立臺灣大學哲學研究所博士
- 陳秀蓉　國立臺灣大學理學院心理學研究所臨床心理學組博士
- 陳思賢　美國約翰霍普金斯大學政治學博士
- 陳清秀　美國喬治城大學訪問研究、臺灣大學法學博士
- 陳鼓應　國立臺灣大學哲學研究所
- 曾永義　國家文學博士、中央研究院院士
- 黃光國　美國夏威夷大學社會心理學博士
- 黃光雄　國家教育學博士
- 黃昆輝　美國北科羅拉多州立大學博士
- 黃政傑　美國麥迪遜威斯康辛大學博士
- 楊維哲　美國普林斯頓大學數學博士
- 葉海煙　私立輔仁大學哲學研究所博士
- 葉國良　國立臺灣大學中文所博士
- 廖達琪　美國密西根大學政治學博士
- 劉滄龍　德國柏林洪堡大學哲學博士
- 黎建球　私立輔仁大學哲學研究所博士
- 盧美貴　國立臺灣師範大學教育學博士
- 薛化元　國立臺灣大學歷史學系博士
- 謝宗林　美國聖路易華盛頓大學經濟研究所博士候選人
- 簡成熙　國立高雄師範大學教育研究所博士
- 顏厥安　德國慕尼黑大學法學博士

經典名著文庫056

原富（國富論）（下）

An Inquiry into the Nature and Causes of the Wealth of Nations

亞當·史密斯 著
（Adam Smith）

郭大力、王亞南 譯　　吳惠林 審定

經 典 永 恆・名 著 常 在

五十週年的獻禮・「經典名著文庫」出版緣起

　　五南，五十年了。半個世紀，人生旅程的一大半，我們走過來了。不敢說有多大成就，至少沒有凋零。

　　五南忝爲學術出版的一員，在大專教材、學術專著、知識讀本已出版逾七千種之後，面對著當今圖書界媚俗的追逐、淺碟化的內容以及碎片化的資訊圖景當中，我們思索著：邁向百年的未來歷程裡，我們能爲知識界、文化學術界作些什麼？在速食文化的生態下，有什麼值得讓人雋永品味的？

　　歷代經典・當今名著，經過時間的洗禮，千錘百鍊，流傳至今，光芒耀人；不僅使我們能領悟前人的智慧，同時也增深我們思考的深度與視野。十九世紀唯意志論開創者叔本華，在其「論閱讀和書籍」文中指出：「對任何時代所謂的暢銷書要持謹愼的態度。」他覺得讀書應該精挑細選，把時間用來閱讀那些「古今中外的偉大人物的著作」，閱讀那些「站在人類之巔的著作及享受不朽聲譽的人們的作品」。閱讀就要「讀原著」，是他的體悟。他甚至認爲，閱讀經典原著，勝過於親炙教誨。他說：

　　　　「一個人的著作是這個人的思想菁華。所以，儘管一個人具有偉大的思想能力，但閱讀這個人的著作總會比與這個人的交往獲得更多的內容。就最重要

的方面而言，閱讀這些著作的確可以取代，甚至遠遠超過與這個人的近身交往。」

為什麼？原因正在於這些著作正是他思想的完整呈現，是他所有的思考、研究和學習的結果；而與這個人的交往卻是片斷的、支離的、隨機的。何況，想與之交談，如今時空，只能徒呼負負，空留神往而已。

三十歲就當芝加哥大學校長、四十六歲榮任名譽校長的赫欽斯（Robert M. Hutchins, 1899-1977），是力倡人文教育的大師。「教育要教眞理」，是其名言，強調「經典就是人文教育最佳的方式」。他認爲：

「西方學術思想傳遞下來的永恆學識，即那些不因時代變遷而有所減損其價值的古代經典及現代名著，乃是眞正的文化菁華所在。」

這些經典在一定程度上代表西方文明發展的軌跡，故而他爲大學擬訂了從柏拉圖的「理想國」，以至愛因斯坦的「相對論」，構成著名的「大學百本經典名著課程」。成爲大學通識教育課程的典範。

歷代經典・當今名著，超越了時空，價值永恆。五南跟業界一樣，過去已偶有引進，但都未系統化的完整舖陳。我們決心投入巨資，有計畫的系統梳選，成立「經典名著文庫」，希望收入古今中外思想性的、充滿睿智與獨見的經典、名著，包括：

- 歷經千百年的時間洗禮，依然耀明的著作。遠溯二千三百年前，亞里斯多德的《尼克瑪克倫理學》、柏拉圖的《理想國》，還有奧古斯丁的《懺悔錄》。
- 聲震寰宇、澤流遐裔的著作。西方哲學不用說，東方哲學中，我國的孔孟、老莊哲學、古印度毗耶娑（Vyāsa）的《薄伽梵歌》、日本鈴木大拙的《禪與心理分析》，都不缺漏。
- 成就一家之言，獨領風騷之名著。諸如伽森狄（Pierre Gassendi）與笛卡兒論戰的《對笛卡兒『沉思』的詰難》、達爾文（Darwin）的《物種起源》、米塞斯（Mises）的《人的行為》，以至當今印度獲得諾貝爾經濟學獎阿馬蒂亞·森（Amartya Sen）的《貧困與饑荒》，及法國當代的哲學家及漢學家余蓮（François Jullien）的《功效論》。

　　梳選的書目已超過七百種，初期計劃首為三百種。先從思想性的經典開始，漸次及於專業性的論著。「江山代有才人出，各領風騷數百年」，這是一項理想性的、永續性的巨大出版工程。不在意讀者的眾寡，只考慮它的學術價值，力求完整展現先哲思想的軌跡。雖然不符合商業經營模式的考量，但只要能為知識界開啟一片智慧之窗，營造一座百花綻放的世界文明公園，任君遨遊、取菁吸蜜、嘉惠學子，於願足矣！

　　最後，要感謝學界的支持與熱心參與。擔任「學術評議」的專家，義務的提供建言；各書「導讀」的撰寫者，不計代價地導引讀者進入堂奧；而著譯者日以繼夜，伏案疾書，更

是辛苦，感謝你們。也期待熱心文化傳承的智者參與耕耘，共同經營這座「世界文明公園」。如能得到廣大讀者的共鳴與滋潤，那麼經典永恆，名著常在。就不是夢想了！

總策劃　楊榮川

二〇一七年八月一日

導讀

回到亞當・史密斯的世界

前不見古人，後不見來者。

念天地之悠悠，獨愴然而涕下。

陳子昂（661～702）

《登幽州臺歌》

　　迄21世紀今日，「經濟學」已有二百四十多年的歷史了，自1776年開創以來，經過幾次大的變革，先是1890年馬夏爾（A. Marshall, 1842～1924）的經典名著《經濟學原理》（*Principles of Economics*）提出了供需圖形和均衡等分析工具及基本概念，並引入數學工具，出現了「新古典學派」。到1920年所謂的「混合經濟大師」庇古（A. C. Pigou, 1877～1959）出版了《福利經濟學》（*Welfare Economics*），提出外部性、社會成本的概念，「市場失靈」現象被突顯，於是政府出面「校正」市場失靈備受肯定。到1930年代世界經濟大恐慌，「供給過剩」、「失業遍野」，市場機能失靈，引出了凱因斯（J. M. Keynes, 1883～1946）的巨著《就業、利息和貨幣的一般理論》（簡稱一般理論或通論，*The General Theory of Employment, Interest, and Money*），提出「政府創造有效需求」的解藥，不但政府名正言順站上經濟舞臺，以總體經濟政策「精密調節」整體經濟，而且「總體經濟學」誕

生了，「國民所得」、GDP也成爲耳熟能詳的專詞。到1948年薩繆爾遜（P. A. Samuelson, 1915～2009）的《經濟學》（*Economics*）問世後，經濟學成爲顯學，「社會科學之后」的稱呼也出現了，而數理分析也正式進入經濟學，經濟學數理化快速發展，如今成爲主流，同時，「計量方法」也相應蓬勃開展，於是「經濟可以從事實證」，可以拿出「數字證據」來大聲說話，能評估政府公共政策的效果。而經濟學晉入「嚴謹科學」殿堂後，在1968年被列入諾貝爾獎行列，正式被認定爲「科學」。

這種「自然科學化」的進展，雖然普遍受到正面肯定，也就是進步的表徵，但其實早就有一股批判聲音出現。在薩繆爾遜的「經濟學聖經」出版的次年，也就是1949年，奧國學派第三代掌門人米塞斯（Ludwig von Mises, 1881～1973）出版了千頁巨著《人的行爲：經濟學專論》（*Human Action: A Treatise on Economics*），在第二百三十五頁裡，這麼寫著：「當今大多數大學裡，以『經濟學』爲名所傳授的東西，實際上是在否定經濟學。」已故的自由經濟前輩夏道平先生就這麼認爲：「這幾十年通用的經濟學教科書，關於技術層面的分析工具，確是愈來愈多，但在這門學科的認識上，始終欠缺清醒的社會哲學作基礎。說得具體一點，也即對人性以及人的社會始終欠缺基本的正確認識。」

夏先生應是最先將奧國學派學者引介到華人世界，也是最瞭解該學派的哲人，他更是最先翻譯《人的行爲》者，應能體會米塞斯的感慨。

那麼，眞正的經濟學是什麼呢？最簡單的和正確的答案

是：回歸亞當‧史密斯。畢竟他是經濟學的始祖，經濟學就是由他在1776年出版的一本書奠定的。這本書就是世人都耳熟能詳、琅琅上口的《原富》（又譯「國富論」）（*An Inquiry into the Nature and Causes of the Wealth of Nations*，簡稱*The Wealth of Nations*）。

這本書早已被稱為「經典」，不過，正如已故的經濟學名家哈利　強森（Harry G. Johnson, 1923‧1977），在1961年5月，於《美國經濟評論》（*American Economic Review*）這本全球數一數二經濟學術期刊發表的"The General Theory After Twenty-five Years"這篇論文中所言：「大凡被稱為經典名著，就是每一個人都聽過，卻沒人真正看過的書。」（……a classic - meaning a book that every one has heard and no one has read.）對於20世紀之後出生的世人來說，應該非常適用。

就我個人而言，1968年進入臺大經濟學系就讀，幾乎每堂關於經濟學的課，雖然老師和書本都時常提到和出現亞當‧史密斯及這本經典，但我都不曾去尋找該書，遑論去閱讀了！縱然耳聞有中譯本，也沒興趣去找來看。即便如此，史密斯在書中所強調的「分工」、「自利」、「不可見之手」、「自由市場」等等卻經由老師、教科書，及其他的書本和文章廣為散布。其實，由於當時的經濟學原理課所用的教本是英文版，邊讀邊查字典、整頁都是密密麻麻的中文旁註，讀起來都非常辛苦，哪有餘力去讀課外書，而當時薩繆爾遜那本紅遍全球的《經濟學》並未授權在臺出版，其難得的原版書才是最受歡迎和渴望的課外書，該書正是經濟學數理化、科學化，並且發揚凱因斯理論的最主要教科書了，如此一來，就更不可能會去接

觸史密斯的這本只有文字敘述的經典了。直到博士班畢業，到中華經濟研究院從事經濟研究工作之後，接觸蔣碩傑院士（也是中經院創院院長），精讀其文章並受到夏道平先生（當時也受聘在中經院服務）和邢慕寰院士的薰陶，以及有機會大量閱讀產權名家張五常教授的經濟散文和其巨著《經濟解釋》，才逐漸瞭解「現代經濟學」的缺失，並對上文所引米塞斯在1949年對當今經濟學的評語有所領悟，也很幸運的獲得閱讀奧國學派海耶克（F. A. Hayek, 1899-1992）和米塞斯等名家著作的機會。對於經濟學應對活生生、有血有肉、有靈魂、有人性的「人的行為」，以及「人的社會」作研究並作解釋，而不是只重視技術層面的分析工具。

巧的是，好友兼同事謝宗林先生在2000年和2005年分別重新翻譯《原富》上下冊並送我閱讀，至此才總算有緣親炙史密斯的經典。2014年退休之後，潛心撰寫幾位自由經濟名家傳記，《亞當·史密斯》在2017年2月出版。在撰寫過程中，參考了一些書本和資料，對史密斯有比較全盤瞭解，也才知道《原富》並非史密斯最刻意撰寫的書。史密斯是倫理學家和法理學家，在格拉斯哥大學講授「道德哲學」，他將在倫理學課程講述的內容寫成《道德情感論》（*The Theory of Moral Sentiments*）於1759年出版，該書在英國和歐洲大陸獲得極大贊揚，史密斯也因而躋身英國頂尖哲學家行列，並獲聘擔任一位公爵的導師，且伴隨該公爵到歐洲遊學數年增廣見聞。在這期間，史密斯得與諸多歐陸頂尖學者接觸，如重農學派的創始者揆內（Francois Quesnay, 1694～1774）。

其實，身為道德哲學家的史密斯，其終生一貫的研究目

的，在於想作一部完整的人類文化發展史，而在研究社會進化的事實中，發現古代與近代對於財富的觀念，有著巨大差異，在希臘羅馬時代，認為財富是墮落國民品性的東西，因而極力排斥，但近代國家的政策則完全相反，不但不歡迎貧困，還想方設法唯恐不能增加國民的財富。近代人民生活水準的提升，無一不是依賴豐富的財富，而民眾自由獨立的要求，當然是由於印刷術的發明而促進知識的進步以及普及所致。人民之所以能獲得印刷品，乃因他們的經濟環境有餘裕。

史密斯深覺財富的增加，對於人民生活提高的重要性，因而認為，對於人民最重要的，不是他們參與立法與否的問題，也不是他們參與構成政權與否的問題，而是政策本身的問題。史密斯識破能夠增加財富的政策，遠比空虛的政治論，對於人民的幸福，更有直接的關係。他在研究文化發展史的過程中，發現財富對於人類文化的發展影響最大，於是引起他對經濟學研究的濃厚興趣，在1764年初，當他帶領公爵赴歐遊學在法國圖盧茲（Toulouse）城待一年半，人生地不熟又無人相識，生活十分無趣，乃開始寫一本書來消磨時間，這就是《原富》的開端。

當1767年春，史密斯回鄉伴母親，乃開始專心撰寫《原富》。1773年史密斯赴倫敦，在那裡除繼續潤稿外，還不時會晤在倫敦的蘇格蘭同鄉人士，並與當時著名的傑出人士在文藝俱樂部歡聚，美國開國元勳班傑明·富蘭克林（Benjamin Franklin, 1706～1790）是其中一位。史密斯將《原富》稿子一章一章向富蘭克林朗讀，在場還有友人細細聆聽，並提出評論。史密斯將那些意見帶回家並參酌修改書稿，經過三年時間

的潤稿後，《原富》就在1776年正式出版。出版後獲得熱烈反響，史密斯繼續修改，於1778年出修訂版，1784年再擴增為第三版。

總而言之，史密斯研究經濟學是受其格拉斯哥大學的老師哈奇遜（Francis Hucheson, 1694～1746）的引導和鼓勵，在「分配」問題上是得自重農學派，而其「自然秩序」學說，則是承襲自哈奇遜和重農學派，關於自由貿易是受休謨（David Hume, 1711～1776）的影響，關於利己心的研究則受孟德維爾（Bernard de Mandevrille, 1670～1733）和休謨的啟示。史密斯長於綜合之才，一方面把之前各流派的思想兼容並蓄，另方面為後代學者提供百般問題學說的端緒，被比喻作「蓄水池」，多數河川注入其中，復又從其流出，因而被公認為「經濟學的創建者」。

《原富》共分五篇，第一篇分為十一章，主要內容是分析形成以及改善勞動生產力的原因，分析國民財富分配的原則。它從國民財富（國富）的源泉「勞動」，說到增進勞動生產力的手段「分工」，因分工而引起「交換」，接著論及作為交換媒介的「貨幣」，再探究商品的「價格」，以及價格構成的成分「工資、地租和利潤」。

第二篇論物品積蓄的性質、累積及運用，共分五章，主要內容是討論資本的性質、累積方式，分析對勞動數量的需求取決於工作性質。

第三篇論不同國家財富增加的過程，共分四章，主要內容是介紹造成當時比較普遍重視城市工商業，輕視農業政策的原因。

第四篇論政治經濟學的思想體系，共分九章，主要內容是

列舉和分析不同國家在不同階段的各種經濟理論。

　　第五篇論君主或國家的收入，共分三章，主要內容是列舉和分析國家收入的使用方式，是為全民還是只為少數人服務。如果為全民服務有多少種開支項目，各有什麼優缺點：為什麼當代政府都只有赤字和國債，這些赤字和國債對真實財富的影響等。

　　《原富》出版後引起大眾廣泛的討論，除英國本地，連歐洲大陸和美洲也為之瘋狂。首版標誌著「經濟學作為一門獨立學科的誕生」，在資本主義社會的發展方面，起了重大的促進作用。18世紀以前，《原富》就已出了九個英文版本。人們以「一鳴驚人」來形容《原富》的出版，並一致公認亞當‧史密斯是一門新學科——政治經濟的創始者，因而聲名顯赫，被譽為「知識淵博的蘇格蘭才子」。據說當時英國政府的許多要人，都以當「史密斯的弟子」為榮。國會進行辯論或討論法律草案時，議員常常徵引《原富》的文句，而且一經引證，反對者大多不再反駁。《原富》出版後被譯為多國文字，傳到國外，一些國家制定政策時，都將《原富》的基本觀點作為依據。這本書不僅流傳於學術界和政界，而且一度成為不少國家社交情況的熱門話題。

　　《原富》的中文翻譯，最早由翻譯大師嚴復（1854～1921）在1902年（清光緒二十八年）10月，以文言文譯出，無新式標點符號而且是節譯；1931年郭大力和王亞南兩位先生合作將全文譯出，以《國富論》為書名分為上下冊出書。1968年，臺灣銀行經濟研究室再出版周憲文和張漢裕合譯的《國富論》上下冊。2000年時，謝宗林再重譯《國富論》上

冊，2005年，謝宗林偕李華夏合譯《國富論》下冊。

2017年適值五南出版公司五十週年，推出「經典名著文庫」作爲獻禮，將亞當‧史密斯的這本巨著納入，嚴復的文言文節譯本不合適，周憲文和張漢裕兩位先生的譯本已被謝宗林和李華夏的譯本取代，而謝李譯文的出版社又不肯割愛，於是採用郭大力和王亞南的合譯本修飾出版。

此版本完成於1931年，中國尚未赤化、更未遭受文化大革命摧殘，也未施行簡體字，兩位譯者的譯詞介於文言和白話之間，某些用語稍加修飾之後即適合當代華人閱讀。本書爲上冊，書名改爲嚴復的譯名《原富》。

最後，有必要說一說爲何捨棄一般人通知的「國富論」，改回「原富」。

本書英文原名*An Inquiry into the Nature and Causes of the Wealth of Nations*，旨意就是「探索The Wealth of Nations的本質及其肇因」，主角是"the Wealth"，亦即「財富」，問題就在「誰的財富？」史密斯明確指出是"Nations"。關鍵點就是這個小小的"s"。

已故的自由經濟前輩、《自由中國》半月刊主筆夏道平先生（1907～1995），在1988年10月10日於中華經濟研究院出版的《經濟前瞻》上，撰寫了〈經濟學者應注意的一個小小"s"〉這篇短文，內容是由他寫給某刊物文稿中提到史密斯的這本經典名著，他用嚴復的中文譯名《原富》，卻被編輯改爲《國富論》，所引發的感想。夏先生說他知道《國富論》這個中文譯名在早年中國大陸和後來在臺灣印行的版本都用，但他不願用它而樂於用《原富》。夏先生表示，從表面上看，這

好像是很小很小的事情，但在觀念上卻會衍生對立的差異，以致在政策上可能帶來嚴重的後果。問題就發生在原著的書名中"Nations"這個字的尾巴，"s"是否有受到重視。

夏先生鄭重嚴肅的指出，這個小小的"s"之有無，關係到這本書所講的是什麼經濟學：是國際主義的，還是國家主義的？這的確是個很重要的區分。夏先生說：「代表古典學派的亞當·史密斯，失敗於他的價值論；而他的偉大處，在於方法論的個人主義，在於理想中的國際主義；從而他排拒集體主義的思想方法，排拒國家主義的偏狹立場。所以當他討論財富問題的時候，他不以一國為本位（儘管他書中講到的一些『事例』大都是英國的），而是著眼於多國。因此他在這部書名上用的"Nations"是多數式的。」

因此，夏先生認為《原富》這個譯名，雖未顯示出那個小小"s"所蘊含的國際意義，但不至於誤導到經濟國家主義。而用《國富論》這個譯名中的「國」字，卻可能有這種危險。這是因為中國文字的名詞，其本身沒有單數式和多數式之分。夏先生強調說，這不是他在咬文嚼字，也不能說他過於顧慮。事實上，當代各國的經濟學者，儘管不會不知道李嘉圖所發現的「比較利益法則」，但是，其中能夠一貫地忠於知識，而其意涵和言論不被政治神話中的「國家」陰影所籠罩者，畢竟還是少數。

夏先生於是在文末語重心長的說：「此所以世界各國所採取的經濟政策，幾乎沒有不是以鄰為壑，而弄得國際市場秩序——自動調整的市場秩序，經常陷於混亂。而且在混亂中的對策，不是苟且式的牽蘿補茅屋，就是荒唐的抱薪救火。20

世紀的兩次世界大戰之發生，仔細分析，即可看出經濟國家主義之作祟。基本的利益法則，是沒有國界的，如果它一時受阻於國界，其終極的後果是大家受害。」我非常認同夏先生的說法及其疑慮，尤其對照當前的世界，各國都在從事貨幣戰爭，也在進行經濟戰爭，新重商主義的「國家經濟主義」瀰漫全球，爭權奪利、爾虞我詐的國際經濟談判司空見慣，自由貿易受到抹黑、訕笑。

2008年諾貝爾經濟學獎得主克魯曼（P. Krugman, 1953-）剛出道時，由其「國際貿易」專業領域立場，大力針砭「經濟國家主義」，對麻省理工學院的經濟學家佘羅（Lester C.Thurow, 1938～2016）大力撻伐。佘羅在1992年春出版的《世紀之爭》（*Head to Head*）一書暢銷全球，被克魯曼認為與該書副標題「一場即將來臨的經濟戰爭」密切相關，該書並獲得當時的美國總統柯林頓及許多有影響力人士的支持，可見「經濟戰爭」、「國與國之間的經濟戰爭」普受認同。本來，將經濟「競爭」比擬成「戰爭」，是「非經濟領域人士」的習慣，優勝劣敗的達爾文（Darwin, 1809-1882）進化論也不適用於經濟界，但佘羅這位全球知名的經濟學家竟帶頭鼓吹，這對亞當・史密斯的經濟學是一種反動。正如克魯曼所言：對訓練有素的經濟學家來說，把國際貿易當作與軍事敵對相似的戰爭觀點，聽起來是非常奇怪的。

不過，我們必須承認，現實世界是有許多貿易衝突和「策略性貿易政策」的事實，這也是各國政府決策者、商業領袖，以及有影響力的知識分子之看法，也就是這些地位關係重要的人士抱持「貿易是類似軍事戰爭」的觀點，他們基於自身

的利益，對於「競爭是互利的道理」故意無視或全然無知，於是「商戰」不但在輿論上居絕對優勢而流行，也表現在競逐「國家競爭力」上，致使「貿易保護」成為常態。其實，這也正是重商主義和新重商主義者的論點及主張，是亞當·史密斯反對，甚至要破除的。

所以，將史密斯的這本經典用「國富論」這個中文譯名，的確有「一國本位」的味道，與史密斯的「多國」、「全部國家」的本意有所扞格，而夏先生的提醒也非小題大作，而應嚴肅辨正。

雖然曾有學者辯說史密斯當時的英國，擁有許多殖民地，因而史密斯所指的多國還是只指大英國協。不過，縱使如此，一來「日不落國」幾已包括全球，二來不分本國、殖民地都一視同仁。因此，既然史密斯意在探尋財富的本質和起源，當然含括的對象就是諸多國家的人民，亦即如何讓全球民眾都能得到愈來愈多促進生活福祉的財富。

《國富論》這個中譯名的確容易被誤導到「經濟國家主義」，讓各國的領導者及其人民只顧自己國家的財富之增進，於是在觀念的錯誤引導下，衍生出「保護主義和保護政策」，而「以鄰為壑」的不幸後果也就層出不窮。夏先生特別提醒我們注意：20世紀的兩次世界大戰之發生，仔細分析，即可看出經濟國家主義的作祟。

史密斯的經典大作講的是「分工合作」，由之引出的基本經濟法則，也應該是沒有國界的，一旦不幸受阻於國界，其終極後果是大家都受害。

那麼，《國富論》這個中文譯名是不該再繼續使用了，但

選用什麼譯名較恰當呢？在沒有更好的譯名出現前，就讓我們回頭使用偉大翻譯名家嚴復先生最先用的《原富》吧！

吳惠林

二〇二〇年六月一日

二〇二二年六月二十八日一修

譯者序

　　亞當·史密斯的《原富》，原名應直譯爲《諸國民之富的性質及其原因之研究》。自一七七六年出版以來，全世界的學術界，都曾赫然爲所驚動。甚至於各國的領導人物，都相率奉之爲圭臬。世界上每個或大或小的經濟學家，都曾直接或間接受其影響。對之推崇到無以復加，甚至自命爲史密斯信徒的人們，亦會從中取出幾個章句來批評；反之，對之批評到無以復加，甚至公然揭櫫反史密斯主義的人們，亦莫不從中採納幾種意見，作爲自己的根本思想。規模如此宏大，論點如此廣博，議論如此暢達，文章如此明朗，然不時亦會露出幾個貽人指摘的自相矛盾的漏洞的《原富》，就這樣奠定了經濟學的基礎。

　　這部大著，就連在今日中國，亦是一部用不著介紹的經濟學名著了。三十年前出版的嚴幾道先生改名爲《原富》的那個譯本，雖則因爲文字過深，刪節過多，已經不易從此窺知原著的眞面目，但終不失爲中國翻譯界的一顆奇星。曾彷彿聽見前輩說，在科舉快要廢止的那幾年，投考的秀才舉人，只要從《原富》引用一句兩句，就會得自命維新的主考人的青眼，而高高的掛名於金榜。

　　對於一部如此偉大，又曾經一位如此偉大的譯者譯過一次的《原富》，我們今日再取來重譯一遍，也許會被義正辭嚴的批評家斥爲狂妄吧。但若中國的研究者，甚而常識家，樂於閱讀這一個譯本的話，我們就願拿下面幾段話，作爲他一個臂助。

　　亞當・史密斯（Adam smith）生於一七二三年六月五日
蘇格蘭之柯克卡迪（Kirkcaldy）。先後入格拉斯哥大學及牛
津巴里奧學院。他在學生時代，喜歡讀數學、自然哲學、政治
史那一類的書。一七五一年，任格拉斯哥大學的邏輯學助教
授；一七五二年升任道德哲學教授，很得學生的稱譽，而聞名
於格拉斯哥。任教授時，著手著《道德學體系》，一七五七年
出版《道德感情的學說》，便是其中計畫的一部。他在這時候
結識了一位大思想家休謨作終身朋友，怕是當時最值得注意的
一件事了。休謨著《政治論集》，於史密斯思想，有極大的影
響。

　　一七六三年，史密斯到歐洲大陸遊歷，在法國又結識了杜
爾閣及當時法國思想界諸激進分子。他思想中的重農主義的要
素，便是當時受到的影響。

　　一七六六年，他回到倫敦。此後十年，便和他的母親一
塊住在故鄉，專心著作。他的大著《諸國民之富的性質及其原
因之研究》，就是這時完成，而於一七七六年公諸於世的。
一七七八年，他曾被任命為蘇格蘭海關稅務關長。一七八四
年，他母親逝世了。一七九〇年七月，他自己亦在「成績太
少」的嘆聲中長逝。

　　史密斯一生是很幸運的，他能在他未死之前，看見他的
著作在社會上的成果。《原富》的發表迄於他的死，其間不過
十五年罷了，但他理論中的重要主張，便實現了不少。

　　是怎樣的時代背景，造就他那種幸運呢？

　　他那個時代，正是製造家資本階級，急速發展財富，並從
而取得政治支配權的時代。他是製造業頗為旺盛的格拉斯哥的

大學教授，所以，他不知不覺，便作了這個當時尚為新興的階級的代言人了。他書中雖有不少處所，痛責工商階級對於自身利害關係的無知，但他的全部理論，終不免作了這種利害關係的說明。他所提議的非負面的功利主義的原理，其實只是人類進化過程中一個階段的原理；他所提議的自然的自由制度，其實只是社會上一小部分人投資的自由制度，他的樂觀思想，只代表了資本主義發達初期的特種的朝氣。

研究方法中的批評的要素，乃是一切研究者應有的修養。本書的讀者，將視此為永劫不移的經典，抑或將視此為人類智慧在特殊時代的最光榮的成果呢？我們所亟盼於讀者的，是各有一個敏銳而批評的眼光。

這部書，絕不是難讀的，但在翻譯的時候，譯者卻特別感到一種困難，那就是有些名詞的意義頗為含混。譬如，industry, trade, stock, employment那一類的字，意義就往往這裡和那裡略微不同，所以，沒有辦法，只好按照意思，把它們譯成各式各樣的詞。又如，「價值」一詞，在經濟學上，早已成為特殊名詞，但他卻往往把這一個字，用在別樣的意義上。「勞動」一詞，有時與工資的意義相混。manufacturer一字，有時指製造家，但有時又泛指製造業工人。farmer一字，有時指農業家，但有時又泛指一般在農業上作事的人。workmen一字，有時指勞動者，但有時又兼指一般投資營業的人。

還有些地方，作者喜歡加上annual一個形容詞。於是，有annual produce（年產物），annual revenue（年收入），annual labor（年勞動），還有許多其他地方，都附有這樣的形式。這顯示了史密斯曾如何受重農學派的影響。但我們譯的

時候，往往因顧念行文的便利，把它譯成「常年的」、「年年的」、「每年的」那一類的字眼。

關於這個譯本的譯事，我們自問是頗為小心謹慎的，但因規模太大了，或尚不免有不少譯得不很妥當的地方，那只有待再版時盡量改正了。

這個譯本，是我們第二次的合作（第一、第五篇亞南譯，第二、第三、第四篇大力譯）。譯的時候，我們隨時互相商量；譯成以後，又交換審查了一遍。我們自然高興對於全書每一部分，負起連帶的責任。

一九三一年一月二十日

郭大力、王亞南 敬上

亞當・史密斯簡介

　　亞當・史密斯（Adam Smith）爲蘇格蘭哲學家和經濟學家，他所著的《原富》爲第一本試圖闡述歐洲產業和商業發展歷史的著作。這本書發展出現代的經濟學學科，也提供現代自由貿易、資本主義和自由意志主義的理論基礎。因此，被譽爲經濟學之父。

　　大約14歲時，史密斯進入了格拉斯哥大學，在法國斯・哈奇遜（Francis Hutcheson）的教導下研讀道德哲學。他在這個時期發展出對自由、理性和言論自由的熱情。1740年，他進入牛津大學貝利奧爾學院，並在1746年離開。1748年，他在亨利・霍姆（Henry Home）的贊助下開始於愛丁堡大學演講授課。最初是針對修辭學和純文學，但後來他開始研究「財富的發展」。大約在1750年時，他認識了大衛・休謨（David Hume），兩人成爲親密好友。同時，也認識了一些後來成爲蘇格蘭啓蒙運動推手的人物。

　　1751年，史密斯被任命爲格拉斯哥大學的邏輯學教授，並在1752年改任道德哲學的教授。他的講課內容包括了倫理學、修辭學、法學、政治經濟學，以及「治安和稅收」的領域。在1759年他出版了《道德情感（操）論》（*The Theory of Moral Sentiments*）一書，具體化一部分在格拉斯哥的講課內容。當時這些研究的發表使史密斯聲名大噪，這些研究主要是針對人類如何透過仲介者和旁觀者之間的感情互動來進行溝

通。史密斯流暢的、深具說服力的的論述相當突出，他的論述基礎既不是像沙夫茨伯里和哈奇森一般根基於特殊「良知」，也不是像休謨一般根基於功利主義，而是根基在同情上的。

史密斯的授課逐漸遠離道德的理論，改而專注於法律學和經濟學上。到了1763年底，政治家查理・唐善德（Charles Townshend，也就是引薦史密斯認識了大衛・休謨的人）提供史密斯一份收入更為豐厚的工作機會，擔任他的兒子——後來的布魯斯公爵的私人家教。史密斯辭去了在大學的教授職位，並在1764年至1766年間和他的弟子一同遊覽歐洲，大多是在法國，在那裡史密斯認識了許多知識分子的精英，譬如，杜爾哥和達朗貝爾，尤其重要的是法蘭索瓦・揆內——重農主義學派的領導人，史密斯極為尊重他的理論。在回到可可卡地後，史密斯在接下來10年時間裡專注於撰寫他的巨作《國民財富的性質和原因的研究》（*An Inquiry into the Nature and Causes of the Wealth of Nations*），又稱為《原富》，於1776年出版。這本書備受推崇並且被普遍流傳，史密斯也隨之聲名大噪。1778年，他獲得了一份在蘇格蘭的海關關長職位，得以與他的母親一同居住在愛丁堡。史密斯於1790年7月17日在愛丁堡去世。死後清點遺產時，人們發現他秘密貢獻了相當大一部分的收入用作慈善用途。

史密斯的遺囑執行人是他在蘇格蘭學界的兩名好友——物理學家和化學家約瑟夫・布雷克（Joseph Black），以及地質學家詹姆斯・哈登（James Hutton）。史密斯留下了許多未發表的著作，遺囑聲明要銷毀其中一部分他認為不適合發表的著作，其餘著作則在日後陸續發布，包括在1795年出版的《天

文學歷史》（*History of Astronomy*），以及《哲學論文集》
（*Essays on Philosophical Subjects*）。

序論

　　政治經濟學，若被視爲政治家或立法家的一門科學，那就要企求兩個不同的目標。其一，是供人民以豐富的收入或生計，更確當的說，是使人民能以如此的收入或生計自給；其二，是以充分的收入供應國家或共同社會，使公務得以進行。總之，其目的，在於富人民而又富其君主。

　　不同時代、不同國民的不同富裕程度，曾在政治經濟學上，引出兩個不同的富民主義。其一可稱爲重商主義，其他可稱爲重農主義。關於這兩個主義，我將盡我所能，予以充分而明瞭的說明，且將從重商主義開始。這是近世的學說，在我們英國今日又最爲人所理解。

下卷目次

導讀 1

譯者序 1

亞當‧史密斯簡介 1

序論 1

第四篇　論政治經濟學的思想體系 1

　　第一章　商業主義或重商主義的原理 3

　　第二章　論限制從外國輸入國內能生產的貨物 27

　　第三章　論與某種國家通商，其貿易差額被假設
　　　　　　爲不利於我國，逐特別限制其各種貨物
　　　　　　輸入 49

　　第四章　論退稅 79

　　第五章　論獎勵金 87

　　第六章　論通商條約 131

　　第七章　論殖民地 145

　　第八章　重商主義之結論 233

第九章　重農主義，即政治經濟學上視土地生產
　　　　物爲各國收入及財富之唯一資源或主要
　　　　資源之學說 ⋯⋯⋯⋯⋯⋯⋯⋯⋯⋯⋯⋯ 255

第五篇　論君主或國家之收入 ⋯⋯⋯⋯⋯⋯⋯⋯ 283
　第一章　君主或國家之費用 ⋯⋯⋯⋯⋯⋯⋯⋯ 285
　第二章　論一般收入或公家收入之來源 ⋯⋯⋯ 411
　第三章　論公債 ⋯⋯⋯⋯⋯⋯⋯⋯⋯⋯⋯⋯ 509

亞當・史密斯年表 ⋯⋯⋯⋯⋯⋯⋯⋯⋯⋯⋯⋯ 555

第四篇

論政治經濟學的思想體系

第一章

商業主義或重商主義的原理

　　財富由貨幣或金銀構成的俗見，自然而然的，因貨幣有雙重作用而生。它是通商的媒介，又是價值的尺度。因為它是通商的媒介，所以，我們用貨幣，比用其他商品，都更容易取得我們所需的物品。我們常常覺得，獲取貨幣是一件大事。只要有貨幣，以後隨便購買什麼，都不難。又因為它是價值的尺度，我們常用各種商品所能換得的貨幣量，來估計各種商品的價值。身價值很多貨幣的人，被稱為富人；僅值少許貨幣的人，被稱為窮人。節儉的熱衷於致富的人，說是愛錢的人；大而化之、慷慨及豪爽大方的人，說是漠視錢的人。求財富等於求貨幣；總之，按照通俗的說法，財富與貨幣，無論就哪一點說，都被視為同義的字。

　　像富人一樣，富國每每被假設為有許多貨幣。囤積金銀於國內，被假設為國家致富的捷徑。美洲發現後，有一個時期，西班牙人每到一個生疏的海岸，第一個要問的問題，就是近旁有金銀發現嗎？他們就根據這種情報，判定那個地方，有沒有殖民的價值，乃至有沒有征服的價值。以前，法國國王，特遣僧徒庇亞諾・加賓諾，去見有名的成吉思汗的一位王子。據這位大使說，韃靼人常常問到的，就是法國的牛羊很多嗎？他們這種問題，和西班牙人的問題，有同樣的目的。他們要知道那裡的財富，是否值得他們去征服。韃靼人及一切牧畜民族，大都不知道貨幣的用處；在他們之間，家畜便是通商的媒介，便是價值的尺度。所以在他們看來，財富是由家畜構成，正如在西班牙人看來，財富是由金銀構成。在這兩種看法中，恐怕還要以韃靼人的看法，較近於真理。

　　洛克（John Locke）曾指出貨幣與其他各種動產有所區

別。他說，其他各種動產是容易消耗的，故由這等動產構成
的財富，不大可靠；一個國家，即使毫無輸出，只要是奢侈
浪費，就不能由今年這等動產的富有，救濟明年這等動產的缺
少。反之，貨幣卻是一個可靠的朋友，它雖然會由這個人移轉
到那個人，但若保之不使出國，就不容易浪費消耗。所以，照
他說來，金銀乃是一國動產中最堅固最根本的部分；他還以
爲，就因爲這個緣故，所以，累積此等金屬，應該是政治經濟
的一大目標。

另一些人卻以爲，設若一國能離全世界而獨存，則國內
流通的貨幣無論多少，都毫無關係。藉貨幣而流通的消費可能
品，將因貨幣有多有少，所換貨幣亦有多有少；他們亦承認，
這樣的國家實際的富與貧，乃取決於此等消費可能品的豐饒或
缺少。但對於和外國發生關係，且有時不得不對外宣戰，所
以，還有必要在遠地維持海陸軍的國家，他們的看法，卻又不
同。他們說，除了送出貨幣來支付他們的給養，即無法在遠地
維持海陸軍，但要送出貨幣，又非先在國內有許多貨幣不可。
所以，每個這樣的國家，都應在和平時期累積金銀，一旦有
事，才有資力對外宣戰。

因有這一類的俗見，歐洲各國，都盡力研究如何在本國累
積金銀的方法，雖然沒有多大成效。以此等金屬供給歐洲主要
礦山的占有者西班牙及葡萄牙，就曾以最嚴屬的刑罰或苛重的
課稅，禁止金銀輸出。往時，我們歐洲，幾乎沒有幾個國家，
不曾採用這種禁止政策。就連蘇格蘭，照我們推測，是不致有
此等規定的，但試考察古代蘇格蘭議會法律，我們就會發現，
那裡對於金銀輸出國外，亦曾以重刑爲禁。法國、英格蘭往

時，亦都曾採用同樣的政策。

當這些國家成爲商業國時，商人在多數場合，總是感到這種禁令非常不便。他們常常覺得，以金銀爲媒介，向外國購買物品，而輸入本國或運往別國，比用其他商品爲媒介，都要更有利益。他們反對這種禁令，說它有害於他們的貿易。

第一，他們說，爲購買外國貨物而輸出金銀。不必然會減少國內的金銀量。反之，還往往會增加國內的金銀量。因爲，設若外貨消費額不致因此而在國內增加，此等貨物即可再輸出到外國，而以大利潤在那裡售去，所以，帶回來的財寶，也許會比原來輸出去的購買費更多。湯瑪斯曼即以這種外國貿易作用，比於農業的播種期及收穫期。他說：「如果我們只看見了農夫播種時期散播良好穀物於地的行爲，我們一定會把他看作一個瘋子，不會想到他是一個農夫。但若我們再考察他收穫期間的勞動，我們就會發覺，他的行爲究竟有何等價值，究竟有如何豐富的生產。收穫才是他努力的目的。」

第二，他們說，這種禁令，並不能阻止金銀輸出，因與價值相對而言，金銀的體積很小，極容易祕密輸出。他們以爲，只有適當注意所謂貿易差額，才能防止這種輸出。他們以爲，若一國輸出的價值大於輸入的價值，外國就欠它一個差額，那必然是由金銀支付，故可增加國內的金銀量。如果輸入的價值大於輸出的價值，它就欠外國一個差額，這亦必然是由金銀支付，故可減少國內的金銀量。他們以爲，如果在這場合禁止金銀輸出，不但不能阻止金銀輸出，且將使金銀輸出多加一層危險，從而使金銀輸出多加一層費用。他們認爲，和不禁止輸出金銀時相比較，在這種禁令下，在差額上爲負的國家，將更不

利於匯兌。購買外國匯票的人，對於售賣外國匯票的銀行，不僅要賠償其運送貨幣之自然的危險困難與費用，且因禁止金銀輸出異常危險之故，須加付一種賠償。匯兌愈是不利於我國，貿易差額亦必愈是不利於我國。與貿易差額有利之國比較，貿易差額不利之國的貨幣價值，必愈益低落。譬如，英荷兩國間的匯兌，若百分之五不利於英，則在匯兌時，便須以英銀一百零五盎司，購買荷銀一百盎司的匯票。英銀一百零五盎司，既只與荷銀一百盎司的價值相等，故亦只能購得一個比例量的荷蘭貨物。反之，荷銀一百盎司，卻與英銀一百零五盎司的價值相等，故亦可購得一個比例量的英國貨物。總之，售給荷蘭的英國貨物，將以如此低的價格出售；售給英國的荷蘭貨物，又將以如此高的價格出售，都由於匯兌的差額。英國貨物，只能吸引如此少量的荷蘭貨幣往英國；荷蘭貨物，卻能吸引如此多量的英國貨幣往荷蘭。所以，貿易差額不利於英國的程度，遂因而加甚，而終須以更大差額的金銀，輸往荷蘭。

以上的議論，有一部分是理由確鑿，有一部分卻是強詞奪理。貿易上金銀輸出，往往有利於國家的議論，是理由確鑿的。在私人覺金銀輸出有利時，禁令不能防止金銀輸出的議論，亦是理由確鑿的。但他們如下的議論，卻是強詞奪理。他們說，自由的貿易不必政府關心，已可供國家以適當數量的其他有用物品，所以，要保持或增加本國的金銀量，比要保持或增加本國其他的有用物品量，需要政府更為關心。他們又說，匯兌的高價，必致於加甚他們所謂貿易差額的不利程度，使金銀輸出額愈是巨大。這種高價，當然極不利於該欠外國債務的商人。在購買外國匯票時，他們須以更高得多的價格，付給銀

行家。但是，由此種禁令而起的危險，固可引起銀行家的異常費用，但不必然會因此而輸出更多的貨幣。這種費用，大多用在走私的時候，故不致於使國家在所需匯出的數目以外，多輸出一個六便士的貨幣。匯兌的高價，自然會使商人努力使輸出幾乎與輸入相抵，使他們盡量縮小他們的支付額。匯兌高價的作用，類似於賦稅，即增高外貨的價格，減少外貨的消費。所以，匯兌高價的趨勢，並不是加甚他們所謂貿易差額的不利，而是減少不利，不是加大金銀的輸出，而是減少金銀的輸出。

使人民聽了確信的議論，原來就是這般。這種議論，由商人陳述於國會、王公會議、貴族，以及鄉紳之前；由那班被假設為瞭解貿易的人，陳述於那班自認為對於這問題一無所知的人之前。外國貿易可以使國家致富的事實，在商人、在貴族、在鄉紳，是同樣知道的；但外國貿易如何使國家致富的問題，他們卻沒有一個懂得清楚。商人十分知道外國貿易如何使他們自己富裕的方法。這種知識的求得，原是他們的事務。但瞭解外國貿易如何使國家致富的問題，卻並不是他們的事務。除了在他們要向國家請願改訂國外貿易法的時候，他們自然不會想到這個問題。只在請願改訂法律的時候，他們才必須陳述國外貿易的結果如何有利益，以及現行法律如何阻礙這種有利的結果。他們向官員說外國貿易可以帶貨幣回國，但外國貿易法卻使外國貿易所帶回來的貨幣，比沒有這種法律的時候為少。決定這事件的官員聽了這個說明，亦覺得十分滿意。這種議論，遂達到了預期的結果。法國、英國的金銀輸出禁令，遂以本國鑄幣為限了。外國錢幣與金塊的輸出，遂任其自由。在荷蘭及其他某些地方，這種自由乃得擴及本國鑄幣。政府的注意遂從

監視金銀國的輸出，轉而監視貿易差額，因爲只有貿易差額，能夠促起國內金銀量的增減。他們放棄了一個無結果的注意，轉向一個更複雜、更困難卻是同樣無結果的注意。湯瑪斯曼書名爲《英國的國外貿易寶藏》的著作，遂不僅成了英國政治經濟的根本格言，而且成了各商業國政治經濟的根本格言。以同一資本可提供最大收入又能僱用最多本國國民的重要國內貿易，卻竟被視爲外國貿易的輔助物。據說，國內貿易既不能從外國帶貨幣回來，亦不能把貨幣送到外國去。所以，除非國內貿易的盛衰，可間接影響到外國貿易的情形，那就無論如何，亦不能以國內貿易爲媒介而致國於富或致國於貧。

沒有葡萄園的國家，須從外國進口葡萄酒，同樣，沒有礦山的國家，亦須從外國進口金銀。政府似乎不必要特別注意某一物品而更不注意別一物品。一個有資力購買葡萄酒的國家，即可買得所需的葡萄酒，一個有資力購買金銀的國家，絕不致於缺少金銀。它們像一切其他商品一樣，須以一定的價格購買；並且，就因爲它們是一切其他商品的價格，所以一切其他商品都是它們的價格。我們十分相信，不被政府注意的自由貿易，常可供以我們所需的葡萄酒；我們亦十分相信，不被政府注意的自由貿易，常可按照我們所能購入、所能使用的程度，供以流通商品或其他用途的金銀。

人類勤勞所能購入或生產的各種商品量，自然會在各個國家，按照有效需要（生產商品、送商品上市，必須支給地租、工資，與利潤，願支給這全部地租、工資、利潤的人們，其需要，便是有效需要），而調節各種商品量。但這種調節作用，特別在金銀那種商品上，最易發生，而其作用亦最準確。

因為，金銀的體積小，價值大，特易從價廉之處，運至價昂之處，從有效需要不足之處，運至有效需要過度之處。譬如，假設英格蘭需要追加量的金，而此種需要又是有效需要，那只要一艘貨船，就可從里斯本或其他地方運來金五十噸，鑄成五百萬以上的幾尼。但若所需為等價值的穀粒，那以五幾尼換一噸穀粒計算，其輸入，便須有載重一百萬噸的船一艘，若一船載一千噸，則須有一千艘。英國的海軍，亦不足此數。

　　一國所輸入的金銀量，若超過其有效需要，那無論政府怎樣注意，亦不能阻止其輸出。西班牙、葡萄牙的苛法，並不能使金銀不外溢。從祕魯、巴西不斷來的輸入，超過了這兩個國家的有效需要，使金銀在這兩個國家的價格，低於鄰國。反之，如果某國的金銀量，不足供應其有效需要，就會抬高金銀的價格，使在鄰國之上。金銀輸入，全用不著政府操心。即使政府自討麻煩，想設法禁止金銀輸入，亦絕不能有效。里加爾喀斯的法律，雖要阻止金銀輸入拉齊頓曼，但斯巴達人的充足購買力，可以把這一切障礙突破。苛酷的關稅法，不能阻止荷蘭哥古騰東印度公司之茶輸入英國，因其較英國東印度公司廉價。一磅茶的價格，至高十六先令。以銀幣付，則一磅茶的體積，約一百倍於十六先令的體積；若以金幣付，則一磅茶的體積，尚不止兩千倍。走私茶葉，其困難亦當加如此倍數。

　　有許多貨物，因體積關係，不能隨意由充溢的市場移至缺乏的市場，但金銀要由金銀豐足的市場運至金銀缺乏的市場，卻很容易。這是金銀價格，比較其他大部分貨物價格更不常變動的一部分理由。當然，金銀價格亦不是全不變動，但其變動，大都是遲緩的、漸進的、一致的。譬如，有人假設（也許

是沒有多大根據的假設）歐洲在現世紀及前世紀中，金銀因不斷由西領西印度輸入，其價值不斷下跌，但只是徐徐下跌。要使金銀價格突然改變，譬如，將所有其他商品的貨幣價格一下子發生顯著的漲跌，則非有像美洲礦藏那樣的發現，致商業上發生那樣的革命不可。

這一切，姑置不論。如果一個有資力購買金銀的國家，偶然缺乏金銀，要想方法補替，比要補替其他商品的缺乏，都更方便。如果製造的原料不足，工業必致停頓。如果食糧不足，人民必致餓死。但若貨幣不足，既可物物交換，又可記帳買賣而每月或每年結算一次，更可用調節得當的紙幣。第一個方法雖很不方便，第二個方法就比較方便了，至於協力廠商的方法不但不會不方便，且有時會覺得更爲方便。所以，無論就任何一點來說，政府保存國內貨幣量，增加國內貨幣量的用心，都是不必要的。

貨幣稀少的怨聲，是最普遍不過的。我們對於貨幣，像對於葡萄酒一樣。如果我們缺少購買貨幣的費用，又沒有貸借貨幣的信用，那是常常會感到缺乏的。否則我們就用不著擔心它會缺少。然而抱怨貨幣稀少的人，又不必然是不謹慎的浪費者。有時，全通商都市及其鄰近地方，會普遍感到貨幣稀少。營業過度，是這現象的普通原因。謹慎的人，若不按其資本的比例而創營計畫，結果就會像支出收入不相平衡的浪費者一樣，既不能有購買貨幣的收入，亦不能有借貸貨幣的信用。在計畫尚未實施以前，他們的資財就完了，而且他們的信用也完了。他們到處去向人借貸貨幣，但人們都說沒有貨幣出借。就連貨幣稀少的怨聲像這樣遍於全國，亦不足證明國內流通的

金銀已少於平常的數量，僅可證明有許多不能支給代價的人，在渴望金銀而已。在貿易利潤較平常爲大的時候，無論大小商人，都容易犯營業過度的錯誤。他們送出的貨幣雖不較平常爲多，但他們在國內國外，都用記帳的方法，買進異常量的貨物，運往遠方的市場，希望在付款期前取回貨物的代價。但若付款期前不能取回代價，他們手上，就沒有購買貨幣的資力，亦沒有貸借貨幣的確實擔保品了。貨幣稀少的一般怨聲，非起因於貨幣稀少，只起因於求借者難於借得，債權人難於索回。

認眞去證明財富非由貨幣或金銀構成，乃由貨幣所購各物構成（對於所購各物，貨幣只是用以購買的價值），那未免過於滑稽。無疑，貨幣是國民資本的一部分；但我們講過，它通常只是一小部分，且常常是利益最少的一部分。

商人之所以覺得以貨幣購買貨物較易，以貨物購買貨幣較難，並非因爲構成財富的主要成分是貨幣，不是貨物，只因爲貨幣是已知確立的通商媒介物，一切物品都願與之交換，但要取得貨幣來交換貨品，卻不見得那麼容易。此外，大部分的貨品，都比貨幣有更大的消磨性，要保存它們，亦常須蒙受大得多的損失。又，有貨物存在手上，他碰到還不起欠帳而受窘的可能性，比起他的金櫃已經擺著他的貨款時大得多。還有，他的利潤，直接出自賣貨者多，直接出自買貨者少，因此，他大都更渴望以貨品交換貨幣，而不怎麼渴望以貨幣交換貨品。不過，豐富的貨品堆在倉庫，不能按時售賣出去，雖有時可成爲個別商人破產的原因，但絕不能使一國或一個地方破產。商人的全部資本，往往由容易消磨的貨物構成，註定要用來購買貨幣，但一國土地勞動年產物，卻只有極小部分能用來從鄰國購

買金銀，極大部分是在國內流通，亦在國內消費。就連送往外國的剩餘物品，亦常有大部分是用來購買其他種類的外國貨。所以，非用以購買金銀不可的那部分貨物，即使不能賣出以交換金銀，亦不致於使國民破產。損失是有的，不方便亦是有的，必須設法以補替貨幣，亦是不錯的。不過，其國土地勞動年產物卻是照常一樣或幾乎一樣。它的維持，尚有同樣多或幾乎同樣多的可消費資本可供使用。以貨品交換貨幣，比起以貨幣交換貨品，雖是困難一點，但放遠來看，以貨品吸引貨幣，比起以貨幣吸引貨品，卻又似乎更有把握。除了購買貨幣，貨物還有其他許多用處；但除了購買貨物，貨幣就一無所用。有了貨物，不愁沒有貨幣，但有了貨幣，卻不常有，更不必定有貨物。購買貨物的人，不必再把貨物出售，但售賣貨物的人，卻常常須再購買。購買人往往為自己消費使用，所以買了就完了；售賣人一定是想再買進其他貨物。不再購買，就僅僅成了事業的一半。人們之所以需求貨幣，不是為了貨幣自身，不過是為了貨幣所能購買的物品。

　　有人說，消耗性商品馬上會消失不見，金銀則因有較大的耐久力，設不繼續輸出，即可永久累積國內，致國民實質財富，有不可置信的增加。所以，以如此耐久的商品交換如此容易消磨的商品，據稱，是最不利於國家的貿易。不過，我國的鐵器，亦是極耐久的，設不繼續輸出，亦可永久累積國內，致國內鍋釜有不可置信的增加。但若以之交換法國葡萄酒，卻又不被看作是不利的貿易。一看就知道隨便在哪一國，這類用器的數目，都須受限於其使用；隨便在哪一國，鍋釜都是用來烹調食物的，夠烹調食物就行了，多也沒有用處，但若食物增

加了，要增加鍋釜是很容易的，只要用一部分追加的食物量，來購買鍋釜，或維持追加量的製造鍋釜的鐵工。同樣，我們一看，就知道隨便在哪一國，金銀量都受限於這類金屬的使用，或鑄成鑄幣而當通貨用，或打成器皿而當家具用。但無論在任何一國，鑄幣之量都受國內賴鑄幣而流通的商品價值支配；商品的價值增加了，馬上就會有一部分商品，送到有金銀鑄幣的外國，去購買流通商品所必要的追加量鑄幣。我們又知道，隨便在哪一國，金銀器皿的數量，都受國內奢侈之家的數量與財富支配。奢侈之家的數量與財富增加了，大都馬上會有一部分追加的財富，送到有金銀器皿的地方，去購買追加量的金銀器皿。鍋釜雖為家用所需，但非家用所必需的鍋釜，雖設法取得、設法保存，亦不能增加其家之食用。同樣，金銀雖為國用所需，但非國用所必需的金銀，雖設法輸入、設法保留，亦不能增加其國之財富。出資購買此等不必要的用器，不僅不能增進家庭食品的量與質，且將使其減損；同樣，出資購買此等不必要的金銀，亦必致減少財富，即減少衣食住的物品，使不能照舊僱用人民，照舊維持人民的生計。我們必須記住，金銀無論鑄為鑄幣抑或鍛成器皿，終與廚房的用具，同為器具。增加金銀的用途，增加消費可能品（這些商品，都由金銀而流通、支配與準備），一定能夠增加金銀的數量；反之，如果想用異常的方法增加它們的數量，就一定會減少它們的用途，又因為金銀的數量必須受限於其用途，所以，甚至於會把金銀的數量減少。如果金銀量的累積，已多於國用所需，則因其輸運如此容易，其死藏不用之損失又如此浩大，所以，任何法律，亦不能防其立即輸出。

　　一國要遂行對外的戰爭，維持遠遣的海陸軍，並不一定要累積金銀。海陸軍所賴以維持的，不是金銀，是消費可能品。國內產業的年產物，亦即本國土地、勞動，以及可消費的資本之年收入，就是在遠隔諸國購買此等消費可能品的資力。有此等資力的國家，即能維持對遠國的外戰。

　　一國有三個不同的方法，購買遠遣軍隊的俸給與食糧。第一，把若干部分累積的金銀運往外國；第二，把若干部分製造業的年產物送往外國；第三，把若干部分常年原生產物送往外國。

　　眞正積儲在國內的金銀，可分爲三個部分：第一，流通的貨幣；第二，私家的金銀器皿；第三，依多年節儉而聚存於國庫之貨幣。

　　一國流通的貨幣，節用不了多少。因爲一國流通的貨幣，不能有多大的剩餘。無論在任何一國，年年買賣的貨物價值，雖必須有一定量的貨幣來流通，來分配給眞正的消費者，但不能使用這必要量以上的數量。流通的管道，必吸引充足的貨幣額，以充滿其自身，但不能容納必要量以上的數量。在對外戰爭的場合，固然通例會從這個管道取出若干，但既有許多人遣往國外，國內所須維持的人數，便減少了。國內流通的貨物既已減少，流通這貨物所必要的貨幣，亦必減少。並且，在這樣的境況中，通例會發行大批的紙幣，如英格蘭的財政部證券、海軍部證券及銀行證券。這些紙幣既可代替流通的金銀，遂有機會，把較大量的金銀送往外國。不過，這一切方法仍是不夠的。對外戰爭的經費每每浩大，期限每每悠久，要賴這個資源來維持，極不充分。

　　熔解私家的金銀器皿，更無濟於事。接近戰爭開始之初，法國曾使用這方法，但這方法所得的利益，尚不足補償損失。

　　往時，君王累積的財寶，會提供一個更大且更耐久的資源。但在今日，除了普魯士王，全歐洲無一國君王，以累積財寶爲政策。

　　在歷史的記錄中，現世紀的對外戰爭，要算經費最爲繁重的。但支援這種對外戰爭的基金，卻只有極少部分，出自流通貨幣、私家金銀器皿，或國庫財寶的輸出。前次對法戰爭，英國曾費去九千萬英鎊以上的經費，其中有七千五百萬英鎊新募的國債，有每鎊土地稅附加二先令的附加稅，以及動用的常年減債基金。這項經費之中，有三分之二以上是用在遠隔諸地，換言之，用在德國、葡萄牙、美洲、地中海諸港、東印度及西印度諸島。英格蘭王沒有累積的財寶，我們又自來不曾聽見有大量的金銀器皿，被人熔解，而大家又一向都以爲國內流通的金銀，未曾超過一千八百萬英鎊。自最近金幣改鑄以來，大家雖相信那種估計太低，但據我所聞，最誇大的統計，亦不過說我國金銀合計，達三千萬鎊。如果支持戰爭的只是我國的貨幣，則按此統計，至少得在六、七年間，把這數目的全部，第一次送出，第一次送回，第二次送出，第二次送回，而再送出。按照這個假設，國內的全部貨幣，定須在短期間內，若無其事做兩次往來。政府保存貨幣的用心，如果依此想法，可謂全無必要。何況在這期間內，流通通道並未較平常空虛。有資力換取貨幣的人，很少會感到貨幣缺乏。在全戰爭期間，尤其是將要終結之時，對外貿易的利潤，實際較平常爲大。這種情

形，照例使英國各地，發生營業過度的現象。這種現象，引起了貨幣稀少的抱怨，因為這種抱怨，常常會伴隨這種現象而生。有許多人，既無資力可以購買它，又無信用可以借它，當然會缺少它，但就因債務人難於借得，債權人遂亦難於索回。不過，有價值換取貨幣的人，大都仍可按價值取得金銀。

所以，最近戰爭的巨大經費，主要絕非出自金銀的輸出。英國若干種商品的輸出，是這筆費用的出處。在政府或政府工作人員，與一商人訂約匯款至外國時，這商人即向國外來往通匯處，出一期票。他為了支付這張期票，與其送金銀出國，不如送商品出國。如果英國商品，不為那個國家所需要，他就會設法把商品送往別國，購買一張期票，來付清那個國家的欠款。把商品運往適當的市場，常可取得頗大的利潤。但運金銀出國，卻不見有任何利潤可圖。商人送此等金屬到外國購買外國商品，雖有利潤可圖，但此種利潤之來源，非由於外國商品的購買，而是由於外國商品的售賣。送出去還債的金銀，既不能取得外國商品，亦不能有利潤。所以，他自然會設法，由輸出商品的方法付還外債，而不願採取輸出金銀的方法。所以，英國現狀的作者，便說最近的戰爭期中，英國輸出的巨量貨物，沒有取回一點外國商品。

上述三種金銀之外，在一切大商業國中，都有大量的金塊交替著，時而輸入，時而輸出，以經營國外貿易。這種金銀條塊，像特定國鑄幣流通特定國內一樣，流通於各商業國之間，可視為大商業共和國之貨幣。特定國鑄幣的流動及其方向，受流通本國境內的商品支配，大商業共和國貨幣的流動及其方向，則受流通各國間的商品支配。兩者均為便利交換而設，

一則用於同國不同個人之間，一則用於不同國不同個人之間。最近戰爭的維持，或曾動用這大商業共和國的貨幣一部分。在大戰中，這種貨幣的流動與方向，自然和太平時期不同。戰場周圍，將愈爲此種貨幣流通之處；交戰國軍隊所需的俸給與食糧，均須在交戰地點及其鄰邦購買。但英國每年這樣使用的大商業共和國的貨幣，必須年年購買，購買所用之物，或爲英國商品，或爲英國商品所購得之他物。所以最終仍是歸到商品，仍是歸到一國土地勞動年產物。這才是我們維持戰爭究極的資源。設想每年這樣大的耗費，必須出自巨大產物，是很自然的。一七六一年，耗費便在一千九百萬英鎊以上。任何金銀累積，亦不能支持這樣大的常年浪費。甚至於任何金銀的年產額，亦不足支持。根據最可靠的統計，每年輸入西班牙、葡萄牙的金銀，總共不過六百萬英鎊。就某幾年說，這個數目，要支持前次戰爭四個月，亦不大能夠。

　　軍隊派往遠地，其俸給食糧，常須在遠地購買。購買此種俸給食糧，或購買大商業共和國貨幣以購買此種俸給食糧，均須輸出若干商品。最宜於爲這目的而輸出的商品，似乎是比較精巧改良的製造品，因其小體積中包含大價值，故得以小費用，遂行大距離的輸出。一國產業，若能每年生產多量剩餘的這種製造品而輸往外國，那麼，即使它不輸出巨量的金銀，甚至於沒有如此巨量的金銀可供輸出，亦可維持耗費極爲繁重的對外戰爭，至許多年。在這場合，這頗大部分的年剩餘製造品的輸出，雖於私商人，有外國商品提供。但於國家，卻沒有一點回報的外國商品；政府會向商人購買外國期票，以備在外國購買軍隊的俸給和食糧。不過，總有一部分剩餘製造品的輸

出，可繼續取回外國商品。在戰爭期間，製造品的需要加倍了。第一，購買軍隊的俸給與食糧，既然向外國出了期票，則為付清期票之故，自然要製造貨品。第二，國內通常消費的外國貨物，仍須向外國購買，為換回這種貨物之故，又須製造貨品。在破壞性最大的對外戰爭中，大部分製造業，往往會大盛起來；反之，在太平時節，卻往往會衰落下去。它們在國家衰落時繁榮，在國家恢復繁榮時衰落。試比較晚近戰爭期英國各種製造業的狀況，及停戰後若干時間內，英國各種製造業的狀況，即可作為我們上面所說的例證。

賴土地原生產物輸出，而遂行耗費繁重或期限悠久的對外戰爭，是不大方便的。運送大量原生產物往外國，以購買軍隊的俸給食糧，費用太大了。而且沒有幾個國家所生產的原生產物，足夠維持本國居民生活所需之外，還能有多大的剩餘。於是，以大量原生產物輸往外國，實無異奪去人民一部分必要生活資源。但製造品的輸出，情形就不同了。製造業工人的生活資源，仍保存國內，所輸出者僅為彼等產物之剩餘部分。休謨（David Hume）屢次注意往昔英國國王不能繼續長期對外宣戰的事實。那時英國除了土地原生產物和粗製造品，即無其他可資以購買遠地軍隊的俸給食糧。但原生產物不能從國內消費節省下來多少；粗製造品和原生產物的運輸費，又過於巨大。所以，這種不能的原因，並不是缺少貨幣，只是缺少比較精巧改良的製造品。英國之買賣，今日固依貨幣而行，往時亦一樣依貨幣而行。流通貨幣的數量，在今日，固然與通常買賣的次數與價值，持有一定比例，但那時亦持有一定的比例，其比例又必須是一樣。實則，因為那時沒有紙幣，而現在紙幣卻已

代替了大部分金銀，所以那時所持的比例，定然比現在更大。在商業製造業不甚發達之國，遇有異常事件發生，臣民對於君主，屢屢不能有多大援助。其理，我將在下面說明。所以，這樣的君主，只有努力累積財寶，以防萬一。並且，像這樣的國家，即使沒有這種必要，國王亦自然會傾向於過著爲增加積蓄所必要的節儉生活。在這種單純的國家，君主的經費，絕不爲虛榮心所支配，以盡宮廷驕奢淫佚之所好；大都用以周濟佃戶，款待臣下。虛榮心雖往往流於浪費，周濟與款待卻絕少有此結果。因之，韃靼酋長莫不富有財寶。烏克蘭哥薩克酋長麥齊伯（查理十二世著名的同盟者）的財寶，據說非常豐厚。梅羅文居安王朝的歷代法國國王，每位都有財寶。在他們分封諸兒時，亦以財寶分給諸兒，薩克森諸王及征服後最初諸王，亦同樣累積財寶。王位的篡奪，大都以掠奪君王財寶爲第一要務，似乎篡奪王位，即以掠奪前王財寶爲最基本的手段。進步國商業國之君主，卻沒有累積財寶的必要，因爲當他們面臨非常情況時，可以得到臣民非常的援助。除了沒有必要，他們也比較不傾向這麼做，他們自然會（也許是必然會）追隨時代的風尚。他們的經費，遂和領土內各大地主的經費一樣，爲豪華的虛榮心所支配。宮廷中無意義的裝飾，一天華麗過一天，其花費之大，不僅阻止累積，且將侵蝕其他必要用途上的基金。德西利達斯（Dercyllidas）描寫波斯宮廷的話，可用來描寫歐羅巴諸帝王的宮廷。在那裡，看得見許多華美，看不見多少勢力；看得見許多婢僕，看不見多少士兵。

　　金銀輸入，不是一國經營國外貿易所得的主要利益，更不是唯一利益。經營國外貿易的地方，無論是什麼地方，都可從

此得到兩種不同的利益。即輸出本國不需要的剩餘部分的土地勞動年產物，輸回本國所需的別種物品以為報答。以剩餘物品交換他物來滿足他們欲望的一部分，從而增進他們的享樂品，即是給剩餘物品以價值。賴此，國內市場之狹隘，得不致於妨礙各工藝部門之分工，使不能達至最高程度。又賴此，國內消費不了的勞動生產物部分，得開放一個更廣闊的市場，鼓勵生產者改進他們的勞動生產力，大幅增加他們的年產物，從而增加社會之真實財富與收入。這對於進行國外貿易的諸國，是何等偉大且重要的貢獻，而繼續這種貢獻的，便是國外貿易。固然，經營國外貿易的商人，會更大程度地供應本國人民的需要，輸出本國的剩餘物品，所以，最受益於國外貿易的是商人所在的國家。但通商各國，都將受莫大利益。以金銀輸入無金銀礦山但又需要金銀之國，固然是國外商業事務的一部分，卻是最無意義的一部分。單為了這種打算而經營國外貿易的國家，一世紀下來，恐怕亦沒有裝滿一條船的機會。

　　美洲的發現，誠然增加了歐洲的財富，但致富的原因，非輸入金銀。美洲金銀礦山的豐饒，減低了這種金銀的價值。與十五世紀比較，今日購買金銀器皿所須付給的穀物或勞動，約為當時的三分之一。今日歐洲，每年花費等量的勞動和商品，所可購得的金銀器皿約可三倍於當時。而且，因為商品跌價至原三分之一，不僅原來有資力購買這商品的人，可購買三倍以前的數量，即原來沒有資力購買這商品的人，亦將有此資力，所以有資力購買金銀器皿的人數，也許會比從前增加至十倍以上，甚至二十倍以上。於是歐洲現有的金銀器皿，不僅比從前（即使當時改良程度一如現今，不過美洲礦山未曾發現）多

了三倍以上，且恐已多於二十倍乃至三十倍以上。歐洲無疑從此獲得了實在的利益，不過，那確乎是一種甚不重要的利益。金銀價值的低廉，使它們比往時已更不宜充作貨幣。同一購買，已需較多貨幣，往時我們荷包內僅須攜帶一個「格羅」，於今已須攜帶一個先令，這也是一種不便。金銀價值高是一種不便，金銀價值低亦是一種不便，但哪一種不便較無關重要，卻頗難說。不過，這兩種不便，都不會在歐洲情狀上引起任何根本的變化。然而歐洲情狀，確曾因美洲發現而發生非常大的變化，此中理由，究竟在哪裡呢？即爲歐洲各種商品，開放了一個無盡的新市場！這樣一來，分工進步了、技術改良了。這在通商範圍狹隘，有大部分生產物缺少市場的時候，是絕不會有的現象。有了這現象，勞動生產力遂改良了。歐洲各國的生產物遂增加了，居民的眞實收入與財富遂亦跟著增大了。歐產的商品，對於美洲幾乎完全是新奇的；美產的商品，對於歐洲亦幾乎完全是新奇的。於是，出乎意料之外，有了一種新的交易，那於舊大陸有利，亦自然於新大陸有利。誰料到歐洲人蠻不講理，竟然使這樣一種應該有利於萬國的事情，成了若干不幸國家滅亡的原因。

　　與美洲發現幾爲同時的繞好望角至東印度通路的發現，也許可以說是開啓了一個更大的國外通商市場，雖然比較遠些。美洲當時除了兩個民族，其餘均在未開化狀態中，但這兩個民族，亦在被發現後不久就滅亡了。講到東印度，則有中國、印度、日本及其他各國，他們雖沒有更豐饒的金銀礦山，但在其他各方面若與祕魯、墨西哥比較，都當稱富裕之國，他們的耕種更爲進步，他們的工藝亦更爲進步。即使我們相信

（雖然明明白白不能使我們相信）西班牙諸作家關於往昔祕魯、墨西哥誇大的記載，我們亦當視它們不及東印度諸國。與文明富國交易，比與未開化野蠻國交易，所交易的價值，當然要更大得多。但歐洲由美洲貿易所得的利益，比起由東印度通商所得的利益，卻一向遠爲巨大。葡萄牙人獨占東印度貿易，幾達一世紀，歐洲人要把任何物品送到東印度去，或從東印度購入任何物品，都須間接經過葡萄牙人的手。前世紀初葉荷蘭人開始侵入印度時，隨即組織一個個公司，一手包辦了東印度的商業。英國、法國、瑞典和丹麥，之後又隨即仿效他們的先例。所以，歐洲無論哪一大國，對於東印度，都不曾享得自由貿易的利益。這種貿易的利益，之所以不及美洲貿易，即因東印度貿易不能自由，而美洲貿易，即歐洲各國對其所屬殖民地的貿易，卻任一切屬民自由經營。除了這個理由，我們實在用不著列舉其他。那些東印度公司排他的特權、深厚的財富，以及本國政府的保護優待，處處皆足引起嫉妒。這種嫉妒心，使人們常常把這種貿易看作有害的貿易，因爲經營這種貿易的國家，年年有輸出巨量白銀的必要。當事人之答辯，則謂白銀的繼續輸出，雖可致歐洲整體於貧困，但不能致貿易國於貧困，因爲，以外國商品的一部分，輸往歐洲其他諸國每年所入的銀量，遠大於所出的銀量。反對者，以我所檢討的俗見爲根據，答辯者亦以我所要檢討的俗見爲根據。所以，關於他們任何一方，我們都不必多費口舌，年年輸銀往東印度之結果，固可略微提高歐洲器皿的價值；銀鑄幣所能購得的勞動和商品，或亦可增加。但在這兩結果中，前一結果只是極小的損失，後一結果亦只是極小的利得；兩者都太無意義，不值得社會任何注

意。東印度的貿易既爲歐洲商品開放了一個市場，或者說，爲金銀（由這些商品而購得的）開放了一個市場，那當然有增加歐洲商品年產額，從而增加歐洲眞實財富與收入的趨勢。而這種貿易，卻一向增加歐洲財富收入甚少，也許要歸因於其進行上之處處受限。

我總以爲，對於財富是由貨幣或金銀構成的俗見，加以充分檢討，雖是一種麻煩的工作，卻是一種必要的工作。我說過，依照一般說法，貨幣屢屢表示財富；這種詞語的曖昧，使這種俗見深植人心。我們明明知道這種俗見不合理，但在推理時，我們每每忘記自己的原則，以致於默認這種俗見爲確實不能否定的眞理。英國有幾個最上乘的著作家，在論商業時，便從如下觀點出發，即構成一國財富的，不僅是金銀，而且是土地、房屋，以及各種消費可能品。但在推理時，他們卻把土地、房屋，及消費可能品，通通忘記了。在推理的過程，他們的論調常常假設一切財富由金銀構成，常常假設一國工商業的大目標即是增加此等金屬。

上述兩原則，一爲財富由金銀構成，一爲無金銀礦山之國，只能由貿易差額（即由輸出價值超過輸入）而輸入金銀。這兩原則既經確立，那就無怪政治經濟學的職志，在於盡量減少國內消費的外國商品之輸入，盡量增加國內產業的生產物之輸出了。於是，其富國兩大政策，便是限制輸入與獎勵輸出。

輸入的限制，共有兩類。

第一，本國消費的外國商品，如能由本國生產，那無論從任何的外國輸入，均一律加以限制。

第二，對某外國的貿易，如貿易差額被假設爲不利於本

國，那無論是何種貨物，只要從那個國家輸入，均一律加以限制。

此等限制，有時採用高關稅的方法，有時採用絕對禁止的方法。獎勵輸出的方法，有時是退稅，有時是獎勵金，有時是與外國訂立有利的通商條約，有時是在遠地建設殖民地。

在下述兩場合，允許退稅。

第一，在國內製造品課稅或納國產稅時，如輸出，即允將課稅的全部或一部分退稅。

第二，輸入時已經課稅的外國貨品，如再輸出，即允將課稅的全部或一部分退稅。

獎勵金的頒發，或用以獎勵新興的製造業，或用以獎勵被假設為應受特別眷顧的產業。

由有利的通商條約，特定國的貨物或商人，得在外國享受其他諸國貨物及商人所不能享受的特權。

在遠地建設殖民地，不僅可給殖民地建設國的貨物與商人諸多特權，且往往給他們以一種獨占。

兩種限制輸入的方法，四種獎勵輸出的方法，即是使貿易差額有利，以增加國內金銀量的六大手段，為重商主義所倡導。我將在以下各章，分別加以討論。我的討論，比較不著重這六種手段能不能有輸貨幣入國的想像傾向，而著重此等方策，對於其國產業的年產物，究竟有如何的影響。這諸多種方策，既有增減其國年產物價值的傾向，亦明顯有增減其國真實財富及收入的傾向。

第二章

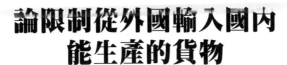

論限制從外國輸入國內能生產的貨物

　　以高關稅或絕對禁止，限制從外國輸入國內能夠生產的貨物，國內生產此等貨物的產業，即多少可以確保國內市場的獨占。禁止從外國輸入活家畜與鹽漬食品的結果，英國畜牧業者，遂確保了國內肉類市場的獨占。穀物輸入的高關稅（在收成普通時，即等於禁止的高關稅），給了穀物生產者以同樣的利益。外國羊毛輸入的禁止，同樣有利於羊毛製造家。製絲業所用的材料，雖全是外國產，但亦接近取得了獨占的利益。麻布製造業雖尚未取得，但亦有闊步前進以冀取得同種利益的傾向。還有許多其他種類的製造業，同樣在英國取得了或幾乎取得了有害同胞的獨占權。英國所絕對禁止輸入或在一定條件下禁止輸入的貨物，其種類之繁多，在一般不很熟知關稅法的人，簡直是無法想像的。

　　這種國內市場的獨占毫無可疑，往往會對於享有獨占權的特種產業，予以大獎勵；亦毫無可疑，往往會違反自然所向，使社會上有較大部分的勞動及資財，流入這特殊用途。但這辦法能不能增進社會一般的產業，能不能引導產業走上最有利的方向，卻也許沒有這樣明顯。

　　社會一般的產業，絕不能超過社會資本所能維持的限度。任何個人所能僱用的勞動人數既須按照他所有資本的比例，所以，大社會一切人員所能繼續僱用的勞動人數，亦須按照大社會全部資本的比例，絕不能超過這個比例。任何商業條例，亦不能使社會一般產業之增加量，超過社會資本所能維持的限度。那不過違反自然所趨，勉強改變一部分資本的用途，至於這個人為的方向，比起自然的方向，是否能有利於社會，卻又毫不確定。

每個人都不斷努力爲他自己所能支配的資本，尋覓最有利的用途。放在他心裡的，誠然不是社會的利益，只是他自身的利益，但他檢核自身利益的結果，自然會或不如說必然會引導他選定最有利於社會的用途。

一、投資國內用以維持國內產業，若能取得資本的普通利潤，或略微少些，但少得有限，那每個人的資本，就都會盡量投在國內，盡量用以維持國內的產業。

如果利潤均等或幾乎均等，則一切批發商人，自然都寧願經營國內貿易，而不願經營消費品的國外貿易，但與其經營販運貿易，卻又不如經營消費品的國外貿易。投資經營消費品的國外貿易，資本常常不受自己監視，但投在國內貿易上的資本，卻常受自己監視。在國內貿易的場合，所信託的人，品性如何、情況如何，投資人更容易弄得明白，即使偶然受騙，他亦更知道法律要求賠償的手續。至於販運貿易，則商人資本分散在兩個外國，沒有任何部分有攜回本國的必要，亦沒有任何部分，受他親身的監視與支配。譬如，阿姆斯特丹商人投資，從肯尼斯堡販運穀物至里斯本，從里斯本販運水果及葡萄酒至肯尼斯堡，其資本通常有一半投在肯尼斯堡，一半投在里斯本。沒有任何部分，有流入阿姆斯特丹的必要。這時候，這商人自然以住在肯尼斯堡或里斯本爲宜。他之所以住在阿姆斯特丹，不過因爲有極特殊的情況。然終以資本遠隔，極不放心的緣故，他常常把販運貨物的一部分，不計上貨、下貨的雙重費用，亦不計稅金與關稅的支付，繞道輸入阿姆斯特丹。他爲了要親身監視資本的若干部分，遂不惜擔負這額外的費用。亦即因此故，販運貿易占優勢的國家，居然會成爲通商諸國貨物

的中心市場或一般市場。但因要省免第二次上貨、下貨的費用，商人往往盡量在本國市場售賣諸國的貨物，即在可能範圍內，盡量使販運貿易，變作消費品的國外貿易。同樣，經營消費品國外貿易的商人，當蒐集貨物，備運往外國市場時，亦常常樂意以相等或幾乎相等的利潤，盡量在國內售賣貨物的一大部分。他要在可能範圍內，使消費品的國外貿易，變作國內貿易，這樣，輸出的危險與困難，就省免了許多。於是，雖然有時因特殊原因而驅資本出國，被迫投於遠方，但我們總可以說，無論哪一國，本國總是本國居民所有資本不斷流向的中心，本國居民所有的資本，亦即不斷流通於這個中心的周圍。我們說過，投在國內貿易上的資本，比投在消費品國外貿易的等量資本，更能推動較大量的國內產業，使國內有較多數的居民，能夠從此取得收入與職業。投在消費品國外貿易上的資本，比投在販運貿易上的等量資本，亦有較大的利益。所以，在利潤均等或幾乎均等的場合，每個人的投資方向，大都能給國內產業以最大的援助，從而，給本國最多數居民以收入與職業。

二、投資維持國內產業的每個人，都定然會努力指導產業，使其生產物，盡可能有最大的價值。

勤勞的生產物，即是添加於勤勞對象物或材料上的東西。雇主利潤的大小，即按照這生產物價值大小的比例。投資維持產業的人，既以圖取利潤為唯一目的，他自然會努力使投資維持產業的結果，能夠得到價值最大的生產物；換言之，希望所得的生產物，能交換最大量的貨幣，或其他貨物。

但各個社會的年收入，與其勤勞全部年產物之交換價

值，常常恰好相等，或不如說，恰好是同一的事物。把資本用來維持及指導國內產業，各盡所能，盡量使其生產物價值達到最高程度，本來就無異於各盡所能，盡量使社會的收入加大。固然，他們通常沒有促進社會利益的心思。他們亦不知道自己曾怎樣促進社會利益。他們之所以寧願投資維持國內產業，而不願投資維持國外產業，完全爲了他們自己的安全；他們之所以會如此指導產業，使其生產物價值達到最大程度，亦只是爲了他們自己的利益。在這場合，像在其他許多場合一樣，他們是受著一隻看不見的手指導，促進了他們全不放在心上的目的。他們不把這目的放在心上，不必然是社會之害。他們各自追求各自的利益，往往更能有效促進社會的利益；他們如眞想促進社會的利益，還往往不能那樣有效。一般爲公眾幸福而經營貿易的人，據我所知，並不曾成就多少善事。但有這種感情的商人既然不多，所以，用不著多費口舌，來勸阻他們這種感情。

　　什麼種類的國內產業最宜於投資，什麼種類的國內產業的生產物，常有最大的價值呢？關於這問題，政治家及立法家的判斷，絕沒有投資人自己的判斷那樣準確。因爲投資人處在當事人的地位。政治家指導私人應如何投資營業，最終不過加重自身的責任，去注意那種最不必注意的問題，從而擴大自身的權力。把這種權力委在愚蠢僭越自認宜於爲此的人手中，眞再危險沒有。其實，這種權力，絕不能安然委於任何一人身上，亦不能安然委於議會或元老院。

　　使國內產業任何特殊工藝或製造業的生產物，獨占國內市場，即在相當程度上，指導私人應如何使用其資本。這種法

規，幾乎在這一類場合，都是無用的或有害的。如果本國產業的生產物，與外國產業的生產物能一樣低廉，則此法規顯然無用。如果不能一樣低廉，那就通常是有害的。如果購買所費，比家內生產所費爲小，就一定不宜於家內生產，那是聰明的家主都知道的格言。所以，裁縫絕不要親自製作自己的鞋履，而是向鞋匠購買。鞋匠絕不要親自製作自己的衣服，而是向裁縫購買。農民則既不要縫衣，亦不要製鞋，而寧願僱用這兩種匠人。他們全發覺了，專營一種較優於他人的產業，而以生產物之一部分或其價格，購買他們所需要的別種物品，實大有利於他們自己。

於個別家庭爲得策者，於全國亦不致爲失策。就某種商品來說，設本國親自製造所費多於向外國購買所費，就不如在我們較有利的方法上，經營本國的產業，而輸出本國生產物之一部分，以向外國購買。國家一般的產業，常與維持產業的資本成比例，所以，像上述匠人的例子一樣，每個人的勤勞量絕不致於減少，不過是放任它，使之隨意揀選最有利益的用途。如果一種物品購買所費少，製造所費多，投資製造就顯然不曾按照最有利益的方法。不讓他投資生產價值較大的東西，卻要求他投資生產價值較小的商品，一定會多少減損其年產物價值。按照假設，向外國購買這商品，所費既較少，親自製造，所費既較多，如果任其自然，則等量資本投在國內，所能生產的商品，僅僅有一部分或其價格的一部分，就可把這商品購買進來。所以，管制的結果，不過使其國產業，由較有利的用途，改到更不利的用途，從而，其國年產物的交換價值，不但沒有順隨立法家的意志增加起來，而且一定會蒙受這種法規的影

響，減少下去。

固然，有時賴有這種法規，特定製造業比起沒有此等法規的時候，得更迅速確立起來，甚至於過一些時日，即能在國內以同樣低廉的費用或較為低廉的費用，製造這特殊的商品；不過，社會勤勞，要有利的流入特殊的用途，固可由這種法規，而更為迅速，但社會勤勞的總額或收入的總額，卻都不能由這種法規而增加。社會勤勞，只能隨社會資本的增加而成比例的增加；社會資本增加多少，又只看社會能在社會收入中漸次節省多少。這種法規的直接影響，既然是減少社會的收入，那在有這法規的時候，比在沒有這法規，資本及勤勞的使用，均全任其自然的時候，社會資本，無論如何，亦不能有更迅速的增加。

沒有這種法規，那特殊製造業誠然不能在社會上確立起來，但在社會存續的任何期間內，社會亦不致因此而更貧乏。在社會存續一切期間，其全部資本與勤勞，均將投在當時最有利的用途上，雖然對象有各種不同。在一切期間，其資本亦必盡可能，提供最大的收入，因之，資本與收入，均盡可能以最大的速度增加。

有時，在某特殊商品的生產上，某一國占有如此大的自然優勢，以致全世界皆承認與之競爭，必毫無益處。譬如，如果蘇格蘭為了要栽種極好的葡萄，釀造極好的葡萄酒，而嵌玻璃、設溫室和溫壁，致使費用三十倍於由外國輸入，而所得之品質，至多不過與外國葡萄酒相等，那單單為了要獎勵蘇格蘭釀造波爾多和勃良地（均為法國葡萄酒名），便禁止一切外國葡萄酒輸入，亦是合理的法律嗎？如果比向外國購買，所使用

的資本與勞動多了三十倍，而所得的貨物，卻是相等，那偏如此改變資本的用途，當然是十分不合理的；但若如此，即使所使用的資本與勞動，僅多三十分之一，或僅多三百分之一，也是不合理。不合理的程度雖然沒有那樣明顯，但都是不合理。至於一國勝於他國之優勢，是出於天然，或出於人為的努力，在這點上，卻又無關於我們的問題。只要甲國有這優勢，乙國無此優勢，乙國即不如向甲國購買，而不要自己製造。譬如某匠人，較從事他業者某人的優勢，誠然只是自身努力所獲的，但利於互相購換，更不利於兼營非本身優勢之業，卻是兩方共有的感想。

從這種國內市場的獨占而取得最大利益的人，便是商人與製造家。禁止外國家畜及鹽漬食品的輸入，課外國穀物以高關稅（這在收成普通的年歲，即等於禁止），雖亦有利於英國的畜牧家與農業家，但這兩種限制，對於畜牧家、農業家的利益，即使綜合計算，亦趕不上商人製造家由同類條例所得的利益。製造品，尤其是精緻製造品，比穀物、家畜，更易由一國運至他國。所以，國外貿易通常以輸運販賣製造品為主要業務。就製造品來說，外國人稍微占一點點優勢，就可以使我國工人的製造品在國內市場上賤賣。但就土地原生產物來說，非占有極大的便宜，就不能做到這個地步。如果外國製造品，得自由輸入，也許真有幾種製造業會受其損害，也許真有幾種製造業會破滅，結果定有大部分資財與產業，將離開現在的用途，被迫改而投入其他的用途。但土地原生產物最自由的輸入，亦不能在本國農業上，引出這樣的結果。

譬如，即使家畜的輸入，從來就是這樣自由，但少量的輸

入，絕不能有所影響於英國畜牧業。活家畜，怕是海運較陸運昂貴的唯一商品了。因為家畜可以行走，由陸運即自己運輸自己。但由海運，則被運輸的，不僅是家畜，家畜所需的食物飲料，亦須費許多錢、許多麻煩來運輸。愛爾蘭及大不列顛間之海程，距離頗短，故愛爾蘭家畜之輸入，亦較易。晚近，已允許愛爾蘭家畜在有限期間輸入了，其實，即使允許其永續自由輸入，亦不能對大不列顛畜牧家的利益有太大影響。大不列顛沿愛爾蘭海峽一帶，大都是畜牧地。愛爾蘭的家畜，須經極廣漠的地方，始能驅入眞正的市場，而適於使用，故所費頗為不貲，亦極為麻煩。肥的家畜，不能行走那麼遠，所以，只有瘦家畜可以輸入，這種輸入絕不致於牴觸飼養牲畜及養肥牲畜地方的利益（不但不會牴觸，且因其可以減低瘦家畜的價值，從而給其地以利益），只會牴觸繁殖牲畜地方的利益。自從愛爾蘭家畜輸入解禁以來，愛爾蘭家畜運入不多，加以瘦家畜的售價，又依然高昂的事實，似乎證明了，就連大不列顛的繁殖牲畜地方，亦不會受愛爾蘭家畜自由輸入太大的影響。據說，愛爾蘭的普通平民，對於家畜的輸出，有時會激烈反對。但是，輸出者如果覺得繼續輸出家畜有任何利益，而法律又允許，他們要克服愛爾蘭群眾的反對，是很容易的。

　　此外，飼養牲畜及養肥牲畜的地方，通常已大為改良。但繁殖牲畜的地方，卻通常未曾開墾。瘦家畜的高價格，因可增加未開墾土地的價值，往往無異於頒發反對改良的獎勵金。對於全境已大改良的國家，與其親自繁殖瘦家畜，實不如輸入瘦家畜。據說，現在荷蘭各地，即信奉此原理。蘇格蘭、威爾斯，以及諾孫伯蘭的山地，不能有多大改良，依照自然，似乎

就註定了要作大不列顛的繁殖牲畜場地。准許外國家畜自由輸入，其唯一結果，不過使這些地方不能利用英國其他部分日益增加的人口與改良謀利，不能再提高其家畜價格至不合理的程度，不能再向國內更為改良、更為開墾的一切地方，課取一種真實的賦稅。

像活家畜一樣，鹽漬食品最自由的輸入，亦不會有害大不列顛畜牧家的利益。鹽漬食品，不僅是體積極大的商品，且與鮮肉相比，其品質既較劣，其價格又因所費勞動及運費較多而較昂。所以，這種鹽漬食品，雖能與本國的鹽漬食品競爭，但絕不能與本國的鮮肉競爭。那雖然是遠洋航船所需的食料，有許多用處，但在人民食物中，畢竟不是任何可觀的部分。自從准許鹽漬食品自由輸入以來，從愛爾蘭輸入的鹽漬食品，數量仍是不多的事實，是我國畜牧者絲毫用不著畏懼這種自由實驗的證據。肉類價格，並不會顯著受其影響。

就連外國穀物的輸入，亦不大能夠影響大不列顛農業家的利益。與肉類比較，穀物那種商品的體積，更大得多。以四便士購買肉類一磅為高價，以一便士購買小麥一磅，殆為同樣的高價。外國穀物，甚至在大荒年，亦不過輸入極少量之事實，可以安慰我國農業家，不必擔心外國穀物的自由輸入。根據最可靠的穀物貿易研究家的報告，平均每年輸入的各種穀物量，總共不過二萬三千七百二十八夸特，僅及本國消費額五百七十一分之一。但因穀物獎勵金在豐年引起了按現耕作狀態所不致有的輸出，故遇歉歲，亦必引起按現耕作狀態所不致有的輸入。因為有這種獎勵金，今年的豐收，已不能補償明年的歉收。平均輸出量，既必因這種獎勵金而增加，所以，在現

耕作狀態下，平均輸入量，亦必因這種獎勵金而增大。倘無獎
勵金，則輸出之穀物較少，故逐年平均計算，輸入量也許亦較
現今爲少。穀物商人，換言之，在英國及他國間運販穀物的
人，誠然將因此而損失許多生意，致受大損失，但在鄉紳農業
家，則吃虧極其有限，所以，最希望獎勵金持續的人，不是鄉
紳與農業家，而是穀物商人。

　　說句恭維話，在一切人民中，鄉紳與農業家，要算是最
少有卑劣的獨占精神。大製造廠的企業家，如果發覺了附近
二十哩內新建了一所同種類的工廠，有時就會大驚。在阿卑維
爾經營羊毛製造業的荷蘭人，規定在那城市周圍二十哩內，不
許建設同類的工廠。反之，農業家與鄉紳不但不會加以阻止，
通常還願意促進鄰近各田莊的開墾與改良。大部分製造業，都
要保持祕密，他們卻沒有祕密。如果他們發現了有利的新方
法，他們不但不會保守祕密，且願盡其可能，遍告於鄰人。大
嘉圖（The Old Cato）曾說：「他們的利潤最爲眞實、最爲安
全、最不會惹人嫉妒；和任何人比較，他們的心術最難說是
邪惡不誠實的。」（Pius questus stabilissimusque, minimeque
invidiousus; minineque male cogitanst, sunt qui in eo studio
occupati sunt.）鄉紳與農業家，散居國內各地，不易團結。商
人與製造家，卻集居於都市，盛行排外的同業組合的風氣，他
們既可不顧本市居民而取得排外的特權，自然會努力不顧本國
的人民，而求得同類的排外特權。保障國內市場獨占限制外國
貨物輸入的方法，似乎就是他們的發明。鄉紳、農業家拋棄他
們本人地位自然會有的寬大心，起來要求穀物及肉類的供給獨
占權，也許是模仿商人、製造家，因見他們常常壓迫自己，要

和他們立於同等的地位。至於自由貿易，他們自身利益所受影響，如何遠比商人、製造家利益所受影響爲淺，他們也許沒有費一刻工夫來考慮。

以恆久的法律，禁止穀物及家畜的輸入，即規定一國的人口與產業，永遠不得超過本國土地原生產物所能維持的限度。

增加外國產業若干負擔，以獎勵國內產業，似乎只在下述兩種情況，可得利益。

第一，特種產業，爲國防所必需。加重外國同種產業的負擔，以獎勵國內同種產業，頗爲有利；第二，一種產業的生產物，雖是本國出產，亦須在國內課取賦稅，則加外國同種產業以同等稅金，以獎勵國內同種產業，亦通常有利。

現在，先講第一種情況。譬如，英國的國防，是否鞏固，就看他有多少海員與船舶。爲獎勵英國的航運業，訂立航海法，有時絕對禁止外國航船，有時課外國航船以重稅，給本國航運業者以本國航運的獨占權，就很是適當了。航海法的規例，大要如下：

一、凡與大英居留地、殖民地通商或在大不列顛沿岸經商的船舶，其船主、船長，以及船員四分之三，須爲英國籍之臣民，否則，沒收其船舶及所載之貨物，以示厲禁。

二、有許多體積極大的輸入品，只能由上述那種船舶或貨品出產國（其中船主、船長，以及船員四分之三，均爲該國臣民）的船舶，輸入大不列顛，但由後一類船舶輸入，須課加倍的居留稅。若由其他船舶輸入，則處以沒收船舶及所載貨物之刑罰。此法令頒布時，荷蘭人正是（現今仍是）歐洲的大販運業者。但從這法令公布以來，他們再不能作大不列顛的販運業

者了，再不能把歐洲其他各國的貨物，輸入我國了。

三、有許多體積極大的輸入品，只許由出產國輸入，否則，即使用英國船舶運送，亦在禁止之列，並沒收其船舶與所載貨物。這項規定，也許專為荷蘭人而設。那時（現今仍是），荷蘭是歐洲各種貨物的大中央市場，有了這個條例，英國船舶就不能在荷蘭國境內，載運歐洲其他各國的貨物了。

四、各種鹽漬魚類，鯨鬚，鯨鬢，鯨油，鯨脂，非由英國船捕獲及調製，在輸入大不列顛時，即須課以加倍的居留稅。那時歐洲以捕魚供給他國為業者，只有荷蘭人（現今，這種漁人，主要仍是荷蘭人）。有了這個條例，他們要以魚類供給英國，便須增加一種極重的負擔了。

這航海法制定的時候，英荷兩國實際雖未有戰爭，然兩國間仇視之劇烈，已達極點。制定、公布及實施這法律的，是長期議會統治時期的政府，但不久就在克倫威爾王朝及查理二世王朝，爆發了幾次荷蘭戰爭。所以，說這個有名的法令，有幾個條目，是從民族的敵意出發，亦是十分可能的。但這個法令，仍是很賢明的，即使出自最慎重的智慧，所得結果，當亦不過如此。由民族敵意出發，竟得與最慎重的智慧，同其歸趨。唯一危害英格蘭安全的荷蘭海軍勢力，便從此削減了。

航海法不利於國外貿易，不利於由外國貿易致國於富。一國在對外國的通商關係上，當然以買賤賣貴為有利益。買價求其最廉，賣價求其最昂，那與個別商人的處境，是完全一樣的。但要買賤，則自由貿易最為適宜。何則？貿易的完全自由，將鼓勵一切國家，以他們所需的物品，輸入他們的國內。如要賣貴，亦同樣以自由貿易為最適宜。如若買者群集於本國

市場，貨物售價即可盡量提高。航海法，對於輸出英國生產物之外國船舶，誠然不曾加以負擔。往時輸出貨物、輸入貨物須同樣付納的居留稅，亦因以後若干法令規定，大部分輸出品，無須再納居留稅了。但這一切，均不足減輕航海法對於國外貿易之有害傾向。外國人如果因爲受我們禁止，或被我們課取高關稅，致不能來此售賣，亦必致不能來此購買。空船來我國裝貨，勢必損失一趟的船費。減少售賣者的人數，即是減少購買者的人數。如此，與貿易完全自由的時候比較，我們不僅在購買外國貨物時，要買得更貴，而且在售賣本國貨物時，要賣得更廉。但國防與國家財富相較，則國防居於遠爲重要的地位。在英格蘭各種通商條例中，航海法也許是最賢明的一種。

其次，再講第二種情況。即一種產業生產物，雖是本國生產，亦須在國內課稅，加外國同種產業以若干賦稅，以獎勵國內同種產業，亦通常有利。在這場合，課外國生產物以同額的稅金，似亦合理。這辦法，不能給國內產業以國內市場的獨占權，亦不致使某特殊用途的資財與勞動，多於自然所必要。課稅的結果，只能使一部分資財及勞動的用途，略微違反自然所趨，而流入較不自然的用途。課稅後，本國產業與外國產業，仍得像課稅前一樣，盡可能立於近乎同一的水準線上，互相競爭。所以，在英國，如果國內產業生產物亦不免課稅，那就往往爲了要制止我國工商階級的喧囂怨聲——說他們將在國內賤賣——之故，而對於同種類的外國商品之輸入，課以更重得多的稅金。

關於自由貿易第二種限制，有人以爲，在若干場合，不應局限於輸入本國而與本國課稅品恰相競爭的外國商品，應該

做更進一步的推廣。生活必需品,如已在本國課稅,他們就以
為,課外國輸入的同種生活必需品以賦稅,固為應當;即對於
輸入本國與本國任何產業生產物競爭的任何外國商品,課以賦
稅,亦屬正當。他們說,這種課稅的結果,必導致生活品價格
提高,勞動者生活品價格提高的結果,勞動價格往往會跟著騰
貴。所以,本國產業生產的各種商品,雖無直接的賦稅,但均
將因此種課稅而騰貴起來,因生產這各種商品的勞動騰貴了。
所以,他們說,這種課稅雖只以生活必需品為對象,但影響所
及,實無異對國內生產的一切產品都課稅。所以,要使國內產
業與國外產業立於同等地位,他們以為,對於輸入本國,與本
國任何商品競爭的任何外國商品,一律課以與本國商品價格提
高額相等的稅額,乃屬必要。

　　生活必需品稅,如英國的肥皂稅、鹽稅、皮革稅、燭稅
等,是否一定會提高勞動價格,從而提高一切其他商品的價
格,我們將在之後討論賦稅時,加以討論。現在,我們姑且假
定其是吧,一定會提高勞動價格,從而提高一切其他商品的價
格吧,但這種一般的提高(因勞動價格提高,致一切商品的價
格提高),就以下兩點看,便和特殊的提高(因特種賦稅直接
加在這特種商品上,致這特種商品的價格提高)不同。

　　第一,特種賦稅可在什麼程度上提高特種商品的價格,往
往可以十分準確的判定。但勞動價格一般的提高,將在如何程
度上,影響各種不同勞動生產物的價格,卻不能十分準確的判
定。所以,要按各種國內商品價格的提高額比例,而課各種外
國商品以相當的賦稅,亦必不能十分準確。

　　第二,生活必需品稅,對於人民生活的影響,殆類於土壤

貧瘠、氣候不良。這種賦稅提高食糧價格的方法，有如生產食糧已需異常的勞動和費用。在土壤貧瘠、氣候不良，致引起天然的窮乏時，指導人民如何使用其資本與產業，當然是不合理的；在生活必需品課稅，致引起人為的窮乏時，指導人民應如何使用其資本與產業，亦同屬荒謬。在這兩種情況，為人民利益，最好讓他們自己評估自己的處境，在這不幸情狀中，在國內或國外尋出比較有利的用途，來經營自己的產業。因為他們的賦稅負擔已經太重了，再課他們以新的賦稅，使他們購買其他大部分物品，亦須同樣支付過高的價格，當然是最不合理的改良法。

這一類賦稅，達到了一定的高度，則其可惡，不僅等於土壤貧瘠，且等於天時險惡。但最通行這一類賦稅的地方，偏偏就是最富裕、最勤勉的國家。其他的國家，絕不能支持如此大的倒行逆施。只有最強健的身體，能在攝取不健康的食物下生存並享受健康；所以，能在這一類賦稅下立足而繁榮的國家，其各種產業，均須享有最大的天然利益與後天努力所得的利益。在歐洲，最通行這一類賦稅的國家，首推荷蘭，其國繁榮之由來，絕非如一般不合理的想像。這一類賦稅，絕不是荷蘭繼續繁榮的原因，那只因有別種原因，以致於雖有這種賦稅，亦不能阻止其繼續繁榮。

課外國產業以若干負擔，以獎勵本國產業，在上述兩種情況，通常是有利的，而在下述兩種情況，則有考慮餘地。

（一）在什麼程度上，宜繼續准許一定的外國貨物自由輸入。

（二）在什麼程度上，或在什麼模式上，宜在自由輸入已中斷若干時日之後，恢復自由輸入。

在什麼場合，我們有時會產生第一種考慮——在什麼程度上，繼續准許一定外國貨品自由輸入，始為適當呢？即在某外國以高關稅或禁止的方法，限制我國某種製造品輸入其國內之情況。在這情況，復仇心自然會迫令我們報復。我們對於他們某種或一切製造品，課以同樣的關稅或禁止，以限制其輸入我國，亦屬常情。各國通常都這樣互相報復。法國人，對於一切可以輸入進來和他們競爭的外國貨品，特別喜歡用限制輸入的方法，來庇護他們本國的製造業。這種做法構成科伯特（Jean Baptiste Colbert）的大部分政策。科伯特才能雖不小，但在這裡，卻似乎為商人、製造家的詭辯所欺蒙了。這些商人、製造家，常常要求一種有害同胞的獨占權。現在，法國最有智力的人，覺得他這一類行為，實於國家無益。這位大臣，一六六七年公布關稅法，對於大多數外國製造品，概課以極高的關稅。荷蘭人請求減輕關稅不得，遂於一六七一年，禁止法國葡萄酒、白蘭地，以及製造品輸入。一六七二年的戰事，有一部分應歸因於這次商業上的爭論。一六七八年的寧沫根（Nimeguen）合約，終允荷蘭人之請，減輕了種種賦稅。荷蘭人遂亦撤回輸入禁令。這次戰事，遂於一六七八年結束。但就在此後不久，英法兩國又互相傾軋，採用同樣的高關稅與禁止政策，壓迫對手方的產業。首先發動的似乎是法國。兩國間宿怨甚深，故於此事，雙方都甚認真，不肯放鬆一點。一六九七年，英國禁止伏蘭德（Flanders）製造的薄紗輸入。伏蘭德彼時尚為西班牙領地，其政府遂亦禁止英國羊毛輸入，以為報復。一七○○年，英國撤回了禁止伏蘭德薄紗輸入之禁令，以伏蘭德撤回禁止英國羊毛輸入之禁令為條件。

　　爲了要撤廢不平的高關稅或禁令而採用的報復政策，如果
有可能達到撤廢的目的等，就可說是良好的政策。廣大外國市
場的恢復，通常，對於因某種物品價格暫時昂貴而蒙受的暫時
不便，不僅可予以賠償，而且有餘。但這種報復政策，是否能
夠達到這種目的，其判斷，與其說是立法家所應注意的科學，
不如說是流俗所稱政治家或政客所應有的技巧。立法家之考
慮，應受常常不變的普遍原理指導。狡猾權謀的動物，即通俗
所謂政治家或政客，才只注意暫時的世變。在沒有撤銷這種禁
令的可能性時，爲了要賠償我國某階級人民所受的損害，再由
報復，等於我們自己又施加另一種傷害，於是我國一切其他階
級也都受到傷害，實在不是好辦法。在鄰國禁止我國某種製造
品時，我們通常不僅禁止他們同種製造品，單是這樣，罕能給
他們以顯著的影響，且從而禁止他們幾種製造品。這無疑可給
我國某特種工人以獎勵，替他們排去了一些競爭者，使他們能
在國內市場上，抬高他們的價格。不過，受鄰國禁止的我國那
些工人，並不能得我國禁令的利益。反之，他們以及我國其他各
階級人民，在購買某幾種貨物時，卻都不得不支付比從前更爲昂
貴的價格。像這一類法律，課徵了全國的眞實賦稅，但受益的不
是受鄰國禁止令之害的那一階級的工人，而是其他階級的人民。

　　在什麼場合，我們有時要產生第二種考慮——在自由輸入
已中斷若干時日以後，在什麼程度上或什麼模式上，恢復自由
輸入，才算適當呢？即，在本國特殊製造業，因一切能加入本
國和它競爭的外國貨物，已受高關稅或禁止的影響，而如此擴
大起來，能僱用非常多數職工的時候。在這情形，人道主義，
可以要求一步一步的、小心翼翼的、時有戒心的，慢慢恢復自

由的貿易。如果驟然撤廢高關稅與禁止，較低廉的同種類的外
國貨物，將迅速流入國內市場，把我國無數人民的日常職業與
生活資源，驟然剝奪了去。由此而起的紊亂，當然很大。然依
據下述兩種理由，由此而起的紊亂，不像一般所想像的那麼厲
害，亦是十分可能的。

　　第一，無獎勵金通常亦可輸出一部分到歐洲其他各國的製
造品，都不大會受外國貨品最自由的輸入影響。這種製造品，
輸往外國，其售價必與同品質、同種類的其他外國貨品，同樣
低廉。因此，在國內其售價自必較廉，故依然能占有國內的市
場。即使有一些愛好時髦的人，有時只因外國貨是外國貨，便
愛好起來，本國製造的同種貨物，雖價廉物美，亦為他們所不
取，然按照事物之自然，那種愚行，實不能如此普及，致顯著
影響人民一般職業。譬如，我國羊毛製造業、鞣皮業，及鐵器
業，其中，即有大多數部門的製造品，每年不必依賴獎勵金而
輸往歐洲其他各國。然僱用職工最多數的製造業，亦就是這幾
種製造業。受自由貿易影響最大的，也許是製絲業；次之，是
麻布製造業，但後者所受損失，又遠較前者為淺。

　　第二，如此恢復貿易自由，雖將使許多人民，突然失去
他們日常的職業和普通的生計方法，但不能因此，便斷言他們
將無職業、無生計。晚近戰爭停止時，海陸軍大減，有十萬
以上（其數之大，殆與最大製造業所僱用的人數相等）的海兵
和陸兵，失去他們日常的職業，他們無疑會覺得不方便，但他
們並不因此便被剝奪了一切職業與生計，海兵的較大部分，也
許逐漸有了機會，改業而服務於商船。被遣散的海陸兵士，都
被吸入人民大眾中，而在各種職業中受僱。十萬名以上慣於使

用武器的人（其中，尚有許多是慣於劫掠的），其地位經過了如此大的一個變化，卻並不會引起大的動亂，亦不會引起何等顯著的紊亂。隨便什麼地方，遊民的數目，並不曾因此而顯有增加。並且，據我所知，除了商船海員的工資以外，無論何種職業勞動的工資，亦不曾減少。兵士尚可如此改其所業，則製造業工人要改就新業，當然更有資格，因為兵士一向賴俸給為活，製造業工人則專賴自身勞動為生。前者習於怠惰與浪費，後者習於實用與勤勞。勤勞方向的改變，僅由這一種勞動改為另一種勞動，當然更容易得多；要由怠惰與浪費改為勤勞，勢必較為困難。此外，據我們觀察所得，大部分製造業，都有性質相似的旁系製造業，所以，他們要改變勤勞的方向，很容易就能達到目的。並且，大部分的這類工人，尚有時被僱為農村的勞動。以前在特殊製造業上僱用他們的資財，仍將留在國內，而在別一種方法上，僱用相等人數的人民。國家的資本，依然無恙，對勞動的需要，亦依然不變，或幾近於不變，不過使用的地方不同，從事的職業不同而已。海陸兵士一旦被遣散，有在大不列顛或愛爾蘭任何都市、任何地方經營職業的自由。國王治下一切臣民，如果都能像海陸兵士一樣，恢復其經營實業的天賦自由；換言之，設能摧毀同業組合的排他特權，撤廢學徒法令（兩者都是天賦自由之實際侵害），再撤廢居住法，使貧窮工人於此地此業成為失業者，得於彼地彼業成為就業者，不必擔心刑罰，亦不以擔心被迫遷移，從而使社會與個人，都好像遣散的兵士一樣，不致因某特種製造業工人的偶然解散，而蒙受損害。我國的製造業工人，無疑對於他們的國家，有頗大的功績。但與以血肉保衛國家的人相較，他們並沒

有更大的功績，對於他們，亦用不著有更細心的待遇。

　　期望自由貿易完全在大不列顛（英國）恢復，其不可能，殆如期望天堂島或烏托邦將在大不列顛實現一樣愚蠢。不僅公眾的偏見，更難克服的還有許多個人利害關係，皆與此種期望極其相反。軍隊的將校，一致強烈反對縮小兵力，製造家亦同樣一致強烈反對在國內市場上增加競業者人數的法律。軍隊的將校，住住鼓動兵士，以暴亂攻擊縮小兵力的提案；製造家亦將同樣鼓動他們的工人，以暴亂攻擊這種法律。所以，現今，要嘗試在某一方面減縮我國製造家危害我們同胞的獨占權，其危險殆如縮編軍隊。這種獨占權，已經加大了某一種製造業的人數，他們會像過於龐大的常備軍一樣，不但可以脅迫政府，且常可脅迫議院。贊助加強此種獨占權提案的國會議員，不僅可得理解貿易的佳譽，且可在那個以人數眾多財富龐大而占重要地位的階級中，獲得民意與勢力。反對這類提案的人，即使有阻止這類提案的權力，有世所公認的正義心，有最高的地位，有最大的社會功績，恐仍不免受最不名譽的侮辱與誹謗，不免受人格的攻擊，且有時不免受實際的危險。憤怒與失望的獨占者，有時會以無理的暴行，危害他們。

　　大製造業的企業者，如果因為在國內市場上突然遇到了外國人來競爭，遂不得不拋棄原業，其損失當然不小。那一部分通常用來購買材料及支付工資的資本，要另尋用途，也許不會十分困難。但另一部分固著在工廠及職業專用器具的資本，卻恐引起頗大的損失。為了他們的利益，公平的考量，要求這種更革，不宜操之過急，而宜徐緩逐漸的，在長期的警告以後實行。議院之考慮，若能不為片面利害關係之喧囂強求所左右，

而爲普遍幸福之遠見所指導，即應爲此理由，特別小心，不再
建立任何新的獨占，亦不推廣已經建立的獨占。這樣的法規，
均會實際擾亂國家的組織，即使後圖救濟，亦難免會引起另一
種騷動。

至於在什麼程度上，宜爲徵收政府收入，不宜爲防止輸入
而課外國商品賦稅，是我之後處理賦稅時才要討論的問題。但
爲防止輸入，甚至於減少輸入而設的賦稅，則既會破壞貿易的
自由，亦顯然會破壞關稅的收入。

第三章

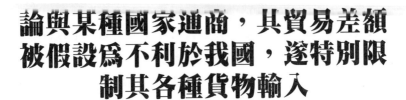

論與某種國家通商，其貿易差額被假設為不利於我國，遂特別限制其各種貨物輸入

第一節　即根據重商主義的原則，這種限制亦不合理

重商主義所提倡增加金銀量的第二個方法，是特別限制某種國家幾乎一切貨物的輸入，因爲與這種國家通商，其貿易差額被假設爲不利於我國。因此，西里西亞的細竹布，付了一定的賦稅，即可輸入英國，供英國本國消費；法國的細葛布及細竹布，卻除了輸入倫敦港暫停以待輸出，便禁止輸入。法國葡萄酒輸入所須負擔的賦稅，亦較葡萄牙或其他國葡萄酒輸入的負擔重。依照一六九二年所謂輸入稅，一切法國貨品，均須繳納價值百分之二十五的賦稅。但其他各國貨物大部分的輸入，所納賦稅，卻是輕得多，罕有超過百分之五以上的（法國的葡萄酒、白蘭地、食鹽、醋，誠然不在此例；但此等商品，復依照別項法律或這個法令的特殊條文，規定須繳納別種苛重的賦稅）。一六九六年，又認此百分之二十五，尚未足以阻止法國商品的輸入，遂再課以百分之二十五的賦稅。能避免追加百分之二十五賦稅的法國貨物，僅白蘭地一項而已。此外，每噸法國葡萄酒又須納新稅二十五鎊。每噸法國醋又須納新稅十五鎊。法國貨物又絕不能省免此等一般補助金，即關稅簿上列舉的各種貨物，全須支納的百分之五稅。即使把三分之一補助金和三分之二補助金，算作是全部的補助金，亦有此等一般補助金五倍。因此，在現今戰事未開始以前，法國大部分栽培物、生產物或製造品，至少，亦須負擔百分之七十五的賦稅。但大部分貨物，實在負擔不起這樣重的賦稅。所以，課它們以這樣重的賦稅，無異禁止它們輸入。我相信，法國爲報答此種待遇起見，亦曾以如此苛重的賦稅，加在我們的貨物及製造品上。

這種相互的限制，幾乎斷絕了兩國間一切公平的貿易，輸法國
貨物至英國者，及輸英國貨物至法國者，主要皆由走私。我在
前章所檢討的諸原則，發源於私利和獨占的精神；在這章所檢
討的諸原則，卻發源於國民的偏見與敵意。我們正可以推測，
在這章所檢討的諸原則，比起前章，還更不合理。就連根據重
商主義的諸原則，那亦是不合理的。

第一，即使英法間自由通商的結果，貿易差額確於法國有
利，我們亦不能因此斷言那樣一種貿易，將於英國不利，亦不
能因此斷言英國全部貿易的總差額，將因此種貿易而愈不利於
英國。如果法國的葡萄酒，較葡萄牙的葡萄酒為價廉物美，其
麻布較德國的麻布為價廉物美，那英國所需的葡萄酒與外國麻
布，當然以向法國購買更為有利，以向葡萄牙、德國購買更為
不利。從法國每年輸入的價值，固將大增，但因同品質的法國
貨物，較廉於葡萄牙、德國兩國貨物，故全部輸入的價值必減
少，而減少之量，則與其低廉程度成比例。即使輸入的法國貨
物，是全部在英國消費，情形當亦如此。

第二，事實上，輸入的全部法國貨物，仍有大部分會再輸
到其他國家去做有利潤的販買。這種再輸出，也許會帶回一個
外國商品，與法國全部輸入品的原費，有相等的價值。關於東
印度貿易的言論，應用到法國貿易上來，也許亦是真的。東印
度的貨物，雖有大部分是用金銀購買，但由其中一部分貨物的
再輸出，所帶回到本國來的金銀，即較多於全部貨物的原費。
現在，荷蘭貿易最重要諸部門之一，即是運法國貨物到歐洲其
他諸國。英國人飲的法國葡萄酒，亦有一部分祕密由荷蘭及錫
蘭輸入。如果英法間貿易自由，或法國貨物在輸入時，與歐洲

其他各國支付同樣的賦稅，而在輸出時，又可同樣退稅，則於荷蘭如此有利的貿易，或須為英國分去一份。

第三，兩國間的貿易差額究竟於何國有利；換言之，何國輸出的價值最大，那是頗難斷定的一個問題。我們判斷的時候，不能有確實的規準。關於這一類問題，我們的判斷，往往根據國民的偏見與敵意。而這種偏見與敵意，又常常被特種營業家基於私利進一步加強。在這情況，我們往往會參考兩個規準，即稅關帳簿與匯兌情形。稅關帳簿，因所評價的各種物品，有大部分的評價頗不準確，所以，現今大家都承認那是極不確實的規準。至若匯兌情形，恐怕亦幾乎同樣有這種毛病。

當倫敦與巴黎兩地以平價匯兌時，據說，那就顯示了倫敦所負於巴黎的債務，恰為巴黎所負於倫敦的債務所抵清了。反之，購買巴黎期票，若須在倫敦支付貼水，據說，就顯示了倫敦所負於巴黎的債務，未為巴黎所負於倫敦的債務所抵清。因此，倫敦必須以一定差額的貨幣送往巴黎。因輸出貨幣頗有危險、麻煩，與費用，故代匯者要求貼水，匯兌人亦須支給貼水。據稱，這兩都市間，債權與債務的普通狀態，必然受彼此間商務來往的普通情形支配。由甲都市輸入乙都市的數額，若不大於由乙都市輸出到甲都市的數額，由乙都市輸入甲都市的數額，又若不大於由甲都市輸出到乙都市的數額，則彼此間，債務與債權可以抵清。但若甲方從乙方輸入的價值大於甲方向乙方輸出的價值，則甲方所負於乙方的數額，必大於乙方所負於甲方的數額。債權債務，於是不能互相抵清。債務重於債權的方面，遂必須輸出貨幣。匯兌的普通情形，即可標示兩地間債務與債權的普通狀態，亦必然會標示兩地間輸出與輸入的普

通情形，因兩地間債權債務的普通狀態，必然受支配於兩地間輸出輸入的普通情形。

即使匯兌的普通情形，可以充分指示兩地間債務與債權的普通狀態，但亦不能因此便斷言：債務與債權的普通狀態若有利於其地，貿易差額亦即有利於其地。兩地間債務與債權的普通狀態，並非完全取決於兩地間商務來往的普通情形，也常受兩地間任何一地對其他各地的商務來往的普通情形影響。譬如，英國購買了漢堡、但澤、里加等處的貨物，往往購荷蘭期票以支付貨物代價。於是，英荷間債務與債權的普通狀態，即不完全受這兩國間商務來往的普通情形支配，也須受英國對其他各地商務來往的普通情形影響了。在這情況，即使英國每年向荷蘭的輸出，遠遠超過於英國每年從荷蘭輸入的價值，即使所謂貿易差額大有利於英國，英國每年或許仍須輸貨幣到荷蘭去。

此外，按照一向計算匯兌平價的方法，則匯兌的普通情形，亦絕不能充分論證下述這一件事，即匯兌的普通情形，若似有利或被假設為有利於其國，則債務與債權的普通情形亦必有利於其國。換言之，真實的匯兌情形，常常與算定的匯兌情形極不相同，所以，在許多情況，關於債務與債權的普通情形，我們絕不能根據匯兌的普通情形，而得到確實的結論。

假設你在英國支付的一個貨幣額，按照英國造幣局標準，包含若干盎司純銀，而你所得的期票，在法國兌付的貨幣額，按照法國造幣局標準，其中所含的純銀量恰好相等，一般就說英法兩國間以平價匯兌。如果你所支付的，較多於兌付所得，就被假設是付了貼水，於是，一般就說匯兌於英國為不

利，而有利於法國。如果你所支付的，較少於兌付所得，你就被假設是得了貼水，於是，一般就說匯兌於法國為不利，而有利於英國。

第一，我們不能常常按照各國造幣局的標準，來判斷各國通貨的價值。各國通貨的磨損程度、缺角、去邊或其他低於標準的貶損情形各不相同。一國通用鑄幣的價值，與他國通用鑄幣的價值比較，並非按照各自應含純銀量的比例，卻只按照各自實含純銀量的比例。在威廉國王時代改鑄銀幣以前，英國與荷蘭間的匯兌，依照一般的計算法，按照各自造幣局的標準，要英國貼水百分之二十五。但英國當時通用鑄幣的價值，據洛德斯研究所示，卻低於其標準價值百分之二十五。所以，當時兩國間的匯兌，照通常的計算法，雖如此大不利於英國，實則有利於英國。在英國，實際支付更小量的純銀，所購得的期票，卻可在荷蘭兌得較大量的純銀。被想像為付了貼水的，實際卻是得了貼水。在晚近英國金幣改鑄以前，法國鑄幣比英國鑄幣的磨損程度，更小得多，也許更近於其標準百分之二乃至百分之三。英法間的匯兌，據計算，其不利於英國的程度，若未超過百分之二或百分之三，則真實的匯兌場，便可有利於英國。至於金幣改鑄以來，有利於英國而不利於法國的匯兌，就更為常見了。

第二，有些國家的造幣費用，由政府支付；有些國家，又由私人支付。在後一情況，持銀塊往造幣局鑄造者，不僅要支給鑄幣的費用，有時，尚須提供政府以若干收入。在英國，造幣所費，是由國家支付，如果你持一磅重的標準銀至造幣局，即可取回六十二先令，內含同樣的標準銀一磅。在法國，則鑄

幣須扣除百分之八的賦稅，這不僅足夠支付造幣所費，且可提
供政府以小額收入。在英國，因鑄造無所費，故通幣的價值，
比起通幣內實含的銀塊量價值，不能超出許多。在法國，就像
製造金銀器皿一樣，須支給工價，這種工價亦須加在通幣價
值內。所以，包含一定重量純銀的定額法國貨幣，比起包含等
重量純銀的定額英國貨幣，必有更大的價值，其購買必須付以
更多的銀塊或商品。所以，這兩國的通幣，雖同樣近於各自造
幣局的標準，但包含等重量純銀的定額英國貨幣，未必就能購
買包含等重量純銀的定額法國貨幣，亦未必就能購買在法國兌
付如此貨幣額的期票。如果為購買這張期票，英國所支付的追
加貨幣，僅足以補償法國鑄幣所費，則兩國間的匯兌，事實上
就是平價，債務與債權自然可以互相抵清，雖然按照通俗的計
算方法，這兩國間的匯兌是大有利於法國。如果為購買這張期
票，英國所支付的追加貨幣，尚不足以補償法國鑄幣所費，則
兩國間的匯兌，實有利於英國，雖然按照通俗的計算方法是於
法國有利。

　　第三，有些地方，如阿姆斯特丹、漢堡、威尼斯等地，均
以他們所謂銀行貨幣兌付外國匯票，但有些地方，如倫敦、里
斯本、安特衛普（Antwerp）、來亨（Leghorn）等地，則以
當地一般通用貨幣（通貨）兌付。所謂銀行貨幣，往往比一般
通貨的同一名義的金額，有更大的價值。譬如，阿姆斯特丹銀
行一千基爾德（Cuilders），比較阿姆斯特丹地方的通貨一千
基爾德，便有更大的價值。兩者間的差額，被稱為銀行的升水
（Agio），這在阿姆斯特丹，通常大約為百分之五。假設兩
國通用的貨幣，是同樣接近於各自造幣局的標準，但一國以一

般通貨兌付外國匯票，他國則以銀行貨幣兌付外國匯票，這兩國間的匯兌，即使事實上有利於以一般通貨兌付的國家，但按照通俗的計算法，仍可有利於以銀行貨幣兌付的國家。這好比兩國間的匯兌，雖然事實上，是有利於以較劣貨幣兌付外國匯票的國家，但按照通俗的計算法，仍可有利於以較良貨幣兌付的國家。其中理由，亦正復相類。在晚近金幣改鑄以前，對阿姆斯特丹，對漢堡，對威尼斯，我相信，對一切以所謂銀行貨幣兌付的地方，倫敦的匯兌，按照通俗的計算法，都是不利於倫敦的。但我們不能因此便斷言，事實上這種匯兌確實於倫敦不利。從金幣改鑄以來，就連與這些地方通匯兌，亦於倫敦有利了。對里斯本，對安特衛普，對勒格浩，我相信，除了對法國，倫敦對歐洲大多數以一般通貨兌付匯票的地方，按照通俗的計算法，其匯兌大都於倫敦有利；事實上，亦可能如此。

附論　存款銀行，尤其是阿姆斯特丹的存款銀行

　　像法國、英國那樣的大國，其通貨殆全由本國鑄幣構成。如果這種通貨因磨損、缺角、去邊，或其他貶損原因，而降至標準價值之下，國家即可有效地以改鑄的方法，恢復通貨的舊觀。但是，像熱那亞、漢堡那樣的小國，其通貨全由本國鑄幣構成的，殆不常見，那一定有大部分，是由各鄰國（住民常常與之交接的鄰國）的鑄幣構成。像這樣的國家，要由改鑄的方法，改良其通貨，是頗為困難的。這種通貨，因其本身性質極不確實，一定額的這種通貨，價值亦甚不確實，故在外國，其評價必然會低於其所實值。所以，如果這種國家以這種

通貨兌付外國匯票，其匯兌就一定於它大爲不利。

　　一國商人必須忍受這種不利的匯兌，那當然是很不方便
的。爲了要救濟這種不方便，這樣的小國，如果注意到了貿易
的利益，就常常會規定，凡有一定價值的外國匯票，其兌付均
不得以一般的通貨，只許以一定銀行的銀票或在一定銀行的帳
簿上轉帳。這種銀行的設立，既得國家的信用，復得國家的保
護，其兌付匯票，勢須準確按照國家的標準，以眞正良好的貨
幣兌付。其實，威尼斯、熱那亞、阿姆斯特丹、漢堡、紐倫堡
等地的銀行，原來就爲這目的而設立（雖然其中有些是後來爲
了別種目的而設立的）。這種銀行的貨幣既優於其國的一般通
貨，就必然會持著一種升水，升水之大小，則按照通貨低於國
家標準之擬設的程度。據說，漢堡銀行的升水，一般約爲百分
之十四，這百分之十四，即是國家標準良幣與缺角、去邊、磨
損、變小的低價劣幣（由鄰國注入的）兩者間擬設的價差。

　　一六○九年以前，阿姆斯特丹由廣闊貿易從歐洲各地帶回
來的外國鑄幣，缺角、去邊和磨損的程度既甚大，而其量又復
甚多。因此，其國通貨的價值，遂低於造幣局新出良幣的價值
約百分之九。新出的良幣，每每是一經鑄造出來，即被熔解，
或被輸出。貨幣一大堆的商人，亦不能常常尋得充分的良幣
量，來兌付他們的匯票；此類匯票的價值，雖有若干法規爲之
預防，但仍然會顯出頗大程度的不確實。

　　爲了要矯正這種不便，遂於一六○九年在同市的保證
下，設立了一家銀行。這家銀行，既接受外國鑄幣，亦接受本
國變輕的磨損鑄幣，除了在價值中，扣除必要的鑄造費、管理
費，即按照國家的標準良幣，計算其固有的價值。在扣除此小

額費用以後，所餘的價值，即在銀行的帳簿上，設下一種信用。這種信用，即所謂銀行貨幣，因其所代表的貨幣，恰好按照造幣局的標準，故常有同一的眞實價值，而其固有價值又多於普通的貨幣。同時，那裡又規定，凡在阿姆斯特丹兌付或賣出的六百基爾德以上的期票，均須以銀行貨幣兌付。這種規定，馬上就把這一切匯票的不確實除去了。因有這種規定，每個商人遂均不得不爲了要兌付他們的外國匯票，而與銀行來往。這對於銀行貨幣，當然會引起相當的需要。

銀行貨幣，除了它固有對一般通貨的優越性以及這種需要所必致賦予的附加價值，還同樣有幾種別的利益。那沒有遭逢火災、劫掠，以及其他意外的可能，阿姆斯特丹市，須負其全責；其兌付，僅須費一單純的轉帳之勞，用不著費神去計算，亦用不著冒險由一地運至他地。因有這諸種利益，它自始就持著一種升水；大家都相信，原來儲存在銀行內的貨幣，便會悉數任其留在那裡，沒有誰打主意要求支還債款，雖然這種債款，在市場上出售，常可得一項貼水費。因爲，要求銀行支還債款，銀行信用的所有者即將失去此項貼水費。新由造幣局造出的先令，既不能在市場上，比一般磨損的先令，購得更多貨物，所以，從銀行金庫中取出來歸入私人金庫中的眞正良好貨幣，混在一般通貨中，其價值即不復高於一般通貨，且恐不復爲人所易辨識。當它存在銀行金庫時，它的優越性是很明白而確定的，而當它流入私人金庫時，它的優越性必難於確認，其確認所費，恐亦多於其確認所值。此外，一旦從銀行金庫中提出來了，銀行貨幣的其他各種利益，亦必隨之喪失。安全性喪失了，方便與安全的可轉讓性喪失了，支付外國匯票的用處亦

　　喪失了。尚不只如此，倘非預先支付保管費，那即使想從銀行金庫提取貨幣出來，亦是不可能的。

　　這種鑄幣的儲金，或者說，銀行有責任應以鑄幣付還的儲金，就是銀行當初的資本，或者說，就是所謂銀行貨幣所代表的那種東西的全價值。現在，一般相信，那已經只是銀行資本的一極小部分了。為了要便利金銀條塊的貿易，許多年以來，銀行對於金銀條塊的奇存，又曾給予一筆存款，登錄在其帳簿上。這筆存款，比較金銀條塊的造幣局價格，一般約低百分之五。同時，銀行又給寄存者一紙受領證書（存單）或收據，內填寄存人或持票人的姓名；持此項證書，得於六個月內任何時候，再轉付一定量銀行貨幣（等於寄存時銀行帳簿上所給存款所代表的銀行貨幣）給銀行，並支付百分之零點二五（如果是銀條）或百分之零點五（如果是金塊）的保管費，即可再把金銀條塊提出。但同時，又規定，若是缺乏這種付款，又或期限已滿，則儲金應以當初收受的價格，或以當初銀行帳簿上所給信用所代表的價格，歸為銀行所有。如此支付的儲金保管費，可以看作是一種倉庫租金。至於金的倉庫租金，如何會比銀的倉庫基金貴得多，有人亦舉出了幾種不同的理由。據說，金的純度，比銀的純度更難於確認。在更貴重的金屬上，欺騙比較容易，由欺騙而引起的損失亦比較大。此外，銀是標準金屬，據說，國家更願意鼓勵寄存白銀，更不願意鼓勵寄存黃金。

　　金銀條塊的價格略低於平常水準時，就到銀行去寄存；等到價格回升時，再把它們領回來。在荷蘭，金銀條塊的市場價格，大都較高於其造幣局價格（這好比晚近金幣改鑄以前英國的情形，而其理由亦正相同）。其差額，據說大都為每馬克

（Mark）六至十六思泰法（Stivers），即銀八盎司，其中包含純銀十一分，包含合金一分。對於這樣的銀（在被鑄爲外國鑄幣時，其成色爲一般所周知，亦頗確定，譬如，墨西哥的銀圓）的儲金，銀行所給的信用；換言之，銀行價格，則爲每馬克二十二基爾德，造幣局價格約爲二十三基爾德，市場價格則爲二十三基爾德六思泰法，乃至二十三基爾德十六思泰法，超出造幣局價格百分之二乃至百分之三。金銀條塊的銀行價格，造幣局價格，以及市場價格之比例，大概像這樣。一個人，正可爲了金銀條塊的造幣局價格與市場價格間之差，而出售其存單。金銀條塊的存單，幾乎常常有若干價格。至於坐待六個月期滿，不去把儲金提出來，或忘記付百分之零點二五或百分之零點五的保管費，而獲取另六個月的新存單，以致銀行得按當初收受的價格而把儲金收爲己有，卻是極不常有的現象。這現象雖不常有，但有時也會發生，而在寄存黃金時發生的次數比較多，在寄存白銀時發生的次數比較少，因白銀的保管費較輕，金則因爲是更貴重的金屬，其保管須支納較高的倉庫租金。①

---

① 以下便是現在（一七七五年九月）阿姆斯特丹銀行接受各種金銀條塊及鑄幣的價格。

——白銀——

英國銀幣

法國克郎　每馬克二十二基爾德

墨西哥銀圓

新鑄墨西哥銀圓……每馬克二十一基爾德十思泰法

　　金塊之收受，按照其純度相較於上述外國金幣之比例。純
金塊，銀行給價每馬克三百四十基爾德。但一般說來，鑄幣純
度有定，而金銀條塊的純度則非經熔解試驗無由確定，故對於
金銀條塊，銀行給價，略較鑄幣爲低。

　　由寄存金銀條塊而獲得銀行信用與存單的人，在其匯票
滿期時，即以銀行信用兌付。至於存單是出售還是保留，那就
看他對於金銀條塊價格的漲跌如何判斷。但此種銀行信用的存
單，大都不會長久保留，亦無長久保留的必要。有存單並要提
取金銀條塊的人，可以發現許多銀行信用或銀行貨幣，讓他以
普通價格購買；同樣，有銀行貨幣並要提取金銀條塊的人，亦
可以發現許多存單。

　　銀行信用的所有者及存單的保持者，是兩種不同的銀行
債權人。存單的持有者，倘非再給銀行以一定額的銀行貨幣，

　　都克東（Ducatoons）……每馬克三基爾德

　　利克斯銀圓（Rix dollars）……每馬克二基爾德八思泰法

　　包含純銀十二分之十一的銀塊，每馬克二十一基爾德。按此比例，純

　　銀降而爲四分之一，則每馬克爲五基爾德。純銀塊每馬克二十三基爾

　　德。

　　——金——

　　葡萄牙金幣

　　幾尼（Guineas）　每馬克三百一十基爾德

　　法國新路易都爾（Louis d'ors）

　　法國舊路易都爾……每馬克三百基爾德

　　新達克（New ducats）……每馬克四基爾德十九思泰法

使所值等於被領金銀條塊的價格，絕不能提取存單上所記明的金銀條塊。如果他自己沒有銀行貨幣，他就必須向有銀行貨幣的人，購買銀行貨幣。但有銀行貨幣的人，設不能向銀行提出存單，表示自己所需要的數額，他亦不能提取金銀條塊。如果他自己沒有存單，他亦必須向有存單的人，購買存單。有存單的人，購買銀行貨幣，其實就是購買提取一定量金銀條塊的權力。這種金銀條塊的造幣局價格，高於其銀行價格百分之五。所以，他為購買銀行貨幣而支付的那百分之五的升水，並非為了一種想像的價值，乃是為了一個真實的價值。有銀行貨幣的人，購買存單，其實亦就是購買提取一定量金銀條塊的權利。這種金銀條塊的市場價格，大都高於其造幣局價格百分之二乃至百分之三。所以，他為購買存單而支付的價格，亦同樣是為了一個真實的價值。存單的價格及銀行貨幣的價格合起來，形成了金銀條塊的完全價值或價格。

以國內流通的鑄幣儲入銀行，銀行亦會給存單，但這種存單，通常是沒有價值的，亦不能在市場上生出價格。譬如，在市場上值三基爾德三思泰法的都克東，存入銀行，所得信用，便只值三基爾德，比流通價值低了百分之五了。銀行雖亦同樣發給存單，使持票人得以六個月內任何時，支付百分之零點二五的保管費，提出存在銀行的都克東，但這種存單，往往不能在市場上生出任何價格。三基爾德銀行貨幣，雖大都可以在市場上售得三基爾德三思泰法，即在提出以後，都克東即可復得其完全價值，但因在提出以前，須納百分之零點二五的保管費，故得失相較，恰好互相抵銷。但是，假若銀行的升水，竟降為百分之三，這種存單便可在市場上生出若干價格了，便

可售得百分之一點七五的價格了。但現今銀行的升水，大都在百分之五以上，所以，這種存單往往任其滿期，或者像他們所說，任其歸銀行所有。至於儲存達克金幣（gold ducats）所得的存單，就更常聽任其滿期，因其倉庫租金爲百分之零點五，尤較爲高。在這種鑄幣或條塊的儲金，任其歸銀行所有時，銀行往往可得利百分之五。這百分之五，便可以看作是永遠保管這種儲金的倉庫租金。

　　存單過期的銀行貨幣額，必然是很大的。銀行當初的資本全部，自從第一次儲入以來，就沒有一個人打主意調換新的存單，或把儲金提出，因爲根據我們上面舉出的那諸種理由，那就無論採用這兩方法中任何一法，都必然是有損失的。存單已經過期的銀行貨幣額，必包含銀行當初的資本全部。但這數額無論如何大，對於銀行貨幣的全額，所持比例，據一般假設，終必甚微。阿姆斯特丹的銀行，過去數年間，是歐洲最大的金銀條塊的倉庫，但其存單卻是很少過期的，或者照一般所說，那是不常任其歸銀行所有。更大得多的那一部分銀行貨幣或銀行帳簿上的存款，都是過去數年間，由接受貿易商寄存金銀條塊的生意創造出來的，而那些貿易商不會只寄存金銀條塊而不去提領。

　　沒有存單，即不能向銀行有所要求。存單過期的那比較小量的銀行貨幣，混在存單尚屬有效的那比較大量的銀行貨幣中，所以，沒有存單的銀行貨幣額雖頗可觀，但絕沒有某一部分的銀行貨幣，永遠沒有誰來要求。銀行不能爲同一事物，而對兩個人，負擔債務人的義務，沒有存單的銀行貨幣所有者，在未購得存單以前，絕不能要求銀行付款。但在尋常平靜的日

子裡，他要按照市場價格（這種價格，和他售賣鑄幣或金銀條塊——存單使他有權向銀行提取的鑄幣或金銀條塊——的價格，大都互相符合）購得一張存單，不會有任何困難。

但在國家多難的時候，情形就兩樣了。譬如，一六七二年法國人的侵入。當時，銀行貨幣的所有者，均亟望從銀行提出儲金，歸自己保存，大家都需要存單。這種需要，可以大幅提高存單的價格。有存單的人，可以做非分的期望，不再要求各存單所記明的銀行貨幣的百分之二或百分之三，他們會要求其二分之一。知道銀行組織的敵人，甚至會把一切存單收買進來，以防止財寶搬出。在這非常時期，據想像，銀行正可破壞通常的規則。即，無存單的人，亦可要求付款。無銀行貨幣但有存單的人，亦可向銀行，要求各自存單上所記明的儲金價值的百分之二或三。所以，有人說在這情況，銀行不宜躊躇片刻，須立即以貨幣或金銀條塊，對於有銀行貨幣記在銀行帳簿上，但無存單可向銀行提取儲金的人，支付他們所有的完全價值，同時，對於有存單但無銀行貨幣的人，支付百分之二或三，因為這個數目，在這個時候，已經是他們所應得的全部價值了。

就連在普通的和平時期，有存單的人，亦情願減低升水，好以較低的價格，購買銀行貨幣，從而，以較低的價格，購買存單上所記明的可以提取的金銀條塊，或以較高的價格，把存單賣給有銀行貨幣並希望提出銀行貨幣的人，因為存單的價格，大都等於銀行貨幣的市場價格及存單所記明的鑄幣或金銀條塊的市場價格之價差。反之。有銀行貨幣的人，卻大都情願提高升水，好以高價出售其銀行貨幣，或以低價購買存單。

此等相反的利害關係，往往會引起股票買賣的詐術。爲防制這
種詐術起見，近數年來，銀行已決意永遠以百分之五的升水，
爲通貨而售賣銀行貨幣，再永遠以百分之四的升水，購買銀行
貨幣。這種決斷的結果，升水遂永遠不能超過百分之五，亦永
遠不能降至百分之四以下；銀行貨幣與流通貨幣兩者市場價格
間之比例，遂得常常極其接近於各自固有價值間之比例。但在
未有此種決斷以前，銀行貨幣的市場價格，高低往往不一，按
照這兩種相反利害關係所及於市場之影響，有時高達百分之九
的升水，有時又跌而與流通貨幣平價。

　　阿姆斯特丹銀行，宣告不會以儲金之任何部分貸出；儲
金帳簿上每記下一基爾德，即在金庫內，在貨幣或金銀條塊的
形式上，保存一基爾德的價值。存單尚未失效，隨時可來提
取。事實上持續提存的那一部分貨幣與金銀條塊，全保藏在金
庫內，固不容置疑，但存單久已滿期，在普通的和平時期，即
不能再要求提取，而實際上永遠或在聯邦國家存立的期限內，
常常留歸銀行的那一部分資本，是否亦是這樣，卻似乎很難確
定。然在阿姆斯特丹，有一基爾德銀行貨幣，即有一基爾德金
銀存在銀行金庫中之信條，在各種信條中，算是奉行最力的
了。阿姆斯特丹市作了這個信條的保證人。銀行在四市長的指
導下。這四市長每年改選一次。新任四市長，必比較帳簿，調
查銀行的金庫一次，宣誓接管，後來，再以同樣莊嚴的儀式，
把金庫點交給繼任的人。在這眞誠的宗教國家，宣誓制度迄今
未廢。有了此種更迭，對於一切不能否認的行爲，亦就似乎有
了充足的保障。黨爭在阿姆斯特丹政治上所引起的革命，已有
多次，但在這一切革命中，占優勢的黨派，都不會在銀行管理

那一點上，攻擊他們的前任不忠。對於失勢的黨派之名義與信用，再沒有第二種事情，比這種攻擊還更能給以深切的影響了；如果這種攻擊有根據，我們可以斷言，那是一定會提出來的。一六七二年，法國國王入侵烏特勒克時，阿姆斯特丹銀行仍爽快地支付金銀，致無人敢懷疑他們契約履行上的忠誠。當時，從銀行金庫中提出的貨幣，尚還有些曾爲銀行設立後市政廳的大火所燒焦的。這些貨幣，必定是從那時候起，即被保留在銀行之內。

這銀行的金銀總額如何，老早就成了一般好事者常常臆測的問題。但所提供的，只是猜想而已。一般都以爲，與這銀行有帳目來往的人，約有兩千；假設他們每人平均在帳目上有一千五百鎊的價值（那是最大的假設了），那銀行貨幣的總額，從而，銀行的金銀總額，便大約等於三百萬鎊，以每鎊十一基爾德計算，就大約等於三千三百萬基爾德了。這樣一個大的數額，已足以經營一極廣泛的流通。但比起一般人關於這宗財產的誇大的思想，這又遠爲不及了。

阿姆斯特丹市，從這銀行取得了頗大的收入。除了所謂倉庫租金，凡第一次與銀行立一帳目，每個人均須納費十基爾德，每開一次新帳，又須納費三基爾德三思泰法，每轉一次帳，須納費二思泰法；如果轉帳的數目不及三百基爾德，則須納六思泰法，以防止小額的轉帳。每年不清算其帳目兩次者，罰二十五基爾德，轉帳的數目如果超過了存款的帳目，須納費等於超額的百分之三，其轉帳通知亦被擱置。據一般人設想，銀行由存單過期而歸己有的外國鑄幣與金銀條塊存起來，待有利時再行出售，亦會獲得不少利潤。此外，銀行貨幣以百分之

五的升水出售。以百分之四的升水買入，亦會提供銀行利潤。
此諸種利得，已足支付職員薪俸、支付管理費用而甚有餘。單
就儲金所納保管費一項而言，據說已等於十五萬至二十萬基爾
德的純年收入。不過，這機關設立的目標，原來不是收入，只
是公益。其目的，原來爲要救濟商人，補救他們在不利的匯兌
上所忍受的困苦。由此而生的收入，是不曾預料到的，簡直可
以說是一種意外。好了，我爲了要說明，爲什麼用銀行貨幣兌
付的國家和用普通通貨兌付的國家通匯兌，其匯兌大都似乎有
利於前者，而不利於後者，竟無意識引出了這一列冗長的題外
話。現在，是我們回到本題的時候了。前一種國家用以兌付匯
票的貨幣，其固有價值常常不變，恰與其造幣局標準相符；後
一種國家用以兌付匯票的貨幣，其固有價值常常變動，且幾乎
常常多少低於其造幣局標準。

第二節　根據其他原則，那些特別限制並不合理

在本章的前節，我已竭力說明，就連根據重商主義的原
理，對於某種國家——其貿易差額被假設爲不利於我國——的
貨物輸入，亦不必加以特別的限制。

然而，此種限制以及其他許多商業條例所根據的整個貿易
差額學說，又是多麼不合理啊。當兩地通商時，這種學說便想
像，如果貿易差額得保持平衡，則兩方各無得失，如果貿易差
額略有偏倚，就必一方損失，他方得利，得失程度則與離違絕
對平衡的偏倚程度成比例。但這兩種設想，都是錯誤的。像我
後面所亟要說明的那樣，獎勵金與獨占權，雖爲本國而設立，

但由獎勵金及獨占權所強迫起來的貿易，卻正可能不利於本國。一般亦復如是。反之，不受強制拘束，依自然規則的兩地間貿易，雖兩國不必然有同等利益，但必然對兩國都有利益。

所謂利益或利得，我的解釋，不是金銀量的增加，只是一國土地勞動年產物交換價值的增加，或者是一國居民年收入的增加。

在貿易差額保持平衡的場合，如果兩地間的貿易，全由兩國國產商品的交換構成，那在大多數場合上，他們不僅都會得利，所得利益且必相等，或極近似於相等。在這情況，對於各自的剩餘生產物的一部分，彼此提供了一個市場。甲方為生產及製造這一部分剩餘生產物而投下的（分配在其國一定人數間而給他們以收入或生計的）資本，將由乙方補還；乙方投下的這種資本，將由甲方補還。所以，兩國的居民，都有一部分，將間接從別一國，取得他們的收入與生計。兩國間所交換的商品，其價值若又被假設為相等，則在大多數情況，兩國投在這種貿易上的資本，亦必相等，或極近似於相等，而且，因為都是用來生產兩國的國產商品，所以，兩國居民由此種分配而得的收入與生計，亦必相等或極近似於相等。如此互相提供的這種收入與生計，乃按照商務來往大小的比例，而有多寡。若彼此每年均等於十萬英鎊，則彼此提供於對手方居民的，亦為十萬英鎊的年收入；若等於一百萬英鎊，則彼此提供於對手方居民的，亦為一百萬英鎊的年收入。

設甲乙兩國間的貿易，是屬於如此的性質：甲國貨物輸至乙國者純為國產商品，乙國輸至甲國的則純為外國商品，兩國間的貿易差額，仍假設為平衡的，得以商品抵換商品而支付。

在這情況，兩國仍然享有利得，惟利得的程度不等；從這種貿
易取得最大收入的，是只輸出國產商品的那一國的居民。比方
說，英國從法國輸入的，純為法國所生產的國產商品，但英國
卻沒有法國所需要的商品，逐不得不每年報以大量的外國貨物
如菸草與東印度貨物。這種貿易，雖可供兩國居民以若干收
入，但給法國居民之收入，必多於英國居民所得。法國每年投
存這種貿易上的全部資本，是分配在法國的人民間。但英國資
本，只有一部分，即用來生產英國貨物準備與外國貨物交換的
那一部分資本，是每年分配在英國的人民間。其資本，有較大
部分是用來補還維吉尼亞、印度、中國的資本，而對於這諸遠
國的居民，提供一種收入與生計。即使兩國所投資本相等或幾
乎相等，但法國資本的使用，必比較更能夠增加法國人民的收
入，英國資本的使用，所增於英國人民收入者必較小。因在這
情況，法國所經營的，是對英國的直接消費品的外國貿易。英
國所經營的，是對法國的迂迴的消費品的外國貿易。這兩種外
國貿易所生的不同結果，已經在前面充分說明了。

　　不過，兩國間的貿易，也許既不能雙方全為國產商品的交
換，亦不能一方全為國產商品，一方全為外國貨物。幾乎一切
國家，彼此間所交換的，都一部分是國產商品，一部分是外國
貨物。不過，國產商品占交換品最大比例，外國貨物占交換品
最小比例的國家，依然常常是主要的利得者。

　　但若英國用以支付法國每年輸入品的，不是菸草與東印
度貨物，而是金銀，那貿易差額便被想像為不平衡，不是以商
品抵換商品而支付，乃是以金銀抵換商品而支付。當然，在
這情況，亦像在前一情況一樣，能供兩國人民以若干收入，但

所給予法國者，必較多於所給予英國者。但英國的人民，不是
不能從此取得收入。爲生產英國貨品以購買金銀而投下的資
本——這資本，乃分配在英國一定的居民間，而供他們以收
入——必可因此而補還，使其用途得以繼續。輸出一定價值的
金銀，比較輸出等價值的其他貨物，不見得會更減少英國的資
本總量。反之，那在大多數情況，其實，會增加英國的資本總
量。倘非國外對於這種商品的需要，被認爲大於國內對於這種
商品的需要，倘非買回的外國商品在國內的價值，預期會大於
輸出品在國內的價值，任何商品都不會輸到外國去的。如果菸
草在英國僅值十萬英鎊，但輸往法國所購買的葡萄酒，在英國
卻可值十一萬英鎊，這種交換，就增加了英國資本一萬英鎊。
如果英國以價值十萬英鎊的黃金所購得的法國葡萄酒，在英國
亦可值十一萬英鎊，這種交換，亦就同樣可以增加英國資本一
萬英鎊。在地室中有值十一萬英鎊葡萄酒的商人，比在倉庫中
有值十萬英鎊菸草的商人，是一個更富裕的人，比在金庫中有
值十萬英鎊黃金的商人，亦同樣是一個史富裕的人。他比其他
兩人，可以推動更大量的產業，而以收入、生計、職業，給予
更多數的人民。但國家的資本，與其國全體人民的資本相等，
一國每年所能維持的勤勞量，又等於這一切資本所能維持的勤
勞量。如此，一國資本及其每年所能維持的勤勞量，就大都會
因此種交換而增加了。爲英國的利益計，與其用維吉尼亞的菸
草或用巴西祕魯的金銀，當然不如用他們自己的鐵器及寬幅布
匹，來購買法國的葡萄酒。直接消費品的外國貿易，常常比起
迂迴消費品的外國貿易更有利益。但由金銀實行的迂迴消費品
的外國貿易，並不比由其他貨物實行的迂迴消費品的外國貿易

更不利。無礦產國每年輸出金銀，不見得會使金銀更容易枯竭，無菸草國每年輸出菸草，不見得會使菸草更易枯竭。有資力購買菸草的國家，絕不會長此缺乏菸草；同樣，有資力購買金銀的國家，亦絕不會長此缺乏金銀。

有人說，工人和麥酒店交易，乃是一種有損的交易。製造業國和葡萄酒產國間自然會有的貿易，也有同樣的性質。我卻以為，工人和啤酒店的交易，並不一定是有損的。就此種貿易本身的性質說，其利益殆類於其他的貿易，不過有時也許比較有濫用之虞。釀酒家的職業，甚至於小酒販的職業，與他種職業一樣是必要的分工部門。工人所需的啤酒量，一般與其親自釀造，不如向釀酒家購買，並且如果他是一個貧窮的工人，他購買啤酒，通常與其向釀酒家購買一大桶，不如向小酒販小量購買。他有過度購買啤酒的可能，好比一個貪食者有過度購買肉類的可能，一個翩翩公子有過度購買布匹的可能。自由貿易，固然有過度濫用的可能，並且有幾種自由貿易，特別容易發生這種結果。但無論如何，對於工人大眾，這一切自由貿易，總是有利益的。而且，由嗜酒過度而破滅其財產的個人，固然有時有之，但似乎用不著擔心會有這樣的國家。雖然在每個國家，都有許多人所消費的酒類，超過他們資力所能提供的程度，但有更多人所消費的酒類，不及他們資力所能提供的程度。並且，據經驗顯示，我們又應當說，葡萄酒的低廉，似乎不是酗酒的原因，而是飲酒節制的原因。葡萄酒產國的人民，一般是歐洲飲酒最節制的人民；西班牙人、葡萄牙人、法國南部諸州人民，可以作證。對於普通日常的飲食物，人民不常過度。像淡啤酒那樣廉價的飲料，雖然豪飲，亦不能表現一個人

的慷慨。反之，只在過熱或過寒，不能栽種葡萄樹，從而，葡萄酒異常稀少昂貴的國家，如北部諸民族、熱帶諸民族（如幾內亞海岸的黑奴），酗酒才會成為普遍的惡德。當法國軍隊從法國北部諸州開拔至南部諸州，即從葡萄酒昂貴區域開拔至葡萄酒廉價區域，據說，一開始每每因見良好葡萄酒如此價廉新鮮而耽溺於其中；但駐留數月之後，其中大部分，便像當地居民一樣飲酒節制了。同樣，如果把外國葡萄酒稅、麥芽稅、麥酒稅、啤酒稅一律撤銷，或可使英國中下層的人民，暫時盛行酗酒的風氣，但不久，也許就會養成一個恆久的、普遍的飲酒節制習俗。現今，在時髦的有資力消費最貴飲料的人群中，酗酒已經不是一種惡德了。喝啤酒而酗酒的上流人士，已極不常見。此外，葡萄酒貿易在英國的限制，與其說為了要防止人民走入（如果可以如此說）酒店，不如說為了要防止人民，使不能購買價最廉、物最美的飲料。那種限制，贊助葡萄牙的葡萄酒貿易，妨害法國的葡萄酒貿易。據說，對於我們的製造品，葡萄牙人是更好的顧客，法國人是更不好的顧客，所以，我們應當優待葡萄牙人而加以獎勵。他們照顧了我們，我們亦應當照顧他們。下賤商人的卑怯伎倆，居然在這一個大帝國中，奉為政治設施的原則。其實，那只有下賤的商人，才會把這種伎倆，看作是對待顧客的規則。至於大商人，就常常不問這些小節，而在價最廉、物最美的地方，購買他的貨物。

依著這樣的原則，各國都認為他們的利益，在於讓他們的鄰國都變為乞丐。對於與我通商諸國之繁榮，我國常以嫉妒的眼光看待，並把他們諸國的利得，看作是我國的損失。國際通商，像個人通商一樣，原來應該是團結與友誼的紐帶，現在，

卻成了不調和與敵意最豐沃的來源。王公大臣反覆不定的野心，在這世紀及前世紀，比商人、製造家無禮的嫉妒心，更加是歐洲和平的致命傷。統治者的暴力與不義，自古以來，即是一種邪惡。對於這種邪惡，恐怕按照世事的本質，還是難有救藥。至於，不是、亦不應該是統治者的商人、製造家，其卑賤的貪欲，其獨占的精神，雖恐不能改正，但要防止他們，使不再擾亂他人的安穩，卻是極其容易。

最初發明這種荒謬原則（或學說）並傳布這種原則的，無疑是獨占的精神；最先倡導這種原則的，亦並不是後來信奉這種原則的愚人。在任何國家，人民大眾的利益，常常是而且必然常常是：在最廉價的人手裡，購買他們所需要的各種物品。這個命題，是非常明白的；費心思去證明它，反而是一種滑稽的事情。並且，如果沒有這班商人、製造家自私自利的詭辯，混淆了一般的常識，這亦不會成為什麼問題。在這一點，這班商人、製造家的利益，正與人民大眾的利益相反。像同業組合的會員，以阻止國內居民僱用其他居民，只僱用自己為利益一樣，這班商人、製造家，亦以自身保有國內市場的獨占權為利益。因此，在英國、在歐洲大多數其他國家，幾乎對於一切由外國商人輸入的貨品，都加以特別的賦稅。因此，凡能輸入本國，與本國製造品競爭的一切外國製造品，均須課納高額的賦稅，或禁止輸入。又因此，對於某些通商國家，如果貿易差額被認為不利於我國；換言之，如果國民特別對這種國家有激烈的敵意，就會特別限制其國幾乎一切貨物的輸入。

在戰爭或政治上，鄰國的財富，雖於我們有危險，但在貿易上，則確實於我們有利益。在戰時，敵國的財富，或可使

敵國能夠維持勝於我們的海陸軍。但在平和的通商狀態下，亦可使他們和我們交換更大的價值，對於我們產業的直接生產物或用這種生產物購進來的物品，提供我們一個更好的市場。鄰近勤勞者的富人，比起貧民是更好的顧客，鄰近的富國，亦復如是。經營同種製造業的富人，固然是鄰近各同業者的危險鄰人，但他的費用，可供鄰近其餘一切人以好的市場，所以，對於人數更多得多的鄰近其餘一切人，當然是有利的。不僅如此，較貧的經營同業的工人，也將因較富的同業售價比他們還低，從而，使他們那一切人有利。同樣，富國的製造家，無疑會成為鄰國同種製造家的極危險的競業者，但這種競爭，卻有利於人民大眾。此外，如此富國的購買力，必能在其他各種方法下，供人民大眾以良好的市場，從而使他們得利。一個想發財的私人，絕不會想退居於僻遠的貧鄉中，要住在首都或大商業都市上才對。他們知道，流通財富極少的地方，所可取得的財富亦極少；流通財富極多的地方，一定有些財富，可以歸到他們手上。指導一人、十人、二十人常識的這個原則，應該支配一百萬、一千萬、兩千萬人的判斷，使全國民瞭解鄰國之富，乃是本國獲得財富之可能的因由。想由外國貿易致富的國家，在其鄰國均為富裕的勤勞的商業國時，最易由外國貿易而富。一國四周，若均為遊牧的未開化人和貧窮的野蠻人，那麼，耕作本國土地，經營國內商業，固然未始不可富其國家，但要由外國貿易富其國家，就絕不可能了。由耕作本國土地經營國內商業而致大富的國家，譬如，古代的埃及人和現在的中國人。據說，埃及人極不注意外國商業；中國人，大家知道，極輕視外國商業，不常予外國商業以法律的正當保護。以一切

鄰國陷於貧困爲目標的近代外國通商原則，如果眞能達成目
標，那就一定會讓外國商業變得無足輕重。

英法兩國之間的貿易，之所以會在兩國都受到如此多的
阻礙與限制，就是此等原則的結果。如果這兩國能拋棄商業的
嫉妒和國民的敵意，來考察其眞實利害關係，則法國之貿易，
將較歐洲其他國之貿易，更有利於英國；同一理由，英國之
貿易，亦將較歐洲其他國之貿易，更有利於法國。法國爲英
國最近之鄰國。英國南部沿海各地與法國北部及西北部沿海各
地間的貿易，好像國內貿易一樣，可以每年往返四次、五次，
乃至六次。這兩國投在這種貿易上的資本，比投在外國貿易其
他大部分部門上的等量資本，能夠推動四倍、五倍，乃至六倍
的勞動量，所能僱用、所能養活的人數亦有四倍、五倍，乃至
六倍。這兩國最遠隔各地間的貿易，亦至少可望每年往返一
次。所以，就連這種貿易，比較我們其他部分的歐洲外國貿易
路線，亦至少是同樣有利。若與相距極遠的北美洲殖民地的貿
易（那大都要三年以上，乃至四年、五年以上，才能往返一
次）比較，那至少亦有三倍的利益。此外，法國據說有居民
二千三百萬。我們北美洲殖民地居民卻據說不過三百萬。法國
又比北美洲更富饒得多（雖然因爲法國貧富更不均，致法國的
貧民、乞丐，遠較北美爲多），與我們北美洲殖民地比較，法
國所能提供的市場，至少更大八倍；再加以往返更爲頻繁，當
更有利二十四倍。英國的貿易，亦同樣如此有利於法國。按照
兩國財富的比例、人口，與接近，則英國貿易對於法國的利
益，亦必同樣大於法國殖民地貿易對於法國的利益。然而，這
兩國智者所認爲宜加以阻礙的貿易，以及最受其偏愛獎勵的貿

易，其間頗大的差異，就如上述。

　　然而，使兩國間開放的自由貿易得以如此有利於兩國之環境，卻又引起了這種貿易的主要障礙。因為是鄰國，他們必然是敵國；於是，一方的富強，將增加另一方的恐懼。於是，增加國民友情的利益的事情，適足以煽動國民的敵意。他們同是富裕的勤勞的國家。這一國的商人、製造家，常常擔心另一國的商人、製造家的技術與活動，會和他們立在競爭的地位。商業上的嫉妒，因國民的敵意而刺激起來，共同燃燒著，又復被燃燒著。兩國的貿易業者，均熱烈確信他們自私自利的謬說，宣稱不受限制的外國貿易，必然會生出不利的貿易差額，不利的貿易差額，又一定會破滅自己的國家。

　　在歐洲各商業國內，以擁護這種學說自命的學者，都常常預告：因不利的貿易差額，國家破滅之期已近。他們由此激起了不少的疑慮，幾乎各商業國均曾嘗試改變貿易差額，使於本國有利而於鄰國不利。但在這一切疑慮以後，在這一切無效的嘗試以後，歐洲卻似乎並沒有一個國家，會因此種貿易而貧困下去。反之，對一切國家實行開放門戶，並允自由貿易的都市與國家，不但不曾因此種自由貿易而走向毀滅，反而因此而日臻於富。重商主義的推測，殆完全不符於事實。惜哉，歐洲今日，從某幾點說，配稱為自由港的都市雖有幾個，配稱為自由港的國家，卻還沒有。最接近於此的國家，也許要算荷蘭了（雖然仍離此甚遠）。那裡，國民全部的財富，即由外國貿易而得。不僅如此，那裡大部分必要生活資源是得自外國貿易，亦是眾所公認的。

　　有另一種差額，和貿易差額是極不相同的。這種差額，

我在前面已經說明了。那必然會按照其爲有利或爲不利，而致
一國於盛衰。這就是年生產與年消費的差額。前面講過，年生
產的交換價值如果超過了年消費的交換價值，社會的資本每年
就必然會按照這超過額的比例而增加起來。在這情況，社會僅
以其收入維持其生存，每年在收入中節省下來的部分，自然會
加到社會資本上去，並用在如此用途上，俾進一步增加年生產
物。反之，如果年生產的交換價值，短於年消費的交換價值，
社會的資本每年就必然會按照這短少額的比例而減少下去。在
這情況，社會的支出超過了社會的收入，那必然會侵蝕社會的
資本。資本必然會減退，跟著資本的減退，其產業的年產物的
交換價值亦減退。

　　生產與消費的差額，與所謂貿易差額全異。在沒有外國
貿易，不與世界往來的國內，可以發生這種差額。在財富人口
與改良均在逐漸增進或逐漸減退的全地球上，亦可以發生這種
差額。

　　雖然所謂的貿易差額通常對一國不利，生產與消費的差額
仍可不斷有利於該國。即使半世紀來，該國輸入的價值繼續較
大於輸出的價值；在這期間內，流入的金銀，悉數立即輸出；
流通鑄幣逐漸減少而以各種紙幣代之；甚至於所負於諸大國的
債務，亦是逐漸增加；但該國的眞實財富，即其土地和勞動年
產物的交換價值，仍可在這期間，按照更大得多的比例，增加
起來。我們幾個北美洲殖民地的狀態，以及他們在現今擾亂事
件發生以前和英國貿易情形，都可證明這並不是一個不可能的
空想。[2]

---

② 這一段，是一七七六年寫的。

第四章

論退稅

　　商人、製造家，不以獨占國內市場爲滿足，且進而爲他們的貨物，要求獨占最廣大的外國市場。但他們的國家，在外國沒有裁判權，所以，他們要獨占外國銷場，簡直不可能。所以，他們不得不以請求獎勵輸出爲滿足。

　　在各種獎勵中，所謂「退稅」（Drawbacks），是最合理的了。允商人於輸出之際，退還本國產業上之國產稅或國內稅的全部或一部分，並不會使貨物的輸出量，大於無稅時候貨物的輸出量。這種獎勵，不會違反自然的趨勢，驅使過大部分的資本，轉向特殊的用途，卻可以使課稅不會驅使這部分資本中的任何部分，轉向其他的用途。社會上各種用途間的自然平衡，不會因這種獎勵而破壞，這種獎勵，其實有阻止課稅破壞這種自然的平衡作用。對於社會上勞動之自然分配，這種獎勵沒有破壞的傾向，只是保存的傾向。在大多數情況，這種保存，是有利益的。

　　輸入的外國貨物，在再輸出之際，亦有退稅。關於這種退稅，我們可以持同樣的看法。在英國，這種退稅，大都等於輸入稅的最大部分。規定今日所謂舊補助金的議會法令，又於其附則第二項，規定每個商人，不論國籍，均得於輸出時，退還課稅之半額。但英國商人，以十二個月爲期，外國商人以九個月爲期。只有葡萄酒、葡萄乾、精製絲諸種貨物，因已有其他更有利益的規定，故不適用此條例。這個議會條令所規定的賦稅，在當時，還是唯一的外國貨品輸入稅。至於把這種退稅及其他各種退稅的請求期間延至三年，卻是以後的事情（喬治一世第七年法令第二十一號第十條）。

　　舊補助金以後所課的諸種賦稅，有大部分，是在輸出時退

稅。但此通則有許多例外，所以，退稅的制度，便不像制度初
定時那麼樣單純了。

　　有些外國貨品，輸入量會大大超過國內消費的必要量，是
早已經預料到的，所以，在其輸出時，全部課稅概行退還，就
連舊補助金，亦不保留其半額。在我們北美洲殖民地未曾叛變
以前，我們獨占了馬里蘭及維吉尼亞的菸草。我們輸入菸草約
几萬八千浩格斯赫德（Hogshead），國內消費卻據說不及一
萬四千浩格斯赫德。這個餘額，是必須排除出去的。爲了要便
利這種巨額的輸出（如果輸出在三年內舉行），遂允退還其全
部賦稅。

　　我們又獨占（雖不是完全的獨占，但幾近於完全的獨
占）了我們西印度群島的砂糖。所以，如果砂糖在一年內輸
出，則在輸入之際所課的一切賦稅，均可退還，如果在三年內
輸出，則除了舊補助金的半額，其他一切賦稅，亦允退還（大
部分貨物輸出之際，至今依然保留舊補助金的半額）。砂糖輸
入額，雖大大超過國內消費的必要額，但此種超過額，與菸草
通常的超過額比，是頗不足觀的。

　　有些貨物，因爲是我們國內製造家嫉妒的特殊對象物，
遂禁止其輸入，以供國內消費。但若支付一定的賦稅，即可任
其輸入，暫停以待輸出。但在這樣輸出之際，所課的稅是完全
不退還的。我們的製造家，就連對於這種受限制的輸入，亦不
願加以獎勵；他們深恐囤放在倉庫的貨物會偷運出一部分，來
和他們自己的貨物競爭。我們現在輸入精製絲，法國細白麻布
與寒冷紗、繪花印花染色著色的棉布等物，即須受此種條例的
拘束。

　　我們甚至不願意運送法國貨。法國被視為我們的敵人。我們與其讓他們運用我們的船隻賺錢，便不如放棄我們自己的利潤。在法國貨物輸出之際，不僅舊補助金之半額不允退還，即第二次的百分之二十五的稅，亦被保留。

　　根據舊補助金附則第四條，一切葡萄酒輸出之際，所許退還之稅，比輸入時所支付之稅之半額，多上許多。似乎，議院當時的目的，是要把比普通多一點的獎勵給葡萄酒的販運業。與舊補助金同時課納或稍後課納的其他賦稅，有些，如同所謂附加稅，新補助金、三分之一補助金及三分之二補助金、一六九二年關稅、葡萄酒的鑄印費（Coinage on Wine），即允在輸出時，全部退還。但這一切賦稅，除了附加稅與一六九二年關稅，概在輸入時以現錢支付；如此巨大金額的利息，所費於販運者甚巨，所以，希望此種貨物的販運貿易有利，就成了一種奢望了。所以，所謂葡萄酒關稅，只有一部分；法國葡萄酒輸入每噸二十五英鎊的稅（即一七四五年、一七六三年，以及 七七八年課加的賦稅），就沒有任何部分，允在輸出時退還。一七七九年及一七八一年對於一切貨物輸入而附加的那兩種百分之五的關稅，在一切其他貨物輸出時既允全部退還，所以，在葡萄酒輸出時，亦允其全部退還。一七八〇年特別課加在葡萄酒上的最後的賦稅，亦允全部退還。因為保留的稅額太重了，所以，這種恩典，也許不能引起任何一噸葡萄酒的輸出。這種規定，除了我國美洲殖民地，乃適用於一切依法准許輸出的地方。

　　查理二世第十五年法令第七號，名為「貿易獎勵法」，即給英國以歐洲一切生產物製造品供給殖民地的獨占權。葡萄

酒亦包括在內。但在海岸線如此長的北美洲殖民地及西印度殖
民地，我們的統治權又如此微弱，且當初曾許居民以自己的船
舶，把他們的未列舉禁止的商品，運往歐洲各地，後又許運往
芬尼斯特岬以南歐洲諸國，所以，這種獨占權，恐怕是不大受
人尊重的。也就是說，無論在什麼時候，他們也許都有方法，
從運往的國度，運回一些貨物。他們要從出產葡萄酒的地方，
輸入歐洲的葡萄酒，也許有些困難；他們要從葡萄酒課稅繁
重，其大部分又不能在輸出時退稅的國度如大不列顛，輸入歐
洲的葡萄酒，亦是不大方便。但美洲與西印度群島，既得與瑪
德剌島自由交換他們各種未列舉禁止的商品，瑪德剌的葡萄酒
（不是歐洲的出產物），便可直接輸入美洲與西印度群島了。
一七五五年戰爭開始時，我們的軍官在我們的全部殖民地所發
覺的對於瑪德剌葡萄酒的普遍嗜好（這種嗜好，後來，又為這
班士官，帶回到祖國，在那時以前，祖國尚不大流行此種葡萄
酒），也許，就在這樣的環境下養成的。後來，戰事結束了。
一七六三年（依喬治三世第四年法令第十五號第十二條），除
了法國葡萄酒，一切葡萄酒均允在輸出到殖民地時，退還所課
納的三英鎊十先令以外的賦稅（因為國民的偏見，不許獎勵法
國葡萄酒的貿易與消費）。但這種恩惠頒布的時候，到我國北
美殖民地叛變的時間，相距未免太短了，所以，此等地方的風
習，終究不能因此而有顯著的變化。

　　在一切葡萄酒（除了法國葡萄酒）的退稅上，殖民地由這
法令所受恩惠，比較其他各國，是更大得多，但在大部分其他
貨物的退稅上，殖民地所受恩惠，卻是更小得多。在大部分貨
物輸出到其他各國之際，舊補助金得退還半額。但這項法令，

卻規定除了葡萄酒、白棉布，以及棉紗，一切歐洲或東印度生產製造的商品，在輸出到殖民地時，不得退還舊補助金之任何部分。

退稅制之設立，也許原來是爲了要獎勵販運貿易。販運船舶的運費，既概由外國人以貨幣（現金）支付，販運貿易遂亦被認爲特宜於輸金銀歸國。販運貿易，雖不應受特殊的獎勵，此種制度設立的動機，雖然非常可笑，但這種制度的本身，卻似乎很合理。這樣的退稅，絕不能違反無輸入稅時的自然趨勢，而驅使過大部分的資本，加入這一種貿易。那不過可以防止輸入稅完全把此種貿易排除。我們雖不應特別獎勵販運貿易，卻亦不應加以阻礙，我們應該像對待其他各種職業一樣，任其自由。這種貿易，對於那一部分既不能投在本國農業，亦不能投在本國製造業，既不能投在國內貿易，亦不能投在消費品國外貿易上的資本，乃是一個必要的出口。

關稅的收人，不但不會因此種退稅而受損，且將因此種退稅而得利，因在退稅時，得保留一部分的賦稅。如果全部賦稅均被保留，則納稅的外國商品不能輸出，從而，因缺少市場故，亦不能輸入。如此，本可以保留的那一部分賦稅，便無從納入了。

有了這樣的理由，那即使在輸出時（無論是本國產物還是外國產物），退還全部課稅，亦是充分合理的了。在這情況，國產稅的收入，誠不免稍受損失，關稅的收入更不免受較大得多的損失；但產業主自然的均衡，勞動之自然的分配（這多少要受這種課稅擾亂），卻將因這種規定，而更爲恢復起來。

但以上諸種理由，僅足證明在輸出貨物到完全獨立的外

國時，退還課稅是合理的，並不能證明在輸出貨物到我國商人、製造家享有獨占權的地方時，亦是合理。譬如，在歐洲貨物輸出到我國美洲殖民地時，退還課稅，並不能使輸出額，大於無退稅制度時的輸出額。因我國商人、製造家在那裡享有獨占權，所以，即使保留全稅額，也許亦不致於減少運到那裡去的輸出額。所以，在這情況，退稅僅足為國產稅及關稅的收入之損失，絕不能改變貿易的狀態，亦不能在任何一點上使其推廣。至於在怎樣的程度上，這種退稅得被認為對殖民地產業之妥當的獎勵，或者說，在怎樣的程度上，允許他們省免本國其他人民所不能省免的賦稅，才有利於祖國，我打算在討論殖民地時，再加以論述。

　　總之，我們必須永遠記住，退稅制度只在輸出品真正輸出到外國的時候有用。如果輸出品會再祕密進口，退稅制度就毫無用處。大家都知道，有些退稅（尤其是菸草的退稅），就在這情狀下，屢屢被人濫用，並惹起了許多既有害於政府收入，復同樣有害於正當生意人的詐欺舞弊。

第五章

論獎勵金

　　英國某種產業的生產物，常常請求輸出獎勵金；輸出獎勵金，亦有時眞的發給。據稱，我國商人、製造家，賴有這種獎勵金，乃能在外國市場上，與競業者以同樣低廉或更爲低廉的價格，出售他們的貨物。據說，輸出量將從而加大，貿易差額遂亦較有利於我國。在外國市場上，我們不能像在國內市場上一樣，給我們的工人以獨占權。對於外國人，我們不能像對於本國人一樣，強迫他們購買我國工人的貨物。於是，想出了其次的最好方法，即付錢給外國人購買。這個以貿易差額富國富民的方法，乃是重商學說所提倡的。

　　一般承認，獎勵金只宜發給那種無獎勵金即不能經營的商業部門。但無論什麼商業部門，如果商人售貨所得價格，可以償還此貨物製造乃至上市所投下的資本及其普通利潤，那即使沒有獎勵金，亦必能繼續經營。這樣的商業，與其他在無獎勵金狀態下進行的諸商業部門，明顯是立在同一條水準線上，所以，亦不更急求獎勵金之頒發。只有商人售貨價格不足補還其資本及其普通利潤的商業，或售貨價格不足抵償貨物上市之實際費用的商業，才必需獎勵金。獎勵金之發給，乃用來補償此損失，獎勵他繼續經營或開創一種被認爲得不償失（每經營一次，投下的資本即虧蝕一部分，並且，如果一切其他商業都像這樣的性質，全國資本亦不久就會破滅無存）的商業。

　　據觀察，須賴獎勵金經營的商業，在兩國間，長期經營下去，必有一國常常虧本，即貨物的售價少於貨物上市的實際費用。獎勵金的頒發，固然可使這種商業的經營得以繼續，但是，如果沒有獎勵金來補還商人貨物售價上的損失，他自身的利害關係，不是將驅使他改變資本用途，尋覓其他（得以貨物

售價償還貨物上市所用的資本及其普通利潤）的職業嗎？像重商主義所提倡的其他各種方法一樣，獎勵金的結果，亦不過強迫一國商業，使不流入自然的通路，卻流入更不利得多的其他通路。

有一聰明博識的作者，著一小冊，論穀物貿易，很明白地說出了，自從穀物輸出獎勵金第一次確立以來，輸出的穀物價格，依十分保守的估計，已大過於輸入的穀物價格，依非常樂觀的估計，則其超過額，當遠遠超過於此期間付出的獎勵金全額。他想像，按照重商主義的真確原理，這是明明白白的證明了，這種強制的穀物貿易，有利於國家；因為輸出的價值如此超過了輸入的價值，除了補還國家獎勵輸出所費的全部特別費用，尚大有餘額。他不知道，這個特別的費用；換言之，這個獎勵金，僅是穀物輸出社會實際費用的極小部分。農業家用來栽種穀物的資本，亦須同樣加以考慮。如果穀物在外國市場上所售的價格，不夠在補償獎勵金以外，再補償這個資本及其普通利潤，則其間差額，便是社會的損失，國民資財必將減少那麼多。但一般人所以覺得有頒發獎勵金必要的理由，又使我們假設，穀物在外國市場上的售價，不夠作上述那樣的補還。

據說，自獎勵金設立以來，穀物的平均價格，已顯著的下落。我曾努力說明，前世紀末葉，穀物平均價格已有多少跌落，在現世紀最初六十四年間，仍繼續有此傾向。如果這種事實真如我所確信的那麼真確，那就算沒有獎勵金，亦必然會發生這種結果，而其發生，似乎並不是獎勵金的結果。法國不僅無獎勵金，且在一七六四年以前，穀物輸出尚受一般的禁止，但法國的穀物平均價格，和英國一樣低落了。穀物平均價格

上這種逐漸的低落，也許，既不能完全歸因於這一種條例，亦不能完全歸因於任何別一種條例，但宜歸因於銀的眞實價值不知不覺逐漸騰貴（我已在本書第一篇，努力說明了現世紀過程中，這種現象，曾發生於歐洲一般市場上），獎勵金絕不能有助於穀物價格的減低。

豐年，引起異常輸出的獎勵金，一定會使國內市場的穀物價格，提高到自然的程度以上。但這就是獎勵金制度公開宣示的目標。歉歲，獎勵金雖大都停止，但它在豐年所引起的大輸出，一定會屢屢多少使這一年的豐收，不能救濟另一年的不足。所以，無論年歲豐歉，獎勵金都有一種趨勢，要提高穀物的貨幣價格，使多少較高於無獎勵金時國內市場上穀物價格所應有的程度。

在現實的耕作狀態下，獎勵金必然會有這種趨勢，我想，那在稍有一點理性的人中，是不會有異議的了。但有許多人，以爲獎勵金傾向於獎勵耕作，而其獎勵方法有二。第一，他們以爲，獎勵金可以爲農業家的穀物，打開一個更廣大的外國市場，所以有增加穀物需要的趨勢，從而，獎勵穀物的生產；第二，他們以爲，獎勵金可以爲農業家，確保一個更好的（比在現實耕作狀態下，無獎勵金時，所可希望的價格更好）價格，所以有獎勵耕作的趨勢。他們以爲，這個雙重的獎勵，因在長時間內，可以增進穀物的生產，致使國內市場上穀價低落的程度（在此期末尾的現實耕作狀態下），除了抵銷獎勵金提高穀價之程度，尚大有餘。

對於這種意見，我的答覆如下。由獎勵金引起的外國市場的推廣，必定會在各年間，犧牲國內市場。無獎勵金便不會

輸出，但終因有獎勵金而輸出的穀物，設無獎勵金，即可留在國內市場上，以增加消費而減低那商品的價格。據觀察所得，穀物獎勵金，像一切其他輸出獎勵金一樣，將以兩種不同的賦稅，課加在人民身上。第一，人民必須納稅，以支付獎勵金；第二，國內市場上商品價格必致提高，因人民大眾莫不是穀物的購買者，所以，在這特殊商品上，由這種提高而生出的賦稅，又必須出人民人眾付納。所以，就這特殊商品而言，第二種賦稅，遠較第一種賦稅為重。且假定，逐年平均計算，每輸出一夸特小麥給獎勵金五先令，只可使國內市場上這商品的價格，較在無獎勵金時現實收穫狀態下所應有的價格，每蒲式耳高六便士，即每夸特高四先令吧。這種假定，絕不能稱為太過。然而，就連在這種十分保守的假設上，人民大眾除了須擔負每夸特小麥輸出獎勵金五先令以外，他們每消費一夸特，亦仍須支付四先令的高價。但根據上述那位聰明的穀物貿易論者所述，輸出的穀物與國內消費的穀物之比，平均尚不過一與三十一之比。所以，如果他們所支付的第一種賦稅為五先令，他所支付的第二種賦稅便一定是六鎊四先令。把這樣苛重的賦稅加在第一生活必需品上，必致減縮勞苦貧民的生活品，不然，就必致按照生活品貨幣價格的提高，而提高貨幣工資。如果生出第一種影響，必致減縮勞苦貧民撫養子女教育子女的能力，從而，限制國內人口。如果生出第二種影響，又必致縮減雇主僱用貧民的能力，使他們所僱用的人數，少於無獎勵金的情況，所以，又必致限制一國產業。獎勵金所引起的穀物的異常的輸出，不僅會按照國外市場與國外消費推廣的比例，而減少國內市場與國內消費，且因其限制一國人口與產業，其最後

趨勢，必為阻礙並抑制國內市場漸次的推廣，所以，長久下去，與其說它會擴大穀物的市場與消費，便不如說會縮減穀物的市場與消費。

又據一般人設想，穀物的貨幣價格的這種提高，因可使這商品更有利於農業家，必能獎勵這商品的生產。

關於這種意見，我的答覆如下。如果獎勵金的結果，是提高穀物的真實價格；換言之，是使農業家能以等量穀物，按照當地勞動者的一般生活狀態（無論是富裕，是普通，還是貧困），維持更多數的勞動者，情形也許真會如此。但獎勵金明顯不能有這種結果，任何人為的制度均不能有這種結果。獎勵金所能大大影響的，不是穀物的真實價格，只是穀物的名目價格。這種制度所課加在人民大眾身上的賦稅，於付納者固為一苛重的負擔，於收受者則利益極小。獎勵金的真實效果，與其說是提高穀物的真實價值，不如說是降落銀的真實價值。使等量的銀，不僅只能交換較小量的穀物，且只能交換較小量的其他一切國產商品。因為，穀物的貨幣價格，支配其他一切國產商品的貨幣價格。

穀物的貨幣價格，支配勞動的貨幣價格。勞動的貨幣價格，必須常常足夠使勞動者能夠購買一定量的穀物，夠他在富裕的、普通的，或貧乏的生計狀態（那究竟如何，須看社會情狀是進步、是停滯，還是退步而定，社會上的雇主，必須按照社會的情形，來維持勞動者的生計）下，維持他自身和他的家庭。

穀物的貨幣價格，支配一切其他土地原生產物的貨幣價格。在改良的任何階段中，這一切土地原生產物的貨幣價格，

一定會和穀物的貨幣價格，保持一定的比例——雖然這種比例，會因改良階段不同而不同。譬如，牧草、乾草、肉類、馬匹、馬糧，從而內陸運輸及大部分國內貿易，其貨幣價格，均受穀物的貨幣價格支配。

穀物的貨幣價格，因可支配一切其他土地原生產物的貨幣價格，遂得支配幾乎一切製造業原料的貨幣價格。穀物的貨幣價格，因可支配勞動的貨幣價格，遂得支配製造技藝及勤勞的貨幣價格。因可支配兩者，故得支配完全製造品的貨幣價格。勞動的貨幣價格，一切土地生產物勞動生產物的貨幣價格，都必然會按照穀物的貨幣價格比例而或漲或跌。

所以，獎勵金的結果，雖可使農業家售賣穀物的價格，由每蒲式耳三先令六便士漲至每蒲式耳四先令，並按其生產物的貨幣價格騰貴比例，而支納地主以貨幣地租；但若穀物價格這樣騰貴的結果，現在四先令所可購得的任何種類的國產商品，均不多於以前三先令六便士所可購得的，那農業家與地主的境遇，就都不能由此種變化而有多大改進。農業家的耕作，不能有多大進步；地主的生活，不能有多大改良。穀物價格的這種提高，雖可在購買外國商品時，給他們以些微的利益，但在購買國產商品時，便一點利益也不會有。然而，農業家的費用，就幾乎全部用來購買國產商品，地主的費用，亦有大部分用來購買國產商品。

由礦山豐沃而起的銀價低落，可相同（或幾乎相同）的影響大部分商業世界，所以對任何特定國家而言，實際上不會有什麼影響。由此而起的一切貨幣價格的騰貴，雖不能使受者實際更為富裕，卻也不能使受者實際更為貧乏。金銀器皿的

價格，實際會更低落下來，但其他一切物品的眞實價值，卻必恰如舊時。但若銀價跌落的原因，是特殊國家的特殊地位或政治制度，則其影響僅及於一國，就成了極爲重要的事情了。這種事情，不但不能使任何人實際更爲富裕，卻有使所有人實際更爲貧乏的趨勢。一切商品的貨幣價格騰貴 —— 在這情況，是這一國所特有的現象 —— 有多少阻抑國內各種產業的趨勢，從而，使外國國民能比本國工人，以較小量的金銀，提供幾乎一切種類的貨物，不僅在外國市場上，而且在本國市場上，使本國的工人削價售賣。

西班牙、葡萄牙因特別占有金銀礦山，遂得以金銀分配於歐洲其他各國。因之，這兩種金屬，自然會在西班牙、葡萄牙略微低廉，而在歐洲其他各國略微昂貴。但其差，不應較大於運輸及保險所費。因其容積小而價值大，運輸費不成大問題；至於保險費，亦必與其他等價值貨物的保險費相等。所以，如果這兩國不用政治制度加大這種特殊情狀的不利，那他們由這種特殊情狀而蒙受的苦痛，一定是極小的。

對於金銀輸出，西班牙課以賦稅，葡萄牙且加以禁止，以致輸出須負擔走私的費用，從而，使這兩種金屬在他國，價值如此高出於西、葡兩國。走私的費用，全須加在其價值中。設以堰阻流水，堰滿之後，則水必從堰上溢出，好像沒有堰阻一樣。禁止金銀輸出，亦類於此。禁止金銀輸出，不能在本國保留本國所能使用的程度以上的金銀量。一國土地勞動年產物，限制了這一國在鑄幣上、在金銀器皿上、在鍍金上、在金銀裝飾品上，所可使用的金銀量。如果他取得了這個數量，就譬如堰已滿了，以後流入的全部水流，均必外溢。於是，西、葡兩

國，雖禁止金銀輸出，但每年從兩國輸出的金銀，依然極近似等於其每年輸入的金銀。好像堰內的水必深於堰外的水一樣，由這種限制而抑留在兩國的金銀量，與他們土地勞動年產物就比例而言，必大於其他諸國的金銀量。堰頭愈高愈強，則堰內堰外水深程度的差亦必愈大。所以，課稅愈高，禁令所立的刑罰愈嚴峻，警察官執行法律愈周到嚴格，則兩國金銀對土地勞動年產物所持的比例，與其他諸國的這種比例相較，其間之差亦必愈形巨大。據說，其間差額，是極可觀的；於是，在兩國，家家都濫用金銀的器皿，而一般認為，配享此種奢華的其他諸國，反而覺得闕如。此種貴金屬的過剩，必然會使金銀低廉，或者說，必然會使一切商品昂貴，遂致阻礙兩國的農業與製造業，使諸外國得比兩國，在本國的生產製造上，以較小量的金銀，供給彼等以許多種類的原生產物，以及幾乎一切種類的製造品。課稅及禁止的作用，有不同的兩途。那不僅大大減低兩國貴金屬的價值，且因其抑留不願抑留的一定量的金銀，致使其他諸國貴金屬的價值，略高於自然狀態下應有的價值，從而，使其他諸國與兩國通商，得享受雙重的利益。倘能將此水門開放，則堰內之水減少，堰外之水增加，兩方不久就會平衡。同樣，倘能撤除此種課稅與禁令，則兩國之金銀量大減，其他諸國之金銀量得稍增，此等金屬的價值及其對土地勞動年產物的比例，不久就會在一切國家間，歸於平衡，或極近似的歸於平衡。兩國由金銀的這種輸出而忍受的損失，全然是名目上的、想像上的。他們的貨物的名目價值，他們的土地勞動年產物的名目價值，誠將跌落，而比較以前，得以較小量的金銀代表其價值，但其真實價值必依舊，所能維持所能支配所能僱

用的勞動量，亦必依舊。他們貨物的名目價值跌落了，所餘金銀的眞實價值必騰貴，於是，比往昔爲通商爲流通而使用的較大的金銀量，現今所有的數量雖較小，但所能完成的目的，則與往昔無異。流往外國的金銀，絕非無所謂的流往外國，那必然會帶回等價值的某種物品。這種貨物，又絕不能全然是遊惰者——只消費不生產——的奢侈品消耗物。遊惰者的眞實財富與收入，既不能由這種特別的金銀輸出而增加，其消費亦不能由此而大增。所以，由此帶回來的貨物，也許有大部分，至少也有一部分，是材料、工具、食物。運用這些貨物維持僱用一批勤勞的人民。除了將他們消費掉的價值全部再生產出來，還會附帶一些利潤。於是，社會死資財的一部分，得一變而爲活資財，從而比往昔，能推動更大量的產業。其國土地勞動年產物，馬上會有一點增加，再過幾年，便會大有增加。其國產業現今所受最苛重的負擔之一，就從此除去了。

西、葡兩國不合理政策，其作用如是，穀物輸出的獎勵金，其作用亦必如是。耕作的實際狀態無論如何，穀物輸出的獎勵金，總會使國內市場上的穀物價格，略昂於無獎勵金的場合，並使外國市場上的穀物價格，略低於無獎勵金的場合。又因穀物的平均貨幣價格，多少支配一切其他商品的平均貨幣價格，所以，此等獎勵金又會大大減低國內銀的價值，略微提高外國銀的價值。這種獎勵金，使外國人（尤其是荷蘭人）能夠以較廉（不僅比在無獎勵時他們所出的代價爲廉，且比在同樣有獎勵金時我們自己所出的代價爲廉）的價格，吃我國的穀物。關於此事實，有一卓越的權威馬太・德克爵士（Sir Matthew Decker），曾爲我們確鑿言之。這種獎勵金，使我們

的工人，不能像在無獎勵金時那樣，以小額的銀，而提供我們的貨物，卻使荷蘭人能以較小量的銀，提供他們的貨物。使我們的製造品，無論在何處，均須略昂於無獎勵金時，並使他們的貨物，無論在何處，均可略廉於無獎勵金時，從而，使他們的產業，比我們的產業，得多享受雙重的利益。

　　這種獎勵金，因在國內市場上，所提高的，與其說是我們穀物的真實價格，不如說是我們穀物的名目價格；所增加的，與其說是一定量穀物所能維持、所能僱用的勞動量，不如說是這一定量穀物所能交換的銀量，所以，必致阻礙我國製造業，然又無大補於我們的農夫或地主鄉紳。固然，這兩者的荷包，都會因此而多有一點點貨幣收入；固然，要使他們大部分相信那於他們並無極大的補益，也許有點困難；但若貨幣跌價，貨幣所能購買的勞動量、食物量及各種國產商品量都減少，那麼，即使其數量增加，由此而得的補益，亦地主不過是名目上、想像上的了。

　　在大社會中，受這種獎勵金的實在益處，或者說，能受這種獎勵金的實在益處，也許只有一種人。即穀物商人或穀物的輸出者、輸入者。豐年，獎勵金必致使穀物輸出量，大於無獎勵金的情況；並且，因為那可以使今年的豐收，不能救濟明年的不足，又必致在歉歲，使穀物輸入量，大於無獎勵金的情況。在豐年和歉歲，那都可以增加穀物商人的業務。但在歉歲，這種獎勵金不但可以使他比起無獎勵金時（如此，今年的豐收即可多少救濟明年的不足），能夠輸入較大量的穀物，且可以較好的價格並從而以較大的利潤售賣穀物。所以，據我所見，最熱心贊成此種獎勵金繼續與更新的，亦就是這一群人。

　　我們的鄉紳，在課外國穀物輸入以重稅（那在收穫普通的時候，便等於禁止），給本國穀物輸出以獎勵金時，似乎是仿效我們製造家的行為。由這一種制度，他們取得了國內市場的獨占權；由別一種制度，他們努力防止國內市場停積穀物過多。總之，他們是由這兩種方法，提高他們商品的真實價值。在這一點，他們和製造家所採取的方法，是一樣的。製造家亦會同樣採取這兩種方法，來提高許多種製造品的真實價值。但他們不曾注意穀物及其他各種貨物間本有巨大的根本的差別。以獨占國內市場的方法，或以獎勵輸出的方法，使毛織物、麻織物，得以較好的價格（比無獨占權、無獎勵金時好）出售，那是可能的，因為由這種方法，不但提高了此等貨物的名目價格，而且提高了此等貨物的真實價格。你使此等貨物等於較大量的勞動與生活品；你不僅增加了此等製造家的名目利潤、名目財富，與名目收入，並且增加了他們的真實利潤、真實財富，與真實收入；你使他們能夠過較優裕的生活，或在那特殊製造業上，僱用較大量的勞動。你實際獎勵了此等製造家，使國內的勤勞量，比無此制度時，得有較大的數量，導入他們那一方面。但這種制度，如果適用到穀物方面來，那你所提高的，就只是穀物的名目價值，不是穀物真實價值。你不能增加農業家的真實財富與真實收入，亦不能增加鄉紳的真實財富與真實收入。你不能獎勵穀物的栽培，因為你不能使穀物能夠養活、能夠僱用更多數的栽培穀物的勞動者。按照事物之自然，穀物的真實價值就是有定的，不能因其貨幣價格改變而改變。輸出的獎勵金，國內市場的獨占，都不能提高穀物的真實價值。最自由的競爭，亦不能使它低減。走遍全世界，穀物的真

實價值，亦等於穀物按照當地勞動者一般生活狀態（無論是富裕、普通，還是貧乏）所能維持的勞動量。毛織物、麻織物不是支配的商品。一切其他商品的真實價值，並非最後受測量受決定於毛織物、麻織物。穀物卻不然，一切其他商品的真實價值，最後都是受測量、受決定於各自平均貨幣價格對穀物平均貨幣價格所持的比例。穀物的平均貨幣價格，雖有時會一世紀和一世紀不同，但其真實價值卻不隨此種變異而變異，隨這種變異而變異的，只是銀的真實價值。

　　國產商品輸出的獎勵金，都不免遭受兩種抗議。第一，是對重商主義一切方法之一般抗議：即違反自然趨勢，使一國產業有一部分被迫流入較少利益的通路。第二，是對這種方法之特殊抗議：即不僅驅使一國產業，有一部分被迫流入較少利益的用途，且將被迫流入實際不利的用途。無獎勵金即不能經營的貿易，必然是一種損失的貿易。穀物輸出的獎勵金，即須遭受第二種抗議；它無論從哪一點說，亦不能促進他們所要促進的那種商品生產。在鄉紳要求建立此種獎勵金時，雖然是模仿商人、製造家，但商人、製造家完全理解了他們的利害關係，其行動亦往往受這種理解的指導，鄉紳卻並沒有此種完全的理解。他們對於國家收入，加上了一個極大的損失，對於人民大眾，加上了一個極重的賦稅；但對於他們自己的商品，卻沒有在任何可以眼見的程度上，增加其真實價值，且因略微減低了銀的真實價值，實際尚在若干程度上，阻礙國家的一般產業，因土地改良程度，必然取決於國家的一般產業，所以，他們不但沒有促進他們的土地改良，且從而加以多少的阻滯。

　　人們其實應該這樣想，為獎勵一種商品的生產，生產獎

勵金的作用，要較輸出獎勵金更直接。此外，生產獎勵金，只
以一種賦稅課加於人民；即，他們必須納稅，以支付獎勵金。
生產獎勵金，不但不會提高這商品在國內市場上的價格，且有
減低它的傾向。所以，他們不但不會因此而支納第二種稅；他
們所支納的第一種稅，亦將因此而至少可得一部分的補還。不
過，生產獎勵金，是不常頒發的。重商主義所確立的偏見，
使我們相信，國民之富，直接得自生產者少，直接得自輸出者
多。輸出，因為是帶貨幣歸國更直接的方法，遂更受優遇。據
說，生產獎勵金，據經驗所顯示，又比輸出獎勵金更易受欺
詐。這種說法，真確到什麼程度，我不知道。但輸出獎勵金，
往往濫用到許多欺詐的目的上，卻是大家都知道的。但這一切
措施的發明者──商人與製造家，並不情願在國內市場上，使
他們的貨物陷在累積過剩的情狀。生產獎勵金，有時會引起這
種情狀，輸出獎勵金，卻將使過剩部分送往外國，使國內殘留
部分貨物的售價得以提高，所以，確實能夠防止這種情狀發
生。因此，在重商主義各種措施中，輸出獎勵金便成了他們最
愛好的一種了。就我知道，有許多種職業的經營者，都私下同
意從自己的荷包裡掏出錢來，獎勵他們一定部分的貨物輸出。
這種措施施行順利的結果，雖然大增了國產商品，卻仍能在國
內市場上，把他們的貨物價格，提高到一倍以上。但是，在這
種措施應用到穀物方面的時候，則因其可以減低穀物的貨幣價
格，其作用遂大異於此。

在某特定的情況，亦頒給類似於生產獎勵金的某種
東西。鹽漬鰊漁業及鯨魚業所得的噸次獎勵金（Tonnage
Bounties），或許可視為帶有此種性質。這種獎勵金，據說，

有使此貨品在國內市場上的價格，較廉於在無此等獎勵金的情況。從別的方面看，我們又必須承認，其結果與輸出獎勵金的結果相同。賴有它，國內資本遂有一部分的用途，所提供於市場的貨物，其價格尚不足補償其費用及資本的普通利潤。

此等漁業的噸次獎勵金，雖無補於國之富，但以其可增加船舶及水手之數，所以，或可被認爲有補於國防。用這種獎勵金來維持國防，比（像維持常備陸軍一樣）維持一個大的常備海軍（如果我可以用這個詞）所需費用，也許有時會更小得多。

但雖有這種辯護，下述諸種考察，仍不免使我相信，至少，在頒給這些獎勵金的時候，議院是大大受了欺騙。

第一，鰊魚船獎勵金似乎太大了。

自從一七七一年冬漁季開始以來，直到一七八一年冬漁季完畢，鯡魚船的噸次獎勵金，爲每噸三十先令。在這十一年內，蘇格蘭鯡魚船捕撈的鯡魚總數爲三十七萬八千三百四十七桶。在海邊捕獲即行鹽漬的鯡魚，稱爲海棒。但要運到市場去售賣，仍須附加一定量的鹽，成爲商用鯡魚，再包裝。在這場合，三桶海棒，每每改裝爲商用鯡魚兩桶。所以，在這十一年間，所獲商用鯡魚，計有二十五萬二千二百三十一桶又三分之一。在這十一年間，付出的噸次獎勵金，總計十五萬五千四百六十三鎊十一先令，即海棒每桶得八先令二便士又四分之一，商用鯡魚每桶得十二先令三便士又四分之三。

用來醃藏這些鯡魚所用之鹽，有時是蘇格蘭產，有時又是外國產，但均可免納一切國產稅而交付給魚之鹽漬業者。但普通，蘇格蘭鹽每蒲式耳，現今須納國產稅一先令六便士，外國

鹽每蒲式耳需納十先令。據假定，鯡魚每桶須用外國鹽大約一蒲式耳又四分之一。若用蘇格蘭鹽，平均便需二蒲式耳。如果鯡魚是輸入以待輸出，則全免納鹽稅。如果是輸入以供國內消費，則無論所用爲外國鹽或爲蘇格蘭鹽，每桶均僅納一先令。魚一桶所需用的鹽，即使根據最低的假定，亦必需一蒲式耳，然而，蘇格蘭對於這一蒲式耳的鹽，卻僅課稅一先令。我們知道，在蘇格蘭，外國鹽通常皆用來醃藏漁獲。自一七七一年四月五日至一七八二年四月五日，輸入的外國鹽，共計九十三萬六千九百七十四蒲式耳，每一蒲式耳重八十四磅。蘇格蘭鹽交付給魚漬場之鹽量，卻不過十六萬八千二百二十六蒲式耳，每蒲式耳僅五十六磅。這樣看來，漁業所用的鹽，便主要是外國鹽了。此外，每桶鯡魚輸出，又付獎勵金二先令八便士。漁船捕獲的鯡魚，又有三分之二以上是輸出的。所以，綜合這一切來計算，你就會知道，在這十一年間，漁船捕獲鯡魚一桶，若取蘇格蘭鹽漬，則在輸出時，所費於政府者，計十七先令十一便士又四分之三；在輸入以供國內消費時，所費於政府者，計十四先令三便士又四分之三，若以外國鹽漬，則在輸出時，所費於政府者，計一鎊七先令五便士又四分之三；在輸入以供國內消費時，所費於政府者，計一鎊三先令九便士又四分之三。良好商用鯡魚一桶的價格，最低十七先令或十八先令，最高二十四先令或二十五先令；平均約爲一幾尼。

　　第二，鹽漬鯡魚業的獎勵金，是一種噸次獎勵金，按照船舶載重量的比例，非按照船舶在漁業上的勤惰與成敗比例。因此，恐怕有許多開出去的船舶，不以捕魚爲目的，而以捕獎勵金爲唯一目的。一七五九年，獎勵金爲每噸五十先令，但蘇格

蘭全部漁船所獲，卻不過海棒四桶。在這一年，海棒每桶，單就獎勵金一項而言，已需費政府一百一十三鎊十五先令；商用鯡魚每桶，則所費爲一百五十九鎊七先令六便士。

第三，有噸次獎勵金的鹽漬鯡魚業，每每用載重二十噸至八十噸的大漁船或甲板船。這種捕魚法，也許是從荷蘭學來的，適宜於荷蘭而不適宜於蘇格蘭。荷蘭陸地，與鯡魚漁場，相距甚遠；所以，這種漁業的進行，非利用甲板船不可，因甲板船可攜帶充足的飲水食物，以備遠海之航行。但蘇格蘭的希伯利德或西部群島、席德蘭群島，以及北部海岸、西北部海岸，總之，經營鹽漬鯡魚產業的主要鄰近各地，卻到處都是海灣，深入陸地，即被當地稱爲海湖者。此等海湖，即爲鯡魚來游此海時所群集的地方。且因此種鯡魚（我相信，還有許多種其他的魚）來游之時期，頗欠常規，所以，小舟漁業，乃最適宜於蘇格蘭的特殊情況。如此，漁人一經捕得鯡魚，即可攜上岸來鹽漬或生鮮販售。每噸三十先令獎勵金，固可給大船漁業以大獎勵，但必然會成爲小舟漁業的一個障礙。小舟漁業因無如此的獎勵金，故不能與大舟漁業，在同樣的條件上，以鹽漬鯡魚提供於市場。於是，在未有大舟漁業以前，頗爲可觀的小舟漁業，之前據說曾僱用不少海員，但現今卻幾乎全然沒落了。關於此種在今日已經十分凋零且無人過問的小舟漁業，以前曾有多大的規模，我必須承認，我不能說出多正確的話。小舟漁業既無獎勵金可得，所以，關稅吏鹽稅官，都不曾記下什麼記錄。

第四，蘇格蘭有許多地方，一年內，在某一季節，普通人民所食的鯡魚，數量可觀。可使國內市場上鯡魚價格跌落的

獎勵金，對於家境絕不寬裕的大多數民眾，也許是一個頗大的救濟。但大鯡漁船獎勵金，絕沒有這樣良好的作用。最適宜於供應國內市場的小舟漁業，曾為它所破壞；每桶二先令八便士的附加輸出獎勵金，又使大漁船所捕鯡魚，有三分之二以上，輸到外國去。在此前三十年至四十年之間，大漁船獎勵金尚未設立，我相信，那時鹽漬鯡魚每桶的普通價格為十六先令。在此前十年至十五年之間，小舟漁業尚未完全破滅，據說，那時鹽漬鯡魚每桶的普通價格為十七先令至二十先令。在最近五年間，平均每桶二十五先令。但這種高價，也許應歸因於蘇格蘭沿海各地的鯡魚實際不足。並且，我又必須指出，與鯡魚同時賣的桶（那種桶價，包含在上述各種價格內），自從美洲戰事開始以來，已經漲價約一倍，即由大約三先令漲至大約六先令。我又必須指出，我所採納的往時諸價格報告，並不是完全一致首尾符合的。有一個知識甚正確、經驗甚豐富的老人便對我說，五十餘年以前，良好商用鯡魚一桶的普通價格為一幾尼。我以為，那還可以看作是平均價格。但我認為，這一切報告有一個共同點，即國內市場上鯡魚的價格，並不曾因大漁船獎勵金而減低。

此等漁業家，在領受此等豐厚的獎勵金以後，如果仍能以往時通常的同一價格或較高價格，售賣他們的商品，他們的利潤，便有非常加大的希望了。就某些人說，情形如此，亦並不是不可能的。但一般說來，我卻有理由，相信情形絕非如此。這種獎勵金的通常結果，是獎勵輕率的企業家，使冒險經營他所不瞭解的事業，於是，由他們怠惰無知所引起的損失，雖有政府加以非常的優遇，亦不足予以補償。一七五〇年，第

一次以每噸三十先令獎勵金獎勵鹽漬鯡魚業的法令（喬治二世第二十三年第二十四號法令），又依此法令成立了一個合股公司，資本五十萬鎊，納資人（除了上述那諸種獎勵，如上述的噸次獎勵金，如每桶二先令六便士的輸出獎勵金，如鹽稅一律免納）得在十四年間，每納資一百鎊，即可取得每年受取三鎊獎勵金的資格，而由關稅徵收長官，每半年支付半額。這家大公司的經理及指導員均住倫敦。但除這公司以外，又公布在國內各海港，設立資本總額不下一萬鎊的漁業公司為合法。這些比較小的漁業公司的經營，雖由經營者自行負責，得利失利都需自己負責，但一樣可以取得相同的年金以及各種獎勵。大公司的資本不久就滿額了，於是，在國內各港，又設立了好幾家漁業公司。但雖有這一切大獎勵，這一切公司，無論大的小的，幾乎全失去了他們資本的全部或大部分，現在，這種公司的痕跡，亦完全不見了，鹽漬鯡魚業現今幾全部由私人投機家經營。

如果某一種製造業為國防所必需，則常常仰給其物於鄰國，未必就是聰明的辦法。如果這一種製造業非獎勵即不能在國內維持，則課其他一切產業部門以賦稅，以在國內維持這一種製造業，亦未必就是不合理的。對於英國製造的帆布及火藥，其輸出獎勵金，也許都可根據這個原理，而予以辯護。

課人民大眾的產業以賦稅，以支援特種製造家的產業，得稱為合理者，殊屬罕見。但雖如此；在人民大眾均享有較大收入，不知如何使用其全部收入的高度繁榮時期，對於所愛好的製造業，頒給如此的獎勵金，亦就像做別種無謂的花費一樣，不足奇怪。在公費用上，在私費用上，巨大財富都屢屢可以當

作是離譜行為的理由。但在一般民眾艱難困苦時期，猶繼續此
種浪費，其錯謬便非普通可比了。

　　所謂獎勵金，有時即是退稅，故不能與真正的獎勵金一概
而論。譬如，輸出精砂糖的獎勵金，即可說是赤砂糖、黑砂糖
在精製地方所課賦稅的退稅。輸出精製絲的獎勵金，即可說是
生絲捲絲輸入稅的退稅。輸出火藥的獎勵金，即可說是硫磺硝
石輸入稅的退稅。按照稅關的用語，輸出時所得的津貼，只在
輸出時貨物形態同於輸入時的情況，得稱為退稅。如果輸入以
後，其形態曾經某種製造業改造，則因其名稱已改，放在新名
稱項下的津貼，便叫做獎勵金。

　　對特定行業表現傑出的技術家與製造家，公眾所給予的
賞金，亦不能與獎勵金一概而論，賞金雖可獎勵特殊的技巧與
技能，從而提高各職業現僱各個工人的競爭心，但不足使一國
資本，違反自然趨勢，以過大的比例，流入特種的職業。這種
賞金並非傾向破壞諸職業的均衡，卻是使各種職業的作業，得
盡其可能，而達於完善與完全。此外，賞金所費極輕；獎勵金
所費極大。單就穀物獎勵金一項而言，有時，每年所費於公眾
者，即在三十萬鎊以上。

　　獎勵金有時被稱為賞金，退稅亦有時被稱為獎勵金。但我
們應時常注意事物的性質，不必管它的名稱。

附論　穀物貿易及穀物條例

　　世人，對於確立穀物輸入獎勵金的法律及與此有關的諸制
度，大都加以讚賞。我在未曾指出這種讚賞全然不當以前，是

不能把論獎勵金這一章結束的。特別考察穀物貿易的性質及與穀物貿易有關係的英國法律，即可充分說明我此說之眞理。這題目太重要了，所以，這個附論，即使長些，亦是正當的。

　　穀物商人的貿易，包含四個不同的部門。這四個部門，雖有時由一人之身兼任，但按其性質，實在是四種不同的獨立貿易。第一，對內商人的貿易；第二，國內消費品的輸入商人的貿易；第二，供外國消費的國內生產物的輸出商人的貿易；第四，販運商人的貿易，即輸入穀物以待輸出。

　　對內商人的利害關係，無論驟然一看，是怎樣與人民大眾的利害關係相反，但在極歉乏的年度，卻是恰好一致。他情願按照眞實歉收所必需的程度，盡量提高穀物的價格，但若再比這程度更高，就絕不於他有利了。價格的提高，可以阻礙消費，使一切人，尤其使下層人民盡量節省。但若提得太高了，則消費的阻礙過甚，致令一季節的供給，超過一季節的消費，以致下次收穫物已經進來，上次收穫物猶有殘餘，那他就危險了。他的穀物，不僅會依自然的原因而損失頗大部分，且其殘餘部分，將不得不以較數月前遠爲低廉之價格出售。但若提高的程度不足，則消費的阻礙未足，致令一季節的供給，短於一季節的消費，那他不僅會損失他一部分應得的利潤，且將使人民在一季節將要完畢之前，遭逢饑饉（不是缺乏的困難）的可怕恐慌。爲人民的利益計，他們每天、每星期、每月的消費，寧願與一季節的供給，盡其可能，正確的保持著比例。對內商人的利害關係，亦復如是。盡他判斷能力所及，以接近於這比例的比例，供人民以穀物，他售賣穀物的價格必最高，所得利潤必最大。收穫情狀如何，其逐日、逐星期、逐月的售賣額如

何，他是知道的。這種知識，使他能夠多少正確地判定人民所得的供給，究竟與此比例相差多少。於是，即使只顧一己的利益，全然不顧及民眾的利益，就連在不足的年度，他亦能夠像聰明的船長有時對待船員的辦法一樣，對待人民大眾，即在他預先看見糧食快要缺乏了，就叫他們減食。固然，有時船長顧慮太過，在實際沒有必要的時候，亦使他們減食，使他們感到不便。但這種不便，比較起來，並不很大。他們有時由船長行爲不謹愼而蒙受的危險、痛苦，與滅亡，才眞是驚人呢！同樣，有時，對內穀物商人貪欲過度，致超過季節不足所必需的程度而提高穀物價格，但人民由此種行爲（這可有效使他們避免季末的饑饉）所感受的不便，比較起來，亦是很小的。他們有時由季節開始即行廉售而蒙受的不便，才可怕呢！並且，這種過度的貪欲，於穀物商人自身，亦是大多有害的，他不僅會因此而蒙受一般人的厭憎，而且，即使他能夠避免這種厭憎的影響，亦不能避免下述那一種困難。即，在季末，必然會殘留在他手上一定量的穀物，並且，如果下一季節是豐收的，他這殘留額的售價，又必遠較貪欲不大過度的情況爲低。

如果一個大國的收穫物全部，得由一大公司的商人占有，那爲他們的利益計，也許眞會像荷蘭人處置摩洛哥的香料一樣，爲了要提高一部分存貨的價格，便把存貨的大部分破壞或委棄。但對於穀物，這樣廣泛的獨占，即使憑借法律的暴力，亦是不易建立的；並且，在法律准許自由貿易的地方，最不易爲少數大資本（雖可以購取穀物的大部分）勢力所壟斷、所獨占的商品，就要算穀物。一國收穫的全部穀物價值太大了，少數私人的資本是不能全數購買的；即使其能全數購買，

然其生產方法，又將使此種購買，全然不能實行。在任何文明
國家，都以穀物的年消費額爲各種商品中之最大者。所以，一
國勤勞，每年用以生產穀物的部分，亦必大於每年用以生產其
他物品的部分。在它第一次從土地收穫出來之後，亦必較其他
物品分配於較多數所有者之間。這種所有者，絕不能像一群一
群的獨立製造家一樣，集居在一個地方，必然會散居在國內各
隅。此種最初的所有者，或直接供給其鄰近地域的消費者，或
供給其他對內商人而間接供給此等消費者。對內穀物商人的人
數（包括農業家及烙麵師），必多於經營其他商品的商人，且
因其散居各處，要形成普遍的團體，又更不可能。在歉歲，如
果其中有一個商人，發覺他所有的穀物，已有許多不能以通行
的價格在季末售脫，他絕不會想維持此價格，坐贈競業者以利
益而給自身以損失。他將立即減低此價格，希望在新收穫出來
之前，把他的穀物售去。支配一個商人行爲的動機及利害關
係，又將支配其他一切商人，強迫他們都在所能判斷的限制
內，以對於季節豐歉最爲合宜的價格，售出他們的穀物。

　　關於現世紀及此前二世紀歐洲各地糧食不足與饑饉之情
形，有些記載頗爲可靠。試在這諸地中，任擇一地經過而細心
考察，我相信，一定能夠發現糧食不足的情形，絕不曾起因於
對內穀物商人的團結，只起因於眞正的不足。有時在特殊場合
是肇因於戰爭的浪費，但在最多數的場合，卻是肇因於天年的
不順。其次，又會發現饑饉發生的原因，只是政府強橫以不適
宜的手段，救濟糧食不足的不便。

　　在各部分均得自由通商、自由交通的廣大產穀國內，由
最不順天年而起之糧食不足，亦不能大至產生饑饉。若能節儉

經濟去處理，那就連最稀少的收穫，亦可在略微緊縮的情狀下（像一般的豐收，在略較寬裕的情狀下那樣），維持一樣多的人數一年。最不良的天年，莫過於過度的乾旱及過度的霪雨了。但因穀物可栽於高地，亦同樣可栽於低地，可栽於濕氣最重之地，亦同樣可栽於易受乾旱之地，所以，有害於低地的霪雨，可有利於高地，有害於高地的乾旱，又可有利於低地；所以，在大旱與多雨的年度，我們收穫雖均將遠遜於氣候順適的年度；但無論是大旱還是多雨，一國某一部分的損失，都可在相當程度上，由另一部分的利得而抵償。在產米諸國內，作物不僅需要極濕潤的土壤，而且，在稻生長期間，尚有時須浸在水裡，所以，乾旱的影響，遂遠為可怕。然而，就連在這樣的國內，乾旱亦不見得會那麼普遍，以致於連在政府允許自由貿易時，還會引起饑饉。數年前，孟加拉的大旱，也許只會引起極大的糧食不足，而後來之所以會轉為饑饉，也許因為是東印度公司的職員，曾以不適宜的條例、不審慎的限制，加在米的貿易上面。

政府如要救濟糧食不足的不便，遂命令一切商人，以被假定為合理的價格，售賣他們的穀物，結果或是妨礙他們提供穀物上市，以致在季節之初，即產生饑饉，或是（假設他們會提供穀物上市）使人民並獎勵人民趕快消費，以致在季末，必然會產生饑饉。無限制、無拘束的穀物貿易自由，既然是防制饑饉痛苦之唯一有效方法，亦是緩和糧食不足的不便之最好藥方。因為真正糧食不足的不便，是不能救濟的，只能緩和。沒有一種商業，比穀物貿易，還更值得法律之充分保護；亦沒有一種商業，比穀物貿易，還更需要這種保證；因為沒有一種商

業，比穀物貿易，更容易受一般人的憎厭。

歉歲，下層民眾往往認爲其困苦爲穀物商人之貪欲所造成。於是，穀物商人遂成爲他們憎惡憤怒的目標。在這情況，他不要說圖取利潤，他還會每天在完全破滅的危險中，其倉庫爲民眾之暴力所掠奪破壞。但穀物商人圖取大利潤的時候，亦就是穀物價格昂貴的歉歲。他通常與某一些農業家訂約，在一定年限內，按一定的價格，供他一定量的穀物。這個契約價格之訂定，必按照假設爲中度合理的價格，即按照一般平均的價格。那在晚近歉歲以前，一般約爲小麥每夸特二十八先令；其他各種穀物每夸特的契約價格，亦按此爲準。所以，穀物商人遂得在不足的年度，以一般價格購買而以較高得多的價格售賣他穀物的大部分。這是一種特別的利潤。但這種特別的利潤，只足使其穀物買賣與其他商業立在平等地位，只足補償他在其他情況，由此商品之易腐性或其價格意外變動之頻繁性而生的許多損失。這種事實，只要看看穀物貿易比其他商業，沒有更多的發人財機會，就會充分明白。他們只能在不足的年度獲取大利潤，但他受一般人憎惡的年度亦即是不足的年度。因此，稍有品格及財產的人，多不願加入此種職業。這種職業，遂致委棄在那一群下層商人之手；在國內市場上，介於生產者及消費者間的中間人，便幾乎只有磨坊工人、烙麵工人、製粉工人、麵粉經售人，以及一大群困苦的小販了。

歐洲往時的政策，對於這樣有利於社會的商業，不但不曾抑制一般人對它的憎惡；反之，視此種憎惡爲正當而加以獎勵。

愛德華六世第五年及第六年法令第十四號，規定凡購買穀物或穀粒，不願再拿出來售賣的人，應被視爲犯法的壟斷者，

初犯，處以兩個月的禁錮，沒收穀物的價值，再犯，處以六個月的禁錮，沒收的價值加倍；三犯，處以頭手枷刑，任皇帝隨意處以禁錮之刑，並沒收其動產之全部。歐洲其他大部分地方往昔的政策，亦不比英國昔時的政策為寬。

我們的祖宗，似乎曾想像，人民向農業家購買穀物，必較向穀物商人購買為廉，因為他們生怕穀物商人會超過農業家所要求的價格，而為自己需索特別利潤。所以，他們要竭力消滅他的商業，甚至於要竭力防制生產者與消費者間有任何中間人存在。他們對於所謂穀物壟斷者或販運者所營商業所加的許多限制，意義便是如此。那時，沒有特許狀，證明其人誠實公正，即不許經營此種商業。依據愛德華六世的法令，非經三治安判事認可，絕不能取得此種特許狀。但是，就連有了這樣的限制，以後，亦仍被認為不足，所以，依據伊莉莎白的一個法令，有權頒發此種特許狀的，就只有四季治安法庭了。

歐洲古時的政策，就在這情狀下，努力規範農村最大的職業——農業——而其規範之原則，則與規範都市最大職業——製造業——之原則，完全不同。這種政策，使農業家除了消費者，或他們直接的穀物經售者、壟斷者，以及販運者，即不能再有其他顧客，因而強迫他們不但要經營農業家的職業，而且必須經營穀物批發商人及零售商人的職業。反之，在製造業方面，歐洲古時的政策，卻在許多情況，禁止製造家兼營開店的生意，不許他們零售自己的貨品。一種法律的用意，是要促進國家的一般利益，或者說，使穀物趨於低廉，但行之不得其法。別種法律的用意，卻要促進特種人——店老闆——的利益，因為依照當時人的假設，這種人將為製造家所連累而賤

賣，如果允許製造家零售，這種人的生意，就會破滅。

　　但是，即使製造家有開設店鋪零售貨物之權利，亦不能連累普通店老闆，使其賤價售賣。投在店鋪內的資本部分，必從製造業上提取出來。因要使其營業與他人的營業立在一條水準線上，他這一部分資本既必須取得製造家的利潤，所以那一部分資本亦必須取得店老闆的利潤。譬如，假設在他所居住的特殊市場上，製造業資本及小賣業資本的一般利潤，均為百分之十。那在製造家自行開店零售的情況，他在店鋪中每售去一件貨物，即須取得利潤百分之二十。當他自工廠搬運貨物至店鋪時，他對於貨物所估的價格，必然是他向零售店老闆所能索取的批發價格。如果估價低於此，他的製造業資本的利潤，便失去了一部分。當貨物在他自己店鋪內售去時，如果出售價格，低於其他店老闆所售價格，那他的小賣業資本的利潤，亦就失去了一部分。所以，在這情況，他對於同一件貨物，雖似已取得加倍的利潤，但因這種貨物曾繼續充作兩個不同資本的部分，所以，對於他投下的資本，他所取得的，其實是單一的利潤。如果他所得利潤較少於此，他就是損失者；換言之，他投下他全部的資本，不曾與大部分鄰人取得同一利益。

　　製造家所不許為者，農業家卻許在相當程度上為之。即，以一己之資本，分投於兩種不同的職業。即，以一部分投在穀倉及乾草場上，以供應市場上不時的需要，而以其餘部分用來耕作土地。但他投下後一部分，所得利潤，既不能少於農業資本的一般利潤，所以，他投下前一部分，所得利潤，亦不能少於商業資本的一般利潤。實際投來經營穀物商人職業的資本，無論是屬於被稱為農業家的人，還是屬於被稱為穀物商的

人，都不免要有等量利潤，來補償如此投資的資本所有者，並
使他的職業得與其他職業立在同一水準線上，使他不致於見異
思遷。被迫而兼營穀物商人職業的農業家，並不能在市場上，
比其他穀物商人在自由競爭的情況，以更低廉的價格，售賣他
的穀物。

　　得以全部勞動用在單一的作業上，於勞動者頗有利益；得
以全部資本投在單一的職業上，亦於經商人有同樣的利益。勞
動者將從此獲得一種技巧，使他能以同樣的兩隻手，完成遠爲
多量的作業；同樣，經商人亦將從此取得一種便利順手的經商
方法（買賣貨物的方法），使他能以等量的資本，經營遠爲多
量的業務。勞動者一般因此得以遠爲低廉的價格，提供他們的
產品；經商人一般亦將因此得以遠爲低廉的價格（比較以資財
及心思，用在多式多樣對象物上的情況），提供他們的貨物。
大部分製造家，都不能像周到活動的零售商人 —— 他們的唯一
業務，便是批發購買貨物，再零星售賣貨物 —— 那樣，以如此
低廉的價格，零售他們自己的貨物。大部分農業家，更不能像
周到活動的穀物商人 —— 他們的唯一業務，是批發購買貨物，
儲存在大穀倉內，再零星售賣出去 —— 那樣，以如此低廉的
價格，把他們自己的穀物，零售給往往相距四、五百里的都市
居民。

　　禁止製造家兼營小賣業的法律，促成了資本用途的這種分
割。強迫農業家兼營穀物商人職業的法律，卻妨礙了這種分割
的進行。這兩種法律，都顯然侵犯了天然的自由，所以都是不
正當的，因爲不正當，所以都是愚策。爲了任何社會的利益，
這一類的事情，都是不應促成，亦不應妨礙。以勞動資本兼營

無經營必要的職業者，絕不能使鄰人賤價售賣，從而傷害他的鄰人，他也許會傷害他自己，且大都會傷害自己。諺云，兼營一切事業的，不富。法律應該以人民各自的利益，委託於人民自己。人民因處在當地，所以，比立法官，定然更能夠瞭解他們自身的利益。但在這兩種法律中，最有害的，又是強迫農業家兼營穀物商人職業的法律。

這項法律，不僅妨礙了如此有利於社會的資本用途之分割，且同樣妨礙了土地之改良與開墾。強迫農業家不專營一業而兼營二業，即是強迫他把資本分作二部分，而僅把一部分投在耕作事業上，但若他有售賣全收穫（一經收穫，即行售賣）於穀物商人之自由，他全部資本就會立即歸還土地，用來購買更多的耕牛，僱用更多的雇役，俾在更優良的情狀下，改良土地和耕作土地。如果強迫他零售自己的穀物，他就不得不全年常常以資本一部分，保留在他的穀倉及乾草場中，再不能像無此種法律時那樣優良的以等量資本耕作土地。所以，此種法律，必會妨礙土地改良，不但不能使穀價低廉，且有減少穀物生產，從而提高穀物價格的趨勢。

除了農業家的業務，最有助於穀物栽種事業的業務，其實就是有適當保護及獎勵的穀物商人的職業，像批發商人的職業有助於製造家的職業一樣，穀物商人的職業亦有助於農業家的職業。

批發商人，因可提供製造家以現成的市場，其貨物一經製成，即被他們取去，有時，且在其貨物未經製成以前，預先支付貨物的價格，所以，使製造家能夠把他全部的資本（有時，且較這全部為多），不斷投在製造業上，使他所製成的貨物，

比非親把貨物賣給直接消費者及零售商人不可的情況，遠爲多量。批發商人的資本，既一般足夠補償許多製造家的資本，所以，他和他們間的這種來往，會使一個大資本的所有者，情願支持許多小資本的所有者，並在他們偶有破產危險的損失與不幸中，予他們以援助。

農業家及穀物商人間的同一種類來往，設能普遍確立起來，則所帶來的結果，亦必同樣有利於農業家。農業家得因此而以其全部資本（甚至於較全部爲多），不斷投在耕作事業上。他們這種職業，誠然更容易遭受諸種意外，但有了這種來往，那無論在哪一種意外中，他們亦可尋到他們尋常的顧客——富裕的穀物商人。他情願支持他們，亦能夠支持他們。並且，他們亦不必像現在這樣，一味依賴地主的寬容及地主管事人的慈悲。設能（那恐怕是不可能的）把此種來往普遍且立即確立起來。設能立即把全部農業資本，從其他一切不相宜的職業，移歸相宜的職業——土地的耕作事業；設在必要時，爲支持扶助這個人資本的作業，能立即供以另一個幾乎同樣大的資本，那麼，單是這種事態的變更，將在國內的全地面上，引出如何巨大、如何廣闊、如何快速的改良，就恐怕不是很容易想像了。

愛德華六世的法令，盡量禁止生產者與消費者間有中間人存在，從而努力消滅了一種貿易。這種貿易的自由進行，本來不僅是緩和糧食不足的不便之最上策，而且是預防這災禍之最上策。除了農業家的職業，最有利於穀物生產事業的，便是穀物商人的職業了。

這法律的嚴峻，賴隨後數項法規而和緩了不少。這數項法

規，一步一步允許在小麥價格不超過每夸特二十先令、二十四先令、三十二先令、四十先令時，穀物得行囤積。最後，查理二世第十五年法令第七號，再規定在小麥價格不超過四十八先令一夸特時（其他穀粒的價格，以此為準），而且如果不是為了預先壟斷的人（即購入穀物，再於三月內在同一市場售賣的人），囤積穀物或購買穀物以待售賣，都被認為合法。對內穀物商人所曾享受過的貿易自由，總算依據這項法令而完全取得了。

喬治三世第十二年的法令，幾乎廢止了其他一切取締囤積及壟斷的古代法令，但對於查理二世第十五年的法令所設的限制，獨未撤廢，故仍繼續有效。

但查理二世第十五年的法令，卻在某程度上，把兩個極不合理的世俗偏見，認為正當。

第一，這個法令，假設小麥漲價至每夸特四十八先令，其他各種穀物亦按此比例漲價，則穀物囤積，特易有害於人民。但據前文所述，則穀物顯然無論價格如何，對內穀物商人的囤積，也不致於有害於人民；而且，四十八先令雖可視為頗高的價格，但在不足的年度，這價格就連在收穫以後那一刻（那時，新收穫物尚不能賣出任何部分，所以，就連一個無知識的人，亦不會假設新收穫物的任何部分，會被囤積以妨害人民），亦是常常發生的。

第二，這個法令，假設在一定的價格下，穀物最易為人所壟斷，即最易為人所購占，俾不久再於同一市場內出售，以致妨害民眾。但是，如果商人會購占穀物，送往特殊市場或留在特殊市場，俾不久再於同一市場內出售，那一定因為依他

判斷，在這特殊情況，這市場不能全季得到如此豐厚的供給，不久即將漲價。如果他的判斷錯了，價格並非不久即行上漲，那他就不僅會損失如此投下的資本全部利潤，且因儲藏穀物，必有損失，所以如此投下的資本，亦將損失一部分。如此，他所害於自身的，必遠較民眾所受的損害重大。民眾固然會在這特定的開市日，爲他的壟斷所阻礙，以致不能得到供給，但此後，他就能在任何開市日，以恰好同樣低廉的價格，供給他們自身。反之，如果他的判斷是對的，那他就不但無害於民眾，且將提供他們以最重要的貢獻。這使他們更早就能夠感到糧食不足的不便，從而，使他們不致於後來痛感這種不便（如果價格的低廉，鼓勵他們不按季節的實際不足，而爲急速的消費，那就一定會因此而嘗到苦果）。如果不足是眞實的，那爲人民計，就最好是把這種不便，盡可能平均分配於一年的各月、各星期、各日。穀物商人的利害關係，使他研究如何可以盡其可能，準確去做這一件事。其他人，都沒有這種利害關係，亦沒有這種知識，更沒有這種能力，來準確處理這一件事。所以，這一件最重要的商業活動，應當全然委託於他。換言之，至少在國內市場的供給上，穀物貿易是應當任其完全自由的。

對於囤積與壟斷之世俗恐懼，可比擬於對於妖術之世俗的恐怖與疑惑。以妖術而被問罪的不幸妖術者，無涉於不幸事件之發生；以囤積壟斷而被問罪的人，亦同樣無涉於不幸事件之發生。法律取締告發妖術，使人們無法爲滿足自己的惡意，而以此種想像的罪名，控告他們的鄰人，亦就取去了獎勵並支持這種種恐怖與疑惑的大原因，從而，有效消滅了這種種恐怖與疑惑。同樣，恢復國內穀物貿易完全自由的法律，也許，亦能

夠有效消滅世人對於囤積與壟斷之恐懼。

　　查理二世第十五年第七號法令，雖有各種缺點，但與法典中任何法律比較，對於國內市場供給的增多及耕作的增進這兩點，可能最有貢獻。國內穀物貿易所曾享受過的自由與保護，全依這項法令取得了。在國內市場的供給及耕作的增進這兩方面，用國內貿易來促進，都遠為有效，用輸入貿易、輸出貿易來促進，都遠為遜色。

　　根據那位論述穀物貿易的作者計算，則大不列顛每年平均輸入的各種穀物量與每年平均消費的各種穀物量之間，所持比例，不過一比五百七十。所以，在國內市場的供給那一方面，國內貿易的重要，必五百七十倍於輸入貿易。

　　根據同一作者的計算，大不列顛每年平均輸出的各種穀物量，不過占年產額的三十分之一。所以，在耕作的增進（即提供本國產物以市場）這一方面，國內貿易的重要，亦必三十倍於輸出貿易。

　　我不大相信政治的算術，亦不想證實此兩種計算正確。我之所以在這裡引述，不過為了要說明，在一個最有思慮、最有經驗的人看來，穀物的外國貿易與國內貿易比較，是怎樣更不重要啊。獎勵金設立前那幾年的穀價極為低廉，也許有理由，在相當程度上，歸因於查理二世這項法令的作用。因為，這項法令，在此前約二十五年頒布，已有充分的時間，產出這種結果。

　　至於其他三部分的穀物貿易，我用以下簡短的幾段文字，便可充分說明。

　　第一，輸入外國穀物供國內消費的商人之貿易，顯然有

助於國內市場的直接供給，故在如此程度上，亦直接有利於民眾。其趨勢爲略減穀物的平均貨幣價格，非減少穀物的眞實價值；換言之，不會減少穀物所能維持的勞動量。如果輸入是隨時自由的，農業家及鄉紳每年出售穀物所得的貨幣，也許會比輸入常被確實禁止的現在更少。但他們所得的貨幣，將有更高的價值，將可購買更多量的其他物品，僱用更多量的勞動。他們的眞實財富與其實際收入，雖被表現爲較小量的銀，但不會比現在更小；他們所能耕種、所願耕種的穀物，亦不會比現在更少。反之，由穀物的貨幣價格跌落而起的銀眞實價值的騰貴，既可略微減低一切其他商品的貨幣價格，亦可使其國產業在一切外國市場上取得若干利益，從而，有獎勵並增進其國產業的趨勢。但國內穀物市場的範圍，必與種穀國的一般產業，換句話說，必與生產他物、占有他物，或占有他物價格以備與穀物交換的人數，保持著比例。在一切國家，國內市場都是最近的、最方便的穀物市場，所以，亦同樣是最大的、最重要的穀物市場。由穀物平均貨幣價格跌落而起的銀眞實價值的騰貴，既有擴大最大、又最重要的穀物市場趨勢，所以，不但不會阻礙穀物生產，而且有獎勵穀物生產的趨勢。

查理二世第二十二年第十三號法令，規定在國內市場上，小麥價格不超過每夸特五十三先令四便士時，小麥輸入，每夸特須納稅十六先令；在國內市場上，小麥價格不超過每夸特四鎊時，小麥輸入，每夸特須納稅八先令。但前一價格，只在一世紀以前，非常不足的時候發生過；後一價格，據我所知，是從來未曾發生過。但是，這法令，便在小麥未漲至後一價格以前，仍規定須課如此的重稅；在小麥未漲至前一價格以前，

所課賦稅，殆無異禁止其輸入。至於其他各種穀物，其輸入之稅率與賦稅，與其價值就比例而言，亦幾乎是同樣的重①。而且，此後的法令，又把這種稅加重了。

歉歲，人民由此種法律的嚴格施行所受的苦痛，也許是很大的。但在歉歲，此種法律，往往由一時的條例而停止施行，即在有限的期間內，允許外國穀物輸入。這種暫行條例的必要，允分說明了這法律的不當。

---

① 於現任國王在位第十三年之前，下表是各種不同穀物進口須負擔的關稅：

穀物種類	每夸特價格	關稅	每夸特價格	關稅	每夸特價格	關稅
茱豆	直到28先令	19先令10便士	之後直到40先令	16先令8便士	40先令之後	12先令
大麥	直到28先令	19先令10便士	之後直到32先令	16先令	32先令之後	12先令
麥芽根據每年的麥芽稅法禁止進口。						
燕麥	直到16先令	5先令10便士			16先令之後	9又1/2先令
碗豆	直到40先令	16先令10便士			40先令之後	9又3/4先令
裸麥	直到36先令	19先令10便士	之後直到40先令	16先令8便士	40先令之後	12先令
小麥	直到44先令	21先令9便士	之後直到53先令4便士	17先令	之後直到4英鎊	8先令*
蕎麥	直到32先令	16先令				

*小麥每夸特價格在4英鎊以上時，進口關稅約1先令4便士。

這些不同的關稅，一部分是根據查理二世第二十二年那一條取代舊補助金條例的法律課徵，其他部分則是根據新補助金條例、三分之一和三分之二補助金條例，以及一七四七年的補助金條例課徵。

對於輸入的這種制限，雖先於獎勵金而設立，但所本之精神與原則，則與後來的獎勵金，完全一樣。但有獎勵金制度以後，這種或他種輸入限制政策，就無論本身是怎樣有害，亦成了必要。倘若在小麥價格不及每夸特四十八先令或不大超過此數時，外國穀物得自由輸入，或其輸入僅須納小額的賦稅，那麼，假設有獎勵金，就一定有人會貪圖獎勵金的利益，再把穀物輸出，不但大有損於公眾收入，並且，以推廣本國產物市場（非外國產物市場）為目的的制度，亦完全錯亂了。

第二，輸出穀物供外國消費的商人之貿易，當然對於國內市場供給的增多，毫無直接貢獻，但有間接貢獻。不必問此供給通常出於何種來源——在本國生產或從外國輸入——但若其國通常所生產的穀物或輸入的穀物，不多於通常所消費的穀物，則國內市場之供給，就永遠不會豐饒。但是，在一般的情況，如果剩餘額不能輸出，則生產者將僅按國內市場上消費所需而生產穀物，絕無意生產剩餘，輸入者亦將僅按國內市場上消費所需而輸入穀物，絕無意輸入剩餘。似此，供給此種貨品的商人，殆無日不提心吊膽，恐怕貨物不能售脫，所以，市場不大會有存貨過剩，只常有存貨不足的情形。輸出的禁止，限制了其國的改良與耕作，使其供給，不超出本國居民的需要。輸出的自由，卻使其國耕作事業推廣，以供給外國。

查理二世第十二年第四號法令，規定穀物輸出，在小麥價格不超過每夸特四十先令，其他各種穀物的價格以此為準時，即不受禁止。第十五年，又將此種自由擴大，即在小麥價格不超過每夸特四十八先令時，允其自由輸出；第二十二年，就無論價格如何了。固然，在如此輸出時，尚須付國王以鎊稅（從

價稅，按穀物價值每英鎊繳納一定金額），但因一切穀物，在
關稅表中，評價均甚低，故此鎊稅，在小麥僅爲每夸特一先
令，在燕麥僅爲每夸特四便士，在其他各種穀物僅爲六便士。
威廉與瑪麗治世第一年，又由確立獎勵金的那個法令，規定在
小麥價格不超過每夸特四十八先令時，事實上，已不再徵收這
小額的稅。威廉三世第十二年第二十號法令，又宣布無論價格
如何，把這小額的稅撤去了。

　　如此，輸出商人的貿易，就不僅有獎勵金爲之獎勵，且
較對內商人的貿易遠爲自由了。依著上述諸項法令中的最後一
項，在任何價格上，穀物也可囤積以待輸出；但除非價格未超
過每夸特四十八先令，穀物是不許囤積以待國內售賣的。據上
所述，對內商人的利害關係，絕不能和民眾的利害關係相反。
輸出商人的利害關係，卻可能也眞的有時和民眾的利害關係相
反。在本國正愁糧食不足時，鄰國亦患饑饉，那輸出商人的利
害關係，或將使他輸往鄰國的穀物量，大大加重本國糧食不足
的災難。此等法令的直接宗旨，不是國內市場的供給豐饒；卻
在獎勵農業的口實下，使穀物的貨幣價格，盡量提高，從而，
使國內市場上的不足現象，盡量延續下去。阻礙輸入的結果，
甚至在大大不足時，國內市場亦只能仰給於本國的生產。獎勵
輸出（在價格已高至每夸特四十八先令時）的結果，就連在大
大不足時，國內市場亦不得享受本國生產物的全部。在有限期
間內禁止穀物輸出，並在有限期間內免除穀物輸入稅的暫行法
律，爲英國所不得不常常採用。這事實已可充分說明其一般制
度之不當。設令其一般制度妥當，則有何種理由，須屢屢放棄
其一般制度呢？

　　設一切國家均仿用自由輸出、自由輸入的自由制度，則大
陸內所分成的許多國家，必無異大國內所分成的許多州。據推
理、據經驗，大國內諸州間的對內貿易自由，都不僅是緩和糧
食不足的最上策，而且是防止饑饉的最上策；大陸內諸國間的
輸出貿易、輸入貿易的自由，亦復如此。大陸愈是廣大，大陸
各部分間水運陸運的交通愈是容易，其中任何部分受此兩種災
難的機會，必愈是稀罕。一國的不足，很容易就能由他國的豐
收而得救濟。但不幸，完全採取此種自由制度的國家，還極少
數啊。穀物貿易的自由，幾乎在一切地方，均多少受著限制；
有許多國家，限制穀物貿易的不合理法律，且往往加重糧食不
足不可避免的不幸，使成爲可怕的饑饉災難。這種國家，對穀
物的需要，常常如此巨大而急切，所以，鄰近小國，若已同時
覺得糧食有些不足。再給他們以供給，怕就會陷自身於同樣可
怕的災難。因此，一個國家採用了這種最惡的政策，往往會使
別國，不敢採用原來最善的政策，因這一種行爲，會在相當程
度上，成爲危險的輕率行爲。無限制的輸出自由，於大國之危
險性，是更少得多的，因大國生產，遠爲巨大，無論輸出穀物
量如何，供給都不致於大受影響。在瑞士一邦或義大利一小國
內，也許尚有時有限制穀物輸出的必要。但在英國、法國那樣
的大國，卻不見得會有這樣的必要。而且，使農業家不能隨時
運送貨物到最好的市場，亦顯然是爲了公眾利益的觀念及國家
的理由，而把正義的常法犧牲了。議院這種行爲，除了在迫不
得已的場合，是不應該有的，是萬難原諒的。如果眞要禁止，
那就只有在穀物價格非常高的時候，才應該禁止穀物輸出。

　　關於穀物的法律，無論在什麼地方，都可以比擬於關於宗

教的法律。對於現世生活的生存，以及對於來世生活的幸福，人民關心太深切了，因此，政府必須服從他們的偏見，並且為了確保公眾的穩定，而確立他們所認可的制度。也許就因為這個緣故，關於這兩種大事，我們就不大能夠確立合理的制度了。

第三，販運商人的貿易，是輸入外國穀物以待再輸出，亦有助於國內市場上供給的增多。此種貿易的直接目的，雖非售穀物於國內，但他仕仕願意如此做。並且，即使如此出售所得的貨幣，遠較在外國市場上所可期望的數額為小，他亦願意如此做。因為，如此他可以省免上貨及下貨，運送及保險等各種費用。以販運貿易為媒介而成為他國倉庫堆棧的國家，其居民不常感到缺乏。販運貿易雖可減低國內市場上穀物的平均貨幣價格，但不會從此減少它的真實價值，只會略微提高銀的真實價值。

在大不列顛，因外國穀物輸入須納重稅，而其中大部分又無退稅，所以，就連在普通的場合，販運貿易亦是事實上受禁止。而在特別的情況，糧食不足雖然使我們有以暫行法律停止徵課此種賦稅的必要，但又往往禁止輸出。實施這一類法律的結果，穀物貿易就在一切情況，事實上都受禁止了。

這一類法律，本與獎勵金制度之確立有關，一向受人肯定，實則沒有肯定的價值。英國的改良與繁榮，常常被人說是此等法律的結果，其實，很容易就可依據其他原因，加以說明。英國法律保證了一切人均得享有其自身勞動的結果，只要有這種保證，即使有這些以及二十條其他不合理的商業條例，亦可致英國於繁榮之境。而且，由革命而完成的這種保證，又和獎勵金的確立，幾乎是在同一時候。在可以自由而安全地向

前努力時，每個人改善其自身境遇的自然努力，是一個如此強而有力的原理，即使沒有任何的幫助，亦能單獨致社會於富裕與繁榮，而且，不僅如此，還可克服無數的頑強障礙──人為的法律，常常拿這諸種障礙，來妨害這種努力的作用──雖然這諸種障礙的結果，往往會多少侵蝕這種努力的自由，減少這種努力的安全。在大不列顛，產業是十分安全的；雖不能說完全自由，但與歐洲各國比較，總是一樣自由或者更為自由。

大不列顛最繁榮、最改良的時期，雖後於這諸種法律（與獎勵金有關的法律）的確立，但我們絕不能因此便說，大不列顛繁榮改良的原因，是這諸種法律之故。英國最繁榮時期，也在國債高築之後，但能說國債是大不列顛繁榮改良的原因嗎？

與獎勵金有關的這一類法律，殆與西班牙、葡萄牙的政策，有恰好相同的趨勢。即，在實行此類法律的國內，略微減低貴金屬的價值。但是，西班牙、葡萄牙也許應屬最貧乏，英國卻無疑是歐洲最富之國。他們境遇上的這種差異，很容易就可由下述兩種原因說明：（一）輸出金銀，在西班牙須納稅，在葡萄牙受禁止，而這種法律的施行，復受嚴厲監視，所以，在這兩個每年有六百萬鎊以上金銀輸入的國家，一定比在實施穀物條例的英國，有更直接且更有力得多的作用，使金銀的價值跌落。（二）在這兩國，這種不良政策的影響。並沒有一般人民享有自由與安全，來予以抵銷。在那裡，產業既不自由，亦不安全，公民及教會的政治，又非常不合理，即使沒有其他原因，即使其通商條例之賢明程度，不像今日他們大部分通商條例之愚謬程度，亦足單獨使他們現在的貧窮狀態，成為恆久

的現象。

喬治三世第十三年第四十三號法令，關於穀物條例，似乎立起了一種新制度，即使在許多方面，都比舊制度更好，但在某一兩方面，卻未有那麼好。

這個法令，規定中等小麥價格漲至每夸特四十八先令，中等黑麥、豌豆、蠶豆的價格，漲至三十二先令，大麥的價格漲至二十四先令，燕麥的價格漲至十八先令時，凡供國內消費的輸入，均得免納高率賦稅，而代以小額的稅。在小麥，僅每夸特六便士；其他各種穀粒，亦以此爲準。關於其他各種穀粒，尤其是小麥，當國內市場價格高漲時，得開放外國小麥進口。

同一法令，又規定小麥價格漲至每夸特四十先令（先前是四十八先令）時，則小麥輸出的全部獎勵金（五先令），即行停止發給；大麥價格漲至每夸特二十二先令（先前是二十四先令）時，則大麥輸出的全部獎勵金（二先令六便士），即行停止發給，燕麥粉價格漲至每夸特十四先令（先前是十五先令）時，則燕麥粉輸出的全部獎勵金（二先令六便士），即行停止發給。黑麥的獎勵金，由三先令六便士減至三先令；其價格漲至二十八先令（先前是三十二先令）時，獎勵金即停止發給。如果獎勵金的不當，眞有如上文所說，那愈是停發得早，愈是數目減少，就愈是優良了。

同一法令，又允許在穀物價格最低的場合，如果輸入的穀物堆在倉庫，同時用兩把鎖（一把是國王的，一把是輸入商人的）鎖住，那就可以爲再輸出而免稅輸入穀物。但這種自由，只通行於大不列顚二十五個海港，那全是主要的海港。其餘大部分海港，也許沒有專爲此用的倉庫。

就以上各點說，這項法令，就顯然改良了舊時的制度。但這法令，又規定燕麥價格不超過每夸特十四先令時，每輸出一夸特，即可得獎勵金二先令。對於這種穀粒的輸出，亦好像對於豌豆、蠶豆的輸出一樣，以前從來不曾發給過獎勵金。

這法令，又規定小麥價格漲至每夸特四十四先令時，即禁小麥輸出，黑麥價格漲至每夸特二十八先令時，即禁黑麥輸出；大麥價格漲至二十二先令時，即禁大麥輸出；燕麥價格漲至十四先令時，即禁燕麥輸出。這幾種價格，都似乎太低了；並且，就在獎勵金（其發給，以強迫輸出為目的）停止發給的那一個價格上，全然禁止輸出，亦似乎很不妥當。停止發給獎勵金之價格，應當更低得多才對；不然，就應該在更高得多的價格上，尚允許穀物輸出。

就以上諸點說，這項法令又較舊時的制度為劣。但是，即使有這一切缺點，我們還是應像批評梭羅法律一樣，對於這種法令，做如次的批評。即，其本身雖不是至善的，但已經是當時利害關係、偏見，以及情緒所能容納之至善的法令了。這也許會在適當的時機，為更好的法令，開出一條進路。

＊　　　＊　　　＊

下述兩種計算，因要解釋並證明本章關於鹽漬鰊魚業所說的話，所以，附錄在這裡。我相信，讀者可信賴它們的正確。

第一個表，記載了蘇格蘭十一年間的大漁船數，搬出的空桶數、所捕得的鰊魚桶數、每桶海條及每桶滿裝時所得的平均獎勵金。

年次	大漁船數	搬出的空桶數	所捕得的鰊魚桶數	對諸大漁船所付出的獎勵金		
				鎊	先令	便士
1771	29	5,948	2,833	2,085	0	0
1772	168	41,316	22,237	2,055	7	6
1773	190	42,333	42,055	12,510	8	6
1774	248	59,303	56,365	16,952	2	6
1775	275	69,144	52,879	19,315	15	0
1776	294	76,329	51,863	21,290	7	6
1777	240	62,679	43,313	17,592	2	6
1778	220	56,390	40,958	16,316	2	6
1779	206	55,194	29,369	15,287	0	0
1780	181	48,315	19,885	13,445	12	6
1781	135	33,992	16,593	9,613	12	6
總計	2,186	550,943	378,347	155,463	11	0

　　第二個表，記載自一七七一年四月五日至一七八二年四月五日，輸入蘇格蘭的外國鹽量及製鹽廠無稅交付漁業的蘇格蘭鹽量，並列出每年平均數。

期間	輸入的外國鹽蒲式耳	製鹽所交付漁業的蘇格蘭鹽蒲式耳
自1771年4月5日至1782年4月5日	936,974	1682,226
每年平均	$85,179\frac{5}{11}$	$15,293\frac{1}{11}$

　　外國鹽每蒲式耳重八十四磅；英國鹽每蒲式耳重五十六磅。

第六章

論通商條約

　　若有某一國，受條約束縛，只許某一外國某種貨品輸入，而禁止其他國此種貨品輸入，或課其他國某種貨品以稅，而獨免課某一外國這種貨品，那商業上受惠之國，至少，其國的商人、製造家，必然會從這種條約取得大利益。這種商人、製造家，在待他們如此寬宏的國內，享受了一種獨占權。這個國家，遂成了他們的貨品一個更廣闊又更有利的市場：更廣闊，因爲其他諸國的貨物不是排除，就是課以更重的稅，故能多多吸收他們的貨物；更有利，因爲受惠國商人，在那裡享受了一種獨占權，故比在一切國家均得加入自由競爭的情況，往往能以更好的價格，售去他們的貨物。

　　這樣的條約，雖可有利於受惠國的商人及製造家，但必不利於施惠國的商人及製造家。由此，他們賜給了某外國以一種有害於他們自己的獨占權；比在一切國家均得加入自由競爭的情況，他們須常常以更昂貴的價格，購買他們所需的外國貨品。他們用以購買外國貨品的那一部分本國生產物，卻又必致更爲低廉，因兩種對換的物品，其一低價乃是其他高價的必然結果，或不如說是同一回事。所以，其國年產物的交換價值，大都會因此種條約而減少。但這種減少，不能視爲積極的損失，卻只是減少他本來可得的利益。他出售貨物的價格，雖較無通商條約時所可售得的價格爲低。但售價總不致於不及所費；並且，像發給獎勵金一樣，他所得價格，絕不會不足補償運送貨物上市所投的資本及其普通利潤。否則，這種貿易，就不能長此繼續。所以，就連施惠國經營此種貿易亦是有利的，唯有利程度不及自由競爭之情況而已。

　　有些通商條約，卻根據與此很不相同的原理，被假設爲有

利。有時，通商國給某一外國某種貨品以妨害本國的獨占權，只因爲希望在兩國間的全部商業上，本國每年所售，得多於每年所購，以致金銀的差額年年皆有利於己。一七○三年英葡通商條約，就根據這原理而博得非常的讚賞。以下，便是這條約的直譯文，僅有三條：

第一條——葡萄牙神聖的國王陛下，以他自己及其繼承人的名義，約定在未受法律禁止以前，以後永遠准許英國羅紗及其餘各種毛製品照常輸入葡萄牙。但須依從以下的條件。

第二條——即，英國神聖的國王陛下，以他自己及其繼承人的名義，必須以後永遠准許葡萄牙產的葡萄酒輸入英國，無論何時，亦無論英法兩王國是和是戰，並無論輸入葡萄酒時所用的桶爲勃浦（pipes）、浩格斯赫德（hogsheads）或爲其他的凱斯克（casks），均不得在關稅或賦稅這一類名義下，亦不得在其他的名義下，對於此種葡萄酒，直接或間接，要求更多的東西。即，比等量法國葡萄酒所納的關稅或賦稅，須減除三分之一。如果將來有一天，這言明的關稅上的減除，竟在某一形式上被侵害，則葡萄牙神聖的國王陛下，再禁英國羅紗及其餘各種毛製品輸入，亦是正當而合法的。

第三條——兩國全權大使相約負責得各自國君主批准條約後，在兩個月內交換批准的文件。

這條約，規定葡萄牙國王，在禁止英國毛織物輸入以前，有以同一條件准許英國毛織物輸入的義務，即，在禁止以前，不得把稅額提高。但他沒有義務，比其他國（比方說法國或荷蘭）毛織物輸入條件，以更好的條件，准許英國毛織物輸入。但英國國王，卻有義務，比法國葡萄酒（這最常與葡萄牙

的葡萄酒競爭）輸入條件，以更好的條件，准許葡萄牙的葡萄酒輸入，即減稅三分之一。就這一點說，這條約，就顯然於葡萄牙有利，而於英國不利了。

但這條約，偏偏被稱揚爲英國商業政策上一種傑作。葡萄牙每年從巴西所得的金，都多於其國內貿易在鑄幣及器皿形式上所能使用的數量。如以剩餘額拋置或鎖閉於金庫中，未免損失太大了，但在其國內，又不能尋得有利的市場，所以，即使禁止輸出，亦必輸出以交換在國內更有利的市場之物品。其中，有大部分，是每年輸往英國，以交換英國貨物，或間接從英國交換其他歐洲各國的貨物。巴勒梯（Baretti）曾得報告，謂平均每週，由里斯本來的週期郵船，帶至英國之金，即在五萬英鎊以上。這數額，恐近於誇張。果如此，則一年將總計在二百六十萬英鎊以上了，那比據信巴西每年所提供的數額，還要更大。

數年前，英國商人曾對葡王相當不滿。有些特權，非經條約規定，只爲葡王自由恩賜者（那也許是請求的結果，但結果，葡萄牙人卻取得了比英王更大得多的恩惠、防禦與保護），或被侵犯，或被撤回。於是，通常最稱揚葡萄牙貿易的人，亦表示此種貿易的有利程度，並不如他們通常所想像。他們所說的黃金的年輸入，就有大部分，甚至於差不多全部，不是爲英國的利益，只是爲歐洲其他各國的利益；每年由葡萄牙輸入英國的水果與葡萄酒，幾乎抵銷了輸往葡萄牙的英國貨物的價值。

就假設這全部是爲英國的利益，而其總額又大於巴勒梯所想像，這種貿易，仍不能根據這種理由，便說比其他輸出品價

值等於輸入品價值的貿易，更有利益。

其實，在這全部輸入額中，只有極小部分，能被假設，是用來年年增加國內器皿或鑄幣之量。其餘，必送往外國，以交換若干消費可能品，但若這種消費可能品，是直接由英國生產物購買，那就一定比先以英國生產物購買葡萄牙的金，再以金購買這種消費可能品，更有利於英國了。直接消費品的對外貿易，必較迂迴消費品的對外貿易有利。而且，要從外國運一定量外國貨物至本國市場，在前一種貿易中所需資本，必少於在後一種貿易，而且少得多。設其國產業，僅以較小部分生產適合葡萄牙市場需要的貨物，以較大部分生產適合其他市場需要的貨物，而英國所需要的消費可能品，便爲這其他諸市場所有，那麼，不亦於英國更爲有利嗎？在這方法上，英國要獲得他所需用的金及消費可能品，比現今的方法，恐怕只須使用更少得多的資本吧。於是，英國便有了一種節省下來的資本，可以用來爲其他的目的，用來推動追加量的產業，生產追加量的年產物了。

即使英國完全不與葡萄牙通商，英國在器皿上、鑄幣上、外國貿易上，所需的金的全部年供給，仍不難於獲得。像一切其他商品一樣，凡能給金以相當價值的人，總可以在某個處所，取得他所需要的金。而且，葡萄牙年年剩餘的金，仍須輸出，雖不必然爲英國取去，但必然爲某其他國取去，但其他國又必像今日英國一樣，樂以相當的價格，把這部分的金售賣出去。在購買葡萄牙的金時，我們是直接購買；在購買其他各國（除了西班牙）的金時，我們是間接購買，出價必略微高昂。不過，這差額太小了，不值得公眾注意。

　　據說，我們的黃金，幾乎全部來自葡萄牙。對其他各國
的貿易差額，要不是對我們不利，就是對我們不怎麼有利。但
我們應當牢記，我們既從某一國輸入了愈多的金，則從其他各
國所輸入的金，自不免愈少。對於金，亦好像對於其他各種商
品一樣，其有效需要，在任何一國，都有限量。如果我國從某
一國輸入這有限量的十分之九，則從其他各國輸入的金，就不
過是這有限量的十分之一了。而且，年年從某數國輸入的金，
愈是超過我們在器皿上、鑄幣上所必要的分量，則向其他各國
輸出的金，亦必愈是增多，近世政策之最無意義的目標——貿
易差額——對某數國而言，愈是有利於我們，則對其餘諸國而
言，就愈加會顯出不利於我們的模樣。

　　英國無葡萄牙貿易即不能生存這一個可笑的觀念，竟在
最近戰爭快要完結的時候，使法國及西班牙，甘冒不韙，請求
葡王驅逐一切英船離港，並為安全起見，迎法國或西班牙的守
備隊入港。倘葡王竟接納其表兄弟西班牙王所提出的令其難堪
的條件，英國所得而免除的不便，或將遠較喪失葡萄牙貿易的
不便為大。即，英國若可避免下述那一個負擔，得以全力向著
單一的目的，那就再來一次戰爭，亦尚可以自衛。但在這次戰
爭進行中，英國卻有一個國防上毫無設備的極弱同盟國——葡
萄牙——事事須由英國來扶助。無疑，葡萄牙貿易的喪失，會
給當時經營此種貿易的商人以頗大的困難，使他們在一、兩年
內，不能尋得其他同樣有利的投資方法。然而，英國從這一個
引人注目的商業政策蒙受的不便，也許就在於此。

　　金銀逐年大輸入，既不是作為器皿，亦不是作為鑄幣，
只是為了外國貿易。迂迴消費品對外貿易，以這兩種金屬作媒

介，幾乎比以其他貨物作媒介，都更爲有利。金銀既是普遍的商業手段，所以，比其他商品，亦更容易爲人接受而換得貨品；又因爲它們的體積小價值大，所以，由一地到一地，來來往往，運輸所費，又幾乎比其他的商品爲少，從而，其物由運輸而減損的價值，亦比較小。在一切商品中，幾乎沒有一種，有金銀那樣，便於在某一外國購買而僅僅爲了再於其他外國售脫以交換某種貨品了。葡萄牙貿易的主要利益，就在於使英國各種迂迴消費品的對外貿易，更爲便利。這雖不能說是首位的利益，但無疑是一個頗可觀的利益。

一國在器皿上及鑄幣上，僅需逐年輸入極小量的金銀，已可逐年加以補充。那種設想，是十分明白的。我們雖不與葡萄牙直接通商，這小量的金銀，亦很容易就能在某處取得。

金匠的職業，在英國雖極可觀，但每年售出的大部分新器皿，實皆由舊器皿熔解製成。所以，我們在器皿上每年所需的補充，並不很大，有極小額的年輸入就行了。

就鑄幣而言，亦復如是。我相信，沒有誰會想像，在晚近金幣改鑄以前，那十年間每年八十萬英鎊以上的鑄造，有大部分是每年用來增加國內一向流通著的貨幣。在鑄幣費由政府支辦的國家，就連鑄幣內含的金銀，有充分的標準重量，其價值亦絕不能比等量的未鑄金屬的價值，更大許多。爲什麼呢？因爲要以一定量的未鑄金銀交換鑄幣內等量的金銀，有到造幣局交涉的麻煩，且須延遲數星期。不過，任何國家的流通鑄幣，大部分均不免有些磨損，或由於其他情形而低於其標準。在英國，則在晚近改鑄以前，就很常有這種情形，金幣低於標準重量的程度，常在百分之二以上，銀幣低於標準重量的

程度，常在百分之八以上。但若四十四幾尼半，包含著十足的
標準重量，即金重一磅，所能購買的未鑄的金，亦比一磅多不
了一點點，那沒有一磅重的四十四幾尼半，就不能購買一磅重
的未鑄的金了，於是，須附加若干，以補不足。所以，金塊的
市場流通價格，就不復與其造幣局價格一致；換言之，不復是
四十六英鎊十四先令六便士，而大約爲四十七英鎊十四先令，
有時又大約爲四十八英鎊了。但在鑄幣大部分均如此低劣時，
新從造幣局出來的四十四幾尼半，比較其他普通的幾尼，又不
能在市場上購買更多的貨品，因爲當它們流入商人的金庫中，
與其他的貨幣混在一處，即難於辨認，即使能辨認，所費亦必
多於辨認後所增之值。所以，像其他的幾尼一樣，其所值亦不
更多於四十六英鎊十四先令六便士。但是，如果傾入熔鍋，用
不著有顯著的損失，即可產出標準金重一磅，那在任何時候，
亦可換得金幣或銀幣四十七英鎊十四先令至四十八英鎊，而其
效用，卻又無論就哪一方面說，亦與當初熔解的鑄幣相等。於
是，熔化新鑄幣，亦就顯然有利可圖。而其熔化之速，幾乎又
非政府所可預防。因此，造幣局的活動，便有些像碧內羅甫
（Penelope）的織物了；白晝所做的工作，晚間就消滅了。造
幣局的工作，與其說是逐日增加鑄幣，倒不如說是補替逐日熔
化的最良部分的鑄幣。

　　設持金銀至造幣局鑄造的私人，是自己支付造幣費用，
那就會像加工所費可以增加什器價值一樣，增加此等金屬的價
值。已鑄的金屬，將較未鑄的金屬更有價值。造幣稅，若非
過高，則將以稅之全價值，加入金銀條塊之內；因爲，在任何
地方，政府都有排他的造幣特權。鑄幣究竟以何種價值上市，

全取決於政府的想像，再無其他鑄幣，可以拿比這還要低的價值，提供到市場上。如果課稅過重；換言之，所課之稅，若遠較鑄造所需之勞動和費用的眞實價値爲大，那麼，金銀條塊與金銀鑄幣間價値的巨差，也許會鼓勵國內外私造貨幣者，使之注入大量的僞幣，以致減低官造貨幣的價値。在法國，造幣稅雖爲百分之八，但不見從此發生了什麼顯著的不便。住在本國的私造貨幣者，及住在外國的他們的代理人、聯絡人，到處都有遭受危險的可能，這種危險太大了，不值得爲了百分之六或百分之七的利潤，就甘於冒險。

法國的造幣稅，使鑄幣價値，高於按所含純金量比例所應有的程度。於是，一七二六年一月[①]即敕令每一馬克（即八巴黎盎司）重的二十四克拉（carats）純金的造幣局價格，爲七百四十里維爾（livres）九蘇（sous）又十一分之一丹尼（denier）。若略去造幣局的公差，則法國金幣，含有純金二十一克拉又四分之三，及合金二克拉又四分之一。所以，標準金一馬克，所値大約爲六百七十一里維爾十丹尼，不會比這更多。但在法國，一馬克標準金，即鑄爲路易都爾（Louisd'ors）三十個（每個共二十四里維爾，故合爲七百二十里維爾）。所以，造幣稅所增於標準金一馬克的價値，就是六百七十一里維爾十丹尼與七百二十里維爾之差了；換言之，增加了四十八里維爾十九蘇二丹尼的價値。

熔化新鑄幣的利潤，在許多情況，可由造幣稅而完全喪

---

① 參考《貨幣辭典・造幣稅條》。

失，無論如何，利潤都會因造幣稅而減少。此種利潤發生的由來，往往是普通通貨應含金銀條塊量與實含金銀條塊量兩者之差。這差額若小於造幣稅，則熔解新鑄幣，不但無利得，且有損失。若與造幣稅相等，則無利亦無失。若大於造幣稅，則雖有利可圖，但所得利潤，必少於無造幣稅的情況。倘若（譬如，在晚近金幣改鑄以前）鑄造貨幣，須納稅百分之五，則熔解金幣，當受損百分之三；倘若造幣稅為百分之二，則無利亦無損；倘若造幣稅為百分之一，則雖可獲利潤百分之一，但不是百分之二。在貨幣以個數授受，不以重量授受的地方，造幣稅乃是防制熔解鑄幣及輸出鑄幣的最有效方法。被熔解或被輸出的鑄幣，大都是最良又最重的鑄幣，因如此始可圖取最大的利潤。

以免稅方法獎勵鑄造貨幣的法律，最初在查理二世時頒布，但時效有限；此後，屢次延期，直至一七六九年，始改訂為永恆的法律。英格蘭銀行，因要以貨幣補充其金庫，往往不得不持金銀條塊到造幣局；他們也許以為，由政府擔負造幣費，比由自己擔負造幣費，更有利於自己。也許就因為這大銀行懇求，政府才同意將此法律改訂為永恆的法律。如果秤金重量的習慣應當廢棄──實際上，那亦因為不便，而有被人廢棄的趨勢──英國金幣應以個數收受──晚近改鑄以前，便是這樣──那麼，這大銀行，就在這裡，亦像在其他諸情況一樣，大大誤認了他們的利害關係了。

在晚近改鑄以前，英國的流通金幣，低於其標準重量百分之二，因無造幣稅，故其價值，亦較應含標準金塊量的價值低百分之二。所以，在此大銀行購買金塊以備鑄造時所出價格，

每較鑄成後所有價值，更多百分之二。設造幣須課稅百分之
二，則普通金幣雖低於其標準重量百分之二，仍必與應含的標
準金塊量，有相等的價值。形式的價值，在這情況，抵銷了重
量的減少。銀行雖須支付百分之二的造幣稅，但他們在這整個
交易上，所蒙受的損失，亦只是百分之二──恰好和現實的損
失一樣，不會更多。

　　如果造幣稅為百分之五，流通金幣低於其標準重量者又僅
為百分之二，則在這情況，銀行將在金塊價格上，得利百分之
三；但因他們須支付造幣稅百分之五，他們的損失，在這整個
交易上，依然恰好是百分之二。

　　如果造幣稅僅為百分之一，流通金幣低於其標準重量者
為百分之二，則在這情況，銀行只在金塊價格上，損失百分之
一；但因他們須支付造幣稅百分之一，所以，他們在這個整個
交易上的損失，仍像在其他一切情況一樣，恰好是百分之二。

　　如果造幣稅甚為允當，同時，鑄幣復包含十足的標準重
量，差不多像晚近改鑄以來的那樣，那麼，銀行在造幣稅上所
失，必在金塊價格上復得；在金塊價格上所得，必在造幣稅上
復失。他們在這整個交易上，既無所失，亦無所得；於是，他
們在這情況，就像在上述其他一切情況一樣，恰好處在同樣的
地位，似乎不曾課取任何的造幣稅。

　　一種商品的稅，若適中而不致於獎勵逃漏稅，則以輸運此
種商品為業的商人，雖需墊付此種賦稅，但因他可在商品價格
中取回，故非真正的納稅者。最後支付這賦稅的，是最後的購
買者，即消費者。但對於貨幣，一切人都是商人。我們購買貨
幣都是為了把它再行售賣。所以，對於貨幣，在普通情形下，

是不會有最後購買者或消費者的。所以，在造幣稅是如此適中，不致於獎勵僞造時，雖然一切人都墊付賦稅，但沒有一個人最後支付這種賦稅，因爲一切人都可在提高的鑄幣價值中，取回各自墊付的數額。

所以，適中的造幣稅，無論如何，亦不會增加銀行或任何持金銀條塊往造幣局鑄造的私人之費用；沒有這適中的造幣稅，亦不致於減少他們的費用，無論有無造幣稅，如果流通貨幣包含了十足的標準重量，鑄造即不致於使任何人破費；如果不及這重量，則鑄造所費，必等於鑄幣應含金塊量及其實含金塊量之差。

所以，在鑄造費由政府支付時，政府不僅要負擔小額費用，且須損失本分應得的小額收入。但這種無用的政府的慷慨，又不足以使銀行或其他私人，享得絲毫利益。

但若你對銀行指導員說，造幣稅的徵課，雖不能給他們任何利得，卻可保證他們不致有任何損失，他們也許並不會聽了這些空話，便同意徵取造幣稅。在金幣現狀下，貨幣復繼續以重量相收受時，他們當然不能由這一種改制而得利益。但若秤量金幣的習慣，終有一天照現在的趨勢被廢棄了，同時，金幣的狀況，又終有一天會壞到晚近改鑄以前那樣，那徵課造幣稅的結果，銀行的利得，或者不如說，銀行的節省，卻也許會極爲可觀。送大量金銀條塊到造幣局去的銀行，只有英格蘭銀行；每年造幣的負擔，亦全部或幾乎全部是落在它身上。如果年年造幣，僅用以彌補鑄幣不可避免的喪失與必要的磨損，那不會常常超過五萬英鎊，至多亦不過十萬英鎊。但若鑄幣低於其標準重量，就須在此之外年年造幣，以補充鑄幣由不斷熔化

及輸出而起的大缺額。為這個理由，金幣改鑄前那十年或十二年間，每年造幣，平均竟在八十五萬英鎊以上。但是，倘若當時曾徵課金幣百分之四或百分之五的造幣稅，那就算在當時情況下，恐怕亦可以有效阻止鑄幣的輸出與熔解。如此，銀行所受損失，也許不是所鑄金塊（鑄成貨幣八十五萬英鎊以上）的百分之二點五；換言之，不是每年損失二萬一千二百五十英鎊以上，而僅僅是這數額的十分之一。

　　國會指定支付鑄幣費的收入，不過每年一萬四千英鎊罷了。而所費於政府的真實費用，亦即造幣局職員的俸給，在一般情況，我相信，不過此額之半數。想節省這樣小的數額，或者，就連想取得比這更大得多的數額，亦是太無意義的想法了。也許，在有些人想來，那不值得政府重視。但是，要節省那並非不能節省，而援往例，據今事，又都似乎可以節省的每年一萬八千英鎊或二萬英鎊，那即使在英格蘭銀行如此大的公司，亦無疑是一種值得重視的目標了。

　　上述那許多道理與議論，有些放在第一篇的論貨幣起源及其效用，論商品有真實價格與名目價格之區別那諸章內，也許會更適當一些。但因獎勵鑄造的法律，溯源於重商主義的流俗偏見，所以，我覺得更宜於留在這一章。重商主義假設貨幣是構成一切國家財富的東西，那麼，最與重商主義精神吻合的事情，亦就莫過於獎勵貨幣的生產了。貨幣的生產獎勵金，乃是重商主義富國諸佳策之一。

第七章

論殖民地

第一節　論建設新殖民地的動機

　　歐洲人最初在美洲及西印度建立殖民地的利害關係，與古希臘羅馬建立殖民地的利害關係相較，是沒有那樣明白判然的。

　　古希臘諸邦，均各占有極小的領土；任何一邦的人民，多到本邦領土不易維持的時候，便遣送一部分人民出去，在世界上遼遠的地方，探尋新的居住地。彼等四周好戰的鄰人，使他們任何一邦，也十分難擴大其領地。多利安人殖民，就只有到義大利及西西里去。這兩地，在羅馬建立以前，爲野蠻未開化的人民所占居。伊奧尼亞人及愛奧里亞人（希臘其他兩大部落）殖民就只有到小亞細亞及愛琴海諸島去。這兩地在當時，似與義大利西西里當時的情形很相像。母國，雖視殖民地爲兒，但常常予以非常的恩惠與援助，所以，雖視殖民地爲未解放的兒，但不要求任何直接的權威或司法權，依然能夠常常在殖民地取得非常的感謝與尊敬。殖民地可自決其政體，可自定其法律，可自選其官吏，可以獨立國資格而向鄰國宣戰媾和，無須母國之承認與同意。沒有什麼，比建立這種殖民地所遵循的利害關係，更明白判然的了。

　　羅馬，像其他大部分古代共和國一樣，原建立在一種土地分配法上，即按一定的比例，將所有的公有領地，分配給構成國家的各市民。但人事的演進，結婚、繼承、割讓，必然會把原來的分配混亂，從而，把原來分派作許多家族爲生的土地，全歸一個人所有。爲救濟此種混亂起見，有一新法頒布，即限制各市民所占有的土地量，不得超過五百鳩吉拉（jugera），約合英畝三百五十畝。但這法律，據我所知，雖亦施行過一兩

次，但大都被人忽視或迴避。財產的不平均，繼續嚴重起來。大部分的市民，是沒有土地的；但按當時風俗人情，無土地即難以維持自由人的獨立。現在，無土地的貧民，若稍有資財，即可借耕他人的土地，或經營某種零售業；即使毫無資財，亦尚充任農村勞動者或工匠。但在古羅馬，則豪富人家的土地，悉爲奴隸所耕種；奴隸在一監工者的監督下工作，然監工者本身亦爲奴隸，所以，貧窮的自由人，幾乎少有成爲農民或農村勞動者的機會。一切職業及製造業，甚而零售業，亦都爲主人的利益而由奴隸經營。主人的財富、權威、保護，使一個貧窮的自由人，難於和他們繼續競爭。所以，無土地的市民，除了在每年選舉時，得諸候選人的贈金以外，就難有別種生計了。護民官，如果有鼓勵人民反抗豪酋的決心，就會設法使人民回想古代的土地分配法，視限制此種人民私產的法律爲共和國的根本法。人民吵著要求土地，但我們自然可以相信，富豪不肯分給他們所有的任何部分。但爲了要給他們相當程度的滿足，他們遂往往提議樹立新殖民地。但征服多國的羅馬，就連在這情況下，也沒有隨便遣出市民到廣漠世界上去尋求財產 —— 如果可以如此說 —— 的必要，母國必須要知道市民究竟將定居在什麼地方。母國大都把義大利征服諸地的土地，指定給予他們。他們在那裡，亦像在共和國的領土一樣，絕不能建立任何獨立的共和國，至多只能形成一種自治體。這種自治體，雖有頒發當地附屬法律的權能，但仍須服從母國的懲治、司法權，以及立法權。但這種殖民地的建立，尚不只爲了要滿足一部分缺乏土地者的要求而已，且常常因爲一個地方新被征服，當地人民是否服從尚屬疑問，遂藉此在當地設置一種守備隊。所

以，關於羅馬殖民地，無論就其性質說或就其建立的動機說，都與希臘殖民地完全不同。因此，原來用以指示這種建設的字眼，亦頗有種種不同的意義。羅馬語的殖民地"Colonia"只表示一種耕地。反之，希臘語的殖民地"αποικία"則意為離家、離鄉、出門。羅馬殖民地雖在許多點上，與希臘殖民地不同，但促使其建立的利害關係，卻是同樣明白判然的。這兩種制度，都溯源於無可奈何的必要，或明白顯著的效用。

歐洲人在美洲及西印度建立殖民地，不是從必要而起；建立的結果，雖得了頗大的效用，但其效用亦並不那樣明白顯著。在殖民地才剛建立時，這種效用是沒有誰知道的；其建立及其發現的動機，亦不是為了這種效用。並且，就連到今日，這種效用的性質、範圍，以及界限，亦還不大為人所理解。

十四世紀、十五世紀間，威尼斯人經營一種極有利的貿易，即販運香料及其他東印度貨物，而分配於歐洲其他諸國。他們大都在埃及購買。埃及當時尚為馬沫魯克人所統領。馬沫魯克人是土耳其人之敵；威尼斯人亦是土耳其人之敵。這種利害關係的一致，再得了威尼斯貨幣的援助，遂使兩國聯絡起來，幾乎給威尼斯人一種貿易的獨占權。

威尼斯人的大利潤，誘發了葡萄牙人的貪欲。在十五世紀中，他們已努力由海道發現一條路，到摩亞人跨沙漠攜象牙、金砂所從而來的諸國。他們發現了瑪德剌群島、康那利群島、阿左爾群島、凱蒲・德・威特群島、幾內亞海岸、羅安哥、剛果、安哥拉、孟加拉諸海岸，最後是好望角。他們早就希望分食威尼斯人的有利貿易；最後那一次發現，為他們開出了一線可能的希望。一四九七年，達・伽瑪又從里斯本港開航，以四

船結成一隊，經過十一個月的航行，到達了印度的海岸。一世紀來以非常的堅毅心及不斷的努力，所追求的那種發現工作，就算告了一個結束了。

在此若干年之前，歐洲人對於葡萄牙人未必就能成功的計畫，尚在疑惑之際，卻有一個熱那亞的水手，提出大膽的計畫，要向西航達東印度。東印度諸國位置如何，在當時歐洲，還是不大清楚。少數歐洲旅行家，曾誇稱其地距離，但其議論，也許出自純樸無知；實際本來非常大的東西，在他們既無測量之物，遂覺其無限了；甚至，因要誇張他們自己冒險的驚人，表示自己曾親身訪問過離歐洲非常遙遠的地方，遂不惜過於誇大。然而，他們愈是說向東走那一程路是如何如何的遠，哥倫布便愈有道理的說，向西走那一程路是如何如何的近。他提議，這一條路既最近又最穩當，當然要從這個方向去，他的時運，又居然使他說服了卡斯提爾的伊莎貝拉。於是，他就於一四九二年八月（較達•伽瑪從葡萄牙出發的時候，幾乎早五年），從拔羅斯港出航，經過兩三個月的航程，終於發現了小巴哈馬群島（即盧克圓群島）中若干小島，後又發現了聖•多明哥的大島。

但哥倫布這次航海及以後諸次航海所發現的地方，都和他原要訪問的地方相異。他不曾發現像中國、印度這些有大財富、土地耕作精良，與人口眾多的國家，卻只在聖•多明哥以及他曾經到過的新世界的一切其他部分，發現一個叢林未墾的地方，僅為赤身裸體的窮苦野蠻人所占居之地。但他似乎不願自己比不上馬可•孛羅，自己所發現的地方，不是馬可•孛羅所描寫的地方。馬可•孛羅在歐洲人中，是第一個先到中國及

東印度的，至少，能把當地情形描寫下來，他是第一個。哥倫布在欣羨之餘，總希望自己所發現的地方，就是他所描寫的地方。於是，他偶然聽見了西巴（Cibao）（聖多明哥島上的一座山）的名字，與馬可·孛羅所述的西巴恩哥（Cipango）有些相像，便以為那是他以前早已放在心裡的地方了，雖然並沒有明白的證據。於是，他寫信給裴迪南及伊莎貝拉，把他所發現的這些地方，稱為印度。他竟相信那是馬可·孛羅所描寫地方的一端，而與恆河相隔不遠；換言之，與亞歷山大所征服的地方相隔不遠。就連後來辨明了那是截然兩個地方，他亦依然自以為是，說此等富國沒隔多遠。此後，他還沿臺拉·菲爾瑪海岸，向德連地峽（今之巴拿馬）探尋此等地方。

由於哥倫布這一錯誤，那些窮鄉僻壤的島嶼遂被貼上印度群島之名。當人們終於發現新印度群島與舊的完全不相同時，才給前者以西印度群島之名，使與東印度群島有別。然而，所發現者無論為何地，在哥倫布，都當然要向西班牙宮廷，陳述他所發現的地方，是如何如何的重要。然而，在各國，構成財富的都是土地上動物植物的生產。但若他說那裡動物植物的生產如何豐饒，那裡當時就會沒有一件事情，可以證明他的陳述正當。

科里（cori）為鼠與兔之間的一種動物。自然學家布豐認為，應當與巴西的天竺鼠為同樣的動物。然在當時，科里便是聖·多明哥最大的胎生四足獸了。然其種數量亦不甚多。西班牙人帶去的犬與貓，已將科里及比科里還要軀體微小的其他動物，幾乎食盡殺盡。然而，此等動物，以及所謂伊旺諾（ivano）伊甘納（iguana）那一類大蜥蜴，便是當地所能提

供的最主要動物性食物了。

居民的植物性食物，雖因其產業不足，不能十分豐饒，但尚不致像動物性食物那樣稀少。其中，主要爲玉米、芋、薯、香蕉。那些植物，都是歐洲所不知道的，亦不爲歐洲人所十分重視。他們並不認爲，那些植物和歐洲原來生產的穀類、豆類，有相等的營養。

棉花，誠然是一種極重要製造業的材料，而在當時歐洲人看來，亦就是這諸島上最有價值的植物性產物了，但迄至十五世紀末，歐洲各地都極重視東印度的麻斯林（muslin）及其他棉織品，歐洲各地均尙無棉織製造業。所以，就連這種生產物，在當時歐洲人眼裡，亦不很重要。

哥倫布眼見新發現的這些地方所生產的動物植物，均不足證明這些地方有價值，遂轉移眼光到礦產物上來了。他自以爲礦產的豐富，足夠補償動植物生產的微薄。他見那裡的居民，常在服裝上懸著小片的金，並聽他們說，那常可在溪流急流中發現。這種河流既從山中來，於是，他便十分相信，那裡山間必有最豐饒的金礦。聖・多明哥被他描述爲金礦豐饒之國，並因此故，按照當時（不只是現在）的偏見，被陳述爲西班牙王及其國的無盡藏的眞實財富的資源。哥倫布第一次航海歸來後，即以凱旋的名譽，晉見卡斯提爾及亞拉崗諸王，當時，所發現的諸國主要生產物，都很莊重地帶在他面前。但有價值的部分，卻只是些小金帶、金腕環、其他各種金飾品，以及幾捆棉花而已。其餘，都是些俗人驚異好奇的物品，比方，幾株極大的蘆薈，幾隻羽毛極美的鳥，幾隻大鱷魚、大海牛的皮。但在這一切東西之前，站立著六、七個原住民，其顏色奇異、相

貌怪僻，卻大大增加了這次展覽會的新奇。

由於哥倫布的這一番說明，卡斯提爾王室，遂決意奪取這諸邦。這諸邦的人民，當然沒有抵抗能力。傳布基督教的虔敬目的，又使這種違反正義的計畫，成了神聖的事業。但促進此種計畫的唯一動機，卻是希望發現此等地方的黃金寶藏。而且為了要加重此種動機起見，哥倫布向提議那裡所發現的黃金半額，應歸於國王。這種提議，亦為王室所採納了。

最初諸冒險家輸入歐洲的金，全部或大部分是由極容易的方法，向無抵抗的原住民劫掠而得，所以，就連要支付這樣的重稅，也不會很難。但原住民所有，一旦完全剝奪（事實上，在聖‧多明哥及哥倫布所發現的一切其他地方，不到六年、八年，就完全做到了這樣），要再發現一些，必須從礦中掘出時，就不復有支付此稅的可能了。據說，這種稅的嚴峻榨取，曾使聖‧多明哥的礦山完全停止開採，一直至於今日。後遂減至金礦總生產額的三分之一，再減至五分之一，再減至十分之一，最後減至二十分之一。銀稅有一個長期間為總生產額的五分之一。直到現世紀，才減至十分之一。但最初的冒險家，似不大關心於銀。似乎比金更為低賤的東西，都不值得他們注意。

繼哥倫布企圖而起的諸西班牙人，在新世界上的企圖，全都為同一動機所促。使奧伊達、尼苦薩、滑斯科‧怒恩斯‧德‧比爾保到德連地峽，使科推茲到墨西哥，使亞爾馬格羅及庇查羅到智利、祕魯的，都是神聖的黃金渴望。當這班冒險家到一個不知名的海岸時，第一個問題，就是那裡有沒有發現黃金。他們就看這問題所得的情報如何，決定他們的去留。

在一切所費不貲的、不確定的、會使大部分從事者破產的

計畫中，也許沒有什麼比探索新金銀礦山的事業，更易使人破產的了。這也許是世界上最少利益的彩票，得彩者的利得，最不能補償失彩人的損失。因為，雖是有獎的票甚少，無獎的票甚多，但每一張票的普通價格，仍是一個極為富有的人之全部財產。掘礦的計畫，不僅不能補償掘礦的資本，以及資本的普通利潤，而且大都會把資本和利潤全行吸去。聰明的立法家，如要增加本國資本，那在一切計畫中，其實最不應當特別獎勵這種計畫，最不應當違反自然所趨，將大部分資本，投入此種用途。事實上，因為人們對於自身的幸運，都懷著一種不合理的自信心，所以，就連按照自然趨勢，亦常會有過大的資本，流到成功希望最少的用途上去。

　　關於此等計畫，真摯理性與經驗之判斷，雖常常極端不能贊成，但人間貪欲之判斷，卻往往大異其趣。把「仙丹」那種荒唐觀念暗示給許多人之欲念，又把金銀礦山無限豐饒那種荒唐觀念，暗示給其他許多人。他們不知道，在一切時代一切國民，此等金屬的價值，都主要出於其稀少性，而其稀少性，又由於自然所藏之量甚少，且在此少量之周圍，包有堅硬難以掘開的物質，致掘開並獲取此等金屬所必要的勞動與費用，甚為龐大。他們自以為，此等金屬的礦脈，在許多地方，簡直像鉛、銅、錫、鐵的礦脈那樣，是大而且豐的。沃爾特·萊勒夫爵士的「愛爾多拉多」的黃金都市與國土的夢，充分證明了，就連有智之士，亦不免有此種奇異的幻想。而在這位偉人死了之後一百餘年，尚有耶穌教徒基米拉相信這異鄉的存在，並極其熱心，我敢說，還是極其真摯的，表明他能對於那種（有如此報酬來酬答他們傳道的神聖勞動）人民，普照以福音之光，

在他是覺得如何榮幸。

但在西班牙初次發現的那些礦山，在現今看來，卻實在沒有一個值得開掘。最初諸冒險家所發現的金屬量，及第一次發現人們所採掘的諸礦山豐沃程度，其報告都太過誇大了。但冒險家的報告愈誇大，即愈足以燃燒其國人之貪欲。每一個航往美洲的西班牙人，都希望發現一個「愛爾多拉多」（黃金城國，el Dorado）。命運之女神，在這裡，亦像在其他極少數情況一樣，有時候竟會讓虔信者過大的希望實現。並且，他們所尋求的豐饒的貴金屬，亦似乎在墨西哥、祕魯被發現、征服的時候（一在哥倫布第一次航行大約三十年之後，一在大約四十年之後），從命運女神的手上，送到了他們手中。

一個到東印度去通商的計畫，遂引起了西印度第一次的發現。一個征服的計畫，又引起了西班牙人，在這新發現諸地，建立這一切的殖民地。然激勵他們去征服的動機，卻又是發現金銀礦山的計畫。這計畫，最終又因出人意料的發展，居然出乎企劃人的合埋期待，大為成功。

歐洲其他各國最初嘗試到美洲去殖民的冒險家，亦為同樣不合理的期待所鼓動；但成功的程度卻頗不相同。巴西自第一次殖民以來，經過百餘年，始發現有金、銀、鑽石的礦山。在英國、法國、荷蘭、丹麥諸國的殖民地中，卻是至今尚未有何等貴金屬礦山發現，即使偶有發現，在今日看來，亦沒有開採的價值。但英國人最初在北美殖民的人，卻也須以所發現的金銀五分之一，獻於國王，否則，國王絕不願給與彼等特許狀。沃爾特・萊勒夫爵士的特許狀、倫敦公司及蒲里莫斯公司的特許狀、蒲里莫斯市議會的特許狀等等，其發給都曾獻國王以所

得金銀五分之一。此等最初的殖民家，希望發現金銀礦山，又希望發現到東印度去的西北航路，但都失望了。

第二節　論新殖民地繁榮之原因

　　文明國之殖民，或占領荒蕪的國土，或占領人口極稀疏，原住民易讓地於新殖民家的地方。但無論如何，此等殖民地，都比其他人類社會，得以更大的速度，進於財富與強大。

　　未開化野蠻人幾千百年獨自所能養成的農業知識和有用技術，也敵不過此等殖民家所隨身攜來的。同時，此等殖民家，又把服從的習慣、正常政府的觀念、維持政府法制的觀念、正常司法制度的觀念，隨身攜帶來了，他們自然就會把這些再於新殖民地上建立起來。但在未開化野蠻民族中，在保護自身所必要的法律與政府已經確立之後，法律與政府之自然進步，仍必緩於技術之自然進步。每個殖民家所得的土地，都多於他所能耕作的土地。他不須支付地租，且不大要支付賦稅。沒有地主分享他們的收穫；君王所分的，又大都很少。就任何一個動機說，他亦會盡量使生產物增加，因為這生產物幾乎全是他自己的。但他所有的土地往往太廣闊，所以，盡他一己的勤勞，以及他所能僱用的他人的勤勞，也不能使土地生產物，等於土地所能生產的數量的十分之一。他很熱心的從各地蒐集勞動者，而以最優裕的工資為報酬。但此等優裕的工資，加以土地的豐饒低廉，適足增加勞動者離開他的心意。他們要成為地主，從而，以同樣優裕的工資，僱用其他勞動者。但他們很快離開他們主人的理由，又正是這其他勞動者要很快離開他們的

理由。優裕的勞動報酬、獎勵結婚，兒童在嬰孩的幼年期中，撫養均佳，迄其長大，其勞動價值，又大過於其生活費。迄其成年，勞動的高價格與土地的低價格，又將使他們隨在他們的父祖之後，得以同樣的方法自立。

在其他地方，有地租及利潤侵蝕工資，有地主和資本家壓迫下層的勞動者。但在新殖民地，上述二個上層階級基於自身利益，卻使他們不得不更寬宏、更人道的對待下一階級，至少，在那裡，下一階級不處在奴隸狀況中。自然肥沃度極大的荒地，可以不多的費用而得。常常兼為企業家的地主，希望從土地改良增加其收入。這種收入的增加，便是他的利潤。在這情形下，利潤普遍極為豐厚。但這種豐厚的利潤，除了僱用他人的勞動來開闢土地耕作土地，即無從取得。在新殖民地上，土地的大面積與人民的小數目，往往極不平衡。這極不平衡的現象，使他難以取得這種勞動。所以，工資如何，他是會斤斤計較的；只要能僱到勞動者，什麼價格他都願意付。勞動工資的高昂，是人口增殖的獎勵。良好土地的豐饒與低廉，又獎勵土地改良，從而，使地主能支付這樣高的工資。土地的全價格，幾乎由此種工資構成；故視為勞動的工資，雖覺其高，但視為如此有價物的價格，則又覺其低。獎勵人口及土地改良進步的，又獎勵真實財富與強大的進步。

古希臘殖民地趨於富強的進步，有許多也似乎是非常迅速。在一世紀或二世紀中，就有些能與母國抗衡，甚至於超過母國。西西里的西拉鳩斯及亞格里根東、義大利的臺倫東及羅克利、小亞細亞的愛菲蘇斯及米勒達斯，無論就任何一點說，亦至少與古希臘任何一都市相等。建設雖較後，但一切藝術、

哲學、詩學，以及修辭學，卻和母國任何部分比較，亦是發生得一樣早，進步得一樣高。兩個最古的希臘學派——泰利斯學派及畢達哥拉斯學派，據說，就不是建立在古希臘。一個建立在亞細亞的殖民地上，一個建立在義大利的殖民地上。這一切殖民地，都建立在未開化野蠻民族所居之地，那裡，新殖民家易取得他們的居地。他們有很多良好的土地，並因他們全然對母國獨立，他們還能按照自己的判斷，在最適合自身利害關係的方法上，自由處理自己的事務。

羅馬殖民地的歷史，似乎沒有這樣光榮。有些，好比佛羅倫斯，經過許多年代，在母國崩潰之後，固曾經發展而為蔚然大觀的國家，但其進步，卻沒有一個是非常迅速的。那些殖民地，都建立在被征服的地方，那裡，人口早已十分稠密。分給新殖民家的土地量，大都不是很大的。並因殖民地不能獨立，他們遂不能常常按照自己認為最有利於自己的方法，自由處理他們自己的事務。

就良地甚多那一點說，則歐洲人在美洲及西印度所建立的殖民地，是和古希臘殖民地相像的，甚至於勝過古希臘殖民地。就附屬於母國那一點說，它們雖和古羅馬殖民地相像，但因它們遠隔歐洲，均能多少緩和其附屬國的影響。它們的地位，使它們更不為母國所監視、所支配。在它們依循自己的方法追求自己的利益的時候，它們的行為，或因不為歐洲所知，或因不為歐洲所瞭解，而往往為歐洲所忽視。有時，即使知道了、理解了，亦只好容忍，因為太遠了，難以拘束。所以，就連像西班牙那樣強暴專橫的政府，亦往往因恐全體叛亂，而把已經發下的對所屬殖民地政府的命令撤回或緩和。因此，歐洲

這一切殖民地，在財富、人口，以及土地改良，都有非常大的進步。

西班牙王因可分受金銀，故從殖民地初設以來，即可從其地取得若干收入。這種收入，亦可刺激人間的貪欲，使之非分的希望更大的財富。於是，西班牙殖民地，自從初設以來，即甚吸引母國的注意。而當時歐洲其他諸國，卻還有一個長時期，極不加以注意。但前者不曾因爲有這種注意而較爲繁榮；後者亦不曾因爲沒有這種注意而較不繁榮。而且，按所擁有的面積比例而言，西班牙殖民地的人口與繁榮程度，尚較歐洲其他各國殖民地爲劣。但西班牙殖民地在人口方面、土地改良方面的進步，亦是非常迅速巨大的。征服時建立的利馬市，據烏羅亞言，將近三十年前，尚不過五萬人。基多僅爲印第安一小村落，然據同一作者所言，在他那時，幾乎和利馬市有相等的人口。肯茂利・凱勒利──據說是一個冒稱的旅行家，但其著作，都是根據極可靠的報告──就說墨西哥城有居民十萬。所以，無論西班牙諸作家是如何善於誇大，這十萬的數目，亦大於孟德朱馬時所有居民人數五倍以上。這幾個數目，較之英領殖民地三大都市波士頓、紐約、費城的居民數目，都要更大得多。在墨西哥、祕魯未被西班牙人征服以前，那裡沒有適於拉車犁田的家畜。駱馬（lima）是唯一能負重的動物，然其力，且較普通之驢爲大劣。他們不知有犁、他們不知用鐵、他們沒有鑄幣，亦沒有任何確定的通商媒介。他們的貿易，是物物交換。一種木製的鋤，是他們農業上的主要用具。尖石是他們切東西的刀斧。魚骨或他種動物的硬腱，是他們縫東西的針。但這一切，就似乎是他們職業上的主要用具了。在這樣的

狀態下，此等帝國，當然不能像現今那樣大大的改良、大大的
開墾。因爲，現今那裡已有各種歐洲的家畜，已知利用鐵、利
用犁、利用許多歐洲的技術了。但一切國家的人口，又都須按
照其國土地改良及耕作程度的比例。所以，這兩帝國自被征服
以來，原住民雖大受殘殺，但現在的人口，仍多於往昔任何時
期。其人種，自然亦大大改變了。我認爲，我們必須承認，西
班牙種的西印度人，就許多方面說，都較古印第安人爲優。

　　除了西班牙人的殖民地，就要以葡萄牙人在巴西的殖民
地，爲歐洲人在美洲最早的殖民地了。但因巴西發現甚久，尚
不見有金銀礦發現，故於國王，所能提供的收入亦甚少，甚
或絕無，遂有一個長時期極不爲人所注意。然就在這種不注意
的情狀下，它發展成爲強大的殖民地。在葡萄牙尚爲西班牙所
統領時，巴西爲荷蘭人所襲擊。巴西原分爲十四州，荷蘭人占
有其七。在葡萄牙恢復獨立，而擁戴布拉甘查家族爲王時，荷
蘭人本來希望立即奪得其餘七州。但當時，西班牙人之敵荷蘭
人，尚爲葡萄牙人之友，因葡萄牙人亦爲西班牙之敵。所以。
他們就同意把巴西其餘未被征服的那七州，留給葡萄牙；葡萄
牙人遂亦同意把巴西已被征服的七州，留給荷蘭人。當時，兩
國尚爲良好的同盟，這亦是當然的處置。但不久，荷蘭政府即
開始壓迫葡萄牙的移民了。這班葡萄牙的移民，不高興止於徒
鳴不平，他們還以武裝對付他們的新主。他們雖未曾得到母國
的公然援助，但在母國的默許之下，決然奮起，把荷蘭人逐出
巴西去。荷蘭人因見自己已難保有巴西任何部分，遂不得不把
巴西全部奉還葡萄牙王。在這個殖民地內，據說有六十萬人以
上，其中，有葡萄牙人、葡萄牙人的後裔、西印度人、黑白混

血種人，以及葡萄牙族及巴西族的混血種人。沒有一個美洲殖民地，包含這樣多數的歐洲系人民。

十五世紀快要終結時，及十六世紀之大部分，西班牙與葡萄牙是海上兩大海軍國。威尼斯雖與歐洲各地通商，但其艦隊卻幾乎不曾出地中海一步。西班牙人因爲是美洲的最先發現者，曾宣稱全美洲爲西班牙所有。他們因爲怕葡萄牙的海軍，不敢阻止葡萄牙於巴西殖民，但大部分其他歐洲國家，卻是不敢染指這一大陸的。嘗試殖民於佛羅里達的法國人，就全爲西班牙人所謀殺。但十六世紀終末之時，無敵艦隊失敗，結果，西班牙人的海軍衰落了，再沒有能力阻止其他歐洲國家的殖民。所以，在十七世紀中，英國、法國、荷蘭、丹麥、瑞典，總之，一切有海港的大國，都想在新大陸上殖民。

瑞典人殖民於紐澤西。那裡，現今仍可發現不少瑞典的家族，那充分證明了，如果能得母國保護，這個殖民地亦定能趨於繁榮。但瑞典視之若無睹，所以，不久就爲荷蘭人的紐約殖民地所吞併了。荷蘭人的紐約殖民地，復於一六七四年，爲英國人所奪。

丹麥人在新世界上，僅曾占有聖‧道瑪斯及桑達‧克魯斯兩個小島。這兩個小殖民地，乃爲一排他公司所統治。只有這個公司，有權購買殖民家的剩餘生產物，並供他們以所需的外國貨物。所以，在買賣上，這公司不僅有權力壓迫他們，且有壓迫他們的最充分誘因。排他商業公司的統治，無論在什麼地方，都是最壞的統治，但猶不能停止此等殖民地的進步，不過使其進步較爲迂緩而已。丹麥前國王，後諭令解散此公司。從那時起，這兩個殖民地也就非常繁榮了。

　　荷蘭人在東印度、西印度的殖民地，原來都受一個排他的公司所統治。故其進步，與舊國相較，雖覺甚大，但與大部分新殖民地相較，則覺甚緩。蘇利南殖民地雖甚可觀，但與其他歐洲國家的大部分蔗田殖民地相較，猶為低劣。現今分成紐約及紐澤西兩州的諾瓦・伯爾基亞殖民地，就連在荷蘭統治下，亦似乎不久就頗為可觀。良好土地的豐饒與低廉，是繁榮的太有力的原因了，所以，最不好的政治，亦不能全然抑止其作用。而且，離母國既如此遙遠，殖民家正可由走私，而多少避免這公司所享有的妨害他們之獨占。現今，這公司已允一切荷蘭船舶，納貨物價值百分之二點五，領得特許狀，即可與蘇利南通商（但非洲與美洲間的直接易貿——那幾乎全然是奴隸賣買——則依然為其獨占）。公司緩和其排他特權，也許是這殖民地今日能如此繁榮的最大原因。苦拉可亞及奧斯達夏——屬於荷蘭的兩大島——是自由港，各國船舶均得出入。主要就因有這種自由，所以，這兩島雖是不毛的荒島，但因其周圍諸較良殖民地的海港，均僅許一國船舶自由出入，故能如此繁榮。

　　法國在加拿大的殖民地，在前世紀的大部分及現世紀若干年，亦為一排他公司所統治。在如此不良的行政下，其進步與其他新殖民地相較，定然是極遲緩的；但在所謂密西西比計畫失敗後，這公司被解散了，這殖民地的進步，也就更迅速得多了。這殖民地後為英國所奪取，但其時人口，較神父查理瓦所述二、三十年前情形，就幾乎加了一倍。這位耶穌會神父曾遊歷全國，當然沒有故意把它說得比實際更少的意思。

　　法國在聖・多明哥的殖民地，為海賊及草寇所建立。他們有一個長期間，不需要法國的保護，亦不承認法國的權威。

到後來，他們受了招安，承認法國的權威，那當然仍有一個長期間，受著非常寬大的待遇。在這期間，這殖民地的人口與土地改良，進步得非常快。後來，那裡雖亦有一個時期受排他公司的壓迫，而這種壓迫，又無疑曾延遲其進步，但其進步不曾因此而停止。此種壓迫一旦解除，其繁榮之進程，又恢復舊觀了。現在，那裡已是西印度最重要的蔗田殖民地了。其生產物，據說，較全部英領蔗田殖民地生產物總量還大。法國其他蔗田殖民地，亦大都非常興盛。

但進步最速的殖民地，還要首推英國的北美洲殖民地。一切新殖民地繁榮的兩大原因，似乎是良好土地之豐夥，以及按照自我方法處理自我事務之自由。

就良好土地豐夥一點說，英國的北美洲殖民地，雖然不能算壞，但與西班牙人、葡萄牙人的殖民地相較，卻較為低劣，與晚近戰爭前法國人所有的某些殖民地相較，亦不更好。但英屬殖民地的政治制度，與其他三國任何一國殖民地的政治制度相較，都更有利於土地的改良與耕作。

第一，英屬殖民地上，未耕地的獨占，雖未曾完全防止，但與其他殖民地相較，總算更受限制。殖民地法規定各個地主，均有義務在限制期間，改良並耕作所有土地的一定比例，而在不履行義務時，即稱此種土地為無人照料的土地，得讓渡給任何他人。這種法律，雖不是極嚴格的施行，但有相當效果。

第二，在賓夕法尼亞，沒有長男繼承法，土地像動產一樣，平均分配於家中一切兒女。新英國只有三州的法律，和摩西律一樣，長子可得雙份。在這幾州，雖有過大量的土地，

有時為某特殊個人所獨占，但只要一兩代，就可以把它分散。在其他英領殖民地，雖然像英國法律一樣，長男繼承權是依然存在的，但在一切英領殖民地上，保有自由借地權（free socage）的土地借用權，可使割讓更為容易；大塊土地的領受人，因僅可保持小部分土地的免役地租，故為其利益，尚不如儘速割讓其較大部分。在西班牙及葡萄牙諸殖民地上，凡附有何等名譽稱號的人所有地，其繼承均有所謂瑪加刺左權（Jus Majoratus）。這種大所有地，全由一個人繼承，實際上，都是限嗣繼承的，都是不可割讓的。法國諸殖民地，依照巴黎風俗，在承受土地時，與英國法律比較，更有利於次兒以下諸兒。但在法國諸殖民地中，貴族所持有的地產負有對其上級提供騎士與封臣服務的責任，這種地產若有任何部分割讓了，則在有限期間內，按照購買權，得由上級的繼承人或原地主家族繼承人贖回。而該國最大的一些地產全都是以這種必然阻礙土地轉讓的封建條件由貴族所持有。此外，在新殖民地上，大片耕地的分割，由繼承似不若由割讓那樣迅速。我們講過，良好土地的豐饒與低廉，是新殖民地急速繁榮的主要原因。土地的獨占，事實上，就會破壞這種豐饒與低廉。此外，未耕地的獨占，又是土地改良的最大障礙。對於社會，提供最大量、最大價值的生產物的，即是用來改良土地耕作土地的勞動。在這情況，勞動的生產物，不僅可支付它自身的工資，支付僱用勞動之資本的利潤，並可支付勞動所耕土地的地租。所以，英國僑民的勞動，既比較其他三國任何一國，都更用來改良土地耕作土地，故所提供的生產物，就量言，就價值言，遂亦較勝一籌。這其他三國的殖民地，都實行獨占土地，從而，多少顛倒

了勞動的用途，使流入其他職業。

　　第三，英國殖民地人民的勞動，不僅一向提供較大量又較有價值的生產物，且因賦稅適度，這生產物的較大部分，還是屬於他們自己，爲他們所儲蓄，用來推動較爲大量的勞動。英國殖民地人民，自來，對於母國的國防、母國的行政費，不曾有所貢納。反之，他們自身衛護所需費用，尚全由母國支付。海陸軍費，既以懸殊的比例，大於必要的行政費，故其行政費，亦不會很多。內僅包括總督、官員，以及其他若干員警官吏的全俸，以及最有用公共土木事業的維持費而已。在現今擾亂事件開始以前，麻薩諸塞港的行政設施費，一向是每年大約一萬八千英鎊。新罕布夏及羅德島的行政設施費，各爲每年三千五百英鎊；康乃迪克，四千英鎊；紐約及賓夕法尼亞，各四千五百英鎊，紐澤西一千二百英鎊；維吉尼亞及南卡羅萊納，各八千英鎊。新蘇格蘭及喬治亞的行政費，一部分由議會歲出支持。新蘇格蘭每年又僅支出殖民地行政費大約七千英鎊；喬治亞僅每年大約二千五百英鎊。總之，北美全部的行政設施費（除了馬里蘭及北卡羅萊納，這兩州無正確計算），在現今擾亂事件開始以前，所費於僑民的，不過每年六萬四千七百英鎊；如此小額的費用，已足統治三百萬人，而且統治得很好，那眞是永遠值得我們記憶的。當地行政費最重要的部分及防禦保護費的全部，都是不斷爲母國所負擔。在歡迎新總督及新議會開幕之際，殖民地政府的儀式，雖十分隆重，但不常常花費許多來布置裝飾。他們的宗教政府，亦是同樣節儉。他們不知有什一稅，其爲數不多的牧師，或由適度的薪俸維持，或由人民的樂捐養給。反之，西班牙及葡萄牙的君主，

且須仰賴其殖民地所課之稅。法國雖不曾從其殖民地抽取任何可觀的收入，出自殖民地的課稅，雖大都用在殖民地，但其行政費，卻與其他兩國一樣，非常浪費，其儀式亦是一樣鋪張。譬如，在秘魯，歡迎一個祕魯新總督，往往所費不貲。但殖民地富民，又不僅在此等特殊場合支納賦稅，以舉行此等儀式而已。此等儀式，又在一切其他場合，使他們養成一種虛榮浪費的習慣。那不僅是暫時的非常苛酷的賦稅，且可因此設立一種永久的尚更為苛酷的賦稅，它是會導致傾家蕩產的私人奢侈浪費。而在這三國的殖民地中，宗教政府加在居民身上的負擔也都極為苛刻。他們全都需要繳納教區的什一稅，西班牙和葡萄牙兩國的殖民地中，對這種稅更是抽得非常嚴格。此外，它們都受一種托缽修士的壓迫。在那裡，他們的人數很多。他們不僅允許乞食，且以乞食為宗教神聖事業。貧民均曾受最深的教導，認佈施修士為義務，拒絕布施為非常大的罪惡。所以，這種事情，便成了貧民一種非常苛重的賦稅了。此外，在這三國殖民地內，修士都是最大的土地壟斷者。

　　第四，英國諸殖民地，在處分其剩餘生產物即自身消費不了的生產物時，比其他歐洲國家的殖民地，都要居更有利的地位，而擁有更廣闊的市場。各個歐洲國家，都曾努力要獨占其所屬殖民地貿易，並因此故，禁止外國船舶來和他們通商，禁止他們從任何外國輸入歐洲貨物。但此種獨占實行的方法，又是各國極不相同的。

　　有些國家，以其殖民地貿易，全部委歸一個排他的公司。殖民地必須向這個公司購買他們所需要的一切歐產貨物，若有剩餘生產物又必須全部賣給這個公司。所以，這個公司不

僅企圖使前一種賣價，盡其可能的昂貴，使後一種買價，盡其可能的低廉，且不肯在如此的廉價上，購入更多的後一類物品，因為購多了，就不能在歐洲市場上以極高價格脫售。它不僅企圖在一切場合，都降低殖民地剩餘生產物的價值，且在許多場合，企圖妨礙並抑制其產量之自然的增加。要妨礙新殖民地之自然的發展，在一切可想到的策略中，自然要以設立排他公司為最有效。荷蘭的政策，一向即是如此——雖然在現世紀中，其公司亦在許多點上，放棄了這種排他的特權。在丹麥前國王統治下，丹麥的政策亦如此。法國的政策，亦有時如此。而最近，自一七五五年以來，歐洲其他一切國家都相繼覺察了這種政策的不合理，而將其放棄，但葡萄牙仍抱此政策，至少，關於巴西兩大州伯南布科及馬倫南，是仍抱此政策。

有些國家，沒有設立這種排他公司，但限制其國殖民地全部貿易，使僅能與母國某特定港通商，除了特定季節內的船隊，或有特許狀（那大都須付出極大的代價）的單船，一切船舶均禁止從此特定之港出航。這種政策，固曾公開殖民地貿易於母國全體屬民——如果在適合的港、適合的季節，且由適合的船舶。但投資裝備此種特許船舶的商人，仍全體協商以經營貿易，結果，不免與設立排他公司極相近似。這種商人的利潤，必幾乎是同樣非法且壓迫的。殖民地絕不能有良好供給；往往不得不以極貴的價格購買，極廉的價格售賣。但在這幾年以前，西班牙的政策就往往如此，一切歐產貨物的價格，據說，在西領西印度上，都是很高的。烏羅亞告訴我們，在基多，一磅鐵，賣價大約四先令六便士，一磅鋼，大約六先令九便士。但殖民地售賣自身產物，主要即是為了要購買歐洲貨

物。對於後者，他們付價愈大，對於前者，他們實得價格就愈小。後者的高價無異是前者的低價。在這一點，葡萄牙對於其殖民地（除了伯南布科及馬倫南兩州，這兩州晚近所行的政策，較此尤爲惡劣）所採政策，和西班牙昔時的政策，是完全一樣的。

有些國家，許其國全體臣民經營殖民地貿易。母國的臣民，得從母國任何港，與殖民地通商，除了稅關的普通放行公文，且不必任何特許狀。在這情況，經商人數頗眾，而散居各地，不能共同結合，他們彼此間的競爭，足以阻止他們榨取暴利。在如此寬大的政策下，殖民地即能以合理的價格，售賣他們自己的生產物，購買歐洲的貨品了。自從蒲里莫斯公司解散以來（那時，我國殖民地尚未開發），英國即常常採用這種政策。法國亦常常採用這種政策。而自從一般英國人所稱的密西西比公司解散以來，法國的政策就一律如此。所以，英法兩國經營殖民地貿易的利潤，並不是非常大，當然，如果准許其他各國自由競爭，利潤也許還要低些，但即使如此，這兩國大部分殖民地的歐產貨品價格，已經不能算異常昂貴。

在英屬殖民地剩餘生產品輸出時，亦只有一定種類的商品，限於輸出到母國的市場上。此等商品，因曾列舉在航海法及此後諸種法令上，故名爲「列舉商品」（Enumerated commodities）。其餘，即稱爲「非列舉商品」（Non-enumerated），可直接輸出到他國，但運輸的船舶，須爲英國船或殖民地船。此種船舶，須爲英國臣民所有，其船員亦須有四分之三爲英國臣民。

美洲及西印度有幾種極重要的生產物，亦包含在非列舉商

品之中。譬如，各種穀粒、木材、鹽漬食品、魚類、砂糖，以及甜酒。

穀物，自然是一切新殖民地耕作之最初的，也是主要的對象物。法律若准其有極廣闊的穀物市場，即獎勵他們推廣這種耕作，使其大大超過於人口稀疏地的消費，從而，預先為不斷增加的人口，儲存豐富的生活資源。

在樹木滿地的地方，木材價值很少，乃至於沒有價值，於是，開拓土地的費用，就成了改良之主要障礙了。法律若准其有極廣闊的木材市場，即可使本來價值很少的商品，提升價值，並使他們能夠從本來單有支出的改良事業，收得若干利潤，改良就較為容易了。

在一半以上可耕土地，無人耕作的地方，家畜的繁殖，自然會多過於當地居民的消費，因此，家畜每每價值很少，乃至於沒有價值。但我們講過，在一國大部分土地能夠改良之前，家畜的價格與穀物的價格，保持一定的比例。法律若准其有最廣闊的市場，而無分其形式為死家畜還是活家畜，即會提高這商品的價值。我們講過，這種商品的高價格，對於改良，是非常重要的。喬治三世第四年法令第十五號，將皮革及毛皮歸入列舉商品範圍，從而減低美洲家畜的價值。這種自由的良好影響，就多少為這個法令所減少了。

英國議院幾乎無時或忘，要由推廣殖民地漁業來增強英國的海運能力和海軍勢力。因此，這種漁業，便取得了自由制度所能給與的一切獎勵，而大為旺盛了。尤其是新英國的漁業，在晚近騷亂之前，也許還是世界上最重要的漁業之一。捕鯨業，在英國，雖有高額的獎勵金，在一般人看來（但我不要

妄作這種意見的證人），其生產物全部，比每年所付獎勵金的
價值，也多不了許多。但在新英國，雖無獎勵金，卻仍頗為興
盛。魚，是北美洲與西班牙、葡萄牙、地中海沿岸諸國通商的
主要商品之一。

砂糖，本來也是只許輸出到英國的列舉商品。但一七三一
年，由於砂糖栽培者的陳情，遂得輸出至世界各地。但在許與
此種自由時，尚附有各種限制，而英國砂糖價格又特高，故這
自由，大部分仍屬無效。英國及其殖民地，依然幾乎是英屬殖
民地產砂糖的唯一市場。他們的消費，增加頗為迅速，所以，
雖有牙買加及法國割讓諸島日益提升的改良，砂糖的輸入在這
二十年內仍是大有增加，而到外國去的輸出，卻據說比往昔不
曾大得多少。

甜酒是美洲與非洲沿岸通商的極重要商品，而從這種通商
帶回來的，即是黑奴。

如果美洲各種穀粒、鹽漬食品、魚類的全部剩餘生產
物，概訂為列舉商品，強迫輸入英國市場，那就未免會給我們
國人的勤勞生產物銷售，造成大大的干擾。此等重要商品之所
以不但不曾列舉，而且除了稻米，一切穀物及鹽漬食品，還在
常態的法律下，禁止輸入英國，那也許並非為了關心美洲的利
益，只是防止這種過大的衝突。

非列舉商品，原來可以輸出到世界一切地方。木材及稻
米，曾一度列舉，此後即訂為非列舉商品，但關於歐洲市場，
仍受限制，僅能輸出到芬尼斯特岬以南歐洲諸國。依照喬治
三世第六年法令第五十二號，一切非列舉商品，都受同樣的限
制。芬尼斯特岬以南歐洲諸國，都不是製造業國。我們比較不

用擔心殖民地船，會帶回與我們本國製造品衝突的製造品。

列舉商品有兩類。第一類，爲美洲特有的生產物，或爲母國所不能生產的生產物，至少亦是母國所不生產的生產物。屬於這一類的，譬如，糖蜜、咖啡、可可、菸草、胡椒、生薑、鯨鬚、生絲、棉花、海狸、美洲其他各種生皮、藍靛、黃顏料，以及其他各種染色木料。第二類，非美洲所特有的生產物，母國亦是生產的、能夠生產的，但其產量不足供應其需要，遂致有大部分需要，主要須仰給於外國。屬於這一類的，譬如，一切船舶用品，船桅、帆桁、突梁、松脂、柏油、松香油、鐵條、生鐵、銅礦、生皮、皮革、泥鍋、珍珠灰。第一類商品再大量的輸入，亦不能妨礙母國任何生產物的生產與銷售。我們的商人，總希望局限這種商品，使其僅能輸出到本國市場，而且由這種局限，使自己能夠在殖民地上廉價購買，而在國內以較好的利潤售賣，並要在殖民地與諸外國之間，設立一種有利的販運貿易。那必然要以英國爲中心或媒介。此等商品輸入歐洲，必須先輸到這個國家裡來。第二類商品的輸入，據設想，也須妥爲分配，使其不致於與本國同種產物的售賣相衝突，而僅與外國輸入品的售賣相衝突。因爲，課以適當的賦稅，那種商品必較前者略微昂貴，但仍較後者低廉得多。局限此等商品使其僅能輸入本國市場，並非要妨礙英國的生產物；所要妨害的，乃是貿易差額被設想爲不利於英國的那諸外國生產物。

禁止殖民地以船桅、帆桁、突梁、松脂、柏油輸出到英國以外的任何他國，自然有減低殖民地木材價格的趨勢，從而會加重開拓殖民地土地的費用，加重土地改良的主要障礙。

一七○三年，瑞典松脂柏油公司，努力禁止其商品輸出（除了由他們本國的船，在他們自定的價格上，並在他們自認爲適宜的數量上），以抬高其商品到英國去的價格。爲了要對抗這一個令人注意的商業政策，並使本國能盡可能的，不僅不須依賴瑞典，且不須依賴北方任何他國起見，英國遂對於美洲船舶用品的輸入，賜以獎勵金。這種獎勵金的結果，是抬高美洲木材的價格，而其抬高之程度，且遠過於局限國內市場所能減低之程度；且因這兩個規定是同時頒布的，其連帶的結果，與其說是妨礙美洲土地的開拓，倒不如說是獎勵。

鐵條生鐵雖亦爲列舉商品，但在從美洲輸入時，卻比從其他各國輸入，得免納重稅，所以，這規則一部分雖足妨礙美洲製鐵廠的建設，但另一部分卻可予以獎勵，而獎勵的作用還更大。沒有一種製造業，比熔鐵爐還更能引起木材的消費，還更能幫助樹木滿地的地方開拓。

這些規定，有些可以提高美洲木材的價值，從而，使土地開拓更爲便易。但這種趨勢，既不爲議院所注意，亦不爲議院所理解。其有利結果，雖就這方面說全是偶然的，但並不因此而更不眞實。

英領美洲殖民地及西印度殖民地間，無論就列舉商品言或就非列舉商品言，都許有最完全的貿易自由。此等殖民地，今已如此人煙稠密而繁榮，故彼此間，對於彼此所有的生產物，已能提供一個大而廣的市場。把這一切殖民地合起來看，那對於彼此的生產物，就是一個大國內市場了。

但英國對於其所屬殖民地貿易，主要限於在生產物尚爲原料或所謂第一階段製造品時，始給以這種自由。至若更進步更

精緻的製造業，則仍爲英國商人製造家所保留，而請求議院，以高關稅或絕對禁止，使不能在殖民地設立。

譬如，從英領殖民地輸入粗製砂糖，每百斤量，僅納稅六先令四便士；白糖，納稅一英鎊一先令一便士；單次或雙次的精製糖塊，納稅四英鎊二先令五便士又二十分之八。在課稅如此苛重時，英國是英領殖民地砂糖輸出的唯一市場。至今，依然是主要市場。這種高率的關稅，起初等於禁止漂白或精製砂糖，使不能供應外國市場，現在又等於禁止漂白或精製砂糖，使不能供應那最主要的也許可銷其全產量十分之九以上的市場了。因此，蔗糖精製業雖然在所有法屬殖民地，都相當興盛，但在英屬殖民地上，即使有之，亦不過用以供應殖民地本地的市場了。在格瑞納達還掌控在法國手中時，其地各處，幾乎都有砂糖精製所，至少也有砂糖漂白所。但自從格瑞那達落入英國手中後，這一類製造廠，就幾乎全部放棄了。現今（一七七三年十月）我相信，這島上，至多不過兩三廠而已。不過，現今因爲稅關寬縱，漂白糖精製糖，若能從塊狀研成粉末，就大都可以作粗砂糖輸入。

英國一方面許鐵條生鐵從美洲無稅輸入（由他國輸入，則不能免稅），從而獎勵美洲這種製造業，卻又絕對禁止在任何英領殖民地上，建立製鋼廠及鐵工廠。甚至不願其殖民地人民爲自身消費而製作這種精製的製造品，卻要他們向母國的商人製造家，購買他們所需的這一類物品。

英國又禁止由水運，甚至於由車馬的陸運，把美洲生產的帽、羊毛、毛織物，從一州運至別一州。這種條例，很有效的使這個殖民地，不能爲遠地販賣而建立這一類商品的製造業，

限殖民地人民的勤勞，只許經營那樣粗糙的家用製造業。那通常僅爲私家所自用，或供同州的鄰人使用。

禁止人民大眾，使不能盡其所能來製造他們的全部生產物，不能按照自己的判斷，把自己的資財勤勞，投在自認爲最有利於自己的用途上，當然侵犯了最神聖的人權。然而，此種禁令，雖如此不公，尚幸不致於非常妨害殖民地。土地仍是如此低廉，勞動仍是如此昂貴，所以，他們仍能比自製，以更低廉的價格，從母國輸入幾乎一切種類的精製品。所以，即使不禁止他們建立這一類製造業，但在現行改良情狀下，考慮自身利害關係，也許就會使他們不願經營這種事業。在他們的現行改良情狀下，此等禁止，也許沒有拘束他們的勤勞，限制他們勤勞自然所趨的用途。不過因爲母國的商人製造家，起了無理的妒意，遂致沒有充分的理由，在他們身上，掛起了這種無關利害的奴隸徽章。但若那裡的情形再改良一層，那種禁止，也許就會成爲眞正的壓迫，而不可忍耐了。

英國，因把殖民地某幾種極重要的生產物，局限於其母國市場，遂要在母國市場上，報他們某幾種生產物以便利，即在此同種生產物由他國輸入時，課以高率之關稅，或在此種生產物由殖民地輸入時，賜以獎勵金。第一，母國對於殖民地砂糖、菸草、鐵，次之，對於生絲、大麻、亞麻、藍靛、船舶用品、建築木材，概在國內市場上，予以便利。第二，以獎勵金獎勵殖民地生產物輸入。據我所知，第二種方法，是英國所特有。第一種方法，卻不是這樣。葡萄牙似不滿於僅以高關稅，限制菸草從殖民地以外其他地方輸入，遂以極嚴厲的刑罰，懸爲厲禁。

　　關於歐洲貨物的輸入，英國對於殖民地的處置，亦同樣較任何他國爲寬大。

　　英國，對於外貨輸入時所納之稅，准其再輸出時，退還一部分。那通常超過一半，而有時是全部。如果在外貨輸入英國時須課極重之稅，而再輸出時又不許退還任何部分，那就無論哪一個獨立外國，亦不會接受這種再輸出的商品。所以，不允退稅，即無異販運貿易告終；然而，這種貿易，又是重商主義那樣深深愛護的。

　　但我們的殖民地，並不是獨立外國；並且，英國又取得了以歐洲一切貨品供給其所屬殖民地的排他權利，正可以像他國對付殖民地一樣，強制其所屬殖民地，承受這種曾在輸入母國時課納重稅，卻又要再輸出到外國去的商品。但不然，在一七六三年以前，大部分外貨輸出到我國殖民地，和輸出到任何獨立外國，是一樣得有同樣的退稅。不過，一七六三年，卻由喬治三世第四年法令第十五號，大大減縮了這種寬容，從而，有如次的規定：「以歐洲或東印度的產出物、生產物、製造品，從本王國輸出到任何英領美洲殖民地耕作地，均不得退還稱爲舊補助金的那一部分賦稅；但葡萄酒、白棉布、洋紗除外。」在這法律之前，有許多種外國貨，在殖民地較在母國爲廉；現今，仍然有些是這樣。

　　關於殖民地貿易的大部分條例，都以經營殖民地貿易的商人爲主要顧問，那是必須知道的。所以，此等條例，更注意這種商人的利益，而不注意殖民地的利益，亦不注意母國的利益，是一點也不足奇怪的。他們有排他的特權，可以輸運歐洲貨物供應殖民地，又可以購買殖民地那部分不和他們本國貿易

衝突的剩餘生產物。這種排他的特權，顯然是犧牲殖民地的利益，來爲商人的利益。他們在再輸出歐洲及東印度大部分貨物到殖民地去的時候，又像再輸出到獨立國家去一樣，許有同樣的退稅。這種退稅，就連按照重商主義的觀念，亦是犧牲母國利益，來爲商人的利益。商人的利害關係，當然是在運送外國貨物到殖民地去時，所付稅應盡量的少，而所退還的稅（在外國貨物輸入英國時墊支的稅）則求其盡量的多。因此，他們就可以在殖民地，以較大的利潤售賣等量的貨物，或以同樣的利潤，售賣較大的數量。他們總可以在某一方法下，得利若干。殖民地的利益，亦同樣是以盡量低廉的價格，取得盡量豐饒的這一切貨物。但有利於商人和殖民地的措施，未必有利於母國。退還此等貨物輸入時所納稅的大部分，既會影響母國的收入，使母國製造品在殖民地跌價售賣（因外國製造品，賴有這種退稅，得以更便易的條件運到殖民地），又往往會影響母國的製造業。一般的說，英國亞麻布製造業的進步，曾因德國亞麻布再輸出到美洲殖民地的退稅，而大爲遲緩。

　　但是，關於殖民地貿易，英國的政策雖然和其他各國一樣，受著重商主義精神的支配，但整體而言，卻比任何他國，都更爲寬大而容忍。

　　除了外國貿易，英領殖民地人民在一切情況，都有完全的自由，按他們自己的方法，來處置自己的事務。在一切方面，他們的自由，都和本國同胞市民的自由相等，而且同樣有一個人民代表會議——唯一有權課稅以支持殖民地政府的機構——來給以保證。這個會議的權力，超在行政權之上，殖民地人民無論怎樣卑賤可厭，只要遵守法律，就用不著憂懼總督或各州

文武官吏的憤怒。殖民地議會，和英格蘭下議院比較，雖一樣不必然是極平等的人民代表機關，但總比較近於這種性質。行政權既無力使其腐化，且因行政機關經費由母國支持，故亦無腐化議會的必要。所以，一般說，這種議會更受選舉人的民意影響，殖民地議院參議會與英國上議院相當，但並非由世襲的貴族構成。有些殖民地政府，譬如，新英國諸政府之中的三個，此等參議員非由政府指派，卻由人民的代表推選。沒有一個英領殖民地，尚有一個世襲的貴族。在他們中間，老殖民家族的後裔，比較有同等功績同等財產的暴發戶，雖是更受人們尊敬，但亦只更受人們尊敬而已。老殖民家族的後裔，並沒有煩擾他的鄰人的特權。在現今擾亂事件開始以前，殖民地議會不僅有立法權，且有一部分行政權。在康乃迪克及羅德島，總督亦由他們選舉。在其他殖民地上，他們規定的賦稅，即由他們直接派員出去徵收，徵收員亦僅對他們直接負責。所以，人民在英領殖民地，就較在母國，更為平等了。他們更有民主共和的精神，其政府型態，尤其是新英格蘭那三州的政府型態，向來也比較傾向民主共和的精神。

反之，西班牙、葡萄牙、法國的專制政治，卻又在他們各自的殖民地上，建立起來。此種政治，大都以獨斷權委於其一切下級官吏，因相隔過遠，此等獨斷權的執行，自然會比平常還要暴虐。我們知道，在一切專制政治之下，首都總比較自由。君主自己，絕不要阻礙正義的制度，亦不要壓迫人民大眾；這亦於他無利。首都為君主所在之地，故得多少節制其下級官吏；但在遠地，人民的怨聲，即不易傳到君主耳裡，下級官吏乃得為所欲為，更無顧忌得多。但無論怎樣大的帝國，亦

沒有什麼地方，比歐領美洲殖民地，還更遠離首都了。有史以來，也許只有英領殖民地政治，能給如此遠隔的州區人民以完全保證了。法屬殖民地的行政，與西班牙、葡萄牙兩國殖民地的行政相較，亦常常比較寬宏溫和。法國民族的性格如此，故能有此種行政的優越；但其實，一切民族，若其政治，與英國相較更爲橫暴，然與西班牙、葡萄牙相較，則更爲守法而自由，就亦能有此種行政的優越。

英屬殖民地政策的優越，主要顯現在北美殖民地的進步上。法屬蔗糖殖民地的進步，與大部分英屬蔗糖殖民地的進步相比較，至少是相等的，甚而還要更勝一籌。但英國蔗糖殖民地，卻和英領北美殖民地，幾乎享受同樣的政治自由。這也許因爲法國不像英國那樣阻礙殖民地精製自產的砂糖，但更重要的原因，卻是他們政治的特質，使他們對於黑奴，能有更好的管理法。

在一切歐屬殖民地內，甘蔗都由黑奴栽培。生長在歐洲溫帶的人民的體格，據說，不能勝任西印度炎日下掘土的勞動。據今日情形說，栽培甘蔗，都是手工。有許多人以爲，設能使用錐犁，必大有利。但犁耕的利潤與成效，取決於牛馬的良好管理法；奴隸耕作的利潤與成效，必同樣取決於奴隸的良好管理法。我想，一般都承認，法國殖民家較英國殖民家，更擅長於管理奴隸。

對奴隸予以些微的保護，使不致過受主人欺凌的法律，似乎在政治十分專制的殖民地上，比在政治全然自由的殖民地上，施行要更有效一點。在頒布奴隸惡法的國家，州官保護奴隸時，喜歡在相當程度上，干涉主人的私有財產管理。在自由

國，主人或爲殖民地議會的議員，或爲議員的選民，故州官非經充分考慮，即不敢干涉他們。州官不得不對他們，予以相當的尊敬。這種尊敬，就使他難以保護奴隸了。但在政府十分專制的國家，州官即常常干涉個人的私有財產管理，倘個人不依他所喜歡的方法管理，他就可發下他的拘票，所以，他要保護奴隸，是更容易得多；普通的人道心，亦自然會使他如此做。州官的保護，使主人更不敢輕視奴隸，而不得不予以相當的重視，而待以比較溫和的待遇。溫和的待遇，使奴隸不僅更誠實，且更聰明，因此而更有用。他的境遇，更近於自由僕役的境遇，而稍有廉直，稍顧主人利益。這種德行，唯自由僕役有之，而爲奴隸所絕無。然而，在主人完全自由並十分安全的國家，奴隸就一般受著奴隸的待遇。

我相信，一切時代一切國民的歷史，都可證明這種議論，即奴隸在專制政治下，比在自由政治下，有更好的境遇。在羅馬史上，第一個保護奴隸，使不致過受主人凌虐的長官，就是皇帝。威底夏斯・鮑利奧，在奧古斯都帝之前，要把他的奴隸之一（僅僅犯了一點小過失），截成塊片，投入池中餵魚，帝即大爲激憤，令立將此奴釋放，且釋放其所有之奴。但在羅馬共和時代，長官即不能有充足的權力來保護奴隸，更談不上處罰主人了。

法屬蔗糖殖民地（尤其是聖・多明哥的大殖民地）改良的資本，幾乎全部出自此等殖民地逐漸的改良與耕作。那幾乎全部是殖民地人民的土地勞動生產物；換言之，是由良好管理法而漸次累積的，並用以生產更多量生產物的生產物之價格。但英屬蔗糖殖民地改良及開墾的資本，卻有大部分自英國送來，

並不全部是殖民地人民的土地勞動生產物。英屬蔗糖殖民地繁榮的主要原因，是英國巨大財富溢出（如果高興如此說）一部分到這些殖民地。但法屬蔗糖殖民地繁榮的全部原因，卻是殖民地人民的良好管理法。法國僑民在這一點上，是較英國僑民爲優。這個優點，在奴隸管理法上最明白顯現出來。

以上所述，即歐洲各國對於所屬殖民地所抱政策的大綱。

對於美洲殖民地最初的建立及此後的繁榮（僅就內政方面觀察），歐洲政策很少有值得自誇的地方。

愚蠢與不義，似乎是最初建立此等殖民地計畫所奉的原則；獵取金銀礦山，足見其愚蠢；貪圖占有一個其良善原住民自來不曾損害歐洲人，且曾以親切之情，款待歐洲最初冒險家的國土，足見其不義。

後來建立殖民地的諸冒險家，似乎除了妄想尋覓金銀礦山，尚有其他的更合理、更可推稱的動機；但就連此等動機，亦不足爲歐洲政策增光。

英國的清教徒，因在國內受限制，遂逃往美洲以求自由，而在新英國建立四政府。英國的天主教徒，所受待遇尤爲不平，遂亦逃至美洲，建政府於馬里蘭；教友派徒，則建政府於賓夕法尼亞。葡萄牙的猶太人，常受異端法庭迫害，財產被剝奪，而被逐至巴西，他們遂仿上述諸先例，而在流放重犯與娼婦──這殖民地原爲這種人所居──之間，導入相當的秩序與產業，教他們栽培甘蔗。在這一切情形下，使人民僑居於美洲並耕作於美洲的，並不是歐洲諸國政府的智慧與政策，卻只是他們的紊亂橫暴。

歐洲諸國政府，對於此等建設中某幾種最重要的建設，無

論就其完成說，或就其計畫說，都幾乎沒有一點功績。墨西哥
的征服，不是西班牙王室的計畫，只是古巴總督的計畫。而使
此計畫完成的，又是大膽冒險家的精神。總督委任此等冒險家
後，雖頗後悔，而遇事加以妨礙，但卒不能妨礙此種計畫的完
成。智利及祕魯的征服者，甚至於美洲大陸上西班牙一切其他
殖民地的征服者，在征服此等地方時，除了得以西班牙國王之
名義，建設並征服殖民地以外，即不曾受國家任何獎勵。這班
冒險家，都是自己冒危險、出費用的。西班牙政府，不曾對他
們有任何貢獻。至若英國政府，則對於其所屬某幾個最重要北
美殖民地建設的完成，亦幾乎是同樣毫無貢獻。

　　但此等建設一經完成，巍然巨觀，可引起母國政府注意
時，母國關於他們所頒布的最初條例，便只記得，如何可以保
證獨占此等殖民地的貿易。即局限他們的市場，犧牲他們以
擴大自身的市場，從而，與其說促進他們繁榮的進程，倒不如
說是加以壓抑。不過，歐洲諸國施行此種獨占的方法，彼此頗
不相同。這種不同，是歐洲諸國殖民政策大相逕庭的一點。其
中，最好的要算英國了。但比較其餘任何他國，英國的殖民政
策，亦不過略微自由，略不壓抑而已。

　　所以，歐洲政策究竟在何種方法下，有助於美洲諸殖民
地最初的建立及現在的繁榮呢？在一個方法下，亦只在一方法
下，大有助益。偉人的母親啊！（Magna Virum Mater！）它
生育了、造就了一班能夠完成如此偉大事業，建立如此偉大帝
國的人才。世界上，殆無其他地區的政策，能夠造就這種人
才，實際亦不曾造就此種人才。殖民地應感謝於歐洲政策的，
是此等富有進取心的建設者，能有如此的教育與遠見。但其

中，某幾個最重要的殖民地，僅就其內政言，亦就只有這一點，應感謝歐洲的政策了。

第三節　美洲的發現，及經由好望角到東印度的通路的發現，究竟對歐洲有如何的利益

美洲殖民地從歐洲政策所得的利益，已如上述了，歐洲從美洲發現及殖民所得的利益又如何呢？

這諸種利益，可分成兩類。第一，把歐洲看作一個大國，則歐洲從此等大事件，究竟曾取得如何的一般利益呢？第二，對於所屬殖民地，各殖民國有它的權威與統治權，但各殖民國從所屬殖民地，又曾取得如何的特殊利益呢？

把歐洲看作一個大國，則歐洲從美洲的發現及殖民，取得了如下諸種利益：（一）大國的享樂品增加了；（二）大國的產業增大了。

輸入歐洲的美洲剩餘生產物，供這大陸的居民，以許多種類的商品，倘非有美洲發現及殖民，那是絕不能有的。此等商品，有些是爲方便與效用，有些是爲快樂，有些是爲裝飾，故增加了他們的享樂品。

這是很容易看出的，美洲的發現與殖民，曾促進了如下諸國的產業。（一）與美洲直接通商諸國，如西班牙、葡萄牙、法國、英國。（二）不直接與美洲通商，但以他國爲媒介，而以本國貨品輸送到美洲去的諸國，如奧地利屬法蘭德斯，德國的某些省分，即以上述諸國爲媒介，送大量的麻布及其他貨物到美洲。這一些國家，都明顯取得了一個更廣闊的市場，來銷

售他們的剩餘生產物，最終亦就取得了增加剩餘生產量的獎勵。

這類大事件，對於不曾運送一物——自己生產的——到美洲去的國家如匈牙利及波蘭，是否亦有增進其產業的貢獻？雖沒有那樣明顯，但曾有這種貢獻，也是無可懷疑。美洲生產物，有一部分是在匈牙利及波蘭消費；那裡，對於新世界的砂糖、巧克力、菸草，亦有若干需要。這類商品的購買，必須用匈牙利及波蘭產業的生產物，或用若干此等生產物所購入的東西。美洲這類商品，對於匈牙利及波蘭，乃是新的價值，新的等價物，導入到那裡，交換那裡的剩餘生產物。這類商品輸送到那裡去，遂為那裡的剩餘生產物，創造了一個新的更廣闊的市場。它們提高了這剩餘生產物的價值，從而，有增加這剩餘生產物的貢獻。所以。那裡的剩餘生產物，雖沒有任何部分輸送到美洲，但可輸送到其他諸國，由其他諸國用一部分美洲剩餘生產物來購買。這種貿易，原來是由美洲剩餘生產物而進行，但賴有這種貿易，匈牙利及波蘭的剩餘生產物，就發現了一個市場了。

不曾運送一物到美洲去的國家，固曾由這類大事件的貢獻，而增加了享樂品，增進了產業；其實，就連從來不曾收受一件美洲商品的國家，亦曾同樣受其助益。與美洲通商的其他諸國的剩餘生產物增加了，所以，就連這樣的國家，亦可從此等其他國家，收受更豐饒的其他商品。這種更豐饒，既必致於增加其享樂品，亦必同樣致於增進其產業。有更多種類的新等價物呈現在他們面前，來交換他們產業的剩餘生產物了。一個更廣闊的市場，終於為這個剩餘生產物而造成了，於是，提

高其價值，並獎勵其數量的增加。每年投入歐洲大商業界，由種種迴轉，每年分配於歐洲各國的商品總量，必致由全美洲剩餘生產物的輸入而增加。這個總量加大了，分歸各國的數量亦往往會加大，從而，往往會增加他們的享樂品，增進他們的產業。

母國獨占殖民地貿易，有減少這其他一切國家享樂品及產業之趨勢，至少，也可加以壓抑，使不能照常發展。但於美洲殖民地的享樂品及產業，則尤其如此。人類大部分事務所賴以推動的大發條之一的活動，因而，受了一個沉重無比的壓力。這種排他的貿易，使殖民地生產物在一切其他國家騰貴起來，從而縮減其消費，從而限制殖民地的產業，限制一切其他國家的享樂品與產業，因享受須付較高的價格，故較少享受，因生產所得的價格較低，故較少生產。這種排他的貿易，又使一切其他國的生產物，在殖民地騰貴起來，從而同樣限制一切其他國家的產業，並限制殖民地的享樂品與產業。這是一個障礙物，為了某特殊國家設想的利益，而妨礙一切其他國家的享樂與產業。殖民地所受的妨礙，尤其嚴重。那不僅盡量排除了一切其他國家，使不能到一個特殊市場上來，且盡量限制了殖民地，使僅能到一個特殊市場上去。一方面要封閉一個特殊市場，而開放其他一切市場，他方面卻要開放一個特殊市場，而封閉其他一切市場。這是極不相同的兩回事。但殖民地剩餘生產物，是歐洲從美洲發現及殖民所得諸種利益 —— 享樂品增加，產業增進 —— 的本源，母國的排他貿易，卻違反自然所趨，而大大減損這本源。

各殖民國從所屬殖民地所得的特殊利益，亦有兩種：

（一）把殖民地看作一種普通領地，而從此取得的普通利益。
（二）因美洲殖民地那種領地，有一種非常特異的性質，故被想像從此生出了若干特殊利益。

各帝國從普通領地所得的普通利益如下：（一）諸領地所提供的防衛帝國的兵力；（二）諸領地所提供的支援帝國民政的收入。羅馬諸殖民地，屢屢可以提供這兩種利益。希臘諸殖民地，有時提供兵力，但幾乎不曾提供任何收入。他們幾乎不承認他們自己尚爲母國所統領。在戰時，他們常常是母國的同盟，在平時，他們幾乎不是母國的屬民。

歐洲的美洲殖民地，從來不曾提供任何兵力，來衛護母國。他們的兵力，且不足防衛他們自身；在母國加入戰爭時，他們不但不能助以兵力，且往往大大分散母國的兵力，來保衛其所屬殖民地。所以，在這點上，一切歐屬殖民地，與其說是各自母國強盛的原因，不如說是母國弱化的原因。一切都如此，沒有一個例外。

只有西班牙、葡萄牙的殖民地，曾提供若干收入，以防衛母國或支持母國的民政。至於歐洲其他各國，尤其是英國，則所課得的稅，能與平時所付的費用相等，已屬罕見，若要支付戰時的費用，就無論如何也是不夠的。所以，這樣的殖民地，只是各自母國出費的泉源，不是收入的泉源。

於是，各自母國從此等殖民地所得的利益，就只有後一種利益了，即因美洲殖民地是一種非常特異的領地，故被想像從此生出了若干特殊利益。但大家又承認，這一切特殊利益的唯一資源，便是排他的貿易。

這種獨占殖民地貿易的結果，那一部分被稱爲列舉商品

的英領殖民地剩餘生產物,遂只能輸往英國,不能輸往其他國家了。其他諸國家,不得不在此後向英國購買。於是,這類物品,在英國必較在其他國家為廉,從而,與其他國家比較,都定然更有助益於英國享樂品的增加。同樣,又必更有助益於英國產業的增加。與任何他國比較,英國在以本國剩餘生產物交換此等列舉商品時,都能為這一部分剩餘生產物,取得更好的價格。譬如,英國的製造品,將較任何他國的同種製造品,能購得較大量的所屬殖民地的砂糖與菸草。所以,限於在英國製造品及他國製造品均用以交換英領殖民地砂糖及菸草時,這種優越的價格,即可給英國製造業以一種獎勵。其他各國,在這情形下,是不能享有這種獎勵的。殖民地的排他貿易,既可減少(至少也可以壓抑)不能經營此種貿易的諸國的享樂品與產業;那對於能經營此種貿易的諸國,就提供了一種明顯的優於其他諸國的利益了。

但這種利益,與其說是絕對的利益,尚不如說是相對的利益;享有此種排他貿易的國家,所以能優於他國,與其說是出於獎勵本國的產業與生產,使勝於貿易自由時自然所許有的情狀,倒不如說是由於壓抑其他諸國的產業與生產。

譬如,馬里蘭及維吉尼亞的菸草,即因英國享有獨占權,得以較廉的價格運至英國。至若法國,則其所需菸草,須從英國轉運,故法國菸草價格,亦較高。設法國及歐洲一切其他國家,均能隨時與馬里蘭及維吉尼亞自由通商,則此等殖民地的菸草,即可以較今日實際價格為廉的價格,運至這其他國家。但尚不只此。運至英國的價格,亦必同樣較廉。菸草市場既較往昔廣大得多,其生產或可大增,致菸草栽培的利潤——

據說，今日是略略超在自然標準以上——減低，而與穀物栽培的利潤，止於其自然標準。菸草價格或可降低，而略低於今日價格之下。於是，與今日相較，英國及任何他國，均得以等量商品，在馬里蘭及維吉尼亞，購得較大量的菸草，即在那裡，以更好的價格售去。如果此種菸草，能以其豐饒低廉，而增進英國或任何他國的享樂或產業，那在貿易自由的場合，就一定會比今日，在這兩方面，有更大的成果。在這情況，英國沒有優於他國的任何利益。它雖可以用略較今日為廉的價格，購買菸草，從而，以略較今日為昂的價格，售賣它本國的商品，但與他國相較，它既不能以較廉的價格購買前者，亦不能以較昂的價格售賣後者。它這時也許會得一種絕對的利益，但它一定會把相對的利益失去。

英國為了要取得殖民地貿易上這種相對的利益，為了要盡量排除他國分享殖民地貿易（那是一種嫉妒且惡意的計畫），不僅犧牲掉了和一切他國本可從此種貿易取得的絕對利益之一部分，且使自己幾乎在一切其他貿易部門上，忍受一種絕對的不利和一種相對的不利，那是我們有充分理由相信的。

在英國由航海條例而獨占殖民地貿易時，先前投在這種貿易上的外國資本，均不得不撤除出去。先前僅須經營這貿易的一部分的英國資本，現今已須經營其全部。先前僅須以殖民地所需歐產貨物一部分供給殖民地的英國資本，現今已須以殖民地所需歐產貨物全部供給殖民地了。但英國資本不能供給這全部，於是，由英國資本供給出來的貨品，一定會在殖民地非常騰貴。並且，原先只須購買殖民地剩餘生產物一部分的資本，現在又須用來購買其全部了。但如此的資本，絕不能依照和原

價差不了多少的價格，把這全部買去，於是，所買的物品，又必然是以非常廉價買去。商人能以非常昂貴的價格售賣，能以非常低廉的價格購買之資本用途，利潤必然是非常大的，必然會大大超過其他貿易部門的一般利潤標準。殖民地貿易利潤的優越，必致從其他貿易部門，吸引一部分資本。資本的吸收，既然會逐漸增加殖民地貿易上的資本競手，亦必致於逐漸減少其他貿易部門上的資本競手；既必致於逐漸減低前者的利潤，亦必致於逐漸提高後者的利潤，使一切的利潤，至於一個新的標準爲止，那一個新標準，與舊標準不同而略高。

這雙重的結果——從一切其他貿易吸引資本，又提高利潤率，使略高於原狀——不僅是此種獨占權初立時所產出的結果。自有此種獨占權以來，都繼續產出了這種結果。

第一，這種獨占權，繼續從一切其他貿易，吸引資本，使投入殖民地貿易。

自航海法訂立以來，英國財富雖已有非常大的增加，但其增加，絕不曾與殖民地貿易的增加，保持同一比例。一國的國外貿易，自然與其財富成比例的增加，其剩餘生產物又自然與其全生產物成比例增加。英國既幾乎吞併了所謂殖民地外國貿易的全部，其資本卻未曾與殖民地外國貿易的範圍，按同一比例增加，所以，非繼續從其他貿易部門，吸去一部分原先投在那裡的資本，並吸去更大部分原要投在那裡的資本，將無法經營。所以，自從航海法訂立以來，殖民地貿易是繼續增加，而其他許多國外貿易部門，尤其是對歐洲其他各國的國外貿易，卻是繼續衰落。我國遠地販賣的製造業，已經不像航海法未訂立以前那樣，適合於鄰近的歐洲市場，或適合於較遠的地中海

周圍各國的市場，而有較大部分，適合於還要更遠的殖民地市場了；換言之，更不適合於有許多競爭者的市場，而更適合於享有獨占權的市場了。德克爾爵士及其他諸作家，研究其他國外貿易部門衰落的原因，說是賦稅過重、課稅方法不當、勞動價格昂貴、奢侈風氣增加等等。其實，殖民地貿易的過度膨脹，已經可以解釋所有的原因。英國的商業資本雖極大，但非無限；自航海法建立以來，英國資本雖大增，但未與殖民地貿易，以同一比例增加，所以，非繼續從其他貿易部門撤去一部分資本，而使其他貿易部門有程度不等的衰落，那就無法經營這種貿易的可能。

我們必須知道，不僅在航海法訂立殖民地貿易獨占以前，而且在殖民地貿易未曾非常盛大以前，英格蘭就已經是一大商業國，其商業資本已經非常大了，而且每天都在增大。在克倫威爾當政時代，在對荷戰爭中，其海軍已較荷蘭為優。在查理二世登基時代爆發的戰爭中，其海軍至少也與荷法兩國聯合海軍相等，也許還要更優。這種優越，至少在荷蘭海軍對其國商業，今昔尚是保持同一比例的情況，在現今，不曾增加。這兩次戰爭中，這龐大的海軍戰力，並不是因為有航海條例所造成。前一次戰爭中，這個條例，剛剛擬成一個計畫，第二次戰爭爆發時，這個條例雖已充分制定，但時間不久，尚未能生出任何可觀的成效。條例中，確立殖民地的排他貿易的部分，則尤少成效。與今日相較，那時的殖民地和商業，規模都不大。牙買加島尚是一個不健康的荒島，住民極少，耕作亦極廢弛。紐約及紐澤西尚為荷蘭所有；聖‧克里斯多福尚有一半為法國占領。安帝加島、兩卡羅萊那、賓夕法尼亞、喬治亞、新

蘇格蘭，都尚未耕作。維吉尼亞、馬里蘭、新英國已耕作了。
雖已經是極旺盛的殖民地，但在那時，也許沒有一個歐洲人及
美洲人，預先料到從此以降，那裡的財富、人口、土地改良，
會有那樣急速的進步。甚至於連想亦不曾有人想過。在英國諸
殖民地中，當時的情形，與今日情形頗相類似的，只有巴貝多
一個島而已。殖民地貿易（就連在航海法訂立以後若干期間，
英國小僅占有此種貿易之一部分，因航海法訂立以後好幾年，
才極嚴格施行），絕不能在當時成為英國貿易盛大的原因，亦
不能在當時成為英國海軍戰力強大的原因。英國海軍為貿易所
支持，但在當時，支持此種強大海軍戰力的貿易，是歐洲及地
中海沿岸諸國的貿易。但英國今日所享有的這種貿易，怕就不
夠在當時支持如此強大的海軍了。設殖民地正在滋長的貿易，
得由一切國家自由經營，則英國所得而占有的部分，無論如
何──也許仍有非常大的部分，歸於母國──亦定然可以加在
母國原先占有的大貿易之內，而不致於將其破壞。獨占的結
果，殖民地貿易增加了，但與其說增加了母國原先占有的貿
易，倒不如說引起了貿易方向的全部變化。

　　第二，這種獨占權，必致於提高英國各種貿易部門的利
潤率，比准許一切國家自由與英領殖民地通商時的自然利潤率
為高。

　　殖民地貿易的獨占，既必致於違反自然**趨勢**，而以過大比
例的英國資本，吸入殖民地貿易，又必致於因排斥一切外國資
本之故，減少投在此種貿易上的資本全量，而少於自由貿易時
的自然資本量。但因其可以縮減這貿易部門上資本的競爭，故
必致於提高這貿易部門的利潤率。又因其可以縮減一切其他貿

易部門上英國資本的競爭，必致於提高一切其他貿易部門的英國利潤率。自航海法訂立以來，無論特定期間英國商業資本的情狀與範圍如何，但在這狀況繼續不變的情況，殖民地貿易的獨占，總必致於提高英國一般利潤率，使英國這一貿易部門及一切其他貿易部門的利潤率，略高於沒有這種獨占的情況。如果自從航海法建立以來，英國一般利潤率已是大大降低（那確是大大降低），那麼，假設沒有這個法令建立這種獨占權來把它提高，它就一定會更為低落。

但違反自然所趨而提高其一般利潤率，又必在這國，使各種無獨占權的貿易，蒙受一種絕對的不利和一種相對的不利。

先論蒙受一種絕對的不利。因為在此等貿易部門上，其國商人若不違反自然，以較高的價格售賣外國輸入品及本國輸出品，即不能取得這較大的利潤。他們必須買貴賣貴；必致於買少賣少，必致於違反自然，而享受較少，生產亦較少。

次論蒙受一種相對的不利。因為在此等貿易部門上，不蒙受此種絕對不利的其他諸國，將優於我們；或者，原來較劣於我們的，得從此減輕其較劣的程度。於是，其他諸國遂得因此而較我們多享受，較我們多生產。即如果他們原較我們為優，則使此優越加甚；如果他們原較我們為劣，則使此劣勢減輕。由此提高我們生產物的價格，即由此使其他諸國的商人，能在國外市場上以較低價格與我們競爭，從而，把我國從不曾享有獨占權的那一切貿易部門中，排除出去。

我國商人，常常說英國工資高昂，是他們製造品在外國市場無競爭力的原因，而發不平之鳴；但關於他們資本利潤的高昂，卻三緘其口。他們常常抱怨他人的法外利得，但關於自

己的，卻默然不發一言。英國資本利潤的高昂，和英國勞動工資的高昂，在許多情況，都一樣可以促成英國製造品價格的提高，在若干情況，則前者尤有此種作用。

我們正可如此說：英國資本，就在這情況下，從我國未曾享有獨占權的各種貿易部門（尤其是歐洲的貿易及地中海沿岸各國的貿易）上，吸出一部分來，被排出一部分來。

一部分是吸出來的。殖民地貿易繼續增大，年復一年總是感到經營殖民地貿易的資本不足。殖民地貿易的利潤，遂較優了。這種優越的利潤，對於其他諸貿易部門的資本是一種吸引力。

一部分是被排出來的。英國的高利潤率，在英國不享有獨占權的一切貿易部門上，都給其他諸國以便利。這種便利，對於其他諸貿易部門的資本，是一種排斥力。

殖民地貿易的獨占，既然會從其他諸貿易部門，吸去一部分原要投在這諸部門上的英國資本，又必強迫許多在殖民地無獨占權時，不要投在這諸部門上的外國資本，流入這諸部門。在這諸貿易部門上，英國資本的競爭減少了，故得超出原狀而提高英國的利潤率。反之，在這諸貿易部門上，外國資本的競爭卻加大了，從而得違反原狀而減低外國的利潤率。這兩種作用，都顯然會使英國在這其他諸貿易部門上，蒙受一種相對的不利。

或謂殖民地貿易，是於英國更有利益的。一種獨占權，能超出原狀，強迫較大比例的資本，投入這種貿易，就無異把這種資本，改投到對於國家較為有利的用途。

對於資本所屬之國，最有利的資本用途，即是能夠維持最大量本國生產勞動的用途，最能增加本國土地勞動年產物的用

途。本書第二篇曾經說明，投在消費品外國貿易上的資本，所能維持的本國生產勞動量，與其往返的頻繁性，恰成比例。譬如，一千英鎊資本，投在一年照例會往遠一次的消費品外國貿易上，所能繼續僱用的本國生產勞動量，即等於一千英鎊每年所能維持的本國生產勞動量。如果一年往返兩次或三次，則所能繼續僱用的本國生產勞動量，等於兩千英鎊或三千英鎊所能維持的本國生產勞動量。所以，消費品的國外貿易，對鄰國進行，比對遠國進行，一般是更有利益的。並又因爲這個理由，直接的消費品外國貿易，比較迂迴的消費品外國貿易，亦一般是更有利益。這一點，我們亦已在第二篇說明。

但殖民地貿易的獨占，就其對英國資本用途的影響來說，卻就在一切情況，都會從近國的消費品外國貿易，強迫一部分資本，流入遠國的消費品外國貿易；而在多數情況，又會從直接消費品的外國貿易，強迫一部分資本，流入迂迴消費品的外國貿易。

第一，在一切情況，殖民地貿易的獨占，都會從近國的消費品外國貿易，強迫一部分英國資本，流入遠國的消費品外國貿易。

殖民地貿易的獨占，在一切情況，都會從歐洲貿易及地中海沿岸諸國貿易，強迫一部分資本，流入更遠的美洲貿易及西印度貿易。美洲貿易及西印度貿易，不僅因距離較遠，且因此等地方的情形特殊，致往返的頻繁性較小。我們講過，新殖民地常感資本不足。在新殖民地改良土地、耕作土地，常有大利潤、大利益，但他們自己可用的資本，卻常常覺得太少。所以，除了使用自己的資本，常常還需要追加的資本。爲要塡補

自身的不足，他們常常盡其可能，向母國借債。所以，他們對
於母國，常常負有債務。但僑民商借款項最普通的方法，不是
立借契向母國的富人商借（他們雖有時如此），卻是盡可能，
拖欠來往商人──以歐洲貨物供給他們的商人──的款項。他
們每年的付款，往往不及欠款三分之一，而常在此比例以下。
於是，他們的來往商人，墊付給他們的全部資本，很少能夠在
三年以內歸還英國，有時，且不能在四、五年內歸還。五年始
往返一次的英國資本一千英鎊，與一年全部往返一次的英國資
本一千英鎊比較，當亦只能繼續僱用五分之一的英國勤勞。於
是，這一千英鎊資本一年所能繼續僱用的勤勞量，遂僅等於兩
百英鎊資本一年所能繼續僱用的勤勞量了。殖民家，以高價購
買歐洲的貨物，以高利息購買遠期的期票，以高額手續費調換
短期的期票，固可填補其來往商人由付款延期而受之損失，甚
至於不僅於填補；但他能填補其來往商人的損失，不能填補英
國的損失。在往返為期甚遠的貿易上，比在往返為期更近又更
為頻繁的貿易上，商人的利潤可以一樣大，乃至於更大；但其
本國的利益、能繼續維持的生產勞動量、土地勞動年產物，卻
一定會大為減少。與歐洲貿易比較，甚至於與地中海沿岸諸國
貿易比較，美洲貿易的資本回收期，為期更遠，且更不確定、
更不規則；西印度貿易，則尤甚。在我想來，這對於這諸貿易
部門略有經驗的人，都能立刻承認的。

　　第二，在多數場合，殖民地貿易的獨占，都會從直接消費
品的外國貿易，強迫一部分英國資本，流入間接消費品的外國
貿易。

　　不能運送到英國以外任何市場去的列舉商品，有幾種的

數量，遠超過英國的消費額，故不得不以一部分輸出到其他諸國。但是，倘若不強制一部分英國資本流入迂迴消費品的外國貿易，那就無法辦到，譬如，馬里蘭及維吉尼亞每年送到英國去的菸草，在九萬六千桶（hogshead）以上，但英國消費額卻據說不過一萬四千桶。於是，有八萬二千桶以上的菸草，必須輸出到法國、荷蘭，以及波羅的海地中海沿岸諸國。運這八萬二千桶菸草到英國，再運到其他諸國，而從其他諸國取得貨物或貨幣為酬的那一部分英國資本，即是投在迂迴消費品的國外貿易上，而且必須投在這用途上，來售脫這個大的剩餘。如要計算此種資本的全部，要多少年數才回到英國，我們必須在美洲貿易往返的期間以外，加入其他諸國貿易往返的期間。如若我國對美洲的直接消費品國外貿易，非三、四年不能回到英國，那投在這迂迴舊消費品國外貿易上的全部資本，就非四年或五年不能回到英國了。如果與一年回收一次的資本比較，前者不過能夠繼續僱用三分之一或四分之一的本國勤勞量，後者就不過能夠繼續僱用四分之 或五分之一的本國勤勞量了。在某幾個輸出港上，外國商人輸出菸草，往往可以賒欠。在倫敦港，則通常以現錢售賣，通常是「現秤現付」。所以，在倫敦港，整個迂迴貿易的資本回收時程，只比美洲貿易的資本回收時程，多了一個倉庫停留不賣的期間，但這期間，有時亦就夠長。倘若殖民地菸草不限售給英國市場，則輸入我們這裡的菸草，很可能不會比我們國內消費所需的數量多多少。現在，英國是以這大剩餘量輸出到他國而購買本國消費所需的物品。這種物品，在不輸入這大剩餘量時，英國也許就會用本國產業的直接生產物或本國若干製造品來購買。現在，英國產業的直接

生產物或製造品，幾乎全部只適合於一個大市場，但若經這種
變化，那也許會適合於非常多數的較小市場吧。英國現在經營
一個大的迂迴消費品外國貿易，但若經這種變化，那也許會經
營非常多數小的直接消費品外國貿易吧。由於直接貿易的資本
回收頻率比較高，也許只需要目前從事此一迂迴貿易所需資本
的一部分，很可能是很小的一部分，也許不過三分之一或四分
之一，就夠經營非常多數小的直接消費品國外貿易，就可繼續
僱用等量的英國勤勞，就可一樣支持英國的土地勞動年產物
吧。如是，這種貿易的全部目的，就由更少得多的資本而完成
了。於是，有一大量剩餘資本，可用以圖取其他目的。即改良
土地、增加製造業、擴張商業。至少，也可以加入英國這各種
用途，而與其他的資本競爭，從而減低這一切用途的利潤率，
使英國在這一切用途上，較之今日，尤能較其他一切國家為
優越。

　　再者，殖民地貿易又強迫一部分英國資本，從消費品國外
貿易，流入販運貿易。消費品國外貿易的資本，無論如何，尚
能多少維持英國的產業，販運貿易的資本，卻一部分用來維持
殖民地的產業，一部分用來維持其他諸國的產業。

　　譬如，由這八萬二千桶剩餘菸草每年再輸出而每年購回英
國的貨物，設不能全數在英國消費。則有一部分，譬如，從德
國、荷蘭購回的麻布，必須送到殖民地去，專供他們消費。於
是，那一部分英國資本 —— 先購菸草，再以菸草購麻布的那一
部分英國資本 —— 就必致於不能再用來維持英國的產業，而全
部抽出來，一部分用來維持殖民地的產業，一部分用來維持其
他諸國 —— 以其本國產業生產物，購買這種菸草的國家 —— 的

產業。

　　此外，殖民地貿易的獨占，因可違反自然所趨而強制過大比例的英國資本流入這種貿易，遂致於把英國一切產業部門間的自然均衡，完全破壞了。英國產業，將不適合於非常多數的更小市場，而適合於一個大市場。其貿易將不在非常多數的小通路中進行，卻主要被導入一個大通路。其產業及商業的全體，就更不安全了，其政治組織的全部狀態，遂更不健康了。英國在現狀下，有些像一個不健全的身體，其中，有一些生理結構生長過大了，遂致發生許多擾亂，那在一切部分發展更為均衡的生理機關是不常有的。人為的使一個大血管膨脹到自然的容積以上，而以不自然比例之產業與商業，使非流入這個血管不可，從而，假使這大血管略有停滯，就會陷全政治組織於最危險的紊亂中。英國人民近來常常非常憂懼與殖民地分裂，其恐怖程度，幾乎遠甚於他們對西班牙無敵艦隊或法國侵襲所感到的恐怖。這種恐怖，無論有沒有道理，但一般人，至少，諸商人覺得應該把印花稅法令（stamp act）撤廢，即是這種恐怖的結果。殖民地市場完全排斥英國商品，設能持續數年，我國大部分商人就往往預料貿易將全部停止。我國大部分製造家，就往往預料事業將全部破壞，我國大部分工人，就往往預料完全失業。但與大陸任何鄰國絕交，雖亦會使此等人民，有若干須停止或中斷其職業，但其預料，卻不會引起這樣普遍的情緒。若干小血管的血液循環停滯，很容易把血液吐到大血管，不致於引起任何危險的紊亂。但若有一根大血管的血液停滯了，則直接的、不可避免的結果，便是痙攣，半身不遂，乃至於死亡。設有一種製造業，因獎勵金，或因國內市場及殖民

地市場的獨占，在人為的方法之下，過度膨脹起來，被提攜到不自然的高度，那只要稍有停滯或中斷，即往往會引起騷動與紊亂，使政府驚駭，議院狼狽失措。他們想，我國主要製造家，竟有這許多人會因此而突然完全停止營業，該會引起怎樣大的紊亂與騷動呀？

　　將來隨便什麼時候，要從這種危險把英國救出來，要使英國能夠，乃至強制從這種過人的用途，撤回　部分資本，而投在更少利潤的其他用途上，並要逐漸縮減一個產業部門，逐漸增加其他一切產業部門，一步一步把一切產業部門，恢復到自然的、健全的、適當的，為完全自由制度所必致建立，亦僅能由完全自由制度保持的比例，那唯一的方策，就是把那種法律，那種給英國以殖民地貿易獨占權的法律，逐漸適度的撤除，一直到有相當程度的自由之時。立即開放殖民地貿易，使一切國家都可進來經營，不僅會引起若干過渡時期的不便，且將使現今以勤勞資本經營這種貿易的人，有大部分，須忍受一種大的永續損失。不講別的，單說那輸入八萬二千桶菸草的船舶，突然失業，就會非常痛切的感到損失。這就是重商主義一切法規的不幸結果！這一切法規，不僅把極危險的紊亂，導入政治組織中，而且，所導入的紊亂，倘非引起更大的紊亂，至少，非暫時引起更大的紊亂，即難以救濟。所以，殖民地貿易應如何逐漸公開；何種限制應先行解除，何種限制應最後解除；完全自由與正義的自然制度，應如何逐漸回復，這諸問題的解決，我們且留下來，等待未來政治家、立法家的智慧吧。

　　一年餘以來（一七七四年十二月一日至今），北美洲十二聯邦，完全排斥英國商品。在殖民地貿易中，喪失了一個如此

重要的部門，在一般人想來，那該會令英國人痛感未有的打擊。但極幸運的，卻發生了五件不曾預見且不曾想到的事情，使英國得以暫度難關。即：（一）此等殖民地，因準備相約不輸入，曾把英國適合於他們市場的一切商品，全部買盡。（二）西班牙船隊的異常需要，曾在這一年，買盡德國及北歐的許多商品，尤其是亞麻布。那許多商品，甚至於在英國市場，亦常常和英國製造品競爭。（三）俄羅斯與土耳其媾和，引起了土耳其市場的大量需要。因在國難當中，俄羅斯艦隊巡邏多島海上，土耳其市場的供給，曾非常貧乏。（四）過去若干時期，北歐對於英國製造品的需要，年有增進。（五）波蘭晚近的瓜分及之後恢復平靜，爲這大國開放了一個市場，從而，在北歐的追加需要之外，又在這一年，加了這個市場的異常需要。這五件事情，除了第四件以外，都是暫時的、偶然的，設不幸這十二聯邦長此繼續排斥英國貨物，則仍可引起若干程度的痛苦。這種痛苦，因爲來得緩和，故與突然發生的痛苦比較，更不爲人所痛感。同時，一國勤勞與資本，亦得有餘裕，去發現新的用途與方向，從而，讓此種痛苦的程度，不至於太高。

所以，殖民地貿易的獨占，既可違反自然所趨，而以過大比例的英國資本流入此種貿易，必致於在一切情況，使英國資本，由近國的消費品國外貿易，改投到遠國的消費品國外貿易，而在多數情況，使英國資本，由直接消費品的國外貿易，改投到迂迴消費品的國外貿易，而在某一些情況，又使英國資本，由一切消費品國外貿易，改投到販運貿易。總之，在一切情況，都使英國資本，由所僱生產勞動量較大的方向，改投到

所僱生產勞動量較少得多的方向。此外，以如此大比例的英國產業與商業，使僅僅適合於一個特殊市場，又會使英國產業與商業的全部情狀，更不確定、更不安全。設其生產物能適合於較多數的市場，情狀就一定會更確實、更安全。

我們必須細心分別殖民地貿易的影響及殖民地貿易獨占的影響。前者，常常而且必然是有利的，後者，常常而且必然是有害的。但因前者如此有利，所以，即使殖民地貿易被獨占，而獨占之害又如此，我們仍覺殖民地貿易就全體來說，是有利的，而且大大有利。不過，設若沒有獨占，其有利程度就要更大了。

自然狀態、自由狀態下的殖民地貿易的結果，是為英國產業超過鄰近市場（即歐洲市場與地中海沿岸諸國市場）需要的那一部分生產物，開放一個雖然很遠、卻是很大的市場。自然狀態、自由狀態下的殖民地貿易，不會把鄰近諸市場所能消受的任何部分生產物，撤除出來，卻會繼續呈現新等價物來交換英國剩餘生產物，從而獎勵英國繼續增加其剩餘生產物。自然狀態、自由狀態下的殖民地貿易，有增加英國生產勞動量的趨勢，卻不致於在任何點上，改變其原先的用途。自然狀態、自由狀態下的殖民地貿易，得由一切其他國家競爭，不致於在新市場上或新職業上，使利潤率超過一般水準線之上。新市場，用不著從舊市場吸取任何東西，就會創造（如果高興如是說）一個新生產物來供給它自身。而這新生產物，又同樣用不著從舊職業吸取一點東西，就會構成一個新資本，來經營新職業。

反之，殖民地貿易的獨占，因可排斥其他國家的競爭，而在新市場及新職業上提高利潤率，故必致於從舊市場吸取生產

物，從舊職業吸取資本。增加我國的殖民地貿易，是這種獨占的公然目的。但是，如果沒有獨占，我們就不能享有那麼多份的殖民地貿易，那無論如何，亦沒有設立這種獨占的理由。這種貿易的資本回收速度，既比大部分其他貿易的資本回收速度更爲遲緩、回收期更長，那無論什麼事情，如果會違反自然趨勢，強迫任何國過大比例的資本，流入這種貿易，亦必致使那裡每年所維持的全生產勞動量，及每年所生產的全土地勞動生產物，少於沒有這種事情的時候。這種事情，使這國居民的收入，不及自然狀態下的收入，從而，減少他們的累積力。那不僅會在一切時候，妨礙其資本，使不能依常態僱用那麼多量的生產勞動，而且會妨礙其資本，使不能依常態增加，從而，妨礙其資本，使不能依常態僱用更多量的生產勞動。

但殖民地貿易的自然良好結果，足可在英國補償獨占的惡劣結果而有餘，所以，雖有獨占，此等貿易，即使進行如今日，亦不僅有利，而且大大有利。由殖民地貿易而開放的新市場與新職業，比由獨占而損失的那一部分舊市場舊職業，有遠較爲大的範圍。或可這麼說，殖民地貿易所創造的那些新產品和新資本所維持的英國生產性勞動，數量比其他貿易部門因資本撤離而解僱的還要多，儘管其他貿易部門的資本回收頻率比較高。不過，殖民地貿易，即使進行如今日，亦尙有利於英國的原因，並非因爲獨占，而是雖有獨占，亦不足破壞其良好結果。

殖民地貿易所開放的新市場，與其說是歐洲原生產物的新市場，倒不如說是歐洲製造品的新市場。農業是一切新殖民地的適當的業務，因其地土地低廉，故與他處相較，農業特有利

益。於是，他們是富有土地原生產物的，他們不但不要輸入土地原生產物，且通常有大量的剩餘輸出。新殖民地的農業，每每可以從一切其他職業吸引工人，至少，也可把工人留住，使不致流入其他的職業。留給必要品製造業的工人，已經不多；留給裝飾品製造業的工人，就簡直沒有。所以，對於這兩種製造品的大部分，他們就覺得與其親自製造，不如向他國購買為價廉了。至於，殖民地貿易對於歐洲農業的獎勵，卻主要是間接的；即獎勵歐洲製造業，而間接獎勵歐洲農業。殖民地貿易所維持的歐洲製造業，是歐洲土地生產物的一個新市場。我們講過，最有利的穀物市場、家畜市場、麵包市場、肉類市場，即是國內市場，而這種市場，便在這情況下，賴美洲貿易而大大擴張了。

但若殖民地已是人煙稠密生產旺盛，則其貿易的獨占，不足單獨在任何國建立製造業，乃至於不足單獨在任何國維持製造業。西班牙、葡萄牙的先例，足以為此說充分例證。西葡兩國，在未有任何可觀的殖民地時，已是製造業國。但自其占有世界上最富最沃的殖民地以來，便都不成製造業國了。

在西班牙、葡萄牙獨占的壞影響，加以其他諸原因，也許幾乎把殖民地貿易的自然良好影響抵銷了。這所謂其他諸原因，即其他各種獨占，金銀價值較其他大多數國家低落；以不適當的課稅，加在輸出上，致不能參加外國市場，並以更不適當的課稅，加在國內各地間貨物的運輸上，致縮小國內市場；但最重要的，是司法制度的不規則與不公平，那常常保護有錢有勢的債務人，使能避免受害的債權人追索，並使國內勤勞階級，不敢製造貨物來供這班大人物消費，因為，對於這班大人

物，他們不敢拒絕賒賣，而欠款是否支付，又極不確定。

反之，在英國，殖民地貿易的自然良好影響，加以其他諸原因，就曾在甚大的程度上，克服獨占的壞影響。這所謂其他諸原因，即貿易的一般自由，那裡雖有若干限制，但與任何他國相較，即使不更自由，亦至少有相等的自由，輸出的自由，本國產業的生產物，幾乎無論什麼種類，又幾乎無論輸出到什麼國家，都能無稅輸出；但更重要的，是本國產業生產物，由本國這地運至那地，不須報告任何官廳，不須受任何盤問檢查；換言之，得享受毫無束縛的自由，但最重要的，是平等且公平的司法制度，使最下層英國臣民的權利，爲最上層英國臣民所尊重，使每個人得保有各自勤勞的結果，而對於各種產業，給以最大而又最有效的獎勵。

但是，設若英國製造業曾由殖民地貿易而進步（事實也正如此），那亦絕非因爲殖民地貿易的獨占，卻是雖有獨占，亦不足使其不進步。獨占的結果，不是增加英國製造品之量，僅僅是改變英國製造品一部分的性質與形式，使違反自然趨勢，不再適合於資本回收較快又比較方便的市場，而適合於資本回收較慢而又比較遠的市場。所以，其結果乃是改變一部分英國資本的用途，大大減少這部分資本所能維持的製造工業之量，從而，不但沒有增加英國製造工業的總量，而且將其減少了。

所以，殖民地貿易的獨占，像重商主義其他一切卑劣邪惡的措施一樣，會壓抑其他一切國家產業，尤其殖民地的產業，卻又不能增加母國任何產業。其設立原要使母國的產業得益，但結果，卻反而把母國產業減少了。

無論母國在特定時期有多少資本，這種獨占必會妨礙母國

的資本，違反自然所趨，使它不能維持那樣大量的生產勞動，並使它不能提供那樣大量的收入於勤勞民眾。資本既只能由節省收入而增加，則妨礙資本，使不能依常態提供那樣大量的收入之獨占，就必致妨礙資本，使不能依常態增加起來，從而，不能依常態維持更多量的生產勞動，依常態提供更多量的收入於國內勤勞民眾。一個收入的大原始資源──勞動的工資──遂由這種獨占而更不豐饒。這種結果，是隨便在什麼時候，都一定會發生的。

獨占因可提高商業利潤率，遂致妨礙土地的改良。土地改良的利潤，取決於土地現實生產額及加投資本後土地可能生產額之差。如果這差額所能提供的利潤，較等量資本可從商業取得的利潤為大，則土地改良事業，即可從各種商業吸去資本。設所供較小，商業即可從土地改良事業吸去資本。所以，提高商業利潤率的事情，必可減少土地改良事業利潤的優勢，或增加其劣勢。在前一情況，將妨礙資本流入土地改良的用途，在後一情況，將從這用途，把資本吸引出來。妨礙土地改良的獨占，又必致延遲別一個收入的大原始資源──土地的地租──之自然的增加。此外，提高利潤率的獨占，又必致於違反自然所趨而提高市場利率。土地的價格──與所供地租成比例，其價格往往依若干倍年租而計算──又必隨利率提高而降落，隨利率降落而提高。如是，獨占即由以下兩種方法而妨害地主的利益，第一，延遲其地租之自然的增加，第二，延遲其土地價格──與所供地租成比例的土地價格──之自然的增加。

獨占誠可提高商業利潤率，從而，稍稍增加我國商人的利得。但以其妨礙資本之自然的增加，與其說獨占會增加國內居

民由資本利潤而得的收入總額，尚不如說獨占有減少這個總額的趨勢：大資本的小利潤，比小資本的大利潤，通例可以提供較大的收入。獨占提高利潤率，但妨礙利潤總額，使不能提高到和沒有獨占的時候一樣。

如此，一切收入的原始資源——勞動的工資、土地的地租、資本的利潤——都因有獨占，遠不及無獨占時那樣豐饒。為了要促進一個國家一個小階級的利益，遂妨害了這個國家一切其他階級的利益和一切其他國家一切階級的利益。

獨占，要使某階級得利益或能得利益，就只有提高一般利潤率。但高利潤率，對於一般國家，除了必致於引出上述那諸種壞影響，還必致於伴隨一種更致命的壞影響。據經驗所示，這種壞影響，與高利潤率常常連帶發生，而其弊害，則雖合上述諸種壞影響亦恐莫及。即高利潤率隨便在什麼地方，都會破壞商人在其他情況下自然會有的節儉性。在利潤高昂時，真摯的德行，成了多事且浪費的奢侈，已更適合於其財富的寬裕。但大商業資本的所有者，又必然是全國實業界的領袖指導。他們的榜樣，比其他階級，對國內全部勤勞民眾都更有影響。若雇主是小心的、節儉的，工人亦大都會如此；若主人是放浪的、隨便的，則按主人所示模樣而製作成品的雇僕，亦會按主人所示榜樣而形成自己的生活。如是，自然最宜於累積的人，都不能在手上有所累積了。維持生產勞動的基金，遂不能從這班天然最宜於使這基金增加的人們的收入，得到任何的增益了。國家的資本，不能增加，反而逐漸枯竭。國內所維持的生產勞動量，一天少似一天。卡迪茲、里斯本諸商人的異常利潤，曾增加西班牙、葡萄牙的資本嗎？他們減輕了這兩個乞丐

般的國家貧窮嗎？促進了這兩個乞丐般的國家產業嗎？這兩個商業都會的商家費用，似乎照例是這樣，即其高率利潤，不但沒有增加國家的總資本，且不足以保持他們原有的資本。我敢說，外國資本是一天比一天更闖入卡迪茲、里斯本的貿易中去。就爲了要從這種貿易——他們自己是一天比一天更沒有充足的資本，來經營這種貿易——驅外國資本出去，西班牙人、葡萄牙人才一天比一天要更加強這種不合理的獨占之束縛。試以卡迪茲及里斯本的商家習俗，比於阿姆斯特丹的商家習俗，你就會感到受高利潤影響的商人行爲與性格，與受低利潤影響的商人行爲與性格，是怎樣不相同啊。倫敦的商人，雖不是通例像卡迪茲、里斯本的商人那樣成爲堂堂的貴族，但與阿姆斯特丹的商人比較，卻普遍更不小心、更不節儉。所以，據一般人設想，大部分的倫敦商人，比起大部分的卡迪茲、里斯本商人，是更富裕得多；比起大部分的阿姆斯特丹商人，卻略有遜色。倫敦的利潤率，與前者較，普遍低得多；與後者較，卻普遍高得多。諺云，「容易來，容易去」；無論在什麼地方，平常花費的風格，與其說取決於人們眞正的消費能力，不如說取決於人們相信要賺錢來花有多麼容易。

　　由獨占而得的唯一階級的唯一利益，就這樣，在許多不同的方面，妨害國家的一般利益。

　　僅僅爲了要培育顧客而建立一個大帝國的計畫，乍看似乎像是只有零售店主組成的國家才會去做的一樁事業。但其實，那種計畫，對於零售店主的國家，亦是全不相宜的；但極宜於政府受零售店主支配的國家。這樣的政治家，亦只有這樣的政治家，才會想像，用同胞市民的血與財寶，來建設並維持

一個如此的帝國，亦是一種有若干利益的事情。對一個小賣商人說，買給我一塊地皮吧，我會常常在你鋪子裡購買衣物，雖然你鋪子裡的賣價，較別家鋪子貴。他不見得會很踴躍接受你的提議。但若另一個人買給我一塊地皮，仍強制我在這小賣商人鋪子裡，購買我所需的一切衣物，這小賣商人便會非常感謝買給我地皮的人了。英國處分殖民地，便有些像這樣。其國人民，有些在國內住著覺得不安，英國遂為他們在遠地購買一塊大地皮。所支付的價格，實際是甚小的，與今日普通土地價格須三十倍年租比較，那其實不過等於初發現時各種設備費而已，如偵測海岸費及奪取國土費。但土地是良好的、廣闊的，耕作者既得有多量土地耕作，有時又得自由隨意在任何地方售賣其生產物，所以，不過三、四十年（一六二○年至一六六○年），就變成這樣人口眾多、這樣繁榮了。於是，英國的零售店主和其他各種商人，都希望能獨占他們的買賣。他們不曾宣稱他們曾拿了一部分貨幣來購買土地，嗣後又拿了一部分貨幣來改良上地，便向國會請願，美洲耕作者，關於下述兩種事情，將來只許以他們的店鋪為媒介。（一）殖民地人民所需的一切歐產貨物，概須向他們的店鋪購買；（二）在殖民地人民有產物出售，他們又覺得某一類產物，宜於全數由他們購買，那就只許賣給他們的商店。為何只說某一類產物，因為他們覺得不宜購買所有種類。其中，有若干部分輸入英國，會和他們國內經營的某一類商業衝突。這若干部分生產物，他們自然喜歡殖民地人民到處去售賣——愈遠愈好；即因此故，遂提議限其市場，使僅能輸出到芬尼斯特岬以南諸國。這種真正小賣商人的提議，亦在有名的航海法的一個條文中，訂為法律了。

英國統治殖民地的主要目的，或不如說唯一目的，一向即是維持這種獨占。此等地方，既不曾提供任何收入，亦不曾提供任何兵力，來維持母國的內政或國防，而據一般設想，其主要利益，就是這種排他的貿易。此種獨占，即是此等殖民地隸屬我國的主要象徵，亦即是我國從這種隸屬所得的唯一成果。英國所有的支出都是用來維持這種隸屬的費用，其實，都是支出來支持這種獨占。在現今騷亂事件開始之前，殖民地一般的平時建設費用，為二十聯隊步兵的給養、炮兵隊及軍需品的費用，及他們所需特別的糧食；以及為警戒綿長的北美海岸及西印度海岸，並防範其他諸國走私船舶，而須不斷維持的極大海軍戰力費用。這平時的全部建設費，是英國收入上一個負擔，同時尚不過是殖民地統治所費於母國的極小部分。如果我們要知道費用全數共多少，我們必須在平時的每年建設費之外，加入英國為防衛殖民地各次所費的數額之利息。尤其，我們必須加入晚近戰爭的全部費用，以及前一次戰爭的大部分費用。晚近戰爭，純然是殖民地的爭執，其全部費用，無論用在何地（或是德國，或是東印度）都應算在殖民地的帳簿上。那在九千萬英鎊以上，其中不僅包含新債，且包含每英鎊附加一先令的地租稅，及每年動用的減債基金。一七三九年開始的西班牙戰爭，主要是殖民地的爭執。其主要目的，為阻止搜索與西班牙屬地走私的殖民地船舶。這全部費用，其實，等於支持獨占的獎勵金。其公然目的，為獎勵英國製造業，為增大英國商業。但其實際結果，卻是提高商業利潤率，使我國商人能違反自然趨勢，以過大比例的資本，轉投到往返遠為遲緩遙遠的貿易部門。這兩種事件，倘為獎勵金所可阻止，那也許真值得頒

發這樣一種獎勵金。

　　所以，在現今的經營組織下，英國從殖民地統領所得的，除了損失，就沒有任何東西了。

　　建議英國應自動放棄殖民地上一切權威，使其自治，得自行立法，自行對外媾和宣戰，實無異建立一個自來不曾爲世界上任何國採納，亦永遠不會爲世界上任何國採納的議案。沒有一個國家會自動放棄任何地方的統治權，無論其如何難以統治，亦無論其地收入與其所費相較是怎樣微薄。讓殖民地自治雖往往合於一國利益，但可損一國威信。而最重要者，即這種犧牲，往往有害於其國統治階級的私人利益。這種人對於許多地方的處分權，將從此被奪去，他們那許多獲取財富與名譽的機會，亦將從此被剝奪。要取得這種處分權與機會，占據最擾亂又對人民大眾最不具利益的地方，實在是一個百發百中的手段。所以，最富幻想的熱心者，建議這個殖民地自治的措施，當然不能指望被人採納。但若被採納了，則英國不僅立即解除了殖民地每年建設費的全部，且可與殖民地訂立商約，使英國能夠有效確保自由貿易，那與享受獨占權的今日相比，雖於商人較少利益，但必較有利於人民大眾。爲晚近紛亂所消滅的殖民地對母國的自然感情，或亦許會因良友的別離，而很快恢復。他們不僅會長此尊重和我們別離時所訂定的商約，且將在戰爭上及貿易上贊助我們，不再是我們當中性情乖戾好鬥的黨徒，而將成爲我們最忠實、最有情、最寬宏的同盟。古希臘殖民地及其所從出的母國，常常在一方面有一種父母之愛，一方面有一種孝敬之心。我想，我們如果這樣辦，亦會恢復英國及其殖民地間這樣的感情吧。

一個地方，要有利於其所屬的帝國，則在平時對國家所提供的收入，不僅要足夠支付其平時建設費的全部，且要按比例提供收入以支持帝國的一般政府。每一地方，都必須有所貢獻，以多少增加這一般政府的經費。若有任何特殊地方，不按比例支付這種費用，那就必然有某個不公平的負擔會落在其他某個帝國省分身上。戰時各地方所提供的特別收入，對全帝國的特別收入，類推起來，亦應像平時的經常收入一樣，保持同一的比例。英國從殖民地取得的經常收入與特別收入，與英國的全部收入，不曾保持這個比例，那是大家都能承認的。有人認為，獨占因可增加英國人民的私人收入，從而增加他們的納稅能力，故可補償殖民地公共收入的不足。但這種獨占，據我們說明過的，雖則是殖民地一項極苛重的賦稅，雖則可以增加英國特殊人民的收入，但與其說增加了人民大眾的收入，還不如說減少了人民大眾的收入，結果，與其說增加人民大眾的納稅能力，還不如說減少了人民大眾的納稅能力。收入由獨占而增加的人，是一個特殊階級，要他們超出其他階級的比例納稅，既絕不可能，亦極不得法。我將在下一篇竭力予以說明，沒有一種特殊收入，能從這特殊階級取出。

殖民地得由其自身的議會決定課稅，或由英國國會決定課稅。

殖民地自身的議會，絕不能處置得當，向當地人民，徵收足夠的公共收入，以維持一切時期的本地民政軍政，又按適當比例，支納英國一般政府的經費。甚至英國國會，那是直接受君主監督的，也須經過一個時期，始能支配得當，而允課足夠的收入，以支持本國的軍民兩政。而其之所以能有此種得當

的支配，亦因為軍民兩政的大部分官職及支配此官職的大部分
權能，曾由議會中的特出人員出任。殖民地議會隔君主之眼甚
遠，其數眾、地位分散、組織多樣，所以，即使君主有同樣的
支配手段，亦難以如此支配，何況他並沒有這種手段。他絕對
不能夠以英國一般政府的大部分職位或支配此職位的大部分權
能，來安排這諸議會的領袖人物擔任，使之甘心放棄當地的民
心，而徵課其選民，以支持一般政府。這一般政府的薪俸，殆
全部分配於此等選民不相識的別人。此外，英國政府又難免誤
認諸議會各不同議員的相對地位，故在嘗試如此予以支配時，
斷難避免攻擊，斷難避免錯誤。這支配制度，如是，就全不能
應用於殖民地諸議會了。

　　而且，殖民地諸議會，對於全帝國的國防經費及必要用
度，亦不見得是適當的判斷者。此等考慮，沒有委託給殖民地
諸議會。這不是他們的事務，他們關於這事，亦無從常常得
知情報。州議會，像教區委員會一樣，關於所屬特殊地域的事
務，頗能有適當判斷。但關於全帝國的事務，他們卻不能有適
當手段來判斷。甚至於本州對全國所持的比例如何，他們亦不
能有適當判斷。關於本州與他州比較是如何富裕、如何重要，
他們亦不能有適當判斷。因為這其他諸州，並不受這一州區議
會的監督指揮。全帝國的國防經費及其他必要費用如何，每州
所應貢納的比例如何，只有一個議會可以有適當判斷，即監督
指揮全帝國事務的議會。

　　於是，有一建議，謂殖民地課稅，須由徵稅令（requi-
sition）對殖民地課稅。各殖民地應納數額，由英國議會決
定，州議會則按本州特殊情形，決定最適宜的方法來估價徵

收。關於全帝國的事務，由監督指揮全國事務的議會決定；各殖民地人民當地的事務，仍由其自身的議會決定。根據此一建議，殖民地雖不派代表出席英國國會，但我們可以根據經驗來判斷，國會的徵發，尚不致於不合理。對於不派代表出席議會的帝國所屬諸地，英國國會自來不曾表示一點有加以過重負擔的意思。譬如，根西和澤西兩島，雖無任何手段抵抗國會權威，但比別州，卻納更少得多的賦稅，國會，在試行其擬設的徵課殖民地賦稅的權利——無論有無根據——時，自來不曾要求他們過分的東西，不但不過分，即與國內同胞市民相較，恐尚不及正當的比例。如果殖民地納稅，按土地稅漲跌的比例而漲跌，則議會非同時課其選民以賦稅，即不能課殖民地以賦稅，於是，殖民地就無異有代表出席國會了。

各州納稅不按同一體質——如我可用此語——而由國王節調各州應納數額，有些州按照國王意思估價徵收，另一些州則由本州議會決定估價徵收法，並不是沒有別個帝國的前例。法國就有些州，不僅納稅額全隨國王意旨，就是估價徵收法，也由國王決定。但對於別一些州，他卻又僅僅決定數額，而由各州議會決定估價徵收法。按徵稅令課稅的計畫，則英國國會對於殖民地諸議會，和法國國王對於有權組織議會且據說又是統治最良的那諸州議會，就幾乎處在同樣的地位了。

不過，按照這計畫，殖民地雖無正當理由憂懼他們對國家的負擔，與本國同胞市民的負擔相對而言，會超過適當的比例；但英國卻有正當理由憂懼殖民地對國家的負擔，不會達到這適當的比例。法國對於有權組織議會諸州，可以建立一種權威，但英國在過去若干時期內，卻不能在此等殖民地上，建

立同樣的權威。殖民地諸議會，若對本國不抱好感（而在今日的支配下，倘非改良支配制度，又絕難博得他們的好感），就還有許多理由，來避免或拒絕議院最合理的徵稅。比方，假設爆發一次英法戰爭，必須立即徵取一千萬英鎊軍費，來保衛大英帝國的地位。這個數目，必須由英國國會議決，以若干基金為支付利息的擔保，而以這基金的信用，向人民貸借。這基金的一部分，國會提議由英國課稅徵取，別一部分則對美洲西印度一切殖民地議會徵收，殖民地議會既離戰地如此遙遠，且有時自認與這事件無多大關係。而這個基金，卻又一部分須取決於這一切議會的好意。那麼，人民肯不肯立即根據這個基金的信用，而貸借他們的貨幣呢？由這樣一個基金所貸得的貨幣，也許不會多於英國國內課稅被設想可以償還的數額。如此，戰時所借債務的全部負擔，就會像往昔的模樣，照例落在英國身上；換言之，落在帝國的一部分，不落在帝國的全部。自有世界以來，也許只有英國一國，開疆闢土，僅增加其支出，沒有一次增加了它的資源。其他國家，大都以帝國防衛費極大部分，課加於自己的從屬地方，從而解除自己的負擔。英國卻一向是以這費用的全部課加於本國，從而解除從屬地方的負擔。要使大不列顛與其殖民地（法律一向假設殖民地是屬於大不列顛的）享有平等的地位，似乎必須在國會徵稅令的課稅計畫上，使國會得有手段，使其徵稅立即有效，不致為殖民地諸議會所避免所拒絕。至於，什麼是這種手段，卻不是容易想得出來的，那還未曾有人予以說明。

倘同時英國國會，又充分確立不得殖民地議會承諾即可課殖民地賦稅的權利，則此等議會的重要地位，馬上就會終結，

而英領美洲的指導人物的重要地位，亦必跟著完結。人們所以要辦公務，主要是爲了辦公務可以取得重要地位。自由政府組織是如何安定如何持續，就看這個國家大部分的自然貴族（即一國指導人物），能如何保持並防衛各自的重要地位。此等領袖人物，彼此互相攻擊別人的重要地位，又彼此保持各自的重要地位，乃是國內傾軋及野心的全部戲碼。美洲的指導人物，像一切其他國家的指導人物一樣，亦渴望保持他們自己的地位。他們覺得或者想像，如果他們的議會——他們喜歡把它叫作國會，視其權力與英國國會相等——這樣降格，僅僅成爲國會的卑賤臣僕及執行官吏，他們自己的重要地位，就大部分從此淪亡了。所以，他們拒絕議會徵發課稅的建議，像蓄有野心且意氣昂然的人一樣，寧願拔出劍來防衛自己的重要地位。

羅馬共和國日趨衰微之時，負有防禦國家擴大共和國之重任的羅馬同盟國，曾請求許與羅馬市民的一切特權。及其受拒，內戰遂因而爆發。在這次戰爭中，各同盟國相繼脫離一般的同盟，羅馬遂不得不逐漸以此種特權，賜給其同盟國之大部分。現在，英國國會主張課殖民地賦稅，而殖民地則拒絕國會的課稅，因他們未曾派代議士出席。設若對於要脫離一般同盟的各殖民地，英國均允其按所納國稅的比例，選舉代議士，且因其須納同樣的賦稅，允其自由貿易，便與本國的同胞市民相等，而其代議士人數，亦與其納稅之增加而爲比例的增加，那麼，各殖民地指導人物，就有了一種奪取重要地位的新方法，一個新的且更迷人的野心對象物了。如是，可稱爲殖民地市井小民的彩票小獎，將爲他們所不屑；他們有人類自然會有的對於自身才能及幸運的妄想，一定會希圖從英國政治界大國

家彩票的輪盤，取得大獎。這種方法，最能保持美洲指導人物
的重要地位，滿足他們的野心。除了用這種方法或某其他同樣
的方法，他們不見得就會自動服從我們。我們應當知道，若以
流血的方法，強迫他們服從我們，那流出的每一滴血，都是我
們本國同胞市民的血，不然，就是願爲我們本國同胞市民之人
的血。有些人，自詡時機一到，即極易以武力征服殖民地，那
實在是非常愚鈍的。現今主持所謂大陸會議的人，常常感到自
己爲歐洲最偉大臣民所不會感到的重要地位。他們由小賣商
人、商人、律師，一變而爲政治家、立法家。正從事爲一廣大
帝國，造成一個新政體。他們自誇，那將成爲世界上自有國家
以來最偉大而又最令人敬畏的一個國家。也許眞會如此。直接
在大陸會議各部門下工作的人，也許有五百，聽這五百人號令
的人，也許有五十萬，他們都同樣覺得自己的地位已按比例提
高。美洲政黨中幾乎每一個人，都想像自己現今充任了一個更
優越的位置，不僅比過去的位置更優越，且較他們以前預想中
的地位更優越。除非有一種新的野心對象物出現在他們或他們
的領袖面前，只要他們有常人的氣概，就會誓死捍衛他們這個
地位。

　　赫諾校長曾說，我們現今很有興味地讀著「天主教同
盟」（the Ligue）許多小事件的記錄時會覺得好笑，因爲那
些事發生時，也許不被局外人認爲是什麼重要的新聞。他說，
當時每個人都幻想他們已有相當重要的地位。那時流傳下來的
無數日記錄，有大部分，是由那班高興記錄那件事的人們記下
的。他們常常自詡曾爲這事件的重要角色。巴黎市曾如何頑強
防衛自己，曾如何爲抗拒其最良好、後來又是其最親愛的那位

國王而忍受一次這樣可怕的饑饉，是世人所熟知的。那裡大部分的市民或者說支配這大部分市民的人，因為預先看見了舊政府恢復，他們的重要地位就會立即消滅，所以，竭力為防衛自身的重要地位而戰。我國殖民地，若不能引誘使之同意統一，怕亦會像巴黎市頑強抗拒其最好的國王之一那樣，抵抗一切母國中最良好的一個母國吧。

代表制的觀念，為古代所不知。當一國人民在他國取得了市民權的時候，除非他們全體親身到另一個國家，與他國人民一起來投票來討論，即無法試行這種權利。以羅馬市民權利允賜給義大利居民的大部分，遂完全破壞了羅馬共和國。誰是或誰不是羅馬公民，已無法辨識。沒有一個羅馬部族能分辨誰是或誰不是它自己的成員。任何種類的暴民，均可導入人民議會，均可趕走真正的公民，決定共和國的事務，彷彿他們自己就是羅馬公民似的。但是，即使美洲派五十或六十個新代表出席國會，下議院的門房，亦不會難於辨別誰是或誰不是國會議員。所以，即使羅馬共和國政體，必然會因羅馬與義大利諸同盟國統一而破壞，但大英國政體卻絲毫不可能因英國與其殖民地統一而受絲毫損害。反之，其政體且將從而完成；沒有它，反會覺得不完全。討論並決定帝國一切部分事務的議會，因要得到正確的情報，應當有各部分派出的代表。這種統一，能不能容易的實行，執行時能不能避免困難，我不敢妄斷。但我沒有聽見一種困難，是不能克服的。大西洋兩岸人的偏見與意見，是主要困難的出處，那並非由於事物的本質。

住在大洋這一岸的我們，不必憂懼美洲代表的多數，將破壞英國政體的平衡，或過度的增加國王勢力，或過度的增加

民主勢力。若美洲代表的人數，與美洲賦稅收入成比例，則受
統治的人數，將與統治手段，恰為比例的增加；統治手段，亦
將與受統治的人數，恰為比例的增加。統一之後，君主勢力與
民主勢力，仍必恰像統一之前一樣，彼此間保持同程度的相對
實力。

住在大洋那一岸的人民，亦不必憂懼他們因離政府所在
地遙遠而受許多壓迫。他們出席國會的代表，自始就該是很多
的，他們的代表，必能保護他們，使不致受這一切壓迫。距
離得遠，不致於大幅減輕代表對於選民的依存性，前者仍必感
謝後者的好意，因為他之得出席國會，並從這一席取得一切結
果，都是他們好意所賜。前者因利於培植後者的好意，定會以
議院議員的權力，申訴帝國這遼遠地帶軍民官長的暴行屬違
法。而且，美洲人民亦似有若干理由，自信他們不會長此繼續
與政府所在地遠隔。像那裡過去財富上、人口上、土地改良上
那樣急速的進步，也許只要一世紀，美洲的納稅額即將超過英
國的納稅額。屆時大英帝國的核心，自然會自動移轉到對整個
帝國的整體防衛與支持貢獻最大的那個地方。

美洲的發現及繞好望角至東印度通路的發現，是人類歷
史上最大而又最重要的兩件事。其影響已經很大了；但自有這
兩大發現以來，不過經歷了兩、三百年，在這樣短的期間內，
其影響必未全部現出。以後，這兩大事件，對於人類，將發
生利益，亦將引出不幸，人類的智慧，還是不能預見。在相
當程度上，聯合世界上最遙遠的部分，使他們能互相救濟彼此
的缺乏，增加彼此的享樂，獎勵彼此的產業，其一般傾向卻似
乎是有利的。不過，對於西印度及東印度兩處的原住民，這兩

事件生出的一切商業上的利益，卻在從此引出的可怕不幸中，完全消沉損失了。這種不幸，與其說出自偶然，不如說出自這兩事件的自然。當這兩事件發生時，歐洲人方面的優越勢力，太大了，從而，使他們得為所欲為，在此等遼遠地方，做出各種不合正義的事體。此後，此等地方的原住民，或許會日漸強盛，歐洲人或許會日趨衰弱，使世界上各地的居民，有同等的勇氣與實力。只有這樣，可以引起相互的恐懼，從而壓制一切獨立國的專橫，使能尊敬彼此的權利。但最能建立此種同等實力的，似乎就是相互傳遞知識及技術了，但這種結果，又自然會，或不如說，必然會伴隨全世界各國廣泛的商業而起。

　　同時，此二發現的主要結果之一，即是助長重商主義的氣焰，設無此二發現，重商主義的氣焰絕不能達到如此耀眼的程度。重商主義的目標，是與其由土地改良及耕作而富國，不如由商業及製造業而富國，與其由農村產業而富國，不如由都市產業而富國。但此二發現的結果，歐洲商業都市，不僅成了世界極小部分的製造家、販運家（那極小部分，即是大西洋岸的歐洲諸國，以及波羅的海、地中海周圍諸國），而且成了美洲無數繁榮耕作者的製造家，亞洲、非洲、美洲各地的販運家，而在若干點上，亦是這各地的製造家了。兩個新世界，開放給他們的產業，每一個都較舊世界為大為廣，而其中有一個世界的市場，還是一天大過一天。

　　占有美洲殖民地及直接與東印度通商的諸國，固然，享受這大商業的外觀全部。但其他國家，雖受一切可厭的限制，有意被人排斥，卻往往享受這大商業的實際利益較大部分，譬如，西班牙及葡萄牙的殖民地，對於其他國家產業所提供的

眞實獎勵，就大於他們本國產業所受。單就亞麻布一項而言，
此等殖民地的消費，據說（不過，我不敢說有證據），每年就
在三百萬英鎊以上。但這巨額的消費，幾乎全部由法國、法蘭
德斯、荷蘭、德國供給。西班牙及葡萄牙，僅僅供給了一小部
分。以此巨量亞麻布供給殖民地的資本，即年年分配於這諸國
居民，而對這諸國居民提供一個收入。消費在西班牙、葡萄牙
的，僅僅是這資本的利潤，協助支撐卡迪茲和里斯本的商人，
維持最豪侈浪費的生活。

　　一國所立以保證其所屬殖民地的排他貿易的條例，亦往
往更有害於此種條例所要提供助益的國家，而更少害於此種條
例所要妨害的國家。對他國產業的不正當的壓迫，倒過來（如
果我們可以如是說）落在壓迫者頭上，而以更甚的程度，破壞
他們的產業。譬如，由此等條例。漢堡商人決定送到美洲去的
亞麻布，必須送往倫敦，而決定送到德國去的菸草，又必須從
倫敦取回，因爲此等商人不能直接送亞麻布到美洲，亦不能直
接從美洲購取菸草。由這種限制，此等商人也許不得以略低的
價格售賣亞麻布，而以略貴（與無此種限制時相較）的價格購
買菸草，而其利潤或亦須從此縮減若干。但漢堡與倫敦貿易，
商人的資本往返，也許要較直接與美洲通商，更迅速得多。至
於，美洲付款不必能像倫敦付款那樣守時，卻又不必說了。如
是，排斥漢堡商人，使不能直接與美洲通商，反足使漢堡商人
的資本，能在德國，繼續僱用遠爲大量的勤勞了。這樣雖可減
少他個人的利潤，卻不致於減少他的國家的利益。但關於英
國，情形就全然兩樣了。獨占自然會吸引（如果我們可以如是
說）倫敦商人的資本，使流入於自己更有利潤而於國家卻不一

定能更有利益的用途，因為資本回收緩慢。

　　歐洲各國，用各種不正當的方法，企圖兼併所屬殖民地貿易的全部利益之後，卻沒有一個國家，除了平時為支持這幻想的壓迫的權威，戰時為防衛這幻想的壓迫的權威而所費不貲以外，能兼併得任何事物。由占有此等殖民地而起的不便，卻為歐洲各殖民國所完全壟斷了。由此等殖民地貿易而起的利益，歐洲各殖民國卻不得與其他諸國分享。

　　猛然一看，美洲大貿易的獨占，似乎自然是一種有無上價值的獲得物。在輕佻野心家無辨別力的眼裡，那自然會在政治及戰爭的紛雜爭奪中，表現得像似一種極值得爭奪的、眩目的對象物。這對象物的眩目外觀，這貿易的巨大，卻就是獨占此種貿易所以有害的性質。換言之，一種本來較其他大部分用途於國家更少利益的用途，所以能違反自然所趨，吸引過大比例的國家資本的，就是這種貿易的這種性質。

　　第二篇已說過，一國商業資本，自然會尋求（如果你高興如是說）最有利於國家的用途。倘若投在國外販運貿易（carrying trade），則資本所屬的國家，將成為賴這資本而互相貿易的諸國貨物的中心市場。這資本的所有者，必願盡其所能，把這貨物的大部分，在國內脫售。他由此免去了輸出的麻煩，危險與費用，並因此故，在國內市場，所得價格，雖遠較輸出後所可望得的價格為小，而所得利潤亦略較輸出後所可望得的利潤為小，他總必高興在國內市場售賣。所以，他自然願意盡其所能，努力使販運貿易，轉變成國外消費品貿易。再者，如果他的資本投在消費品外國貿易上，他又必為了同一理由，高興盡其所能，把國內貨物的大部分（那是蒐集來準備輸

出到外國市場去的），在國內脫售，從而，盡其所能，努力使消費品國外貿易，轉變成國內貿易。各國的商業資本，都自然願意追求比較近的用途，而規避比較遠的用途。自然而然追求回收次數比較頻繁的用途，而規避回收時程比較遠也比較慢的用途；接近能僱用最大量所屬國或所在國的生產勞動的用途，而疏遠僅能僱用最小量所屬國或所在國的生產勞動的用途。總之，它自然會追求那種平常最有利於該國的用途，而規避那種平常對該國最少利益的用途。

此等遠用途，在一般情況下，雖必於國家較少利益，但若其中有某一用途的利潤，偶然提高了，除了抵銷這種自然疏遠之偏好，似乎還覺更爲優越，這種優越的利潤，就會從更近的用途吸引資本過來，至各種用途的利潤，均歸還到適當的標準爲止。不過，這種優越的利潤，證明了在社會實際情況下，此等遠用途，與其他用途比較而言，是有一點資本不足，全社會的資本，不曾以最適當的方法，分配於社會內各不同用途。那證明了有若干物品，違反應有的程度，而以較廉的價格買，或較貴的價格賣，市民中有某特殊階級，多少受了壓迫，致違反應有的自然有的一切階級平等狀態，而支付較多或收得較少。等量資本投在遠用途上，比投在近用途上，雖絕不能僱用等量的生產勞動，但遠用途必和近用途，一樣爲社會幸福所必需。有許多由遠用途經營的貨物，就爲許多近用途經營所必需。但若經營此等貨物的人的利潤，超過了應當的標準，此等貨物就將違反應有的程度，而以較貴的價格售賣，即以自然價格以上的價格售賣。此種高價格，遂可予一切從事近用途者以多少壓迫。所以，他們的利害關係，在這情況，要求有若干資本，從

此等近用途撤回，而轉改在遠用途，以降低其利潤，使還到適當標準，並降低他們所經營的貨物的價格，使回到自然價格。在這異常的情況上，公共的利害關係，必要求有若干資本，從通常較有利於公眾的用途撤回，轉投到通常於公眾較少利益的用途。在這異常的情況上，亦像在一切其他的通常的場合上一樣，個人的自然利害關係與傾向，恰好符合於公眾的利害關係，從而，使他們從近用途撤回資本，改投入遠用途。

　　個人的私利害關係與情欲，自然會使他們投資於通常最有利於社會的用途。但若由於這種自然的傾向，而致此等用途的資本過多，則其利潤必降低，其他各用途的利潤必提高，從而，立即使他改變這錯誤的分配。用不著法律干涉，個人的私利害關係與情欲，已經自然會引導人們把社會的資本，盡可能，按照最適合於全社會利害關係的比例，而分配於國內一切不同的用途。

　　重商主義所有的管制，必然多少會攪亂此一既是自然又是最有利的資本分配法。但關於美洲貿易及東印度貿易的那些管制，則較其他任何管制，更有這種結果。因這兩大陸的貿易，比其他兩個貿易部門，都吸收了更大量的資本。但在這兩個貿易部門引起紊亂的管制，卻又不是全然一致的。兩者都以獨占為主要手段，但獨占之種類不同。獨占，這一種或者那一種，乃是重商主義的唯一手段。

　　對於美洲貿易，各國均盡其所能，努力獨占其所屬殖民地的全部市場，而完全排斥其他各國，使不能與所屬殖民地直接通商。十六世紀的大部分，葡萄牙人以同樣方法，管理東印度的貿易，主張印度諸海的唯一航行權，因彼等有首先發現此通

路之功績。荷蘭人仍繼續排斥歐洲一切其他國家，使不能與所屬諸香料產島直接通商。這種獨占，顯然是用來妨害歐洲一切其他國家，使他們不能經營投資有利的貿易，且使他們不得不以比能自行直接從生產地輸入時，略高的價格，購買這貿易所經營的諸種貨物。

但從葡萄牙權力失墜以來，歐洲國家都不再主張印度諸海的排他航行權了，印度諸海的主要海港，現今，都為一切歐洲國家的船舶而開放了。但除了葡萄牙，以及若干年間的法國，各歐洲國家的東印度貿易，都受制於一個排他的公司。這一種獨占，且可妨害獨占之國。這國民的部分，將從而失去一種投資有利的貿易，且不得不以比國人均得自由經營這種貿易時略貴的價格，購買這貿易所經營的諸種貨物。譬如，自從英領東印度公司成立以來，英國其他居民，就不但不能從事這種貿易，且須以較高的價格，購買他們所消費的東印度貨物。這種獨占，必然使此公司，在售賣此等貨物時，取得異常的利潤；而且這樣一個大公司，其事務經理，又不免會引起欺騙與浪用，從而引起異常的浪費。這種異常的利潤和異常的浪費，都須由本國購買者支付。所以，第二類獨占的不合理，殆遠較第一類獨占為明白。

這二種獨占，都會多少破壞社會資本的自然分配法，但不常以同樣的方法破壞。

第一種獨占，常常違反自然趨勢，吸引過大比例的社會資本，流入享有獨占權的特殊貿易。

第二種獨占，有時是吸引資本投入享有獨占權的特殊貿易，有時又是排斥資本，使離開這種貿易，依情形不同而不

同。在貧國，那自然是違反自然趨勢，吸引過多的資本，流入這種貿易；但在富國，那又自然是違反自然趨勢，從這種貿易，排出許多資本。

　　譬如，像瑞典、丹麥那樣的貧國，倘東印度貿易不受箝制於一個排他（獨占）的公司，也許從來都不會送一艘船到東印度去。這個排他公司的設立，必致於獎勵冒險家。他們的獨占權，保障他們在國內市場上抵制一切競爭者，而在外國市場上，他們又和他國貿易家，有同樣的機會。他們的獨占權，指示了他們對於一大量貨物，有收受大利潤的確實性，對於一大量貨物，有收受大利潤的機會。沒有這種異常的獎勵，這種貧國的貧困貿易家，也許絕不會想冒險投其小資本於如此極遼遠極不確實的貿易上去。東印度貿易，在他們看來，自然是極遠而又極不確實。

　　反之，像荷蘭那樣的富國，也許會在貿易自由的情況，比在現實的情況，送更多得多的船舶到東印度去。荷蘭東印度公司的資本是有限的，所以，這種有限，或不免違反自然趨勢，從這種貿易，排出許多大商業資本。荷蘭的商業資本甚大，所以不斷流出，有時流向外國政府公債，有時流向外國商人與冒險家的私債，有時流向最迂迴的消費品外國貿易上，有時流向販運貿易上。一切近的用途充滿了，投入近的用途略有利潤可圖的資本，都全行投下了，荷蘭資本必然會流向最遠的用途。假使東印度貿易是完全自由的，那也許會吸收這過剩資本的大部分。東印度，比歐洲美洲合計，尚提供了一個更大更廣的市場，來銷售歐洲的製造品及美洲的金銀和其他美洲產物。

　　資本自然分配法的受到擾亂，必然會傷害所在的社會；至

於，此種擾亂，將違反自然**趨勢**，而從這特殊貿易排斥資本，或將違反自然**趨勢**，而吸引資本投入這特殊貿易，卻又不必問了。設無任何排他的公司，荷蘭對東印度的貿易，必較現在爲大。使一部分資本，不能投在最有利的用途上，當然是這個國家頗大的損失。同樣，設無任何排他的公司，瑞典、丹麥對東印度的貿易，即將較現在爲小，也許竟是全不存在。使一部分資本，投在不合現今國情的用途上，當然是這兩國頗大的損失。按照他們現在的國情，實不如向他國購買東印度貨物，即使出價較昂，亦不願在他們小額的資本中，抽出那樣大部分來經營這樣遙遠的貿易，這種貿易的往返是如此遲緩，所能維持的國內生產勞動量如此微小，而在那裡，生產勞動又復大感缺少，有許多事未曾進行，有許多事尚待進行呀！

所以，雖有特殊國，如果沒有排他的公司就不能對東印度進行直接的貿易，但不能因此，便斷言這樣的公司，應在那裡設立，只不過能因此斷言這樣的國家，在這情況下，不應與東印度直接通商。葡萄牙經驗，允分證明了這樣的公司，並不是經營東印度貿易所一般必要。因爲葡萄牙，雖沒有任何排他的公司，卻幾乎享有了這貿易全部一世紀以上。

我們講過，沒有一個個別的商人，有足夠的資本，來維持東印度諸港的商人及經理人，而以貨物供給他們偶爾開往這些商港的船舶。他們既不能如此作，則因難以尋得待運的貨物，往往貽誤船期，由船期延誤所生的損失，不僅會吃盡冒險的利潤，且往往會引起極大的損失。這個論點，如果可以證明任何一件事，所證明的，就是：無論是哪一門大貿易，除非由一家公司獨占，否則就經營不了；但，所有國家的經驗都顯示事實

並非如此。因為對於一個大貿易部門，任何一個人的資本，
亦不夠經營一切必要的 —— 為經營主要貿易部門而必須經營
的 —— 附屬貿易部門。但在一國有資格經營某大貿易部門時，
就自然有些商人投資經營這主要的部門，有些商人投資經營其
附屬諸部門。這一切貿易部門雖都有人經營，但全由一個個別
商人資本經營的事例，卻極不多見。所以，如果有一個國家，
有資格經營東印度貿易，自然有一定部分的資本，分投在這貿
易的一切不同部門。其中，有些商人，為自己的利益，覺得利
於住在東印度，投下資本，代住在歐洲的其他商人，以貨物供
給他們遣出的船舶。歐洲各國在東印度所獲得的殖民地，若能
從此等排他公司的管制下，脫離出來，直接受君主保護，那就
至少對於殖民地所屬國的商人，可以成為安全而又便利的居住
地。如果某時候，某國家自然會傾向東印度貿易的那一部分資
本，不足經營此貿易的諸不同部門，那就證明了，在那時候，
那個國家尚沒有經營這種貿易的資格，而寧願向其他歐洲國家
購買所需的東印度貨物，不願直接到東印度去輸入。即使價格
高些，亦寧願向他國購買。這種貨物的高價格，雖會引起損
失，但與其從其他更有必要、更有用或更適宜的用途，抽出一
大部分資本，來經營更不必要、更少效用或更不適宜的東印度
直接貿易，而忍受往往更大的損失，卻又不如忍受這種往往更
小的損失了。

　　歐洲人雖在非洲海岸及東印度，占有許多重要殖民地，
但在這些地方，他們都沒有建設如美洲諸島及美洲大陸如此多
數如此繁榮的殖民地。非洲及幾個被統稱為東印度的國家，都
是野蠻民族居住的。不過此等民族，並不是像可憐的無助的美

洲人那樣軟弱而無抵抗力。按照他們居地自然肥沃度的比例，他們的人煙亦是非常稠密的。非洲或東印度最野蠻的民族，亦是遊牧民族；甚至於好望角的原住民，亦如是。但美洲各地的原住民，除了墨西哥及祕魯，就只是狩獵民族。同肥沃度同面積的領地，所能維持的遊牧民數與狩獵民數，是相差很大的。所以，在非洲及東印度，就更難以驅逐原住民，而推廣歐洲殖民地至原住民居住地的大部分。此外，排他公司的精神，亦不宜於新殖民地的生長，那也許是東印度諸殖民地不能有多大進步的主要原因。葡萄牙人經營非洲貿易及東印度貿易，未曾有排他的公司；他們在剛果、在安哥拉、在奔給拉（均在非洲海岸）、在高亞（在東印度），所建立的殖民地，雖受迷信與各種惡政很大的妨礙，但總有些像美洲殖民地，葡萄牙人亦有在那裡居住至若干代者。荷蘭人在好望角、在巴達維亞的殖民地，現今，算是歐洲人在非洲及東印度建立的最大殖民地了。這兩個殖民地，都占有特別有利的地位。好望角的原住民，全是野蠻的，像美洲原住民一樣毫無抵抗力。此外，那裡，又是歐洲及東印度間的半路飯店——如果我們可以如是說——歐洲船舶往返，均須在此停留若干時候。此等船舶所需的各種新鮮食品、水果、葡萄酒，須由他們供給。單是這點，已可爲殖民地的剩餘生產物，提供一個極廣泛的市場了。好望角如是，巴達維亞亦如是。好望角是美洲及東印度各地的半路飯店，巴達維亞卻是東印度諸大國間的半路飯店，當印度到中國、日本的通路之衝要，幾乎居於此通路之中點。而航行於歐洲及中國間的一切船舶，亦幾乎全會停舶於巴達維亞。此外，巴達維亞又是所謂東印度國家貿易的中央主要市場；歐洲人經營的那一部

分，不用說了，即印度原住民所經營的那一部分，亦如是。中國人、日本人、（越南）東京人、麻六甲人、交趾支那人、西利伯島人所航駛的船隻，往往在此停舶。這種有利的地位，使這兩個殖民地，能夠克服一切障礙，雖有排他公司的壓迫精神，亦不能阻撓他們的成長。這種有利的地位。又使巴達維亞能夠克服另一種不利情形，即巴達維亞是世界上氣候最不利於健康的地方。

　　英荷兩國的東印度公司，雖然除了上述二殖民地，即不曾建立任何可觀的殖民地，但曾在東印度，征服了許多重要的地方。在他們統治新屬民的方法上，這種排他公司自然的特質，最明白的顯示了出來。在香料群島上，據說，荷蘭人對於豐年所產的香料，因恐其過多，不能提供使他們認為滿足的利潤，往往把過多的部分，概行焚毀。在他們未曾占有殖民地的諸島上，他們對於採集丁香樹及肉豆蔻樹的幼花綠葉（那種植物，天然生長在那裡，但現在，據說幾乎全因這種野蠻政策而絕種了）者，給予一種補助金。甚至於在他們占有殖民地的諸島上，他們據說亦大大減少了這類樹木的數目。如果他們自領諸島的生產物，超過了他們的市場所需，他們就生怕原住民會把其中若干部分運送到其他國家；於是，他們想，保證獨占的最上策，即是使生產物不超過於他們的市場所需。他們曾藉由許多壓迫行為，減少麻六甲群島若干島上的人口，使其人數，僅足以新鮮食品及其他生活必需品，供給他們自己的少數守備隊和他們偶爾來運香料的船舶。但是，就連在葡萄牙那樣的政治下，據說，那諸島亦還人煙頗為稠密。英國的公司，還不曾有充分時間，在孟加拉，建立如此完全的破壞制度。但他們政

府的計畫，卻恰有同樣的趨勢。我相信，領袖（即代辦處的主管）往往命令農民發掘罌粟的良田，以栽種稻米或其他穀物。其藉口為防止糧食缺乏；其真實理由，則是給領袖以機會，使能以較好的價格，售賣他們手上的大量鴉片。有時，此命令恰好倒置，而命令農民發掘栽種稻米或其他穀物的良田，以栽種罌粟——如果領袖預料售賣鴉片，可得異常的利潤。公司的職員，亦會在種種場合，為自己的利益，企圖在某種最重要的貿易部門上，建立一種獨占（至於此種貿易為國外貿易或為國內貿易，又不論了）。如果他們得如此繼續下去，他們也許有時候，會限制他們奪得了獨占權的特殊貨品的生產，使其數量，不致超過他們所能購買的數量，且使其數量，能在售賣時，供他們以自認為滿足的利潤。在一世紀或二世紀的過程中，英國公司的政策，也許會在這情況下，像荷蘭的政策一樣，有完全的破壞性了。

若視此等公司為被征服國的君主，那就再也沒有什麼作法，比這個毀滅性的政策，更直接的違反此等公司的真止利益了。幾乎一切國家君主的收入，都出自人民收入。人民的收入愈大，他們土地勞動年產物愈多，他們所能貢納於君主的數額亦愈大。所以，為君主的利益在於盡可能增加人民每年產物。但是，如果這是一切君主的利益，則在君主收入主要出自土地地租如孟加拉君主時，這就更加是君主的利益了。土地地租，必與生產物的數量與價值為比例，但生產物的數量與價值，都須取決於市場的範圍。其數量，常常以大致的準確性，適合於有能力購買生產物者的消費，而彼等所願支付的價格，又往往與其競爭的熱烈程度為比例。所以，這樣的君主，為自己的利

益計，實應為其國生產物，開放最廣泛的市場，准許最完全的
貿易自由，俾得盡可能增加購買者的人數及競爭；並因此故，
不僅應廢除一切獨占，且應廢除一切限制——無論所限制的，
是本國生產物由這一部分到那一部分的運輸，是本國生產物到
外國的輸出，還是能與本國生產物互相交換的任何貨品的輸
入。這個方法，最能增加這生產物的數量與價值，從而，最能
增加屬於他的那一部分生產物；換言之，最能增加他自己的
收入。

　　但商人的公司，似不能自視為君主，即使他們真的成了某
國君主，他們亦不會這樣看待自己。他們仍自認自己的主要事
業，是貿易，即購買以再售賣；而且他們還莫名其妙的把君主
的角色，看成不過是商人角色的一個附屬物，且應為有助於商
人角色演出的工具，或者說，使他們能在印度以較廉價格購買
而在歐洲以較好利潤售賣。他們努力從他們所統治的國家的市
場上，盡可能，驅逐一切競爭者，結果，至少把所治國家的剩
餘生產物減少一部分，使僅足供給他們自己的需要；換言之，
使他們預期能夠以自認為合理的利潤，在歐洲售賣。他們的商
人習慣，就這樣，幾乎必致於（也許是不知不覺）吸引他們，
使他們在一切普通場合，更寧願獨占家小而暫的利潤，不願主
權者大而久的收入，並會逐漸引導他們，像荷蘭人處置麻六甲
人一樣，處置他們所統治的國家。把東印度公司看作主權者，
則為其利益計，運至印度境內的歐洲貨物，應盡可能以最低價
格出售；從印度輸出的印度貨物，應盡可能以最好價格輸至歐
洲，或以最高價格在歐洲售賣。但把東印度公司看作商人，則
與此相反，才是他們的利益。作為主權者，他們的利益與所治

國家的利益，恰相一致。作爲商人，他們的利益與所治國家的
利益，就直接相反。

　　這樣一個政府的特質，如就歐洲的管理部門說，已是根
本的不可救藥的錯誤，則就印度的行政部說，當更加如此。這
個行政部門，必然由一個商人協會構成。商人的職務，無疑是
極可尊敬的，但世界上沒有一個國家，會對於這個職務，附加
以一種自然會懾服人民，不用暴力已足命令人民自願服從的權
威。所以這樣一個商人協會，就只能用兵力，來命令人民服從
了。所以，他們的政府，必然是武力的、專橫的，但他們本來
的職務，是商人的職務。他們本來的職務是受主人委託，售賣
歐洲貨物，而爲歐洲市場，買回印度貨物。即，盡可能以昂價
售賣前者，以廉價購買後者，結果，遂盡可能從他們開店的特
殊市場，排除一切競業者。所以，就公司的貿易而言，行政部
門的精神，和管理部門的精神是一樣的。行政部門的精神，亦
要使政府從屬於獨占的利益，結果，遂妨礙當地剩餘生產物至
少若干部分的自然生長，使僅足供應這個公司的需要。

　　此外，一切行政人員，都各爲自己打算，而經營貿易，雖
加以禁止，亦屬徒然。此等行政人員，既有經營貿易的手段，
又處在一萬哩外的大商行內，幾乎全然不受主人監視，那要命
令他們立即放棄一切爲自己打算的營業，永遠放棄一切致富的
希望，而滿足於主人所認可的，區區的，不大能增加的，通常
與公司貿易所得眞實利潤爲比例的薪俸，那眞是再蠢沒有。在
這情況下，禁止公司職員爲自己打算而貿易，除了使上級職員
能藉口執行主人命令來壓迫不幸的下級職員以外，就再不會有
其他的結果了。此等職員，又自然會竭力效法公司的公貿易，

而設立同樣的有利於他們個人貿易的獨占。如果任他們爲所欲
爲，他們且將公開的直接建立這種獨占，而禁止一切其他人
民，使其他人民不能經營他所認定的那種貨物的貿易。這也許
是建立獨占的最好而又是最少壓迫性的方法。但若歐洲命令來
到，禁止他們如此做，他們就必祕密的、間接的建立同種的獨
占，那就於其國更爲有害了。他們以代理人爲媒介而祕密認定
或不公開認定的貿易部門，如遇有與他們利益衝突者，他們就
會使用政府的全部權威，並顛倒司法的行政，來予以箝制或破
壞。但職員的私貿易，又自然會比公司的公貿易，推廣到更多
得多的種類的貨品。公司的公貿易，僅限於歐洲貿易，僅包含
外國貿易的一部分。職員的私貿易，卻可推廣到一切國內貿易
國外貿易。公司的獨占，僅足阻礙一部分（在貿易自由時，會
輸出到歐洲去的那一部分）剩餘生產物的自然生長。職員的獨
占，卻將阻礙他們所認定的一切部分（無論指定供本地消費，
還是指定輸出）生產物的自然生長；結果，足以損壞全國的耕
作事業，減少全國居民的人數。那有減少他們所認定的各種生
產物的趨勢。哪怕是生活必需品，如爲公司職員所認定，亦將
如此。舉凡一切爲此等職員所不能購買，或其售賣價格不能一
隨己意的生產物部分，均將因此而在生產上受到妨害。

　　此等職員，按其所處地位的性質，就一定會比他們的老
闆，還以更嚴峻的苛酷，來支持他們自己的利益，而危害他們
所治國的利益。國家是老闆的，老闆當然相當注意所屬國的
利益。但國家不屬於此等職員。老闆的眞實利益（如果他們能
夠瞭解他們自己的眞實利益），與所屬國的利益，是恰好一致
的，但主要因其不知，並因其重商偏見的卑陋，以致常常壓迫

他們所屬的國。職員的真實利益，並不與這所屬國的利益一致，所以，最完全的資訊，亦不必然能終止他們的壓迫。從歐洲發出的條例，雖甚脆弱，但在多數情況，都有善意。印度職員所發的條例，雖有時更為聰明，但也許更少善意。這真是一個奇怪的政府，其政府人員，都願速離此國，從而盡其所能，速與此政府再無任何關係；在彼等離去，其財產亦全部搬出之後，雖有地震絕滅其全國，亦毫無涉於他們的利害關係。

以上所述，並非特別要影射一般東印度公司職員的人品，更不要抹黑任何特殊人員的品性。我所要責備的，是政治組織，是他們所處的地位；不是處此地位的人的品性。他們的行為，按照他們所處地位自然所示的方向；一般屬聲咒罵他們的人，其行為亦不見得更好。瑪德拉斯及加爾各答的協議會，在戰爭及商議之際，就有許多場合的行動，其果斷與睿智，有如羅馬共和國最盛時代的羅馬元老院。此等協議會的議員的職業，與戰爭及政治，是相差很遠的。但他們的地位，似乎可以立即形成他們這種偉大性質——他們的地位，所要求的性質——鼓舞他們以能力與德行——那在他們自己，亦許還不知道自己有這種能力與德行——再用不著教育、經驗，乃至於先例。所以，如果在若干場合，他們的地位，會誘發他們那樣寬宏高潔的簡直出人意料的行為，那在其他場合，會促他們向相反的方面進行，亦是毫不足怪的。

所以，無論就哪一點說，這種排他的公司，都是有害物；對於設立此種公司的國家，往往有或多或少的不便，而對於不幸受此種公司統治的國家，就往往受到某種程度的破壞。

第八章

重商主義之結論

　　重商主義富國的兩大策略，雖則是獎勵輸出而抑制輸入，但對於某些特殊商品，則所採計畫，又似與此相反；即所獎勵的是輸入，而所抑制的是輸出。但據稱，其最後目標，則常常一致——即由有利的貿易差額而致國於富。它也主張抑制製造原料及職業用具的輸出，給我們的工人一種利益，使他們能在外國市場上，以低於其他各國貨物價格的價格，出售他們的貨物。並有時提議限制某幾種價值不大的商品輸出，以促成其他商品就量言、就價值言都更大得多的輸出。它又提議獎勵製造原料的輸入，俾我們自己的人民得以較廉的價格，造成此種貨品，並從而防止製造品就量言、就價值言都較大的輸入。至少，在我們的法律全書中，我不曾見過獎勵職業用具輸出的事情。且當製造業發展至相當大的規模時，職業用具的製作，還會成為許多極重要製造業的目的。給這種工具的輸入以任何特殊的獎勵，當然於此等製造家的利益，大有妨礙。所以，這樣的輸入，不但不被獎勵，且屢屢受禁止。所以，羊毛梳具的輸入，除了從愛爾蘭來，或以船難漂流物或捕獲物的資格輸來，就依愛德華四世第三年的法律而禁止了。伊莉莎白女王第三十九年，更新了這種禁令；此後的法律，再把它繼續下去，終於改訂為永恆的法律。

　　製造原料的輸入，有時得免稅的獎勵，有時又賜給獎勵金。

　　羊毛從若干國輸入；棉花從一切國輸入；生麻、大部分染料、大部分生皮，從愛爾蘭或英領殖民地輸入；海豹皮從英領格林蘭漁場輸入；鐵條鐵棒從英領殖民地輸入，以及其他好幾種製造原料的輸入，若能依適當程序入關，即可免除一切課稅。這種免稅制度，也許亦像其他各種商業條例一樣，是我國

商人、製造家，本其私人利害關係，向議院無理請求得來的。
但這些規定，是完全正當的、合理的，倘能不與國家的財政需
要相抵觸，而推廣這種規定，使適用於一切其他的製造原料，
那是一定有利於公眾的。

　　大製造業者的貪婪，有時，竟把顯然爲工作原料以外的
許多物品，免去此種賦稅。喬治二世第二十四年第四十六號法
令，規定外國黃麻織紗每輸入　磅，僅納稅　便士。先前，
帆布麻織紗輸入一磅須納六便士，法國、荷蘭麻織紗輸入一磅
須納一先令，一切斯普魯士或莫斯科維亞產的麻織紗輸入一百
磅須納二英鎊十三先令四便士。現在，這種更重得多的稅，都
得免除了。但我國製造家，仍不能長此以此種縮減爲滿足。於
是，喬治二世第二十九年第十五號法令，規定每碼價格不超過
一先令六便士的不列顛和愛爾蘭的麻布，輸出得領獎金，又規
定黃麻織紗輸入全行免稅。每磅一便士的稅，遂亦免除了。其
實，由亞麻製成麻織紗所必要的諸種作業，比由麻織紗製成麻
布所必要的作業，需要更多得多的勤勞。不要說亞麻栽培者抽
取亞麻纖維者的勤勞了，但要使一織匠有不斷的工作，就至少
須有三個或四個紡工；製造麻布所必要的全勞動量，有五分之
四以上，是投在麻織紗的製造業上。而我們的紡工，都是可憐
人──婦女居多數，散居在國內各地，既無援助，亦無保護。
但我們的大製造業者獲取利潤的方法，不是售賣紡工的製品，
只是售賣職工的完全製品。他們在售賣完全製品時，既願其價
能盡量的騰貴，在購買材料時，遂亦願其價能盡量的低廉。他
們因要使自己的完全製造品，得以盡量高昂的價格出售，遂強
請國會，對於他們自己的麻布的輸出，給發獎勵金，對於一切

外國麻布的輸入，課以高關稅，對於法國麻布輸入供國內消費者，則一律禁止。他們因要使自己，對於貧窮紡工的製造品，得以盡量低廉的價格購入，遂獎勵外國麻織紗輸入，使與本國出品競爭。但他們又像熱衷於壓低貧窮紡工所得一樣，熱衷於壓低他們自己所僱織工的工資。所以，他們提高完全製造品價格或減低原料價格的努力，都非爲勞動者利益。重商主義所要獎勵的產業，均爲富者強者利益而經營。至於，爲貧者弱者利益而經營的產業，卻是屢屢受它的忽視、壓抑。

麻布輸出獎勵金，以及外國麻織紗輸入免稅，頒令時原以十五年爲期，後經兩次延期，得延續至今日，但亦將於一七八六年六月二十四日國會議期終結之時，期滿無效了。

製造原料得享獎勵金而輸入者，主要是從我們美洲殖民地輸入的原料。

這類獎勵金的頒發，始於現世紀初，乃對美洲船舶用具的輸入而發。所謂船舶用具，包括適於建造船桅、帆桁、船頭的木材；大麻、焦油、柏油、松香油。但船桅木材輸入每噸二十先令的獎勵金，大麻輸入每噸六英鎊的獎勵金，在由蘇格蘭輸入英格蘭時，亦得發給。兩者都毫無變動的，以同一程度，繼續下去，至各自期滿之時爲止。即，大麻輸入獎勵金，於一七四一年一月一日國會會期終結之時期滿無效，船桅木材輸入獎勵金，於一七八一年六月二十四日國會會期終結之時期滿無效。

焦油、柏油、松香油輸入獎勵金，就在存續有效期間內，經過若干變更。原來，焦油每噸輸入得獎勵金四英鎊；柏油相同；松香油每噸輸入得獎勵金三英鎊。後來，焦油輸入獎

勵金四英鎊，僅限於特定方式製造的焦油。其他的良好純淨的商用松漿，減爲每噸四十四先令。柏油獎勵金減爲每噸二十先令；松香油獎勵金減爲每噸一英鎊十先令。

製造原料輸入獎勵金，按照時間的先後，其次，就要數到喬治二世第二十一年第三十號法令所頒發的英屬殖民地藍靛輸入獎勵金了。在殖民地藍靛僅值上等法國藍靛價格的四分之三時，遂由這法令，領得了每磅六便士的獎勵金。這個獎勵金的頒發，亦是有限期的（但曾經幾度延期，並減至每磅四便士），將於一七八一年三月二十五日國會會期終結之時期滿無效。

在這一類獎勵金中，第三，便要數到喬治三世第四年第二十六號法令對英屬殖民地大麻或生亞麻輸入所頒發的獎勵金了（此時，我們已與我國北美殖民地有些嫌隙、有些爭執）。這個獎勵金，以二十一年爲期，從一七六四年六月二十四日，至一七八五年六月二十四日。每七年分爲一期。第一期每噸獎勵金八英鎊；第二期六英鎊；第三期四英鎊。蘇格蘭氣候不宜於種麻，雖亦產麻，但產量甚小、品質較劣，故不得享受此種獎勵金。如果蘇格蘭亞麻輸入英格蘭，亦可得獎勵金，那對於英格蘭本地生產的亞麻，就未免是太大的傷害了。

第四，我們就要數到喬治三世第五年第四十五號法令對於美洲木材輸入的獎勵金了。期限爲九年，從一七六六年一月一日至一七七五年一月一日。每三年分爲一期。第一期，每輸入良樅板一百二十條，得獎勵金二十先令，其他方板每五十立方尺，得獎勵金十二先令。第二期，每輸入良樅板一百二十條，得獎勵金十五先令，其他方板每五十立方尺，得獎勵金八先

令。第三期，每輸入良樅板一百二十條，得獎勵金十先令；其
他方板每五十立方尺，得獎勵金五先令。

第五，就要數到喬治三世第九年第三十八號法令，對於
英屬殖民地生絲輸入的獎勵金了。限期二十一年，從一七七○
年一月一日，至一七九一年一月一日，每七年分為一期，第
一期，每輸入生絲價值一百磅，例獎二十五英鎊；第二期，例
獎二十英鎊；第三期，例獎十五英鎊。但養蠶造絲需要大量人
力，而在北美，勞動又如此昂貴，所以，這樣大的獎勵金，也
似乎不能產出任何顯著的效果。

第六，就要數到喬治三世第十一年第五十號法令，對於英
屬殖民地桶、樽、桶板、桶頭板輸入的獎勵金了。限期九年，
從一七七二年一月一日起，至一七八一年一月一日，三年一
期。第一期，輸入各物一定量，得獎勵金六英鎊；第二期，得
四英鎊；第三期，得二英鎊。

第七，最後，我們就要數到喬治三世十九年第三十七號法
令，對於愛爾蘭人麻輸入的獎勵金了。限期為二十一年，即從
一七七九年六月二十四日，至一八○○年六月二十四日。每七
年分為一期。這，和美洲大麻及生亞麻輸入的獎勵金，全是一
樣的。而每一期的獎金標準，亦是一樣的。但不及於生亞麻。
愛爾蘭生亞麻輸入的獎勵金，對於英國這種物品的栽培，是太
大的妨害了。在愛爾蘭大麻輸入獎勵金頒發時，英國國會和愛
爾蘭國會之間的感情，比以前英國國會和美洲議會之間的感情
相比，不見得好到哪裡去。但我們總希望，頒賜此種恩惠給愛
爾蘭，比以前頒賜那一切恩惠給美洲，會有更好的吉兆才好。

同時這幾種商品，若從美洲輸入，我們就給予獎勵金，若

從其他國家輸入，我們即課以高率的關稅。我們美洲殖民地的
利害關係，與母國的利害關係，在這裡，被認爲一致。他們的
財富，被認爲即是我們的財富。輸出到他們那裡去的貨幣，據
說，會由貿易差額，一齊回到我們這裡來，我們無論怎樣在他
們身上用錢，都絕不可能使我們減少一個銅板。無論就哪一點
說，他們都是我們所有，用錢在他們身上，等於用錢改良我們
自己的財產，而於本國人民有利。這樣一個主義，其愚妄已爲
經驗所充分暴露了。我相信，我已不必多說一句話，來暴露它
的愚妄。如果我們的美洲殖民地，眞是英國的一部分，此種獎
勵金便可認爲是生產獎勵金，但依然要受這類獎勵金所要受的
一切非難（其他的非難，卻是可以不必）。

　　製造業原料的輸出，有時由絕對禁止而受妨礙，有時由高
關稅而受妨礙。

　　我們的毛紡織業者，常常對國會說，他們這種業務的成
功與推廣，乃爲國家繁榮所繫。他們在這一點上，比其他種類
的工人，都更成功。他們不僅由絕對禁止外國羊毛織物輸入
而取得一種妨害消費者的獨占，且因同樣禁止生羊及羊毛輸
出，而取得了一種妨害牧羊農業家及羊毛生產者的獨占。我國
保證收入的法律，已有許多，常爲人所指摘，謂其苛酷，近似
於以嚴厲的刑罰，處罰那在法律（認其行爲有罪的法律）未頒
布前常常被認爲無罪的行爲。但我敢說，就連最苛酷的稅法，
與我們的商人和製造業者，喊著要國會頒布，以支持他們獨占
權的某幾種法律比較，亦會使人覺得和平寬大。他們這種獨占
權，其實是荒謬的、壓迫的。像古希臘時代的執政官德拉古
（Draco）所制定的法律一樣，支持這種獨占權的法律，直可

說是用鮮血寫成的。

伊莉莎白第八年第三號法令，規定羊、小羊、牧羊的輸出者，初犯沒收其全部貨物，監禁一年，在某開市日，在市鎮上，截斷其左手，釘懸於市鎮；再犯，即被宣告爲重罪犯人，判處死刑。此法律之目的，在於防止我們的綿種，不致在外國繁殖。查理二世第十三年及第十四年第十八號法令，又宣告羊毛輸出亦犯重罪，輸出者須受重犯罪人那樣的刑罰，貨物亦被沒收。

爲國家人道的名譽起見，我們都希望這兩種法律，從來未曾實施。第一種，據我所知，雖至今尚未明令撤除，浩金斯大律師，且認爲至今尚有效力，但那法律，也許在查理二世第十二年法令第三十二號第三節中，實際取消了。查理二世的法令，雖沒有明白取消前法令所規定的刑罰，卻規定了一種新刑罰，即凡輸出或企圖輸出羊一頭，課罰金二十先令，並沒收其羊及所有者股份內的船舶。第二種法律，則由威廉三世第七年第八年法令第二｜八號第四節，明白撤廢了。這法令，宣稱「查理二世第十三年第十四年頒布的禁止羊毛輸出法令，在該法令所述的其他事項中，特別規定羊毛輸出爲重罪。因刑罰過於苛重，致對犯罪者的控訴，不曾實行。該法令關於該犯行所制定的重罪各節，著即明令撤銷，使其無效。」

這較和緩的法令所制定的刑罰，及先前法令所制定但至今仍未撤除的刑罰，都還是十分嚴酷。除了沒收貨物，輸出者每輸出或企圖輸出羊毛一磅，須課罰金三先令；這已四倍乃至五倍於其原價。並且，犯此罪的商人或任何人，不得向任何代理商人或他人，索取債務或帳款。不問其財產如何，不問其能否

支付如此重的罰款，法律總想使他完全破產。但人民大眾的道德，尚不致墮落到像法律提案人那樣，所以，我尚不曾聽過，有人利用這種法律。倘若犯此罪者，不能在判決後三月內支付罰款，即處以七年的流刑，倘未滿期，即行逃歸，即被視為重犯，即使改行擔任神職人員，亦不得赦免。船主知罪不告，船舶及設備品沒收。船長水手知罪不告，所有動產貨物沒收，並處三個月的徒刑，後又改為六個月的徒刑。

為了要防止輸出，境內羊毛貿易，遂亦全部受著極苛重、極壓迫的限制。那不能裝在箱內、桶內、樽內、匣內、櫃內、包內，只能用布條皮帶綑綁，外面寫著三时長的大字「羊毛」或「毛紗」，否則沒收其貨物及其容器，每磅罰三先令，由所有者或包裝者支付。那又不能由馬或馬車載運，除了在日出及日落之間，又不能在海邊五哩以內的陸地上經過，否則沒收其貨物及其車馬。鄰海岸各郡，得於一年內，對於由郡外或郡內經過而輸出羊毛者，提出訴訟，如羊毛價不及十英鎊，則課以罰金二十英鎊，如在十英鎊以上，則課以三倍原價及二倍訴訟費的罰金。居民中任何兩人，皆可被列為訴訟對象，所須支付的罰金，好像在強盜的場合一樣，法庭必須由其他居民的課稅而賠償之。倘有人私通郡官，求減罰金，則處以徒刑五年；任何他人均得告發。這種法規，是全國都通行的。

肯特及蘇薩克斯二郡，限制尤屬繁瑣。距海岸十哩以內的羊毛所有者，必須在剪取羊毛後三日內，以所剪之數量及藏放處，書面報告最近的海關。所剪羊毛在遷移以前，又當以羊毛的捆數重量，買者姓名住址，以及遷往地址，做同樣的報告。在這兩郡內，凡居在距海十五哩內的人，在未報告官方，

保證不會以如此購得的羊毛任何部分，再售於距海十五哩內任何他人以前，不得購買任何的羊毛。倘未如此報告，並得如此保證，即以羊毛向這兩郡的海邊運去，一經發覺，即沒收其羊毛，犯者罰金每磅三先令。倘未如此報告，即以羊毛存放於距海十五哩內，即行收押並沒收；倘在收押後，有人要求領還，即須對於國庫，保證在敗訴時，除了其他一切刑罰，還須支付三倍的訴訟費。

在境內貿易受如此限制時，我相信，沿海貿易決不能十分自由。羊毛所有者，若輸送或企圖輸送羊毛到海岸任何港埠，打算從那裡由海道運至海岸其他港埠，那在他運送羊毛距出口港五哩以內的地方以前，須先到出口港報告羊毛包的重量、記號，以及個數，否則沒收羊毛，並沒收馬、馬車，或其他各種車輛；其他各種禁止羊毛輸出今尚有效的法律，既制定了各種處罰，當然也是不能倖免的。但喬治三世第一年第三十二號法令，卻又是那麼寬大，內云：「若於剪毛十日後，遷移羊毛前，將羊毛捆數及存地，親筆向最近的稅關證明，即可從剪毛地點運羊毛回家，但要再遷至他地，則須在搬運前三日，親筆向最近的稅關證明其意志。」向沿海輸運的羊毛，必須保證一定在某港裝運出口；倘若沒有官吏在前，即行上貨，則沒收其羊毛，並加課以每磅三先令的常例罰金。

我國毛織物製造業者，因要證明他們對國會的要求——要求頒發如此異常的限制與條例——是全然正當的，竟然說英國羊毛，比其他國的羊毛，都有更高的品質；說他國的羊毛，不混入若干英國羊毛，則不能造出任何相當的製造品，說精良羅紗，非由英國羊毛，不能織成；說英國若能完全防止本國羊

毛輸出，就幾乎能夠獨占全世界全部毛織業，沒有誰能和他競爭，他就可隨意以怎樣高的價格，售賣毛織物，並在短期間內，依最有利的貿易差額，而取得非常的財富。這種學說，像大多數其他為許多人民所確信的學說一樣，為更為多數人民所盲目信從，且至今仍為他們所信從。至於一般不懂得毛織業或未曾特別研究毛織業的人，卻是幾乎全體相信。但英國羊毛，其實，不但不足製造精良羅紗所必需，並且還是全不相宜。精良羅紗，全由西班牙羊毛織成。並且，把英國羊毛攙到西班牙羊毛中去織造，還一定會在相當程度上，減低羅紗的成色。

本書曾經說明，此等法規，不僅使羊毛價格，減至現時應有價格以下，且減至愛德華三世時代實有價格以下不少。英、蘇合併，此法規即通行於蘇格蘭。蘇格蘭羊毛因之，據說，竟跌價一半。《羊毛實錄》（Memoire of Wool）的著者約翰・史密斯牧師先生（the Reverend Mr. John Smith），是一位極正確、極聰明的作者，亦說最佳英國羊毛在英國，比阿姆斯特丹市上普通販賣的極劣羊毛，價格亦往往較低。這些法規的公然目的，原來是把這商品的價格，減至自然的妥當價格之下；它們達到了預期的效果，亦是毫無疑義的。

也許有人會想，這種價格，因會阻礙羊毛的生產，必致於比在市場公開自由，任其價格漲至自然的妥當價格，而其他一切又復和現在一樣的時候，大大減少這商品的年生產額——即使不比以前為少。但我總相信，其年產額雖則多少會受這種法規的影響，但必不致於大受影響。羊毛的生產，不是牧羊農業家使用其勤勞及資本的主要目標。說他從羊毛希圖利潤，不如說他從羊肉希圖利潤。在多數場合，羊肉的平均普通價格，

可以補償羊毛平均普通價格的不足。本書曾經說過（第一篇第十一章）：「不論何種規定，如果會降低羊毛及獸皮價格，使低於其自然應有的程度，那在改良的耕作國度，就必然有若干提高肉類價格的趨勢。無論是大家畜還是小家畜，只要是在改良的耕作土地上飼養，其價格便須足夠支付地主的合理地租和農業家的合理利潤，所謂合理，即有理由希望從改良的耕作土地上取得。如果不夠，其飼養就必致停止。羊毛獸皮如不足支付這種價格，那就必須從獸肉支付。前者所付愈少。後者所付必愈多。這種價格，究竟如何由獸的各部分分擔，對於地主與農業家，是無所關心的，他們所關心的，只是付足了沒有。所以，在改良及耕作的國家，他們以消費者的資格說，雖然因為這種規定會提高食品價格，不免受若干影響，但以地主及農業家的資格說，他們的利益關係，卻不大受這種規定影響。」照這樣推論下去，在改良的耕作國度，羊毛價格的低下，就不致於引起這商品年產額的減少了。但若因可使羊肉價格騰漲，以致略減這種肉類的需要，從而略減此種肉類的生產，那自然例外。但就連在這點上，其影響亦似乎不很重大。

不過，對於年產量，其影響雖不很重大，但對於品質，其影響卻也許有人想，是一定非常重大的。英國羊毛品質的低下（雖未低到往時以下，但確實低於目前農耕狀態下所應有的程度以下），也許可以設想，幾乎與價格的低下成比例。羊毛的品質，既取決於品種、牧場，以及羊毛生產全過程中羊的管理與清潔，而關於此諸事件，牧羊家是怎樣注意，又一定要看羊毛價格對於所需勞費，能提供怎樣的賠償，卻又是大家可以想像得到的。但羊毛的優劣，又在頗大的程度，取決於羊隻的健

康、發育與身軀，改良羊肉所必要的注意，就某幾點說，亦就很夠改良羊毛了。所以，英國羊毛價格雖是低落，但其品質，據說，就連在現世紀中，亦是頗有改良。價格如果好一些，改良也許還會大一些；價格的低賤，雖然阻礙了這種改良，卻並沒有全然加以阻止。

在我想來，此等規定，對於羊毛年產物的影響，在質的方面必大於在量的方面，但幸而此等規定的強橫，尚不致如人預期那樣，在其年產的數額及品質方面，給予如許大的影響；羊毛生產者的利益，雖曾受若干程度的傷害，但就全體說，其傷害究竟不若一般所想像。但這種考察，絕不能證明絕對禁止羊毛輸出是正當的，只不過可以充分證明課羊毛輸出以重稅，不會是不正當的。

一國君主，對於其所屬各級人民，必予以公正平等的待遇，僅僅為了促進一階級的利益，而傷害另一階級的利益，卻明顯是違反這個原則。但這種禁止，正是僅僅為了促進製造家的利益，而傷害羊毛生產者的利益。

各個階層的公民，都有納稅以支持君主或共同社會的義務。每輸出羊毛一噸，即課稅金五先令或十先令，已供君主以頗大的收入。這種課稅，比起禁止，因不致於那樣大減羊毛價格，對於羊毛生產者的利益，所損害的程度，會更少一些吧。但對於製造家，則所提供的利益就很夠了，因為，比在禁止輸出的場合，他雖須以較昂的價格購買羊毛，但與外國製造家比較，他就依然能夠少付五先令或十先令的價格。而且，外國製造家，尚須支付運費及保險費。這樣看，這種賦稅，既可供君主以頗大的收入，同時，對於任何人，都不會引起多大的不

便。像這樣的賦稅，總算是難得的了。

其實，這種禁止，雖附有如此嚴重的刑罰，但絕不會防止羊毛輸出。大家都知道，每年輸出，仍是很大的。外國市場上與本國市場上，羊毛價格就出現了頗大的差額。這種價格上的差異，成了走私的強烈誘因，雖有嚴刑爲之禁，仍不能加以防止。這種不合法的走私，除了走私者，殆無利於任何人。但合法的、納稅的，提供君主以收入的輸出，卻因可省免其他更苛重、更不便的賦稅徵收，尚有利於國內各階級人民。

漂布土或漂布黏泥，因被認爲是羊毛製造品之製造及漂白所必需，故其輸出所受之嚴刑，殆與羊毛輸出相類。煙管黏土，顯非漂白黏土，但與其類似，且因漂白黏土，有時裝做煙管粘土的模樣輸出，遂亦蒙受同樣的禁止與刑罰。

查理二世第十三年、十四年法令第七號規定，長靴、短靴、拖鞋除外，一切生皮鞣皮均禁止輸出；這法律，給我們靴匠、鞋匠以一種妨害我們畜牧業者、鞣皮業者的獨占。此後，法律又規定，鞣皮業者每百斤量鞣皮（即一百十二磅鞣皮）納稅一先令，即可免受此種獨占之害。他們即使以鞣皮輸出，不加製造，亦得於輸出時，退還所納國產稅的三分之二。一切皮革製造品，均得免稅輸出，輸出者尚可退還所納國產稅全部。我們的畜牧業者，卻仍繼續受舊時獨占權的害。畜牧業者散居國內各地，彼此隔離。要團結起來，以獨占之害，加於同胞居民；或對抗他人，以避免獨占之害，在他們，都是極其困難的。各種製造家，卻都大群集居於大都市上，所以很容易就能做到這樣。所以，就連牛角，亦禁止輸出；在這點上，角製品匠、牛角梳匠這兩種不重要的職業，亦得享受一種妨害畜牧者

的獨占。

　　以禁止或課稅的方法，限制未完成的局部的製造品輸出，不僅於皮革製造業為然。在一件物品，尚待製造始適合於直接使用與消費時，我們的製造家便以為那應當以禁止或課稅的方法，限制其輸出。毛織紗、絲織紗，便和羊毛一樣，禁止輸出。甚至於白羅紗輸出，亦須納稅。我國染色家，曾在這點上，取得了一種妨害毛織業的獨占。我國的毛織業者，雖有能力防禦他們自身，但大部分大毛織業者，自己就是染色業者，所以，用不著防禦了。錶殼、鐘殼、錶字盤、標字盤，都禁止輸出。我們的製錶業者、製鐘業者，似不願這一類製作品的價格，將因外國人的競購而騰貴。

　　愛德華三世、亨利八世、愛德華六世的古法令，規定一切金屬均禁止輸出。鉛、錫獨在例外。或因此兩金屬甚豐饒，而其輸出，復為當時王國貿易的頗大部分。威廉和瑪麗治世第五年第十七號法令，因要獎勵開礦，遂許鐵、銅、黃鐵，從英國礦石造出者，其輸出均不受禁止。銅塊無論出自本國或出自外國，又由威廉三世第九年十年第二十六號法令，允許輸出了。稱為槍砲金屬、鐘鈴金屬、錢幣金屬的未加工製造的黃銅，卻仍繼續禁止輸出。黃銅製造品，卻又無論什麼種類，均得免稅輸出。

　　不全然禁止輸出的製造材料，往往在輸出時，課以極重的稅。

　　喬治一世第八年法令第十五號，規定英國一切貨物，無論是英國的生產品或是製造品，照以前的法令，須在輸出時課稅的，都得免稅輸出。但下述各貨物，卻仍例外：明礬、鉛、鉛

礦、錫、鞣皮、綠礬、石炭、羊毛梳刷、白羅紗、異極礦、各種獸皮、膠、康內兔的毛、赫爾兔的毛、各種毛髮、馬匹、酸化鉛礦。這諸種物品，除了馬匹，都是製造材料、半成品（可視爲進一步製造業的材料），或職業用具。這法令，依然使這諸種貨物，課納以前所須課納的各種賦稅，即舊補助金（old subsidy）及百分之一出航稅（one percent outward）。

同法令又規定染色用的外國藥料，有許多得於輸入時免一切稅。其輸出雖依此規定，須納一定額的賦稅，但不能算重。似乎我國的染業家，既認獎勵此等藥料輸入有利於己，遂亦認略略阻礙其輸出有利於己。此種令人注目的商業傑作，乃爲貪念所唆使。但這種貪念，卻似乎在這裡大失所望了。它原要使輸入者多多注意，不要使輸入多於國內市場所需。但結果，國內市場上這類商品的供給，常常出現不足的現象；與輸入自由輸出亦自由的場合比較，常常覺得價格略高。

依照上述的法令，塞內加爾膠及阿拉伯膠，列在染色藥料之內，亦得輸入免稅。那在再輸出時，固然須納小額的從價稅（poundage），但每百斤量不過三便士。當時，法國獨能與產染色藥料國（在塞內加爾附近）通商；英國商人不易從生產地點，得到直接的輸入。喬治二世第二十五年，遂規定塞內加爾膠，得從歐洲各地輸入（那與航海法的本旨，大相違背）。但此法令。既不要獎勵這種貿易，故竟違反英國重商政策的普通原理，於其輸入時，每百斤量，課稅十先令，而在輸出時，又不許退還任何部分。一七五五年開始的戰爭的勝利，英國遂得與以往之法國同樣，對於這諸國，享受同樣的貿易獨占，我們的製造業者，一俟和議成立，即要趁此良機，建立一種有利

於他們自己但有害於這商品生產者及輸入者的獨占。所以，喬治三世第五年第三十七號法令，即規定從英王陛下領土輸出塞內加爾膠，只許輸往英國；像對於英國美洲殖民地西印度殖民地各列舉商品一樣，加上了同樣的限制、規律、沒收，以及刑罰。其輸入，固須每百斤量納輕稅六便士，但其再輸出，每百斤量卻須納重稅三十先令，我們的製造業者的意思是，那些國家所產的染料全都應該運到英國來，並且，因要使自己，能以自己定的價格，購買這商品，遂又藉由重稅使其中任何部分，不致再行輸出。事實上，這樣的費用，就夠阻礙它的輸出了。他們在這裡，像在其他許多場合一樣，是受著貪念的唆使，但一樣失望了。這種重稅，是走私的誘因。這種商品，有大量由英國或非洲，走私往歐洲各製造國，尤其是荷蘭。因此，喬治三世第十四年第十號法令，即減此輸出稅為每百斤量課稅五先令。

按舊補助金所依照的關稅表，海狸皮一件估價為六先令八便士；一七二二年以前對於海狸皮每件輸入的各種特別稅關稅，約當此五分之一，即一先令四便士。在輸出時，除了舊補助金之半額，在這諸種特別稅關稅中，僅得退還二便士。一種如此重要的製造材料，在輸出時，須課納如此的賦稅，遂覺太高了，一七二二年，估價減為二先令六便士，輸入稅亦減為六便士。但輸出時，亦僅得退還此額之半。那次勝利的戰爭，使英國占領了產海狸最多的地方，海狸皮又為列舉諸商品之一，所以，其輸出，就限於從美洲運至英國市場了。我們的製造業者不久就想到了利用這個機會，遂於一七六四年，減海狸皮輸入稅為一便士，輸出稅則提高至每件七便士，並不得退還任何

輸入稅。同法令，又規定海狸毛或海狸腹皮輸出，每磅須納稅一先令六便士，但輸入稅則不變，即由英國人，由英國船輸入海狸皮者，每張河狸的進口關稅仍在四便士與五便士之間。

　　煤炭，可視爲製造的原料，又可視爲職業的用具。故其輸出，須納重稅，現在（一七八三年）是每噸納稅在五先令以上，或以紐加塞爾（Newcastle）特有的量制計算，則每卡爾德倫（Chaldron，約爲三十六個蒲式耳或一千三百公升）納稅在十五先令以上。這種數目，在許多場合，簡直高於礦坑所在地的商品原價，甚而高於輸出港的煤炭商品原價。

　　但眞正的職業用具輸出，限制之法，一般非高關稅，而是絕對禁止。於是，威廉三世第七年第八年，法令第二十號第八條，遂規定織手套、長襪的織機或機械輸出，以重刑爲禁，不僅把輸出的、乃至企圖輸出的織機或機械沒收，且須罰金四十英鎊，半歸於國王，半歸於告發人。同樣，喬治三世第十四年第七十一號法令，規定製棉業、製麻業、毛織製造業、製絲業使用的一切用具，禁止對外輸出，否則貨物沒收，犯罪人罰金二百英鎊，知情不報，再以船供其運輸之船長，亦須罰金二百英鎊。

　　在無生命的職業用具輸出且受如此重刑時，有生命的職業用具——工匠——自難望任其自由。所以，喬治一世第五年法令第二十七號，即規定凡引誘英國工匠及製造業工人往投外國，俾在那裡執行職業或教授職業，而有實證可查者，初犯，罰一百英鎊以下的罰金，處三個月徒刑，至罰金付清之時爲止；再犯，即隨法庭意旨，課以罰金，處十二個月徒刑，至罰金付清之時爲止。喬治二世第二十三年法令第十三號，更加重

了這種刑罰。如此引誘每一個工人，初犯，罰金五百英鎊，處十二個月徒刑。至罰金付清之時爲止；再犯，罰金一千英鎊，處兩年徒刑，至罰金付清之時爲止。

按照上述兩法令，某一工匠如已證明受人引誘或允爲上述諸目的之約往外國，則如此之工匠，必須向法庭提出合式的保證，不再出洋。而在未向法庭提出此種保證以前，得監禁之。

若有某一工匠，竟自出洋了，並在外國執行其職業或傳授其職業，則在英王陛下的駐外公使或領事的警告下，或在當時閣員的警告下，必須在接警告後六個月內回國，並繼續住在本國，否則，即從此時起，被剝奪一切國內財產的繼承權，亦不得作國內任何人的遺囑執行人或財產管理人，更不得繼承、承受、購買國內任何土地。他自己的動產及不動產，且全被國王沒收，以外國人相待，不受國王保護。

英國人常自誇爲熱衷於自由；此等規定，卻如何與此等誇大的自由精神相反啊。這種自由，在這場合，爲了商人、製造業者虛浮的利益，而明明白白的犧牲了。

這一切規定的可稱揚的動機，是推廣我們的製造業。但推廣的方法，不是改良自己的製造業，只是壓抑我們鄰國的製造業，並盡可能消滅一切討厭的對抗國之討厭的競爭。我們的製造業老闆們，以爲他們應當獨占本國同胞的技能才幹。某些職業，既限制同時所得僱用的人數，一切職業，既規定須有長期間的學徒時期，從而，局限各職業的知識，使僅爲少數人所知，而且愈少愈好，現今又不願在這少數人中，有任何部分走到外國去教授外國人。

消費是一切生產的唯一目的與宗旨，生產者的利益，若爲

促進消費者利益所必需，那自應當注意。但亦只限於如此。這原則是完全自明的，簡直用不著證明。但在重商主義下，消費者的利益，就幾乎常常為生產者的利益而犧牲；似乎，這種學說，視一切工商業的最終目的與宗旨，不是消費，只是生產。

對於凡能加入本國而與本國生產物製造品競爭的一切外國商品，在其輸入時，加以限制，就明顯是犧牲國內消費者的利益，來為生產者的利益。為了後者的利益，前者遂不得不支付此種獨占所引起的追加價格。

對於本國生產物，有些在輸出時，有獎勵金發給，那亦全然是為生產者的利益。國內消費者，第一，不得不付納支付獎勵金所必要的賦稅。第二，商品在國內市場上提高價格所必致引起的賦稅，還要更大，那也須由國內消費者付納。

有名的葡萄牙通商條約，因所課稅甚重，致我國消費者不能向鄰國購買我們本國氣候所不宜生產的商品。雖明知較遠的那一個國家，這種商品的品質較差，亦不得不向其購買這種商品。國內消費者，竟然為了要使本國生產者，能在比以往更有利的條件上，輸出某幾種生產物到這一個遠國去，而不得不忍受此種不便。由這幾種生產物的強迫輸出，而在國內市場上所引起的追加價格，亦非由消費者付納不可。

關於我們在美洲殖民地西印度殖民地所立的法律，比我們其他的通商條例，還更加過分的，犧牲國內消費者的利益，以顧全生產者的利益。一大帝國建立起來了，而其建立的唯一目的，只是為了扶植一群顧客，強迫他們只能向我們各生產者的店鋪，購買我們所能供給的各種物品。我們的生產者，由此種獨占所取得的，僅僅是價格的略略提高，而我們的國內消費者

卻須負擔全部費用，以維持這個帝國，護衛這個帝國。爲了這個目的，僅僅爲了這個目的，我國就在最近兩次戰爭中，用去了二億英鎊以上，借債一萬七千萬英鎊以上，至於此前諸次戰爭的費用，卻還不曾算在裡面。單就這一項借款的利息而言，已不僅大於由殖民地貿易獨占而生的異常的利潤全部，且大於這貿易的價值全部；換言之，大於每年平均輸出到殖民地的貨物價值全部。

　　誰是這重商主義管制體系的設計者，似不難於斷定。我們大可相信，那絕不是消費階級，因爲消費者的利益完全被忽視了。那一定是生產階級，因爲生產階級的利益，是如此受著周到的呵護。但在後一種人中，我們的商人與製造業者，又要算是主要的建築師。在這一章所討論的諸商業條例中，我們的製造業者的利益，受到了最特別的注意。消費者，或不如說其他各種生產者的利益，就爲製造業者的利益而犧牲了。

第九章

重農主義，即政治經濟學上視土
地生產物爲各國收入及財富之唯
一資源或主要資源之學說

關於商業學說或重商主義，我覺得有詳細說明的必要。但政治經濟學上的重農主義，卻不需要這樣長的說明。

據我所知，視土地生產物爲各國收入及財富之唯一資源或主要資源的學說，從來未爲任何國所採用；現在，且僅存在於法國少數博學多能的人的玄想中。對於一種不會，也許永遠不會傷害世界上任何地方的學說的謬誤，當然不值得長篇大論去檢討。不過，對於這個極微妙的學說，我將盡我所能，明確的說明它的輪廓。

路易十四的有名的大臣科爾伯特，爲人誠實正直，而勤勉異常，有條理精細的知識，對於政府會計帳之檢查，復富有經驗，而極爲正確；總之，在各方面，他的能力，都適於使公共收入的徵收與支出，得其方法與秩序。不幸，這位大臣，已經抱有了重商主義全數的偏見。這種學說，就其性質與本質說，便是一個限制與規律的學說，所以，對於一個慣於支配各部公務，並設必要的制裁與監督，使各部事務不踰越其適當範圍，而又勤勉精勵的事務家，鮮有不合脾胃的。他對於一大國的產業及商業，所採用的支配方式，遂與支配各部公務的方式一樣；他不讓每個人在平等自由與正義的自由計畫下，尋找各自的路線，追求各自的利益，卻給某一定部門的產業以異常的特權，而給其他一定部門的產業以異常的限制。他，不僅像歐洲其他的大臣一樣，更獎勵都市的產業，而更不獎勵農村的產業，而且，因要支持都市的產業，他還願意壓抑農村的產業。因要使都市居民得以廉價購買食物，從而獎勵製造業與外國貿易，他簡直完全禁止穀物輸出，因而，使農村居民不得以其產業最重要部分的生產物，運到外國市場上去。這種禁止，加以

古時諸州法規限制諸州間穀物的運輸，再加以各州對農耕者所
徵課的強制的屈辱的租稅，就把這個國家的農業，壓抑得不能
依照自然的趨勢，盡其極豐土壤、極佳氣候所應有的情狀而發
展了。這種消沉沮喪的狀態，在全國各地，都多少感覺到了；
關於這狀態，還有許多探索原因的研究。科爾伯特設立獎勵都
市產業甚於獎勵農村產業的制度，便是此中原因之一。

　　諺云，矯枉必過其直。提倡重農主義（視農業為各國收入
與財富之唯一資源）的法國諸哲學家，似即採用此諺之格言。科
爾伯特設立的制度對於都市產業的評價過高了，過於輕視農村產
業了，在他們的體系中，都市產業的評價，顯然過於低估。

　　被想像在某一點上對一國土地勞動年產物有所貢獻的各
種人民，被他們分為三個階級。第一，土地所有者的階級。第
二，耕作者、農業家、農村勞動者的階級，被他們贈與生產的
階級之稱號，以示敬意。第三，工匠、製造家、商人的階級，
被他們贈與無生產的或不生產的階級之稱號，以示屈辱。

　　地土階級，所以有助於一國的年產物，是因為他們的花費
有時會投在土地改良上，投在建築物、排水溝、圍牆，以及其
他諸種改良上——對於這些，他們有時是建造，有時是修補，
但有了這些，耕作者就能以同一的資本，生產較大量的生產
物，從而支付較大量的地租。這種追加的地租，可視為地主費
用或投資改良其土地應得之利息或利潤。這種費用，在這個學
說上，被稱為地皮費用（depeness foncieres）。

　　耕作者農業家所以有助於一國的年產物，是因為他們投入
費用來耕作土地。這種費用，被他們稱為原始費用及每年費用
（depenses primitives et depenses annuelles）。原始費用中，

包含農業用具、家畜、種子，以及農業家家族、僱工和家畜，
（至少）第一年度耕作大部分期間或在土地有若干收穫以前所
需的維持費。每年費用中，包含種子、農業用具的磨損、農業
家的僱工、家畜，以及其家族（在家族中某一部分人員，得被
視爲農業僱工的範圍內）每年的維持費。付地租後留給他的那
一部分土地生產物，應該夠他第一，在合理的期間內，至少，
在他借耕的期間內，補償他全部的原始費用及資本的普通利
潤；第二，每年補償他全部的每年費用及資本的普通利潤。這
兩種費用，是農業家用來耕作的兩個資本；倘使這兩個資本，
不能規律的回到他手上，並供他以合理的利潤，他就不能與其
他職業，立在同一水準線上，經營他的職業；他爲了他自身的
利益，必然會盡其可能，把這種職業放棄，而尋求其他的職
業。必須保留的使農業家能夠繼續其事業的那一部分土地生產
物，應被視爲農耕的神聖基金，倘地主加以侵害，就必然會減
少他自己的土地生產物，不要多少年，就會使農業家不但不能
支付此種苛酷的地租，且不能支付他本分應有的合理的地租。
本分應爲地主所有的地租，只是把先前投下來生產總生產物或
全生產物所必要的一切費用，完完全全付清之後，留下來的純
生產物。就因爲農耕者的勞動，在付清這一切必要費用之後，
尚能提供這種純生產物，所以，在這種學說上，這個階級，才
特被尊稱爲生產的階級。並爲了同一理由，他們的原始費用及
每年費用，亦在這種學說上，被稱爲生產的費用，因爲這種費
用，除了補償它們自身的價值，尚能促成這個純生產物年年再
生產。

　　他們所謂地皮費用；換言之，地主用來改良土地的費

用，在這種學說上，亦被尊稱為生產性費用。此等費用的全部及資本的普通利潤，未在土地的追加地租上，完完全全償還給他之前，這追加地租，亦應視為神聖不可侵犯的，教會不應課以什一稅（the tithe），國王亦不應課以賦稅。否則因可阻礙土地改良，從而阻礙教會自身的什一稅之未來的增加，以及國王自身的賦稅之未來的增加。因為，在良好狀態下，此等地皮費用，除了再生產它自身價值的全部，並能在若干時間以後，促成一個純生產物的再生產，所以，在這種學說上，亦被稱為生產性費用。

在這種學說上，被稱為生產性費用的，就只有這三種費用，即地主的地皮費用、農業家的原始費用及每年費用。其他一切的費用、其他一切階級的人民，就連一般世人認為最具生產力的那一種人，在此一思想體系中，都被視為完全無益的非生產性的。

特別是工匠與製造業工人，在一般世人看來，他們的勤勞，足以在很大程度上，增加土地原生產物的價值，但在這種學說上，卻被視為與生產無關的階級。據說，他們的勞動，只償還僱用他們的資本及其普通利潤。這所謂資本，即雇主墊付給他們的材料、工具，與工資，被決定用作僱用他們維持他們的基金。其利潤，即被決定用作維持雇主的基金。他們的雇主，為他們墊付工作所需的材料、工具，以及工資，亦同樣為他自己墊付維持自身所需的費用。這種維持費，通常，按照他在出品價格上所可希冀利潤的比例。倘若出品價格，不足償還他為自身而墊付的維持費，以及為勞動者而墊付的材料、工具，與工資，那所償還的，就顯然不是他投下的費用全部。所

以，製造業資本的利潤，並非像土地的地租一樣，是還清全部費用（爲求取純生產物而投下的全部費用）以後留下的純生產物。農業家的資本，像製造家的資本一樣，可供資本所有者以利潤，但農業家能供他人以地租，製造家卻不能夠。所以，用來僱用並維持工匠及製造業工人的費用，不過可以延續——如果可以如此說——它自身價值的存在，並不能生產任何新的價值。所以，那全然是與生產無關的費用。反之，用來僱用農業家或農村勞動者的費用，卻除了延續它本身價值的存在，還可以生產一個新的價值，即地主的地租。所以，那就是生產性費用了。

商業資本，和製造業資本，是同樣與生產無關的。它只能延續它自身價值的存在，不能生產任何新價值。其利潤，不過是投資人在投資期間內或收得報酬前爲自身而墊付的維持費的補償。換言之，不過是投資所需費用一部分的償還而已。

工匠與製造業工人的勞動，對於土地原生產物的全年產額的價值，不能有任何的增加。對於土地原生產物的某特殊部分的價值，他們的勞動，誠能增加不少。但他們勞動同時必致消費其他的部分。他們對於這部分的消費，恰好等於他們對於那部分的增加。所以，無論在什麼時候，全部的價值，亦不能因他們勞動而有任何增加。譬如，製作一對花邊的人，有時會把僅值一便士的亞麻的價值，提高到三十英鎊。一看，他似乎把一部分原生產物的價值，增加了約七千二百倍，但其實，他對於原生產物的全年產額的價值，毫無所增。這種花邊的製作，也許要費他兩年勞動。花邊製成後，他所得的那三十英鎊，就不過補還這兩年間他爲自己墊付的生活資源了。他每日的、每

月的、每年的勞動，對於亞麻，所加的價值，都不過補償這一
日間、一月間，或一年間他自身消費掉了的價值而已。所以，
無論在什麼時候，他對於土地原生產物全年產額的價值，都沒
有增加一點。他繼續消費的那部分原生產物，常常等於他繼續
生產的價值。被僱在這種價格高而又不重要的製造業上的人，
大部分都是非常貧窮的。這種現象，使我們相信他們製作品
的價格，在一般的場合，並沒有超過他們生活資源的價值。但
就農業家及農村勞動者的工作而言，情形就不相同了。他們的
勞動，通常，除了把他們的全部消費，把僱用並維持工人及其
雇主之全部費用付清之外，會繼續生產一個價值，作為地主的
地租。

　　工匠、製造業工人、商人，只能由節儉增加社會的收入
與財富；或者，用這種學說的敘述方法，只能經由自我剝奪
（privation），亦即，把自身生活資源的基金，自行奪去一部
分，以增加社會的收入或財富。所以，倘若他們每年不能節省
若干部分，倘若不能每年自行奪去若干部分的享受，則社會的
收入與財富，就不能因他們勤勞而有任何增加。反之，農業家
及農村勞動者卻可享受其自身生活資源的全部基金，仍可同時
增加社會的收入與財富。他們的勤勞，除了提供他們自身的生
活資源，尚能每年提供一個純生產物，這純生產物的增大，必
然會增大社會的收入與財富。所以，像法國、英國那樣以地
主、農民占多數的國家，就能由勤勞及享樂而致富。反之，像
荷蘭、漢堡那樣以商人、工匠、製造業工人占多數的國家，卻
只能由節儉與剝奪生活享受才能致富。境遇如此不同的諸國，
利害關係亦是極不相同的，所以，普通國民性，便亦極不相同

了。在前一類國民中，自然會以寬大、坦白、友愛，作為一般
國民性的一部分。在後一類國民中，自然會嫌惡一切社會的快
樂與享受，而形成偏狹、平庸、自利的傾向。

非生產性階級，即商人、工匠、製造業工人的階級，其維
持與僱用，殆全然由其他兩階級——土地所有者（地主）階級
及耕作者階級——支付。這一階級工作的材料，由他們供給，
這一階級生活資源的基金，由他們供給，這一階級工作時所消
費的穀物、家畜，亦是由他們供給。非生產性階級一切工人的
工資以及他們一切雇主的利潤，最終都須由地主及耕作者支
付。這一班人，不過是戶外的工僕，他們與家僕的區別，僅為
一工作於戶外，一工作於戶內。這兩種人賴同一的主人，出資
來養活。他們的勞動，同樣是非生產性的，同樣不能增加土地
原生產物總額的價值。不但不能增加這總額的價值；對於這總
額，那還是一個負擔與費用，是必須從這總額中支出的。

不過，對於其他兩階級，這個不生產階級，不僅有用，而
且是大大有用。以商人、工匠、製造業工人的勞動為媒介，地
主與耕作者，始得以極小量（比較不得不在笨拙而不熟練的情
狀下，親自輸入或製作的場合）的自身勞動的生產物，購得他
們所需的外國貨品及本國製造品。以非生產性階級為媒介，耕
作者得以專心耕作土地，不致為其他事務分心。專心的結果，
耕作者所得而生產的物品，更為優越了。這種優越，可以充分
賠償他們自己和地主僱用並維持這個生產階級所費的全部費
用。商人、工匠、製造業工人的勤勞，就其本身性質說，雖全
然是非生產性的，但可如此間接有助於土地生產物的增進。他
們的勤勞，因可使生產的勞動，專心於其適當的職業，即耕作

土地，從而，增進生產勞動的生產力。耕耘的業務，每每藉助於非以耕耘為業的人的勞動，而臻於更簡易、更優良的地位。

在任何方面，限制或阻礙商人、工匠，以及製造業工人的產業，都不是地主及耕作者的利益。這非生產性階級愈是自由，則他們間各種職業的競爭愈是激烈，其他兩階級所需的外國貨品及本國製造品，就將以愈是低廉的價格，得到供給。

壓迫其他兩階級，亦絕不能成為非生產性階級的利益。維持並僱用非生產性階級的，只是先維持耕作者再維持地主後留下來的剩餘土地生產物。這剩餘額愈大，則這階級的生計與享樂，必愈改進。完全正義、完全自由、完全平等的確立，是最簡單而對於這三階級全體皆臻於最高度繁榮之保證，又最有效的祕訣。

像荷蘭，漢堡那樣主要由商人、工匠、製造業工人那一個非生產性階級構成的商業國內，這一類的人，亦是這樣由地主及土地耕作者出資來維持並僱用。但其中有一區別，亦只有一區別，即此等地主與耕作者，大部分均離此等商人、工匠、製造業工人極其極其的遠；換言之，供他們以工作材料，生活資源基金的，乃是其他國家的居民，接受其他政府的統治。

但這樣的商業國，不僅對其他各國的居民有用，而且大大有用。其他諸國的居民，本應在國內尋得商人、工匠及製造業工人，但因其國政策某種缺點，又不能在國內尋得他們。這種極其重要的缺陷，乃得在某種程度上，賴這種國家而得填補。

以高率賦稅，課加在此等商業國的貿易或所供商品上，從而，阻礙抑制此等商業國的產業，絕不是農業國——如果我可以如此稱呼——的利益。這種賦稅，因可提高此等商品的價

格，其結果，不過減低他們自己的剩餘土地生產物——用以購買商業國商品的，就是這種物品或這種物品的價格——的真實價值。這種賦稅的作用，不過是妨害此等剩餘生產物的增加，從而，妨害他們自己的土地改良與耕作。反之，准許一切此等商業國的貿易享有最完全的自由，乃是提高這剩餘生產物價值，獎勵這剩餘生產物增加，並從而獎勵其國土地改良及耕作最有效的方法。

這種完全的貿易自由，就以下那一點說，亦是最有效的方法。即在適當期間，供他們以國內所缺少的工匠、製造業工人，以及商人，使他們在國內感到的那個最重要的缺陷，得在最適當、最有利的情狀上，得到補充。

土地剩餘生產物的繼續增加，到了相當時期，所能創造的資本，必有剩餘部分，不能以普通利潤率，用來改良土地或耕作土地。剩餘部分，自然會自行轉過來，在國內，僱用工匠與製造業工人。國內的工匠與製造業工人，因可在國內尋得他們工作的材料和他們生活資源的基金，所以，即使技術與熟練極為遜劣，亦得立即與此等商業國同類的工匠及製造業工人，以同樣低廉的價格，作成他們的出品，因此等商業國的同類工匠與製造業工人，必須從很遠很遠的地方，運來他們所需的材料與生活資源。在本國工匠及製造業工人毫無技術與熟練的時候，固然會有些時候，不能和此等商業國同類的工匠及製造業工人，以同樣低廉的價格，作成他們的出品，但也許能夠在國內市場上，以同樣低廉的價格，出售他們的出品，因為此等商業國的同類工匠及製造業工人，其貨物須由很遠很遠的地方運來。並且，待他們的技術與熟練都改良的時候，不久就能以

更為低廉的價格，出售他們的出品。於是，不久，此等商業國
的工匠與製造業工人，即將在農業國的市場上遇著競爭的人，
再不久，就不得不賤賣，而被逐於這市場之外了。技術與熟練
逐漸改良的結果，此等農業國低廉的製造品，將在適當時期，
推廣至國內市場之外，即推銷於許多國外市場；並照同樣的方
法，再於那裡，逐漸把此等商業國的製造品，排擠出去。

農業國原生產物及製造品的繼續增加，到了相當時期，所
能創造的資本，必有剩餘部分，不能以普通利潤率，投在農業
或製造業上。這種剩餘資本，自然會自行轉過來，投在外國貿
易上，把國內市場不需要且過剩的部分原生產物及製造品，輸
出到外國。在輸出本國生產物時，農業國的商人，亦會像農業
國的工匠及製造業工人，比商業國的工匠及製造業工人，占得
一層優越的便利一樣，與商業國的商人比，占得一層優越的便
利。在他人必須在遠地尋求貨物、儲藏品、食物的時候，他們
卻可在國內尋得這些。所以，即使他們航海的技術與熟練，都
較為低劣，他們亦能和商業國的商人，以同樣低廉的價格，在
外國市場上，出售他們的貨物。如果有同等的技術與熟練，就
能以更低廉的價格出售了。所以，在外國貿易上，他們不久就
能和商業國競爭，並在適當期間，全然把此等人驅逐。

總之，按照這個自由寬宏的學說，則農業國要培育本國的
工匠、製造業工人，以及商人，最有利的方法就是給一切其他
國的工匠、製造業工人，以及商人，以最完全的貿易自由了。
那可以提高本國剩餘土地生產物的價值，這個價值的繼續增
加，又可逐漸設立一個基金，那在適當期間，必然會培養出他
們所需的各種工匠、製造業工人，以及商人。

反之，設農業國以高關稅或禁令，壓迫諸外國民的貿易，就必然會妨害它本身的利益，而妨害之途有二。其一，因可提高一切外國貨品及各種製造品的價格，必然會減低本國剩餘土地生產物——用以購買外國貨品及製造品的，就是這種物品或這種物品的價格——的真實價值。其二，因將給本國商人、工匠、製造業工人以國內市場的獨占，會提高工商業的利潤率，使高於農業利潤率，從而把原已投在農業上的資本，吸引出一部分，或者，對於原要投在農業上的資本，攔阻其一部分，使不能投到農業上來。所以，這個政策，乃在兩個不同方法下，阻礙農業：其一，減低農產物的真實價值，從而減低農業利潤率；其二，提高其他一切職業的利潤率。農業將因此而成為更少利益的用途，商業製造業將因此而成為更多利益的用途。每個人都將為了自身的利益，盡其所能，嘗試以其資本及其勤勞，從前一類用途，改投到後一類用途。

農業國藉由這種壓制政策，比藉由自由貿易，也許能以較大的速率（這事，尚頗有疑問）培育本國的工匠、製造業工人，以及商人，但以早熟的方法（如果可以如此說），在未十分成熟以前，把他們培育完成，對於一種產業的培育，過於貪圖急速了，結果，會壓抑另一種更有價值的產業。對於僅能補償所投資本及其普通利潤的產業，以過於急速的方法培育起來，結果，會壓抑另一種除了補償資本及其利潤，尚能提供一個純生產物，作為地主自由地租的產業。對於與生產無關的勞動，其獎勵過於急迫了，必然會打壓生產性的勞動。

至於按照這個學說，土地年產物全部是如何分配於上述那三個階級，非生產性階級的勞動，為何只能補還它所消費的

價值，不能增加這全額的價值，卻由這學說的最聰明、最淵
博的創設者揆內（Francois Quesnay），在若干數學的公式上
表明了。在這些公式中，他特別重視第一個公式，標名曰「經
濟表」。這一個公式表明了，他所想像的，在最完全的自由狀
態下，在最繁榮的狀態下，在年產物是如此可以盡可能提供最
大量純生產物，各階級得在全年產物中，享受其適當部分的狀
態下，這種分配是如何進行的。以下幾個公式，又表明了他所
想像的，在各種限制及規律的狀態下，在地主階級或非生產性
階級所受恩惠多於耕作者階級所受的狀態下，在這兩階級侵蝕
這生產階級應得的部分的狀態下，這種分配是如何進行的。按
照這個學說，對於最完全自由狀態所確立的自然分配，每一次
侵蝕、每一次侵害，都必然會多多少少一年比一年的把年產物
的價值與總和減損，從而，陷社會收入與財富於逐漸衰落的地
步。這種衰落的程度，必按照這侵蝕程度，必按照最完全自由
狀態所確立的自然分配所受之侵害程度，而以較速的或較緩的
步調，日益加甚。以下諸公式，就表明了這學說所認為必須與
這自然分配所受侵害程度相呼應的各種衰落程度。

　　有些理論派的醫生，以為人體的保持健康，只能由食物
及運動的正確養生法保持，稍有侵害，即將按侵害程度的比例
而引起相等程度的疾病。但據經驗所示，至少從表面上看，人
類身體，常常能在許多樣式的養生法下，保持最完全的狀態；
甚而，在一般認為並不十分健康的情狀下，保有身體的健康。
其實，人體的健康狀態，本身就含有一種不知名的保持力，能
在許多點上，預防並糾正極不良養生法的不良結果。自己就是
一個醫生並且是一個極有思想的醫生的揆內，似乎關於政體，

亦抱有同類的概念，以爲只有在完全自由與完全正義的正確養生法下，政體始能繁榮發達。但他似乎不知道，在政體內，每個人改善自身境遇繼續的自然的努力，就是一種保持力，能在許多點上，預防並糾正頗不公平頗爲壓抑的政治經濟之不良結果。這種政治經濟，雖無疑會多少阻礙一國趨於財富繁榮之自然的進步，但不能完全把它停止，更不能使一國後退。如果一國沒有享受完全自由及完全正義，即無繁榮可能，那世界上，就沒有一國能夠繁榮了。幸在政體內，自然之智慧，對於人間迂愚及不公正的許多壞影響，已有豐足的準備，來予以糾正。那好像在自然身體內，自有自然之智慧，爲之充分準備，糾正了不少人間懶惰及無節制的不良結果。

這種學說最大的謬誤，在於認工匠、製造業工人、商人的階級，爲與生產無關的階級。這種看法的不當，可由下述數種議論說明。

第一，這種學說，亦承認這一階級會每年再生產他們自身每年消費的價值，至少，可以延續僱用及維持他們的那個資財或資本的存在。單就這一層來說，把與生產無關的名稱，加在他們頭上，就已經很不妥當了。生一男一女只能替換父母，延續人類現狀，不能增加人類數目的婚姻，不得稱爲與生產無關的婚姻。誠然，農業家與農村勞動者，得於維持他們僱用他們的資財以外，每年再生產一個純生產物，作爲地主的自由地租。但是，生育兒女三個的婚姻，比僅生育兩個的婚姻生產更多；農業家與農村勞動者的勞動，亦不過比商人、製造業工人、工匠的勞動生產更多而已。一階級優越的生產，絕不能使其他階級，成爲與生產無關的。

　　第二，根據這點，就把工匠、製造業工人、商人，和家僕一樣看待，是全然不妥當的。家僕的勞動，不能延續僱用及維持他們的基金存在。他們的維持與僱用，全然由主人出費用；他們所作的作業，沒有償還這費用的性質。他們的作業，大都是隨生隨滅的事務，不能附著亦不能實現在任何可賣品上，以補償他們工資及維持費的價值。反之，工匠、製造業工人、商人的勞動，卻自然會附著而實現在如此的可賣品上。因此，在討論生產性的和非生產性的勞動那一章上，我把工匠、製造業工人及商人，歸類到生產性的勞動者內，把家僕歸類到無益的或非生產性的勞動者。

　　第三，無論根據何種假定，說工匠、製造業工人、商人的勞動，不增加社會的真實收入，都似乎是不妥當的。譬如，即使我們假定（像這種學說所假定的一樣），這一階級逐日、逐月、逐年所消費的價值，恰好等於他們逐日、逐月、逐年所生產的價值，亦不能因此便斷言，他們的勞動無所增於社會的真實收入，無所增於社會上土地勞動年產物的真實價值。譬如，某一工匠，在收穫後六個月間，作成了值十英鎊的工作，那即使他同時消費了值十英鎊的穀物及其他必需品，他亦實際上，對於社會的土地勞動年產物，追加了十英鎊的價值。在他消費半年收入即價值十英鎊的穀物及其他必需品時，他又生產了一個等價值的作品，使他自己或別人，得購買相等的半年收入。所以，這六個月間所消費的及所生產的價值，非等於十英鎊，乃等於二十英鎊。固然，在這期間內，也許任何一瞬間，都沒有十英鎊以上的價值存在，但若這價值十英鎊的穀物及其他必需品，不為工匠所消費，卻為一兵士或一家僕所消費，則在六

個月之終，尚猶存在的那一部分年產物的價值，比較工匠勞動的場合，要更少十英鎊的價值了吧。所以，即使工匠所生產的價值，無論在哪一瞬間，都沒有超過他所消費的價值，但無論在哪一瞬間，市場上貨物的實際存在的價值，都賴有他生產，得大於沒有他生產的場合。

此種學說的守護者，往往說工匠、製造業工人、商人的消費，等於他們所生產的價值。在他們這樣說時，他們也許僅僅主張，他們的收入，他們的消費基金，等於他所生產的價值。如果他們的敘述正確一些；換言之，如果他們只說這一階級的收入，等於他所生產的價值，讀者也許更容易想到，他自然會從這個收入節省下來的，必然會多少增加社會的眞實財富。但爲了要說出一種像似理論一樣的東西，他們遂不得不照他們本來的說法說話了。然而，即使假設事情眞如他們所假設，那種議論亦是非常不得要領的。

第四，農業家及農村勞動者，非由節儉，即不能增加社會的眞實收入及其上地勞動年產物，那和工匠、製造業上人，以及商人，是一樣的。任何社會的土地勞動年產物，都只能由兩種方法增加；第一，實際僱用在本社會內的有用勞動的生產力改良，第二，實際僱用在本社會內的有用勞動的量增加。

有用勞動的生產力的改良，取決於（一）勞動者能力的改良；（二）他工作所用的機械的改良，工匠及製造業工人的勞動，因爲比農業家農村勞動者的勞動，能實行更細密的分工，使每個工人的作業更爲單純，所以，在工匠及製造業方面，這兩種改良，都能達到更高得多的程度。所以，在這一點上，耕作者階級，並不較工匠及製造業者階級爲優。

　　實際僱用在任何社會內的有用勞動的量的增加，則完全取
決於僱用有用勞動的資本的增加；這種資本的增加，又必恰好
等於收入（資本管理人指揮人的收入，或資本出借人的收入）
的節省額。如果商人、工匠、製造業工人，眞如這一學說所設
想，自然比地主及耕作者更有節儉儲蓄的傾向，那麼，如此，
他們亦就更能夠增加本社會所僱有用勞動的量了，從而，更能
夠增加本社會的眞實收入及其土地勞動年產物了。

　　第五，即使一國居民的收入，眞如這一學說所設想，全然
是其國居民勤勞所能獲取的生活資源量，但在其他一切條件相
等的場合，工商業國的收入，亦必遠大於無工商業國的收入。
一國以商業及製造業爲媒介，得比其國土地在現耕作狀態下所
能提供的數量，每年從外國輸入較大量的生活資源。都市居
民，雖往往毫無土地，亦得賴自身之勤勞，吸取如此多量的他
人土地原生產物。工作的原料不講了，他們的生活資源基金，
亦可從此取得。都市與其鄰近諸農村之關係，往往即是一獨立
國與其他諸獨立國之關係。荷蘭就是這樣從其他諸國，吸取他
們生活資源的大部分。活家畜，從浩爾斯坦及日德蘭；穀物，
幾乎從歐洲各國。小量的製造品，得購買大量的原生產物。所
以，工商國，自然會以小部分本國製造品，交換大部分外國原
生產物；反之，無工商業的國家，就大都不得不費去大部分本
國原生產物，來購買極小部分的外國製造品，前者所輸出，僅
能維持極少數人，供極少數人享用，但所輸入，卻爲多數人的
生活資源及享樂品。後者所輸出，是多數人的享樂品及生活資
源，但所輸入，卻僅能供養便利少數人。前一類國家的居民，
常能比其國土地在現耕作狀態下所能提供的數量，享受遠爲大

量的生活資源。後一類國家的居民，卻必致於常常只能享受遠
爲小量的生活資源。

　　這學說雖有許多缺點，但在政治經濟學這個題目下發表
的那許多學說中，又要以這學說最近於眞理了。即因此故，凡
願細心檢討此種極重要的科學的原理的，都得十分對它留意。
視投在土地上的勞動，爲唯一生產的勞動，所指固未免失之太
狹，但這學說，視國民之富，非由不可消費的貨幣的財富構
成，卻僅由社會勞動每年所再生產的可消費的貨物構成，視完
全的自由，爲盡可能以最大程度，增進這常年再生產的唯一有
效方法，卻就任何一點說，都是公正而又寬大自由的。其信徒
極眾，人們大都愛好奇說，總想自己的見解，超乎平常人的理
解。所以，這學說與眾不同，倡言製造業勞動是非生產性的，
也許亦是它博得許多人讚賞的一個不小的原因。在過去數年
間，他們居然組成了一個頗爲重要的學派，在法國的學術界以
「經濟學人」（The Economists）的名號著稱。他們的文章，
把許多向來不曾有人好好研究過的題目，提到大眾面前討論，
並在相當程度上，使國家行政贊助農業，所以，對於他們的國
家，他們的貢獻亦是不小的。就因爲他們這種說法，法國農業
一向所受的壓迫，就有好幾種得了解脫。任何未來的土地購買
者所有者均不得侵犯的租期，已由九年延長到二十七年了。往
昔同國各州間穀物運輸所受的各州的限制，完全廢除了；輸出
穀物到各外國的自由，在一切普通場合，亦在王國的普通法中
確立了。這個學派，有無數的著作，不僅討論眞正所謂政治經
濟學，亦即討論國民之財富的性質與原因，且討論國內行政組
織其他各部門。這無數著作，都心悅誠服，無何等大修正的，

追隨揆內的主義。因此，他們著作中，有大部分幾乎是內容一致。關於這學說，曾作最明白、最連貫的解釋的，乃是曾任馬亭尼科知事的麥西爾·德·拉·里浮爾所著的題名為《政治社會之自然的本質的秩序》的那一本小冊。這整個學派，對於他們的導師的稱揚，殆不下於古代任何哲學學派，對於各自學派建立者的稱揚。不過這學派的導師，自己倒是非常謙虛且樸素。有一位勤勉而可尊敬的作者馬古斯·德·米拉波，就說：「從有世界以來，只有三個大發明，與其他許多僅足為政治社會裝飾潤澤的發明無關，單獨的，給政治社會以安定性。第一，是文字的發明，只有它可給人類以傳達（毫無更動的傳達）其法律、其契約、其歷史，及其發現之能力。第二，是貨幣的發明。那使諸文明社會間的全部關係，得互相連結。第三，是《經濟表》，那是其他兩種發明的結果，但可完成它們兩者的目標，從而使它們兩者完成；那是我們這個時代的大發現，但我們的子孫將永收穫其利益。」

　　近代歐洲諸國的政治經濟學，更有利於製造業及國外貿易——都市的產業，而更不利於農業——農村的產業；其他諸國的政治經濟學，則採用不同的計畫，更有利於農業，而更不利於製造業及國外貿易。

　　中國之政策，就在一切職業中，特別愛護農業。在歐洲，大部分地方的工匠待遇優於勞動者[1]，而在中國，據說，勞動者的待遇，即遠較工匠的境遇為優。在中國，每個人都以

---

① 此處，勞動者一詞，指無技術的勞動者。以下尚有數處，與此同一用法。

占有（所有或租有）若干土地爲大野心。只要是租有，則據說租借條件極爲簡妥，而對於租借人，又有充分保證。中國人不大重視外國貿易。當俄羅斯公使德·蘭格來北京請求通商時，北京的官吏，便常常對他說：「你們乞食般的貿易！」[2]除了對日本，中國人很少由自己或自己的船舶，經營外國貿易，甚或全然不會。允許外國船出入的海港，亦不過一兩個。所以，在中國，外國貿易就被局限在更狹窄得多的範圍中了，設稍微自由，則由本國船、外國船經營的外國貿易，必然會更大得多。

製造品，因在小體積中常常包含大價值，得比大部分原生產物，以較小的費用，由一國運至他國，所以，幾乎在任何國家，都是國外貿易的主要支持物。而且，在國內貿易不能像中國那樣廣闊而有利的場合，製造品亦常常需要國外貿易來支持。設無廣闊的國外市場，那在僅能提供狹小國內市場幅員不大的國家，或在國內某地生產物不能暢銷於國內各地或國內各州間交通極不方便的國家，就沒有好好發展的可能。須記著，製造業的完善，全然依賴分工。製造業所能實行的分工程度，又必然受市場範圍的支配。這是我們曾經說過的。中國有如此大的幅員，有如此多的居民，有如此多樣的氣候，各地方有如此多樣的生產物，各州間的水運交通，又是大部分極其便利，所以，單有這個大國的國內市場，就已足以支持極大的製造業，而容許極可觀的分工程度。就面積言，中國的國內市場，

---

② 參看《北爾諸遊記》中，德·蘭格氏的日記（第二卷五八、二七六、二九三頁）。

比起全歐洲各國的市場，並不會覺得差太多。設能在國內市場
之外，再給中國以全世界其餘各地的國外市場，則更闊大的國
外貿易，必能大增中國製造品，大大改進其製造業的生產力。
如果這國外貿易，尚有大部分由中國船經營，則尤有這種結
果。而且，航海業推廣的結果，自然會使中國人學得外國所用
各種機械的使用術與建造術，以及世界其他各國技術上及產業
上的各種改良。但在今日中國的計畫下，卻幾乎沒有機會模仿
外國的前例，來改良自身（除了模仿他們的鄰國日本）。

　　古埃及和印度政府的政策，似亦常常較有利於農業，而較
不利於其他一切職業。

　　古埃及和印度，都把人民全體，分成若干種姓階級或氏
族，由父至子，只許世襲特定的職業或特定類別的職業。僧侶
的兒子，必然是僧侶；兵士的兒子，必然是兵士；勞動者的兒
子，必然是勞動者；織匠的兒子，必然是織匠；縫匠的兒子，
必然是縫匠。餘可類推。在這兩國，僧侶的種姓階級，占最高
位。兵士次之。而在這兩國，農民及勞動者的種姓階級，均高
於商人及製造家。

　　這兩國的政府，都特別注意農業的利益。埃及國王疏通
尼羅河使其灌溉得適當分配之工程，在古代是很有名的；其遺
跡，至今亦尚為旅行人所驚賞。印度古代諸王疏通恆河使其灌
溉得適當分配之同種工程，雖不若前者有名，但是一樣偉大。
所以，這兩國，雖亦間有糧食不足的情形，但總以豐饒性甚大
而聞名於世。那裡雖都是人煙極其稠密，但就連在普通的豐
年，亦都能輸出大量的穀粒到鄰國去。

　　古埃及有畏海的迷信；印度教不許教徒在水上點火，從

而不許教徒在水上烹調任何食物，所以，實際上，亦就等於禁
止教徒航行遠海。古埃及和印度幾乎全然依賴外國航業，來輸
出他們的剩餘生產物。這種依賴性，因可限制市場，故必致阻
礙這剩餘生產物的增加。但對於製造品增加的阻礙，又必甚於
對原生產物增加的阻礙。與最重要部分的土地原生產物比較，
製造品所需之市場，更爲廣大。一個鞋匠，一年可製造三百雙
以上的鞋；但其家族，或不能穿著六雙。所以，他至少也要有
五十家像他那樣的家族，來照顧他的生意，不然，他自身勞動
全部生產物，即無法脫售。在任何一大國，就連人數最多的那
一類工匠，在國內家族全部中，所占比例，恐亦罕在五十分之
一或百分之一以上。但在英國、法國那樣的大國，據某一些著
作家所計算，則以農業爲職業的人數占全國居民二分之一，某
一些著作家所計算，則爲三分之一，但據我所知，殆無一人，
謂在全國居民五分之一以下。英法兩國的農產物，既大部分在
國內消費，那照此等計算，每一家農民，只須一家、兩家，至
多四家像他那樣的家族來照顧，已可脫售他勞動的全部生產
物。所以，農業比起製造業，是更能在市場有限的阻礙上支持
住的。在古埃及和印度，外國貿易的局限，固能在某程度上，
由內地航運紛繁的便利（那在最有利的情況上，對於本國各地
各種生產物，開放全範圍的國內市場），而得補償。且以印度
斯坦幅員甚廣，故所提供的國內市場亦極大，足支援許多種類
的製造業。但在古埃及，則幅員甚小，不能與英格蘭等量相
比，所以，在任何時節，所提供的國內市場均甚小，不足支援
許多種類的製造業。孟加拉（輸出穀粒最多的印度斯坦省）之
所以引人注意，與其說因爲它輸出了許多穀粒，不如說因爲它

輸出許多種類的製造品。反之，古埃及雖亦輸出若干製造品，尤其是精麻布及其他某幾種貨物，但終以輸出大量穀粒而聞名於世。它有一個長時期，是羅馬帝國的穀倉。

中國、古埃及、印度斯坦各時代割據諸王國的君王，其收入全部或最大部分，常常得自某種地稅或地租。這種地稅或地租，像歐洲教會的什一稅一樣，包含一定比例的土地生產物，據說是五分之一，那或由現物交付，或估價由貨幣交付，依收穫豐歉之變化，一年不同於一年。如是，則此等國家的君王，特別注意農業的利益，就是當然的了，因為他們年收入的增減，即直接取決於農業的盛衰。

古希臘諸共和國之政策及羅馬共和國之政策，雖與製造業外國貿易相較，亦是更尊重農業，但實際的說，與其說他們曾給後者以直接的、有意識的獎勵，便不如說曾給前一類職業以阻礙。希臘古代諸邦，有些便完全禁止外國貿易；有些，卻視工匠及製造業工人的職業，為有害於人體的強力與活潑，使他們不能養成他們軍事訓練、體育訓練所要養成的習慣，並使他們不能耐戰爭的勞苦，克服戰爭的危險。他們視這種職業，只宜於奴隸；國家的自由市民，不許從事經營。就連像羅馬、雅典那樣的城邦，雖說沒有這種禁止，但事實上，人民大眾還是不許經營今日為下層都市居民所時常經營的各種職業。這一類職業，在羅馬及雅典，全由富人的奴隸占領。此等奴隸，為其主人之利益，而經營此等職業。這班富人，既有財富權力，又得保護，故一貧窮的自由民，要與此等富人的奴隸競爭，那就幾乎不能為其作品尋得一個市場。不幸，奴隸是極少有發明的；一切最重要的縮減勞動、便易勞動的改良，無論是

機械上的還是工作分配法上的，都是自由人的發現。如果有一個奴隸提議這一類的改良，其主人將視此等提議爲懶惰的表示，不過表示他想以主人爲犧牲而節省自身的勞動。如是，可憐的奴隸，不但不能從此得報酬，也許還要從此受冤枉，甚至於受處罰。所以，與自由人經營的製造業比較，奴隸經營的製造業，通常須由多量的勞動，才能完成等量的作業。是故，後者作品，必通常較前者作品爲貴。孟德斯鳩曾言，與鄰近的土耳其礦山比較，匈牙利的礦山雖不更爲豐饒，但常能以較小的費用採出，故能獲取較大的利潤。土耳其礦山，由奴隸開掘；土耳其人所知使用的機械，又只是奴隸的臂。匈牙利礦山，由自由人開掘，並且採用許多縮減自身勞動便易自身勞動的機械。至於，關於希臘羅馬時代製造品的價格，我們所知的極少，但從這一點點知識，我們已覺得精緻製造品非常昂貴。絲與金，得以等重量相交換。當時，絲非歐洲製造品，均從東印度運來，運輸費大，或可在相當程度上，說明其價格的昂貴。但據說，當時貴婦人，亦每每以同樣過大的價格，購買極精緻的麻布，而麻布則大都是歐洲的製造品，至遠，亦不過是埃及的製造品。所以，此種高價的原因，就只是生產麻布的勞動所費甚大了，而此種勞動所費甚大的原因，又只是所用機械粗笨。並且，精緻毛織物的價格，雖不見得有這樣昂貴，但亦遠過於今日。據蒲林納所說，這種毛織物，若曾精染，則一磅可值一百德納爾（denarii），即三英鎊六先令八便士。染色若更精良，則一磅可值一千德納爾，即三十三英鎊六先令八便士。須記著，羅馬人的一磅僅等於們的十二常衡盎司。這高價，誠然主要起因於染料。但若毛織物本身非較今日遠爲昂貴，則如

此昂貴的染料，也許不會如此用。附從物與主要物價值間之不平衡，將太過巨大。再據同一作者所說，某種屈利克林納利亞——一種毛織的枕墊，放在桌子前面的椅子上——的價格，亦幾難以置信。有些，費三萬英鎊以上；有些，費三十萬英鎊以上。這種高價格，總不能說由於染料吧。再據亞普斯諾博士所說，古時時髦男女的服裝，都較今日，更少花樣。我們在古代諸雕像中，只能看出極少樣式的服裝，那正可以證實他的議論。但他就從此，推論他們的服裝，就全體說，必較今日為廉。這個結論，卻似乎不甚妥當。在時裝衣服所費甚大時，花樣必定甚少。但在製造技術及製造工業的生產力已改良，致任何服裝所費均不甚大時，花樣就自然會多起來。富人在不能由服裝所費以炫耀自身時，就自然竭力以服裝多花樣新，來炫耀他們自己了。

　任何一國的貿易，都以城鄉間的通商，為最大而最重要的部門。都市居民的工作材料及生活資源基金，仰給於農村的原生產物，而以一定部分製成了的適於目前使用的物品，送還農村，作為原生產物的代價。這兩種人的貿易，基本上，乃是以一定量原生產物，與一定量製造品交換。前者愈昂貴，後者必愈低廉；在任何一國，可提高製造品價格的事情，都有減低土地原生產物價格的趨勢，從而有阻礙農業的趨勢。一定量原生產物或其價格所能購買的製造品量愈小，這一定量原生產物的交換價值亦必愈小，地主由改良土地，農業家由耕作土地而增加其產量之獎勵，遂亦愈小。此外，在任何一國，可減少工匠及製造業工人的事情，都有縮小國內市場——在原生產物各種市場中，那是最重要的——趨勢，從而，有更進一步阻礙農業

的趨勢。

所以，因要增進農業而特重視農業，且對製造業及國外貿易加以限制的那諸種學說，其作用都適反於其所欲達成的目的，而間接阻礙他們所要促進的那一種產業。在這點，其矛盾尙恐較重商主義爲尤甚。重商主義因更獎勵製造業及國外貿易，更不獎勵農業，固可使社會資本，離開較有利益的產業，而支持較少利益的產業，但實際上，到底總算獎勵了他所要促進的產業。反之，諸農業學說，卻是實際上，到底是阻礙他們自己所要愛護的產業。

這樣看來，凡是一種學說，如要違反自然的趨勢，對於特定產業，予以異常的獎勵，吸引某一較高比例的社會資本，投入這種產業，又或要對於特定產業，加以異常的限制，違反自然的趨勢，強迫一部分原來要投在這產業上的資本，離開這種產業，那實際上，都足顛倒他所要促進的大目的。那只能阻礙社會富強之進步，不能使它加速，只能減少其土地勞動年產物的眞實價值，不能把它增加。

一切特惠的或限制的制度，一經完全廢除，最明白、最單純的、自然的自由制度，將自然而然的，自己樹立起來。每一個人，在他不違犯正義的法律時，都願任其完全自由，在自己的方法下，追求他自己的利益，而以其勤勞及資本，加入對其他人或其他階級的競爭。監督私人產業，指導私人產業使最合宜於社會利益的義務，君主應當完全解除。這種義務的履行，極易陷於欺瞞與迷惑中；要行之得當，恐尙非人間智慧或知識所能作到。按照自然的自由制度，則君主應盡之義務僅三。第一，保護社會，使不受其他獨立社會的擾害侵犯。第二，盡

其所能，保護社會上每個人，使不受社會上其他個人的虐待壓
迫，即設立嚴正的司法機關。第三，建設並維持一定的公共土
木事業及一定的公共施設。這種事業與施設的利潤，在由大社
會經營時，雖常足補償所費而大有餘，但若由個人或少數個人
經營，就絕不能補償所費，故其建設與維持，絕非任何個人或
任何少數個人所能從中獲利。

　　君主這諸種義務的適當履行，必須有一定的費用，而這一
定的費用，又必須有一定的收入來支持。所以，下一篇，我將
努力說明以下諸事。第一，君主或共同社會的必要費用是什麼
呢？其中，什麼部分應由全社會的一般課稅支付，什麼部分應
由社會內特殊部分或特殊人員的課稅支付呢？第二，應由全社
會支付的費用，將由怎樣的種種方法而為全社會所承擔呢？並
且，這各種方法主要的利弊又何在呢？第三，近代各國政府，
幾乎都會用一部分的這種收入來作抵押，而商借債務，其理由
及原因何在呢？此種債務對於社會真實財富及社會土地勞動年
產物的影響又如何呢？所以，下一篇，就自然要分成三章。

第五篇

論君主或國家之收入

第一章

君主或國家之費用

第一節　論國防費

　　君主的義務，首在謀劃本國社會之安全，使不受其他獨立社會之暴行與侵略。而此種義務之完成，又惟有藉助於兵力。至於平時準備兵力，戰時使用兵力的費用，則因各社會狀態不同；換言之，因各社會進化程度不同，而非常相異。

　　在最低級最粗野之狩獵民族間，人人都為狩獵者，人人亦都為戰士。今之北美原住民族，就是如此。他們在家庭中生活，是各由自己的勞動維持；他們為保護社會，或為社會復仇而奔赴戰場，也同樣是由每個人自己的勞動維持。在這種狀態下，本無所謂君主或國家，每個人也無須為準備戰爭，為進行戰爭，而負擔何等費用。

　　較進步之遊牧民族的社會狀態，如韃靼人和阿拉伯人的社會狀態，也大抵相同。在那個社會中，每個人是遊牧者，同時也是戰士。他們通常在帳篷中，或在一種容易移動的篷車中生活，沒有　定的住所。每年因季節不同，或因其他偶發事故，舉族同時遷徙。他們的家畜群，把一個地方某部分的牧草吃盡了，便移向另一部分，另一部分吃盡了，更移向其他的部分。他們在乾燥季節，遷往河岸。在雨季，又退回高處。當他們面臨著戰爭時，並不是把家畜委之於老者、婦女、兒童看護，也不是把老者、婦女、兒童拋在後邊，不予以保護供養。他們全民族在平時就是過慣了遊牧生活，所以一遇戰爭，每個人皆容易變為戰士。而且，他們在軍隊式的進軍場合，在畜牧式的移動場合，其目的儘管不同，而生活樣式卻大抵一樣。戰爭起來，他們是一同戰爭。他們每個都盡其所能來作戰。韃靼婦女

參加戰爭的事，是我們時常聽到的。他們如果戰勝了，敵方全
種族所有的一切，都成了他們的勝利報酬；一旦戰敗了，自己
的家畜乃至婦女兒童，也全都成了戰勝者的勝利品。就是戰場
上殘留下大部分強而有力的戰士，亦不能不為得到當前的生活
資源，而服從征服者。而其餘一部分人，通常皆遭驅逐四散，
投往荒地。

韃靼人或阿拉伯人之日常生活、日常操習，在在可為其戰
鬥準備。他們普通的戶外遊戲，如競走、角力、耍棒、投槍、
拉弓等等，儼然就在從事戰爭；他們在實際作戰時，也如平日
一樣，由自己所帶領的家畜維持生活。他們是有酋長或君主
的，但酋長或君主不會為了準備戰爭，而加他們以負擔。掠奪
的機會，就是他們在戰場上期待的唯一報酬。

狩獵者的隊伍，通常不過二、三百人。因為各地提供他們
生活資源的機會，既不確定，許多人如長久住在一塊，必無法
維持。遊牧者不同，他們的隊伍，有時會達到二、三十萬人。
只要他們的行進不受阻礙，他們能夠由牧草消盡了的甲地域，
遷到牧草完全沒有損耗的乙地域；他們連結一起的人數，就似
乎可以盡量增加。因此，狩獵民族對於其鄰近的文明國民，雖
沒有什麼可怕，遊牧民族，就非同小可了。所以，最令人輕視
的，是印第安人在美洲的戰爭；最令人談虎色變的，是韃靼人
在亞洲屢次的侵略。特希狄德說：「無論是歐洲、是亞洲，
都不能抵抗團結起來的西徐里人。」他這個斷言，實在已經由
一切時代的經驗證明過了。西徐里或韃靼的曠野，廣漠無垠，
沒有天然的屏障。那裡的居民，往往在一個征服者群或酋長的
統治下，結合起來。亞洲許多地方遍受蹂躪，變為荒地，即可

顯示他們結合的力量。幸而另一個大遊牧民族，即阿拉伯不毛沙漠的居民，不大能夠團結。在歷史上，他們僅僅於穆罕默德及其直接後繼者的統治下，結合過一次。他們那次的結合，與其說是征服的結果，倒不如說是宗教熱情的結果，但他們那次結合的表現，也同樣可觀。假若美洲的狩獵民族，都成了牧羊者，那麼，鄰近他們的歐洲諸殖民地居民，就一定不能像現在這樣平平穩穩地生活下去。

現在，再就更進步的農民社會狀態說吧。在道地的農業民族間，全沒有對外貿易，除了每個人為自己使用，而在各自家中製造的粗劣用品外，更沒有何等製造品。他們每個人是農民，也同樣是戰士，或者說，都容易成為戰士。農家的工作，夏天要不避烈日，冬天要不避風寒。這種困苦的日常生活，正可鍛煉他們，使他們能忍受戰爭的苦難。實在說，農業上有若干工作，就與戰時的一部分困難工作，非常類似。譬如，農家在農場上，是非掘鑿溝渠不可的，而有了這套本領，他們便可從容在戰場上構築戰壕與圍牆。前面講過，遊牧人民的遊戲，儼然是從事戰爭，農民雖不像遊牧者那樣開暇，不像遊牧者那樣耽於遊戲，從而，他們充當兵卒，也沒有學得遊牧者那般武藝。可是，他們一旦執干戈以衛社稷，卻也不必要君主或國家多大的破費。

不過，農業是有定著性的，哪怕開化最淺、耕作還在最初階段的農民，也必須有一個定著住所。這定著住所一旦放棄，勢必要蒙受大損失。所以農耕民族的作戰，就不能像狩獵民族、遊牧民族那樣全體出動。他們至少要把老者、婦人、兒童留在後方，照料住所。可是，其他兵役年齡內的男子，則當

全赴戰場，而在弱小民族間，更是如此。各國兵役年齡內的男子，就一般推算，約占全人口四分之一或五分之一。假若戰爭在播種期後開始，收穫期前終了，農民及其主要勞動者即使離開農場，亦不會蒙受大的損失。在這個期間，農場上雖有必須進行的作業，但他相信，有老人、婦人、兒童，就很可以把這事情作好。所以，短期從事戰役，他盡可不要報酬，他成為戰士，既無須君主或國家的費用訓練；他實際作戰，也無須君主或國家的費用維持。在第二次波斯戰爭發生以前，古代希臘各邦市民，似即依這種方式從事兵役。在伯羅奔尼撒戰爭發生以前，伯羅奔尼撒人，也還是依這種方式從事兵役。據特希狄德觀察，伯羅奔尼撒人大概在夏季離開戰場，回去辦理收穫。羅馬在諸國王分立期、乃至共和國初期，亦是採取這種辦法。直到斐伊之圍以後，它才開始把維持征服者的費用，加在那些留在家鄉的人身上。之後羅馬帝國沒落，在其廢墟上，又建立了歐洲諸王國。這些王國，在真正的封建法（feudallaw）成立以前，及既經成立以後若干期間，許多帶領眾多扈從的大領主，往往是自費幫忙他們的國王打仗。如在家庭中一樣，他們在戰場上，也是以自己的收入支持自己；他們從未由國王那裡領到何等俸金或報酬。

在遠更進步的社會中，征服者以自己的費用維持自己的事，就全不可能了。這其中有兩種原因：一是製造業的進步，一是戰爭技術的改良。

就農民從事遠征而論，只要那遠征是播種期後開始，收穫期前終了，他在作業上的這種中斷，就不致大大影響其收穫。因為，即使不加入任何勞動，自然尚可以替他完成一大部分留

下的工作。然而服兵役對於一般技術工人，那就非同小可了。
譬如，鐵匠、工匠、織匠，他們一離去作業的場所，其唯一收
入來源，馬上就要枯竭。他們的一切工作，都要仰仗自己，自
然沒有一點幫助。所以，他們這種人如爲國家服兵役，就無法
自己維持，也就不能不由國家給養。這樣看來，一國大部分居
民如爲技術工人及製造業者，則大部分服兵役的人，就不能不
由他們中間征集，從而，他們在軍事服務期間，也就不能不由
國家的費用維持。

加之，戰爭的技術，已漸漸發展成了一種錯綜複雜的科
學。戰爭的行爲，已不是初期社會那種簡單隨便的小格鬥、小
爭奪；而戰爭的期間，更沒有一定，往往連續爭戰幾次，每次
說不定要繼續大半年。這時，從事兵役的人民，至少在戰鬥繼
續期間，有仰賴國家維持之必要。一個人平時不論所執何業，
如果要他長期服務軍役，長期自費支持，那就未免是一個過重
的負擔。所以，第二次波斯戰後，雅典的軍隊，就似乎大體
上已採了傭兵制度。當時雅典軍隊，雖由市民及外國人編成，
但他們一樣是以國家費用，支給薪餉。羅馬自斐伊之圍以來，
其軍隊在戰役期內，亦受有相當報酬。以後在封建諸政府統治
下，大領主及其扈從之軍事勤務，一般都是在一定期間後，用
貨幣作爲抵償；這貨幣就是用以維持那班頂替他們服役的人。

文明社會服兵役的人類，與人民總數就比例而言，必然要
比未開化社會少得多。文明社會維持兵士的費用，統由那些非
兵士的勞力者負擔。這般勞力者，不但要維持兵士，且要在適
合身分的範圍內，維持他們自身、乃至他們的行政司法官吏。
因之，兵士的數目，就不能超過那般勞力者——除了維持他們

自身及其官吏外——所能維持的限度。在古代希臘小農業國家中，人民全體有四分之一或五分之一自認為兵士，而往往從役戰場。然而近代文明各國使用的兵士，通常推算，不過全體居民百分之一，過此即不免因負擔太重，危及國家的財政收入。

戰場上軍隊概由君主或國家供養以後好久，為作戰而練兵的費用，才成為國家的一個大支出。在此以前，似乎不見得怎樣繁重。古代希臘諸共和國的軍事訓練，為國家課加於各自由市民之教育的必要部分。各都市皆備有一公共廣場，就在這廣場裡面，諸教師於國家官員監督下，對於青年施以種種軍事教練。所以，希臘諸共和國雖說要負擔市民準備作戰的費用，但這費用的全部，不過限於這極簡單的設施。古代羅馬也有所謂練武場（Campus Martius）的教練，那與古希臘式的運動場（Gymnasium）的教練，具有同一目的。後來封建諸政府，雖曾企圖達成這種目的，訓練各區市民，演習弓術及其他軍事訓練，但卒因委任官吏缺乏責任心及其他原因，這種訓令，竟成了一紙具文。在那些政府的更迭消長中，軍事訓練亦漸在人民大眾中放棄了。

在希臘羅馬諸共和國存在的全期間，在封建政府成立以後許久歲月間，兵士的職業，都尚未成為某市民階級之唯一的主要職業，未成為一種獨立的與其他職業完全分離的職業。一切人民，不論其平日依何種職業或業務謀生，在普通的場合，他總覺得他宜於成為一個軍人，而在非常的場合，又覺得有成為一個軍人的義務。

然而在一切技術中，戰爭的技術確是最先進的；所以改良進步的結果，這種技術，也就必然成為一切技術中最複雜的

了。戰爭技術在某特定時期能完成的程度，固然是由機械技
術，以及其他必然與戰爭技術相關的若干技術狀態，予以決
定，但是，要使其發展至如此程度，那還有成爲特種市民的主
要或唯一職業之必要；並且，和其他的技術改良一樣，這種技
術的改良，也有分工之必要。不過，他種技術的分工，是個人
智巧之必然的結果，因爲他發覺了，要增進自己的利益，與其
從事幾種職業，倒不如專精一種特定職業。至若兵士職業與其
他職業分開，使成爲一種獨立的專門的職業，卻非出於個人的
打算，而是由於國家的智慧。在太平無事時，一個不待國家特
別獎勵，而把自己大部分時間費在軍事訓練上的市民，無疑
的，他在這種訓練上必更有進步、更有樂趣，但對於他自身的
利益，那卻沒有一點增進。只有國家的智慧，能使國家增進他
的利益，叫他費大部分時間來從事這種特殊職業。不過有許多
國家，就連遇到非有這種智慧即難以繼續生存的時候，往往仍
然沒有這種智慧。

　　遊牧民多閒暇，最初階段農業狀態下的農民，有一些閒
暇，手藝工人或製造業者，則全無閒暇。在武藝的訓練上，第
一種人就是把大部分時間花費了，第二種人把小部分時間花
費了，都不會蒙受大的損失。第三者的情況，卻大不同。他費
去一小時，即有一小時的損失。而且，爲他自身的利益計，他
自然而然的會漠視這全部的教練。又技術進步、製造業進步，
農耕上必然會引起種種的改良，結果，遂使農民和城市的工人
一樣，沒有閒暇，農民也不期然而然的和市民一樣輕視軍事訓
練，以致大多數人都養成了不好戰的習性了。然而在另一方面
由農業、製造業改良生出的財富，即由這諸種改良累積下來的

財物，卻又不免誘起鄰國的覬覦和侵略。事實上，勤勉而富裕的國家，往往是最易被其四鄰攻擊的國家。所以，國家假使對於國防不採取何等新的手段，人民自然的習性，會使他們全然失去自衛能力。

在這種情形下，國家對於國防軍備的設施，似只能採取兩種方法。

第一，它可用一種極嚴厲的法令，不要管國民的利益怎樣、資質怎樣、傾向怎樣，一律強迫施以軍事教練。凡在兵役年齡內之一切市民，或其中的一定人數，不管他們是營何項職業，總得使其在某種限度，與兵士的職業結合起來。

第二，它可以維持並使用一部分市民，不斷施以軍事訓練，使兵士的職業，脫離其他職業，而確然成為一獨立的特殊職業。

假若國家採取前一方法，那麼，這個國家的兵力，就是所謂民兵，如其採取後一方法，那麼，這個國家的兵力，就是所謂常備軍。操演軍事教練，為常備兵士之唯一的主要職業。國家給予他們的生活費或薪餉，即是他們日常生活之主要資源。可是，在民兵方面，就當別論。這種兵士的軍事教練，原不過是臨時的職業。他們日常生活的主要資源，還得由其他職業取得。在民兵、勞動者、手藝匠、買賣人的性質，多於兵士的性質；在常備軍，軍人的性質，又多於一切其他職業的性質。這兩種兵力，在本質上就有這樣的區別。

單就民兵說，亦分有若干種類。有的國家，對於捍衛國防的市民，只施以軍事教練，卻不曾編為隊伍──如其可以這樣說──當他們操練時，既沒有分割為獨立個別的部隊，也沒

有長久固定的士官。在昔希臘、羅馬諸共和國，各市民留在家鄉時的軍事教練，多半是單獨的、分開的，或者邀聚每個人所好的伴侶一同操演，不到實際作戰期間，則不屬於任何特定部隊。若在其他國家，則又不同。其民兵，不但要操演，且編爲隊伍。在英國、瑞典，乃至在近代歐洲設有這種不完全兵備的一切國家，每個民兵，都有其所從屬的特定部隊，都有其恆久固定的教練士官。在戰時固不待言，在平時亦是如此。

火器未發明以前，一個軍隊的優越程度，要看其中各個兵士使用武器的熟練同技巧如何。肉體的力氣和敏捷的活動，所關至巨，通常且以此決定戰鬥的命運。使用武器的熟練和技巧，與今日之劍術同，那不是夾在大眾之中能夠學成的。學習那種武藝，只有每個人單獨進特定的學校，從特定的教師，或拜訪特別有本領的朋友。火器發明以來，體力和敏捷，使用武器的技巧和熟練，雖然不是全無用處，但比較以前，就更不重要得多了。新式火器的性質，雖然在使用上，不致使笨拙者和熟練者立於同一水準，但比以前，卻使他們更能夠近於同一水準。而同時使用這新式火器所必要的一切技巧和熟練，已可夾在大部隊中學習，而不必私人教練了。

決定近代軍隊戰鬥命運的，與其說是兵士使用武器的技巧和熟練，就遠不如說是規律、秩序，和對於命令的迅速服從。近代的火器，是有聲響的、是有煙硝的，以及一旦進入砲彈射程內，即使在雙方真正開始交戰前還有很長一段時間，每一個人往往便覺得自己無時無刻面臨看不見的死亡；在這種情況下，即便是在戰鬥開始之際，這規律、秩序、和服從性，就頗不易保持。若古代的戰鬥情形，就不是如此了。除人的吼叫

聲外，沒有聲響、沒有煙硝，也沒有看不見的負傷和致死的原因。在致死的武器實際未接近自己以前，每個人都明顯沒有別的顧慮。在這種情形下，只要是對於使用武器的熟練和技巧，有相當把握，那種軍隊的規律和秩序，就不但在戰鬥開始時可以保持，即在戰鬥全過程上，或者直到兩軍勝負已分時爲止，尚不致怎樣混亂。總之，對於規律和秩序的保持，在這一情況，是比前一場合容易多了。不過，規律、秩序和對於命令的迅速服從，那是要在大隊伍的操練中才能獲得的。

可是，民兵不論用什麼方法教練或訓練，訓練好了的民兵，往往總遠不及訓練好了的常備軍。

在使用武器的熟練上，一週或一月訓練一回的兵士，絕不及每日或隔日訓練一回的兵士。也許說，軍隊的熟練，在近代沒有往昔那樣重要，但舉世公認的普魯士軍隊的優越——據說，這優越很得力於他們訓練的熟練——卻證明了就連在今日，士卒熟練亦還是極其重要。

一種兵士，每週、每月僅僅聽長官一次指揮，其餘一切時間，都可自由處理自己的事務，不必過問長官。另一種兵士，其全生活及行爲，皆在長官指揮之下。他每日的起居進退——至少在營舍中——悉照長官的命令行事。就這兩種兵士比較起來，對於長官的敬畏程度、對於服從命令的迅速程度，前者是絕不如後者的。所以，純就所謂操槍教練而言；換言之，就操縱和使用武器而言，民兵固劣於常備軍。但就訓練而言，換言之，就迅速服從命令的習慣而言，民兵更較常備軍爲劣。可是在近代戰爭上，操縱武器的本事雖再好，究竟不若立即服從命令之習慣重要。

民兵能像韃靼及阿拉伯的民兵那樣，那就算最好的了。他們平時就是服從酋長，若跟隨同一酋長作戰，自然很能服從。他們尊敬長官和立即服從命令的習慣，頗與常備軍接近。蘇格蘭高地地方的民兵，當其在自己首領指揮下活動時，也是可以尊敬長官，並相當的迅速實行命令的。不過，他們不是放浪的牧羊者，而是定居的牧羊者，他們都有一定的住所。在平時，他們既沒有追隨首領，由一個地方轉移到其他地方的習慣，所以，和韃靼人阿拉伯人比較，他們到戰時是不大願意同首領馳赴遠方的，也是不大願意長久留在戰爭場所的。他們一獲有戰利品，馬上就渴望回家，首領的權威，也不一定能夠制止。這就是說，講到服從，他們是遠不及韃靼人、阿拉伯人的。加之，此等高地居民一向過慣了定居生活；與韃靼人、阿拉伯人比較，他們在野外的時候少，所以就軍事教練之習慣言、就使用武器之熟練言，他們亦更不如韃靼人和阿拉伯人了。

不過，我們要注意一點，無論何種民兵，只要它作戰過幾回，就可以成為一個十足的常備軍。因為他們每日操練武器，持續在長官的指揮之下，所以不久就獲得了常備軍那樣迅速服從命令的習慣。未赴戰場以前，不問他們是怎樣，只要作戰過幾次，他們就必然會獲得常備軍的一切優點。所以美洲的戰爭，如果再延長一點，美洲的民兵，無論就哪點說，都可以和常備軍對抗，因為在前次戰爭中他們所顯示的武勇，一定不比法國和西班牙最頑強的老兵差。

知道了這個區別，我們就可依歷史的事實，來證明有規律的常備軍對於民兵，有不可抵抗的優越處。

據可靠歷史的記載，最初出現的常備軍之一，就是馬其

頓王菲力浦率領的軍隊。他屢與色雷斯人戰，與伊利里亞人戰，與色沙里人戰，乃至與馬其頓鄰近的希臘諸城邦戰。歷次戰爭的結果，他漸漸把他的軍隊——最初也許是民兵——化成了一支受有嚴格調練的常備軍。即使在和平時候——這種時候比較少，就算有，也絕不長久——他也還是小心的把軍隊保留下來，不予解散。後來，經過長久激烈戰爭之後，希臘諸共和國之勇敢而精練的民兵，被他打敗了，征服了，接著，稍一接觸，大波斯帝國羸弱而缺乏訓練的民兵，又被他征服了。希臘諸共和國和波斯帝國的沒落，就是常備軍對於民兵持有不可抵抗的優越性之結果。而同時這也算是人類史事中保有相當明確詳細記錄之最初的大革命。

迦太基的沒落，和代之而起的羅馬的興隆，那是人類史事中之第二大革命。這兩個有名共和國的消長變動，也可由同一原因說明。

由第一迦太基戰爭終了，至第二迦太基戰爭開始，迦太基的軍隊，不斷從事戰爭，相繼出三個大將（漢米爾迦爾、其婿亞斯朵爾拔，以及其子漢尼拔）率領；他們最先肅清自己旗下叛變的奴隸，接著鎮壓了非洲叛亂的諾民族，最後又征服了西班牙大王國。等到漢尼拔率領軍隊，由西班牙向義大利攻略時，他的軍隊，必然已由這歷次戰爭，受到了常備軍的嚴格訓練。當時羅馬人雖不是完全過著和平生活，但他們那時沒有經歷像樣的戰爭，他們的軍事訓練，自然不免大大的弛緩了。所以羅馬軍隊在特利比亞、在則拉斯姆，以及在侃奴地方，與漢尼拔的軍隊會戰，那是以一種民兵，對抗常備軍。單就這點說，戰爭之命運，決定十分之八九了。

　　漢尼拔留在西班牙的常備軍，對於羅馬派去抵禦的民
兵，也持有同樣的優越性，所以這常備軍在他的弟弟小亞斯朵
爾拔指揮下，不到幾年，就把羅馬的民兵通通逐出西班牙。

　　之後，漢尼拔沒有受到本國充分的供給。同時，久役戰場
的羅馬民兵，又漸漸在戰爭的進程中，成了訓練有素、操練純
熟的常備軍了。在對抗上，漢尼拔所持的優越，益形減少了。
小亞斯朵爾拔後來判定有赴義大利援助他兄長之必要，乃統率
全部（幾乎是全部）常備軍，由西班牙出發，在進軍中，據
說，被嚮導指錯了路。於是在一個他所陌生的國家，同時又遭
遇到另一支在每一方面都和他的常備軍同樣精練，或更精練的
常備軍的襲擊，結果，全軍乃歸於瓦解。

　　當亞斯朵爾拔由西班牙退去時，羅馬大將西比阿知道抵抗
他的，不過是一些劣於自己軍隊的民兵。於是，他擊敗並征服
了那支國民軍，並且在戰爭進行中，他自己的國民軍，變成了
訓練有素、操練純熟的常備軍。後來，這支軍隊被派往非洲，
非洲抵抗它的，不過一些民兵。這時，迦太基為了自保，不得
不召回遠征義大利的漢尼拔率領的常備軍。漢尼拔回到非洲，
把那些屢戰屢敗的流散民兵接收下來，作為此後紮瑪戰爭的主
要部隊，於是這相互對敵的兩大共和國的命運，就由此決定了。

　　由第二次迦太基戰爭告終起，至羅馬共和國沒落止，羅馬
的軍隊，已成了十足的常備軍了。當時馬其頓的常備軍，是很
不可侮的。以戰爭聲威達於頂點時的羅馬軍隊，尚須經過五、
六次的大小戰爭，方能克服這小小王國。假若最後的馬其頓王
不肯示弱，恐怕征服這小國，還要加倍困難。古代世界各文明
國家，如希臘，如敘利亞，如埃及的民兵，對於羅馬軍隊的入

侵，只略示抵抗罷了，而其他野蠻民族的民兵，卻很可以鞏衛
自己。密司立對提由黑海、裡海以北諸國率領來的西徐亞及韃
靼民兵，是羅馬在第二迦太基戰爭後碰到的最可怕的勁敵。帕
提亞及日耳曼的民兵，亦很可欽佩。他們曾與羅馬軍隊會戰過
幾次，而且得了勝利。可是就大體而論，羅馬軍隊如果好好指
揮，這般民兵就不是它的敵手。羅馬人不肯徹底征服帕提亞日
耳曼，那恐怕是因為帝國已經絢大了，無須再加上兩個野蠻國
家。古代帕提亞人似為西徐里或韃靼系屬的國民，他們很保有
祖先一些風習。和西徐里人或韃靼人一樣，古代日耳曼人也是
一種遊牧民族，他們平時由酋長率領著在各地遷徙；戰時依舊
由同一酋長率領著進行戰鬥。他們的民兵，正與西徐里或韃靼
的民兵，同其種類。說不定，他們還是前兩者的後裔。

　　羅馬軍隊規律弛緩的原因，不一而足，而規律的過於嚴
峻，恐怕也是原因之一吧。在他們非常強盛時，既已打得天下
無敵，那堅重盔甲，就當作不必要的重荷拋開了，把勤勉的
訓練，視為不必要的辛苦而予以忽略了。加之，羅馬諸皇帝治
下的那些常備軍，特別是戍守邊疆，防備日耳曼人及班諾尼亞
人的常備軍，它們簡直是諸皇帝的危害勢力；它們屢屢反對
皇帝，擁立自己的將軍。為要減弱這些常備軍的危害程度，
據某著者說，戴克里先大帝（其他著者，又說是君士坦丁大
帝）首先把國境屯駐的常備軍——各由兩、三軍團合成的大部
隊——召回內地，然後再化分為小部隊，散處諸州都會，非有
用武逐敵必要，即不許其移動。軍隊經常駐在商業及製造業都
市，兵士自身就漸漸變成了商人、手藝工人或製造業者。市民
的性質，漸漸多於軍士的性質。這樣一來，羅馬的常備軍，遂

漸次頹廢了，遂成爲腐敗、疏忽、無訓練的民兵了，後來日耳曼西徐里民兵侵犯西羅馬帝國，遂致抵當不住了。那時，諸皇帝沒有辦法，乃開始僱傭那些民族某部分的民兵，抵抗其他部分的民兵，結果，不過是多維持了幾天罷了。西羅馬帝國的沒落，算是人類歷史上比較保有明確詳細記載的第三次大革命。這革命的原因，就是野蠻國民兵優於文明國民兵，也就是遊牧者的民兵，優於手藝工人、製造業者的民兵。這裡，民兵所戰敗的，大都不是常備軍，只是比他們自身缺乏訓練與規律之民兵。希臘民兵打敗波斯民兵是如此，後來瑞士民兵打敗奧地利及勃艮第民兵，亦是如此。

西羅馬帝國沒落了，在其廢墟上建立起來的，是日耳曼民族和西徐里民族的國家。這些民族移來新住所後，他們的兵力，依然能在若干期間內，保持其祖國的精神。那種兵力，就是由牧羊者及農夫組成的民兵。這民兵在平時已慣於服從酋長，戰時更由同一酋長帶往戰場，所以，他們是經過了相當操習，和受過相當訓練的。但是，隨著技術及產業的進步，酋長的權威，逐漸衰微了，大多數人民受軍事訓練的時間，也比較減少了。封建式的民兵訓練與操習，漸次趨於荒廢，同時，爲改正這缺陷，就漸次著手建立起了常備軍。並且，編制常備軍的方法，一經爲某文明國採用了，其他文明國就有立即仿行之必要。因爲他們知道他們自己的民兵，全非這樣編成的常備軍的敵手，要想國防安固，只有採用這種方法。

一個從未經過戰火的常備兵，往往顯得有老兵那樣的勇氣。而且，在開始作戰的瞬間，他更不妨與最頑強、最有經驗的老兵見個高低。一七五六年，俄羅斯軍隊攻打波蘭，俄羅斯

軍隊所表現的武勇，簡直可以與歐洲當時最頑強、最老練的普魯士兵士相比。然而，俄羅斯帝國此前二十年是國泰民安的。它這時軍隊中經過戰火的兵士，實在不多。一七三九年，西班牙戰爭爆發，當時英國正是在太平了二十八年之後。它的常備兵士卻並不為這長期和平所腐化，他們在這次不幸戰爭中，最初獲有不幸的功績時，即他們攻打新迦太基時，所表現的武勇，尤為特出。和平日子過久了，將官說不定有時會忘卻他們的技能，但規整而精練的常備兵士，卻絕不會忘卻其武勇的。

一個文明國的國防，如果仰仗民兵聲衛，它將隨時有被近鄰野蠻民族征服的危險。亞洲各文明國往往被韃靼人征服的事實，已充分表示了野蠻國民兵對於文明國民兵之自然優越性。但有紀律、有訓練的常備軍，實較任何民兵為優。唯有富裕的文明國，才能好好維持這種軍隊；亦唯有這種軍隊，才能防禦貧困野蠻鄰國的侵略。所以，一國要保存其文明，甚或要相當長久保存其文明，只有一個方法，那就是編制常備軍。

有了好紀律的常備軍，一個文明國乃能抵禦外侮；同樣，有了好紀律的常備軍，一個野蠻國乃能突然而且相當的文明化。常備軍憑其威力，可以把君主的法令，推行到帝國僻遠地方，可以使無政治可言的國家，維持相當程度的正規統治。凡屬小心考察過俄彼得大帝變法圖強的諸種設施的人，他一定會發覺那諸種設施中的樞紐，就是正規常備軍的建設。這常備軍，是大帝實施其他一切規制的工具。俄羅斯帝國此後得以享有相當的秩序與和平，那不能不說是這種常備軍之賜了。

有共和主義精神的人，往往擔心常備軍會危及自由。不消說，擁兵大員的利益，與國家憲法的維持，不必有何等關

聯，那是十分確實的。凱撒的常備軍，破壞了羅馬共和國；克倫威爾的常備軍，解散了英國成立已久的議會。不過，一國的軍權，如拿在君主手裡，各軍隊的主要將官，如果是這國的貴族與仕紳；換言之，全國兵力，如果都是由那些因切身利害關係，必須支持文明權力的人指揮，則常備軍對於自由，絕無危險。而在某種場合，說不定，反有利於自由。君主有了常備軍護持，他就自以為安全了，無須像近代各共和國所行的那樣，監視各市民的細微行動，時時疑忌市民擾亂和平。一國行政長官的安全，單由其主要人民支持是不行的。這般主要人民即使願意予以支持，一般人民的不滿，亦不免使其時時感到威脅。哪怕是一個小紛擾，往往不到幾小時，就會捲起大革命來。為防微杜漸，政府就動不動要使用權力，懲罰暴亂，鎮壓一切對於自己表示的不平不滿。這樣實在是夠煩勞了。反之，一國君主如果感到支持自己的，不但有可靠的貴族，且有精練正規的常備軍，那他就是對於最粗暴、最無稽、最放肆的抗議，也不會有什麼疑慮。他可以平心靜氣地寬恕這抗議，或竟拋置一邊；並且，他既意識到了自己的穩固地位，就自然而然能夠寬宏大度了。所以，像這種抗議，近於放肆的自由，唯有在君主有常備軍保障的國家，才可見到；亦唯有在這種國家，才無須為公共安全，而賦予君主以壓抑任何自由的絕對權力。

總之，君主的第一義務，就在謀劃本國社會之安全，不令受其他獨立社會之橫暴與侵侮。這種義務之實行，勢必隨社會文明進步，變得愈來愈昂貴。原來在平時、在戰時，都無須君主支出何等費用的社會兵力，到了進步社會裡面，就不僅戰時要君主維持，即在平時，亦非君主維持不可。

　　火器發明，使戰爭技術起了大變化。因此，平時訓練一定兵額，戰時使用一定兵額，所需的費用，皆因而大增。武器及軍需品的費用，同時加大了。與矛及弓箭比較，短槍該是如何昂貴的機械；與弩砲或石砲比較，大炮或迫擊炮，又該是如何昂貴的機械。近代閱兵式中所耗費的火藥，放射出去就沒有回復的可能，這更非巨額的費用不可。若在往時，閱兵式中所投的矛、所放的箭，均很容易收回，故所費有限。況且，與弩炮、石炮比較，大炮、迫擊炮並不僅為高價的機械，且為非常笨重的機械。這笨重機械，製造起來，固然要高額的費用，製成後運往戰場，更不能不要高額的費用。加之，近代大炮的作戰效力，既非往昔石弩可比，而一個都市為防禦這大炮攻擊所構造的保壘工事——哪怕防禦幾個星期——亦就遠為困難，因而，其所需費用，就遠為浩大了。不過，這所說的，還只是就防禦大炮攻擊一端而言，其實，近代社會必須防禦的軍器還要更多，而所需增加的費用，更不一而足。總之，社會進步，國防費一定增加。事物自然推移之不可避免的結果，在這點上，被戰爭技術上的大革命——似為偶然發明火藥引起的——促進了不少。

　　近代戰爭上的火藥費用，無疑是太浩大了。但這對於能夠負擔此浩大費用的國民，卻明明提供了一種利益。不過，文明國民的利益，卻正是野蠻國民的不利。在古代，富裕文明國民很難防禦貧窮野蠻國民的侵略；在現代，貧窮野蠻國民，卻很難防禦富裕文明國民的宰割。火器發明了，乍看之下，似於文明的永續和擴展頗有妨害。但實際上，在這兩方面，那都是確實有益的。

第二節　論司法經費

　　君主的第二義務，就在保護人民，不令社會中任何人受其他人的欺侮或壓迫；換言之，就是要確立一個嚴正的司法行政。這種義務之實行，也因社會各時期不同，而有費用多少的差異。

　　在狩獵民族社會中，幾乎談不到有什麼財產，即使說有，也不過值兩、三日勞動的物品罷了。那種社會，當然用不著何等確立的法官，或者何等正規的司法行政。一個人既沒有財產，他人頂多不過是能夠毀傷他的名譽或身體。而且，被人殺害、被人毆辱、被人誹謗的人，雖然感到痛苦，而殺人者、毆辱人者、誹謗人者，卻得不到什麼利益。可是對於財產的損害，情形就不同了。即加害於人者的利益，往往與蒙受傷害者的損失相等。而財產關係上引起的嫉妒、惡意或怨恨，每至成為毀傷他人身體或名譽的有力衝動作用。不過，就大多數人而論，這種衝動作用，是沒有多大力量的。哪怕最惡的人，也不過有時受其影響。況且人類的本性，是追求利益的，衝動的滿足，縱令可取快一時，但因為沒有實際的持久利益，他總會以慎重的思慮，加以檢束。即使社會上沒有糾正脫軌行為的司法官存在，人類依著他的本性，也還能在相當安定狀態下，共同生活。然而富者的貪欲與野心，貧者嫌惡勞動，貪圖眼前安樂的美好，卻在在足以激起侵害財產的衝動。這衝動在作用上是遠為牢固，在影響上是遠為普遍。有大財產的所在，就是有大不平等的所在。一個巨富的旁邊，至少有五百個窮人。少數人的富裕，是以多數人的貧乏為前提的。富裕會激怒貧者，匱乏

會驅迫貧者，嫉妒更會煽惑貧者，使他們侵害富者的所有物。由多年勞動或累世勞動累積起來的財產所有者，沒有司法官保障庇護，哪能高枕而臥呢？富者隨時都有不可測知的敵人在包圍他，他縱沒有激怒敵人，卻無法緩和敵人。他想避免這不正義的侵襲，那只好依賴強而有力的司法官保護，司法官是可以懲治一切非法行為的。因此，大宗價值財產的獲得，必然會喚起公民政府（Civil government）的建立。若在沒有財產可言，或頂多只有值兩、三天勞動的物品的社會，那當然不會這樣急於設立這種政府。

一個公民政府，必先取得人民的服從。公民政府的必要程度，隨財產價值的增大而增大。使人民服從的自然主要原因，也同樣隨財產價值的增大而增大。人民何以會形成這種服從性；詳言之，何以若干人對於其同胞保有相當優越性。那是一切公民制度設立的前提。其自然原因或情形約有四種。

形成服從的第一原因，就是他們本身備有的諸種優越，譬如，肉體上的力、美及活潑，和精神上的智慧、公正、堅忍及中庸等等。肉體上的諸品格，必須有精神上的諸品格來支持，否則它所取得的權威，就頗不足觀了。一個非常有力的人，單憑體力不過能使兩個弱者服從他。同時一個有智慧、有道德的人，卻能取得非常大的權威。可是，精神上的諸品格，我們不能用眼睛看出來，有爭議之餘地，且往往成為爭議之目標。一個社會，不管它是野蠻也好，文明也好，當它規定身分及服從之法則時，為方便起見，都不如拋開這目不可見的抽象品格，而取證於那些明顯的具象事物。

形成服從的第二原因，就是年齡的優越。老年者如果沒有

老邁到衰朽不堪，那比起有同等身分、同等財產及同等能力的年輕者，是到處會博得人尊敬的。在北美原住民那種狩獵民族間，年齡且為身分及地位的唯一基礎。他們所謂父，是優者的稱呼；所謂兄弟，是同等者的稱呼；所謂子，是劣者的稱呼。在文明富庶的國家，如果一切方面平等，捨年齡外，再沒有其他可以規定身分的標準，則通以年齡規定身分。在兄弟姊妹間，年長者占第一位。當繼承父產時，譬如，名譽稱呼一類無可分割而必須全部歸一人占有的東西，大抵是賦予年長者。年齡這種優越的性質，是具象的、分明的，毫無爭議之餘地。

形成服從的第三原因，就是財產的優越。財富在一切社會，雖都有大的聲勢，但在財產最不平等的野蠻社會，則有最大的聲勢。韃靼一個酋長保有的家畜，每年增加的數目，足可養活一千人，可是他除了用以養活一千人外，再也沒有其他的用途了。因為，在他那種未開化的社會狀態中，他不能拿自己消費不少的原生產物換得何等製造品、小裝飾品或玩具。由他維持的一千人，既然要靠他生活，所以，在戰時不能不服從他的命令，在平時亦不能不服從他的司法權。他因此就必然成了他們的統帥，兼且成了他們的法官。他的酋長地位，不外是財產優越的必然結果。在文明富庶的社會中，和他人比較，一個人儘管保有非常大的財產，但他不能仗著這大的財產，支配十多個人。他的財產，每年增加的數目，也許能夠維持一千人，也許實實在在地維持了一千人，但是這些人，由他取得的一切，都支付了應支的代價；沒有換得等價物，他亦不會給予他們一點什麼，所以，既然沒有想完全靠他生活的人，他的權威亦就不過能及於若干家僕。不過，在文明富裕社會裡面，財產

的權威，依舊非常之大。比年齡的權威和個人資質的權威，財產的權威，往往大得多。這種事實，早成了一切財產不平等社會，令人不斷訴苦的標的。狩獵民族社會，屬於社會第一個時期，這時沒有何等財產上的不平等。普遍的貧乏，造成了普遍平等的局面。年齡的優越、個人資質的優越，就是權威和服從之薄弱的唯一基礎。遊牧民族社會，屬於社會第二時期。這時期財產上異常不平等，由財產造成的權威，以這時為最大，從而權威與服從的程度，到這時也算達於極限。阿拉伯酋長的權威，已經夠大，而韃靼可汗的權威，就全然是專制獨裁了。

形成服從的第四原因，就是門第的優越。這種優越，是以先代財產上的優越為前提。任何家族，都是一代一代傳下來的。一個王子的祖先，雖說更為人所知，但與乞丐的祖先比較，人數卻不見得會更多。家世淵源可以說是建立在財富上面，或是伴隨財富而起的淵源。暴發的勢力，到處總不若舊有的勢力之被人尊敬。人人對於篡奪者的憎惡，對於舊日王室的愛敬，大體上，終究不外人人自然而然輕蔑前者，敬慕後者的習性使然。武官是甘心服從素日指揮他的上級長官的，一旦他的下屬升到他的上位去了，他就簡直忍受不了；同樣，人人都情願服從他們自己或他們祖先所服從過的家族，若一向不比他們優越的家族，驟然要起來作他們的支配者，就不免要激起他們憤憤不平的怒火。

門第的顯貴，既是生於財產上的不平等，那麼，在財產平等，家世也差不多平等的狩獵民族間，就根本沒有這種顯貴存在。固然，在那種社會中，賢明勇敢者的兒子，與愚昧怯懦者的兒子比較起來，即使本領相等，也多少更受人尊敬些。但這

種差別，畢竟頗有限。一個全靠智慧德行保存其家世榮譽的大家門，我相信，世上一定少有。

門第的顯貴，在遊牧民族間，是有發生的可能，而且那種民族實際上也往往有門第關係存在。他們通常不知道奢侈物品，所以由浪費耗去大筆財產的事，當然沒有。所以，由同一家族，長久保存財富，要算這種民族第一；依著祖先的權勢榮譽而受人尊敬的家門繁多，也要算這種民族第一。

門第與財產，明顯為一個人立於他人上位的兩大要件，同時，也就是個人顯貴的兩大成因。依著這兩者，人類社會中，自然而然有了權威，有了服從。在遊牧民族間，這兩者的作用，可說是發揮盡致了。保有多數羊群的大牧羊者、大畜牧者，即因有富厚的動產，且有許多人靠他生活，而受人尊敬；因有高貴的門第，且有榮譽的先世而受人崇拜：結果，對於同集團或同氏族中其他牧羊者或畜牧者，他遂有一種自然的權威。與其他任何人比較，他都能團結更多的人，歸他支配，而他的兵力，也就更大。在戰時，寧願集結於他旗幟之下的人，也比結集於他人旗幟下的為多。他就這樣憑著門第和財產，自然獲得了一種行政權力。不只如此，因為與旁人比較，他更能團結並支配大多數人，於是，對於那些人中的危害他人者，他就很能夠責其賠償罪過。凡屬自己沒有防禦能力的人，自然要求他保障。任何人如果感到自己被他人迫害了，也自然會向他陳訴。他的處斷、他的干涉，最有效力，更容易使被告者服從。於是，他又憑著門第和財產，自然獲得一種司法權力了。

財產上的不平等，乃發生於遊牧時代，即社會發達的第二期。接著，人與人之間，就導出了從來不會存在的某種程度的

權力和服從。接著，又導出了保持權力和服從所必要的某種程
度的公民行政組織。這種趨勢是自然而然的，我們是否考慮過
這種必要，無關緊要。不過，對於這種必要的考慮，於此後權
力和服從的維持與保護上，有極大的貢獻，那是無疑的。特別
是富者，他們因要保持自己占有的利益，當然願意維繫這種制
度，因為只有這種制度，能保持他們既得的利益。小富人聯合
起來，為大富人保障財產，因為他們以為，這樣做大富人才會
聯合起來，保障他們的財產。一切小牧羊者、小畜牧者感到，
他們小家畜群的安全，全靠大牧羊者、大畜牧者的大家畜群的
安全，他們小權力的保持，全靠較大權力的保持。並且，要使
較劣者服從他自己，他自己就得好好服從較優者。這樣，他們
就算構成了一種小貴族。這些小貴族感覺到，要他們的小君主
保障自己的財產，支持自己的權力，他們自己就得保障小君主
的財產，支持小君主的權力。就保障財產之安全而言，公民行
政組織的設施，就確是富者對於貧者的一種防禦，或者說，有
產者對於無產者的一種防禦。

　　可是，這君主司法上的權力，不但對於他毫無所費，且
長時期成為一種收入的來源。要求他裁判的人，常樂於送他以
報酬；贈物常隨請求而來。君權確立以後，犯罪者於賠償原告
損失以外，還得對於君主付納罰金。因為被告麻煩了君主，攪
擾了君主，且破壞了君主的和平，科以罰金，乃罪所應得。在
亞洲的韃靼政府下，在顛覆羅馬帝國的日耳曼民族和西徐里民
族所建設的歐洲諸政府下，無論就君主說，或就君主以下，在
特定部落氏族或領地行使特定裁判權的酋長或諸侯說，司法行
政，都是一大收入的來源。這司法裁判的職權，原先常由君主

酋長等自己行使，此後因爲感到不便，才委任代理人、執事，或法官。不過，代理人關於司法上的利益，仍有支給被代理者或委任代理者的義務。我們試一讀亨利二世給予其巡迴裁判者的訓令①就明白，那些巡迴裁判者巡行全國的任務，不過是要替國王徵集一項收入。當時的司法行政，不但會對君主提供一定的收入，而且獲得這種收入，還是他希望由司法行政取得的主要利益之一。

司法行政像這樣成了一種斂財的組織，結果，自不免生出許多弊害。譬如，以大贈物請求裁判的人，每每可以得到正當判決以上的便利；以小贈物請求裁判的人，就只能得到正當判決以下的便利，而且，爲要使贈物頻頻送來，他往往多方遷延，不予判決。爲要勒取被告的罰金，他往往把無罪者，判爲有罪。這司法上的諸般弊害，我們一翻閱歐洲各國古代史，就知道那是司空見慣，毫不稀奇的。

司法上的職權，如是君主或酋長自己行使，雖再濫用，亦無法矯正，因爲他最有權勢，任何人都不夠資格責問他。可是，這職權如由代理者行使。那確有矯正之餘地。代理者如犯了某種不正當行爲，而且所行不正，又單是爲了自己的利益，君主一定會不客氣地懲罰他，強制他賠償過錯。不過，代理者的所行不正，如是爲了君主的利益；換言之，如是爲了獻媚於任命重用他的人，那在大多數場合，就儼然有如君主自身犯罪一樣，依舊無法矯正。所以，一切野蠻國的司法行政，特別是

---

① 參照梯烈爾所著《英國史》。

往昔建立於羅馬帝國廢墟上之歐洲諸國的司法行政，皆長期陷於極度腐敗的狀態。國王即使很賢明，也談不到什麼公正、什麼平等，若在最壞的國王統治下，就全然是一塌糊塗了。

在昔牧羊民族間，所謂君主或酋長，不過是集團中或氏族中最大的牧羊者或畜牧者。他同他治下的小牧羊者或臣民，同是靠著自己的家畜群生活。在剛脫離牧羊民族狀態，而尚未顯然進步的農耕民族（如特洛伊戰爭當時的希臘諸部族，以及初移居羅馬帝國廢墟上的日耳曼人和西徐里人的祖先），所謂君主或酋長，也不過是國中最大的地主；他的生活，完全是一種普通的地主生活，完全仰賴自己私有地的收入；換言之，就是仰賴近代歐洲所謂王畿的收入。除了要請求他運用權力，制裁豪強的壓迫，他的臣民都無須貢獻他一點什麼。他在這種場合領取的贈物，就算是他的全部經常收入，或者說，除了異常緊急的場合外，這就是對於他的支配權之全部報酬。荷馬告訴我們，阿格曼倫因友誼關係，以希臘七都市主權贈與阿齊勒斯，並說，那七都市會收得的唯一利益，就是人民所奉敬的贈物。這種贈物、這裁判的報酬，或者說，法庭的手續費，既然構成君主由其主權獲得的全部經常收入，那麼，希望他把這全部收入放棄，他怎能做到呢！也許說，提議請他把這贈物確實規定一下，那是可以的，而實際上，也曾這樣提議過。但是，君權無限，縱令好好規定了、確定了，要防止他不越出規定範圍，即使可能，亦是極其困難的。所以，完全放任這種狀態繼續下去，由任意不確定的贈物所招致司法裁判上的腐敗，就簡直無法救濟了。

但是，後來畢竟有許多原因，令這種狀態根本改過來。其

中比較主要的原因，就是當國防費不斷增加，致君主私有土地收入，不夠開支行政各費時，當人民為自己安全計，必得完納各種賦稅，以填補國家支出時，司法行政上的贈物慣例，才普遍有了制約；即不問何等理由，不問是君主，還是君主的代理者、法官，均不得領取任何贈物。這樣看來，要予以有效的規定和確定比較困難，全然廢除倒似乎還要容易些。法官定有薪俸，這薪俸可抵償其先前在裁判報酬中領有的份額；同時，君主徵有賦稅，這賦稅更可補償其此前的經常收入而有餘。從此，裁判上算不取報酬了。

然而認真說來，無論哪個國家，都不能說對於司法沒有報償。至少，訴訟當事者總不能不給律師報酬，否則，他們就不會盡其所能來履行義務。每年支給律師的手續費，就各法庭總計起來，恐怕要比法官的薪俸多得多。法官的薪俸，雖然由國王支給了，到處訴訟事件的必要費用，卻並沒有大減。不過，禁止法官向訴訟當事者領取贈物，與其說是為了減少費用，倒不如說是為了防止腐敗。

法官是一個有名譽的官職，報酬雖再少，想當的人依舊多。地方執法官以下的那些小官，論工作是異常麻煩的，論報酬大抵毫無所得，然而大多數的鄉紳，卻唯恐弄不到手。司法官吏員司的薪俸，以及司法行政上執行的一切費用，即使處理再無效率，亦不過占有全政務費之一極小部分。這不限於哪一國，各文明國都是如此。

加之，司法的全費用有了法庭的手續費就夠開銷。這在司法行政上，不會招致何等實際的腐敗危險，而國家收入項下，卻可省去一筆——雖然是小小的——開支。可是，法庭的

手續費，如有一部分要劃歸權力極大的君主，且為其相當重要收入，則這種手續費的規定，就很難發生效力。但享有這手續費的主要人物，如不是君主，而為法官，那可容易辦了。法律雖不能常常叫君主尊重某種規定，但對於法官，卻能課以尊重規定的義務。法庭的手續費，如正確規定了，並在訴訟的一定期間，全部繳入會計處或收支課，待訴訟決定後──非決定之前──再按照一定比例，分配於各法官，那麼，和廢止這種手續費比較，徵收這種手續費，也就同樣不會有何等腐敗的危險。這種手續費，在不引起訴訟費用顯著增加的範圍內，很夠開銷司法的全費用。不到一個案件判決終了，法官不得支取這手續費，那在案件的審理和決定上，就是督促全法庭勤勉的一個刺激。又法庭的法官是非常多的，各法官享有這手續費的份額，若按照他們每個人在法庭或司法委員會審理案件的時間及日數為標準，這手續費又算是對於特別精勤法官的一種獎勵。對於一個人的公務，最好是報酬其履行公務的結果，也最好是按照履行公務之精勤的比例加以報酬。法國諸高等法庭，也徵收法庭手續費。這手續費（稱為épicéc and vacations）就是法官最大的報酬。就等級與權限說，圖盧茲高等法庭是法國第二等的法庭，其中評議員或法官每年由國會領到的純薪俸，不過一百五十個里維爾，約合英幣六鎊十一先令。這個金額，正是同地七年前一個普通腳夫每年一般的工資。他們這般法官分取的手續費，是按照他們的精勤程度為標準。精勤的法官雖所得猶屬有限，但已可觀，至若怠惰的法官，那就只能享有單純的薪俸，此外一無所得。就種種方面觀察，這些高等法庭，也許不是特別方便的法庭，但卻從未受過世間的非難，也好像從未

有人疑其腐敗。

　　英國諸法庭之主要費用，原本是由法庭的手續費支應。各法庭盡可能爲自己吸引訴訟事件；因爲這樣，哪怕是不一定要由某法庭負責的案件，其也樂得受理。譬如，單爲審理刑事案件而設的高等法院（The Court of King's Bench），居然可以接受民事訴訟。就是因爲原告對於被告的不義行爲，本來是可以進行民事訴訟的，但因他探得刑事裁判比較迅速公平，所以他就主張被告犯了某種重罪或輕罪，而請求刑事裁判。又王室特別法庭（The Court of Exchequer）的設立，本來單是爲了審理國王收入，並迫令被告對於國王償清債務的。但後來居然受理一切其他契約上的債務訴訟。就是因爲原告陳訴，被告不償還對於他的債務，所以他才不能償還對於國王的債務。一個訴訟事件，究委託哪種法庭審理，既全由訴訟當事者選擇，那麼，各法庭要想爲自己多多招來訴訟事件，那就只好在審理案件上，力求迅速，力求公平。英國今日的法庭制度，是值得讚賞的，但一探其究竟，恐怕大部分是往昔各法庭的法官間相互競爭的結果。他們競爭愈烈，對於一切不正當行爲，就愈能依法施以最迅速最有效的救濟。普通法庭（The Court of Law）對於背棄契約，原不過責其賠償損害；平衡高等法庭（The Court of Chancery）——有如一種感化院——卻強制協約之特殊履行。一個人破壞契約，不肯償付貨幣，那唯一有效的方法，就是責其償還。在這種情況，普通法庭的救濟當然是很充分；但是一個租地人，如果控訴地主非法奪回其租地，那他受到的損害賠償，就絕不能和奪去的土地占有權相等，所以，對於這類案件，就必須強制協約之特殊履行；換言之，就

是有時不得不引渡到平衡高等法庭去審理。這樣一來，普通法
庭受到的損失就不小了。為了要把這類案件拉到自己這裡審
理，據說普通法庭發明了一種人為的、虛構的放逐拘票（Writ
of Ejectment），這拘票對於不正當剝奪土地、侵占土地的事
件，是最有效的救濟方法。

除法庭手續費外，還有一種法律手續上的印花稅。這印
花稅，由各特定法庭徵收；其用途在維持各法庭之法官及其他
官員。這項稅收，很夠開銷司法上的行政費，而與前項手續費
同樣可以減輕一般社會的負擔。不過，法官在這一情況，往往
會為了要盡量增加印花稅收入，而在各案件上，增加一些不必
要的手續。近代歐洲的習慣，大都是以公文用紙的頁數，決定
律師及法庭書記的報酬，而每頁的行數，每行的字數，又皆有
規定。所以，律師及法庭書記為增加其報酬，遂故意增加許多
不必要的語句。其結果，歐洲一切法庭的法律用語就陳腐不堪
了。而且，同樣的誘惑，說不定在法律手續形式上，也會引起
同樣的腐化。

但是，司法行政費用，無論是否由司法方面自行設法維
持，司法人員的薪俸，是否由其他財源開支，對於這財源處理
的責任，對於這薪俸支給的責任，總無須委之於行政當局。
這財源有的是出於地產的地租，法庭既須由這地租維持，那地
產的處理責任，就不妨令各特定法庭負擔。這財源也有的是出
自於一定額的貨幣利息，法庭既須由這利息維持，那貨幣貸借
的責任，也就不妨讓各法庭負擔。蘇格蘭有一種巡迴法庭。這
法庭的法官薪俸，就有一部分——雖不過一小部分——是出自
一定額貨幣的利息。但是，像這樣一種財源，是必然缺乏安定

性的。以不安定的財源，充當應永續維持的設施費，卻不大妥當。

司法權和行政權分離，那原是社會進步，社會事務增加的結果。社會事務日益加多，司法行政成了一種麻煩複雜的任務，而擔當這任務的人，就不能再分心注意到其他方面了。同時，擔當行政職責的人，因為無暇決定個人的訴訟事件，所以，就任命代理者代為決定。當羅馬帝國隆盛時，執政官政務繁忙，萬難分身過問司法行政，於是，有代行這種職務的普理托（pretor）的任命。往後，羅馬帝國沒落了，在其廢墟上，遂建立有歐洲諸王國。這些王國的君主及大領主，都視自己執行司法行政，為一種過於費事，且有失身分的任務。為要從這任務解脫自己，他們通常委任代理者或法官去執行。

司法權如不脫離行政權獨立，要想裁判不為世俗所謂政治勢力所犧牲，那就千難萬難了。負有國家重任的人，縱令無何等腐敗觀念，他總以為為了國家的重大利害關係，有時就犧牲個人權利，也是事在必行的。但是，每個人的自由——對於一己所抱的安全意識——端賴有公平的司法行政。為要使每個人感到自己一切占有權利，有明確保障，司法權不但有與行政權分離之必要，且有完全脫離行政權而獨立之必要。法官不應由行政當局任意罷免，法官的額定報酬，也不應隨行政當局的意向或經濟狀況而變更。

第三節　論公共設施及土木工事之費用

君主或國家的第三種義務，就是創建並維持公共設施及

土木工事。對於一個大社會，這類工事和設施，當然是有頗大利益的。但就其性質而言，設由個人或少數人辦理，那所得利潤，就絕不能償其所費。所以這種事業，終究不能期望個人或少數人維持創建。隨著社會發達時期不同，完成這種義務所需的費用，也非常相異。

對於前述國防設備及司法行政兩方面，都非建立土木工事及公共設施不可。此外，如便利社會的商業，促進人民的教育，亦不能不有這種土木工事及公共設施。教育上的設施，分別為兩種：一是關於青年教育的設施，一是關於各種年齡人民的教育設施。凡此種種設施、種種工事所需費用的支出，皆應採取最妥善的方法，這方法，可以分為以下三項研究。

第一項　便利社會商業之土木工事及公共設施
一、便利一般商業者

一國商業的發達，端賴有良好的道路、橋梁、運河、港灣等等交通工事。這類工事的創建和維持，顯然因社會各發達時期不同，而所需費用非常相異。一國公路的建設費、維持費，必隨其國土地及勞動年產物而增加；換言之，必隨公路上搬運貨物之數量及重量而增加。橋梁的支持力，一定要適合通過其上的車輛輛數和重量。運河的深度及水量，一定要按照浮載其上貨船艘數及噸數的比例。而港灣的廣闊，也不能不按照其中停泊船舶艘數的比例。

這類土木工事的費用，似乎不必由通常所謂國家收入中支出，或者由行政費中支出（在許多國家，這種費用的徵收和應用，都委之於行政當局）；只要處理得法，其中一大部分，由

它自身提供的特別收入，就很容易支應，更無須增大社會一般的負擔。

譬如，公路、橋梁、運河的建築費、維持費，在大多數的場合，就可出在車輛、船舶的小額通行稅上；港灣的建築費及維持費，也可出在貨船進出港口的小額港口稅上。此外，如為便利商業而鑄造貨幣的設施，在許多國家，不但不要君主支出，且可對君主貢獻一項小額的收入。又為同目的而設施的郵政局，那在一切國家，幾乎都能除卻其本身開支，而提供君主一項極大的收入。

車輛通過公路或橋梁，船舶通過運河或港口，都按照其重量或噸數的比例，支給通行稅，這通行稅，乃按照各該土木工事所受損耗程度的比例而支給的維持費。所以，要維持這諸般土木工事，捨徵收通行稅外，似無其他更公平的方法。況且，販運者付出的通行稅，不過暫時墊支罷了，最終仍是轉嫁在貨物價格上，由消費者負擔。而同時因為有了這類土木工事，貨物的運輸費，大大減少了，消費者雖然負擔了這通行稅，比起在沒有這類土木工事而沒有通行稅的情況，他還能購得更廉價的貨物。貨物價格由通行稅抬高的程度，究竟不若其由低廉運費減低的程度。因此，對於最後支出這稅額者，在支出上是損失了，在應用上是得利了。而其所得的，還比所失的為多。他的支出，是正確按照其利得的比例。所以，他支出的部分，實際上，不過是那利得中的一部分罷了。他必須捨棄這一部分，以保留其餘部分。徵稅的方法，我看再不能更公平了。

就車輛而論，有為擺闊用的四輪馬車、驛傳馬車，有供需要用的二輪馬車、四輪馬車；假若在重量比例上，對於前者課

加的通行稅，較之課加於後者的高，那麼，笨重貨物送往四鄉
的輸送費，就要因富者的懶惰與虛榮心，減低許多了。這樣，
貧者一定會由此受益不淺。

公路、橋梁、運河等等，如可由利用其商業來建設支
持，那麼，這種工事，就只能在有商業需求的地方建設，從
而，在宜於建設的地方建設。建設的費用，建設的壯大與華
麗，則須看商業能否擔負得了；就是說，在在須看那適不適於
建設。宏偉的大道，絕不能建造於無商業可言的荒涼國境。不
論人民怎樣討好於州長，州長怎樣獻媚於大領主，單是為了要
通達州長或某大領主的鄉村別墅，絕不會建築宏偉的大道；同
理，單為了一個人通過的便利，或者，單為了附近宮殿憑窗眺
望的景致，也絕不會在河津上架設大橋。不過，土木建設費不
由其本身提供的收入支付，而由其他收入支付的國家，有時亦
有這類事情發生。

歐洲許多地方的運河通行稅或水閘稅，全為個人私有的
財產，為保持這利益，他就不得不竭力維持這運河。運河不加
以相當的整飭修理，航行固然全不可能，而他個人由通行稅
收得的全部利益，也跟著消失了。所以，運河的通行稅，如完
全讓那些利不干己的委員支配，他們對於生出這通行稅的工事
維持，必不能像個人那樣注意。倫格朵克運河是由法國國王及
倫格朵克州拿出一千三百萬里維爾建造的；一千三百萬里維
爾（依前世紀末葉，法國貨幣價值每馬克值二十八里維爾計
算），約合英幣九十萬鎊。這個大工程完成時，立即想出了一
個最妥善的維持方法，那就是把這運河的全部通行稅，贈給設
計並監督這工事的技師利魁，叫他不斷加以維護。這項通行

稅，現已成了利魁後代子孫的一大宗收入。而他們對於這運河的維護，也自不得不特別小心。假若當時沒有想出這妥善的方法，逕把通行稅交給一班利不干己的委員處理，那通行稅全部，恐怕都要消費在裝飾上和不必要的開銷上，而這工事最重要的部分，說不定早就塌毀了。

可是，公路維持的通行稅，卻不能隨便贈與個人，作為他個人的收入。因為，運河不加維護，雖然全無通航的可能，但公路不加維護，絕不會全無通行之可能。因此，公路通行稅收取者，儘管全不修理這道路，這道路卻依然可以提供他以一樣多的通行稅。所以，維持這一類工事的通行稅，又應當由委員或管理者經營處理。

英國對於這種通行稅的處理，特別派有管理委員。這些委員在處理上惹起的許多弊端，輿論時有指摘，那些指摘，大致上都是非常允當的。據說，有許多有稅道路，往往是用極潦草的方法完成，還有許多稅道，簡直沒有全然完工，但所徵的通行稅，卻比好好完成了所有必要設施的道路還要加倍。不過，我們應注意一件事：以通行稅充當修路費用的制度，並未成立很久；所以，即使沒有做到盡善盡美的地步，也毫無足怪。卑劣而不適當的人物，為什麼要被任為管理者，對於他們的行為，對於他們濫徵通行稅，為什麼不設監督處、會計處去制止，這一切缺陷，都可由一件事實說明、辯解，即以通行稅修理公路的制度，尚在草創時期，假以時日，議會當不難逐漸依賢明處置，予以矯正。

英國各種有稅道路徵收的通行稅，實大大超過了修補道路所需的數額。據幾位大臣考察，那超過的數額如妥為節存，

很可充作國家他日緊急費用之一大財源。有人說，有稅道路由
政府經營，較之由管理者經營，所費少而收效大。對於修補道
路，政府有兵士可用，兵士是有正規薪餉的，只須略增小額津
貼就行。而那些受託的管理者所能僱用的工人，只能是生計完
全仰賴工資的工人，沒有其他工人可用。所以有人主張，政府
不必增加人民的新負擔，馬上便可藉由經營有稅道路劇增五十
萬英鎊②的大收入；稅道也會和現在的郵政一樣，辦理得法，
很可提供國家一般的費用。

即使說，政府經營稅道所得盈餘額數，雖不必然能如計畫
創擬者預期之巨，但可由此獲得一大宗收入，那是無疑的。不
過，這計畫的本身，卻也不免有若干極重大的反對理由存在。

第一，國家如將取自稅道的通行稅，作為供應急需的一
個財源，那麼，這種通行稅，也就要隨著想像中急需的程度而
增大，英國若實施此種政策，英國稅道的通行稅，勢必非常
迅速地增加。一個大收入，能夠這樣不費力地取得，那就無異
時時鼓勵政府來使用這個財源。現在的通行稅經營得手，是
否能撙節五十萬鎊，雖尚是疑問，但這通行稅如能加倍，必
可得百萬鎊，能增加兩倍，必可得二百萬鎊，那是毫無疑問
的③。而且，這樣一大宗收入的徵收，並無須任命一個新的徵
稅官吏。但是，稅道之設，原是用以便利國內一般商業，設通

---

② 自本書第一版、第二版刊行以來。我發現了以下可資信賴的理由，即
　全英國徵收的收費道路通行費全部淨收入，並未超過五十萬英鎊。在
　政府管理下，這個金額實不夠保養英國的五條主要道路。

③ 我現在有種種理由相信，所有這些推算的金額，實未免過大。

行稅像這樣不斷增加起來，原本打算促進商業，卻反而損害商業。國內由一地運往他地之笨重貨物運輸費，既迅速增加，其結果，這類貨物之生產，就要大受妨害，而國內最重要的產業部門，說不定要全歸消滅。

第二，按照重量比例而徵收的車輛通行稅，如其唯一目的在修理道路，這種稅就非常公平；若抽稅不單是爲了這種目的，且爲了供應國家一般的急需，那麼，這種稅就非常不公平。道路通行稅用以修理道路，各車輛就可正確按照其損耗道路程度的比例支付稅金。今通行稅既要移作其他用途，即應國家其他急需，那對於各車輛加的稅額，就不免要超過其損耗道路的程度以上。況稅道通行稅之徵收，不是以貨物的價值爲準，而是以貨物的重量爲準，所以主要負擔這種課稅的人，不是價值高而重量輕的商品的消費者，倒是粗重商品的消費者。因此，不論國家以這稅收應何等急需，結果，供應這急需的人，不是富者而是貧者，不是最能擔當這負擔的人，大體上，倒是最沒有能力擔當這負擔的人。

第三，設政府對於損壞之公路，放任不修理，我們要強制其劃出通行稅之一部分充當此適當用途，那就會比現今還更覺困難。以修繕道路爲唯一目的，而取自人民的一大收入，結果，竟會不劃分任何部分來修繕道路。如果對於今日卑賤貧困的稅道管理者，尚不易強制他們矯正錯誤，那麼，換一些富裕者、有權勢者來管理稅道，那要強制他們矯正錯誤，怕會比我們現在所假設的情況，還要困難十倍吧。

法國修理公路之基金，通常置於國家行政權直接指導之下。只是這基金，不全是貨幣，一部分是地方人民每年爲修理

公路所應提供的一定日數勞役，此外，則是國王在國家一般收入中，因應當前修路需要，由其他開支節約下來的部分。

　　法國舊法與歐洲大多數國家之舊法同，地方人民的勞役，一向由地方長官指揮監督；地方長官對於宮廷內閣，無何等直接從屬關係。但依據現行法令，地方人民提供的勞役，以及國王爲某特定地域或特定稅區修理道路，而由其他費用撙節的資金，卻全歸各州總督管理；總督由宮廷內閣任免，接受其之命令，並不斷與其保持聯絡。專制的程度日益提高，一國政權，皆集中於行政當局，國家其他權力，漸被侵奪；充作公共用途的一切收入部門，全都歸行政當局自己管理；修路事務、修路經費，亦統歸其管轄。但法國之重要郵政道路，乃至聯絡各國內主要都市之道路，大體上亦整飭可觀；在若干省分境內，較之英國之大部分稅道，且尤宏偉得多。可是，在英國稱爲十字路（cross road），而在地方道路中，占有大部分的道路，那裡卻全未進行維護。有許多場所，載重車輛已不能通行了，有許多地方，乘馬旅行已覺危險了。在那樣的地方，看來只有騾子是唯一信賴得過的運載工具。朝廷顯赫驕矜的大吏，往往於王公貴人時常經過的大道，力求其壯麗堂皇，以邀讚賞。一旦得到了讚賞，那不但使他感到光榮，甚或使他升官發財。至於偏鄉那許許多多的小工事，既不足以壯觀瞻，又不足以邀聲譽，除了實際上有極大的效用以外，實在無利可圖、無名可稱。這樣無論就哪點說都似乎過於卑微、過於寒傖的事務，怎能叫堂哉皇哉的大吏注意呢？所以，在這樣一種政治下，關於一切十字路的工事，往往是全沒有人留意的。

　　在中國，在亞洲其他若干國政府，對於修建公路及維持運

河兩大任務，通常由行政當局自行擔當。據說，朝廷頒給各州
疆吏訓示，曾不斷勉以努力治河修路；官吏奉行這一部分訓示
的勤惰如何，就是朝廷決定其黜陟進退的一大標準。所以，在
這一切國家中，對於河路工事，皆非常注意。特別是在中國，
那裡的公路，尤其是運河，有人說，都比歐洲著名的運河、公
路要好得多。不過，關於那裡的河路工事報告，大都得自少見
多怪的旅行者和無知誇大的傳教士。假若那種報告，經過較有
識者的考察，經過較忠實目擊者的實證，恐怕那裡的河路工
事，就不值得我們如此驚異。柏爾尼關於印度斯坦這類工事的
報告，就遠不及其他大驚小怪的旅行者記述，因為他沒有他們
那樣誇張。法國對於朝廷及首都人士矚目之交通要道，通常皆
用心維護，而其餘一切次要道路，則漫不經心。亞洲各國的情
形，說不定就是這樣吧。加之，中印諸邦君主之收入，幾皆以
土地賦稅為唯一來源；賦稅徵收額的大小，全決定於土地年產
物的多寡。所以，君主的利益與收入，與國境內土地之墾治狀
況，以及土地生產物之數量與價值，必然直接高度相關。要盡
可能使這種生產物，又豐盈、又有價值，勢須盡可能努力，確
保這種生產物之廣泛市場，從而，在國內各地方，就有建立最
自由、最容易，兼且運費最廉的交通之必要。建立這種交通，
唯一的方法就是興築最好的運河與最好的道路。然在歐洲的情
形，殊不如此。歐洲各國君主之主要收入，並非以土地稅或地
租為主要來源。固然，那裡一切大王國，最終都不免是仰賴土
地生產物支持，但那種關係不是直接的，且不像亞洲諸國那樣
顯然。唯其如此，歐洲各國君主就不像亞洲君主那樣急於增進
土地生產物之數量和價值；換言之，急於維持良好的運河道

路，以開拓土地生產物之廣泛市場了。因此，亞洲諸國由行政者管理之浚河、修路、庶政，即使如傳聞者所云，成效卓著（據我所知，至少含有若干疑問），在歐洲現狀下，要想由行政者把那件事情做好，還是全然沒有希望。

一種土木工事，如其不能由自身的收入維持，而其利便又只限於某特定場所或特定地域，那與其置於國家行政管理之下，由國家一般收入維持，任任總不若置於地方行政管理之下，由地方收入維持，來得妥當。譬如，倫敦市上的街道路燈費用，如由國庫開支，那街上所點的燈、所鋪的石，能做到現在這樣完善，其費用能像現在這樣撙節嗎？況且，這費用如非由倫敦各特定街坊、各教區居民所提供的地方稅，那勢必要從國家一般收入項下支出，其結果，全國不能受到這街燈利益的大部分居民，也就要無端分攤這負擔了。

土木工事由地方或州區統制，使各自集資維護，固然有時不免發生弊害，但是，這種弊害再大，比之於受統制於一大帝國行政系統，由國家一般收入維持所發生的弊害，亦實在算不了什麼。況且，與後者所生的弊害比較，前者的弊害，容易矯正多了。英國土木工事，通常由地方或州區之執法官處理，地方人民每年爲修葺公路，提供六日勞役，此種舉措，雖不必盡當，但從沒有發生慘酷壓迫的情事。法國關於此等事務，例歸各州總督管理，其措施既不比英國適當，而強徵勒索舉動，往往極慘酷暴戾之能事。法國人所謂強迫賦役制（corvées），竟成了悍吏魚肉人民之主要工具；設某教區或某行政區不幸爲悍吏所嫉惡，悍吏將恃此以施其懲罰。

二、便利特殊商業者

上述之公共設施及土木工事，其目的在便利一般商業。若求若干特殊商業之便利，則有待於特別的設施，且須有一項特別的額外費用。

與野蠻而未開化之人通商，常須有一種特別保護。普通倉庫或店鋪的設備，絕不能保障非洲西部海岸貿易商人的貨物。為避免地方原住民的劫奪，對於積貨場所，是不得不加以相當防備的。印度人本來是溫和馴良不過的，只因印度政府漫無秩序，所以，歐洲人貿易其間，亦覺有同樣警戒之必要。最初在印度取得建築堡壘特權的，是英法兩國的東印度公司，它們那時要求的口實，也不過是說防備暴力，保護生命財產。一國有了強固的政府，自不容外人在本國領土內占有堡壘，在這種場合，遂有互派大使、公使，或領事之必要。本國居留民之間發生爭訟，公使或領事可依從本國習慣，予以處分，居留民與所住外國人間發生爭訟，他亦得憑其官方代表資格，要求適當處置，這樣，本國居留民由此等官方代表得到的保護，一定要比他們期待於任何私人者有力得多。公使的設置，最早並非為了戰爭或同盟的目的，而是為了商業上的利益。土耳其公司的商業，使英國有在君士坦丁堡常駐大使之必要。對俄的貿易關係，亦使英國有在俄京常駐大使之必要。歐洲諸國人民由商業利益上不斷引起的衝突，恐怕就是使他們在一切鄰國永久派駐公使制度的由來。這個前所未聞的制度，追溯源頭不過在十五世紀末，或十六世紀初。此時商業開始擴展於歐洲大部分國民間，諸國民亦至此始注意到商業上的利益。

國家為保護特殊商業，而有特別費用之開支。此種費用如

就該商業抽徵適當稅金，以資彌補，其事當不失爲公允。徵稅之法，於商人開始營業時，徵以少額之營業稅，固無不可。而比較公平的辦法，則莫如視其對特定國輸出輸入貨物之多寡，而按比例徵收其特定稅。據說，關稅制度之設，最早不過爲了防避海賊流寇，保護一般貿易。果其如此，爲保護一般貿易用去的費用，既以課徵一般貿易稅爲合理，則爲保護特定貿易用去的費用，課徵特定貿易稅，就同樣合理。

　　保護一般貿易，常視爲國家防禦上之重大事件，因而也就成了從政者一部分必盡的義務。結果，一般關稅的徵收及應用，就往往是委之於行政當局。可是，特殊貿易的保護，乃一般貿易保護的一部分，故又爲行政當局必盡義務的一部分。如其國家行政系統明白，則爲保護特殊貿易而徵收的特殊關稅，也當同樣委諸行政當局管轄。然而，事實上，殊不如此。無論就這方面，或就其他方面說，各國國民的行動常是矛盾的。歐洲大部分商業國家，商人最有勢力，他們能向立法部門進言，使國家把行政當局這方面的一部分義務，以及必然與這義務相關聯的一切權力，統統委之於他們的特殊商務公會。

　　當一地初闢，國家對於商業進行，存有諸多顧慮時，此等公會自集資本，以圖嘗試，那於某特殊商業部門之創建上，容或有所助益，但行之已久，則將成爲無用的贅物了。其經營既多失當，而所經營的範圍，又或過於窄狹。

　　這種公會可分兩類，第一，商人相互締結聯合約定，議立行規，凡具有相當資格的人，皆得繳納若干資金，加入組織；但各自的貿易資本由各自經理，貿易危險亦由各自負擔。對於公會的義務，不過是遵守規約罷了。這種公會，稱爲規約公會

（Regulated company）。第二，以合股資本，進行貿易，各股員對於貿易上普通的利潤或損失，均按其股份分攤。這種公會，稱為合股公會（Jointstock company）。但不拘是規約公會，抑是合股公會，都是有時持有排他的特權，有時又不持有這種特權。

所謂規約公會，在一切方面，都與歐洲各都市普遍通行之同業組合相似，且與同業組合，同為一種擴大的獨占團體。一個都市的任何居民，如果他不先在同業組合方面，獲有自由營業權，他就不能從事同業組合化了的一切職業。同樣，一國任何人民，有時候如不先成為這公會的一員，那麼，凡屬規約公會那一部門的外國貿易，他就別想有合法的經營。這種獨占權的強弱，正與公司入夥條件的難易，以及公司主事者權力之大小──即彼等有多大權力，將大部分貿易，規定只有他們自己和他們的親故可以經營──相應。在先前，規約公司中學徒資格所享的特權，殆與同業組合中學徒資格所享的特權一樣。凡在公會服務過相當年限的學徒，不用給任何入夥金，即可取得公會人員的資格。所以，法律不加制止，則普通組合精神，將橫溢於一切規約公會中。公會主事者將努力巧立規約，盡可能把競爭限制於最少數人之間。可是，一經法律拘束，他們就無能為力了，而這種組織本身，也就成為一種全無作用、全無意義的東西。

對外貿易的規約公會，現今還殘留有五個，即漢堡公會（在昔稱為商人冒險家公會）、俄羅斯公會、東方公會、土耳其公會，以及非洲公會。

漢堡公會的入夥條件，在今日已算十分容易了。公會主

事者沒有使貿易遵從任何過重的拘束或規定的權能。至少他們
沒有使用這種權能。不過，這還是最近的事，以前殊不如此。
當前世紀中葉，該公會的入夥金，有時需五十英鎊，有時需
一百英鎊。據說，公會的行事，還非常專橫。一六四三年、
一六四五年、一六六一年，英格蘭西部毛織物業者及自由貿易
者，且因該公會以獨占者的地位，阻礙貿易，壓迫國內製造業
者，而訴之於國會。在當時，這種控訴雖不會產出何等國會法
案，但該公會卻因此備感壓力，把它向來的行動改正不少。自
後，至少是沒有人控訴不平。俄羅斯公會的入夥金，由威廉三
世第十年及第十一年第六號法令，縮減爲五英鎊；東方公會的
入夥金，由查理二世第二十五年第七號法令，縮減爲四十先
令，同時，該公會在瑞典丹麥挪威乃至波羅的海北岸一切國家
之排他的特許狀，統予取消。國會這兩條法令，要不外由該兩
公會的行動所激成。在國會未頒布此等法令以前，約希亞・蔡
爾德曾指稱此兩公會及漢堡公會極端苛刻，他並主張，當時此
等公會持有特許狀之所在國與本國間的貿易情況之所以不振，
正是此等公會經營失當之惡果。現在，他們也許沒有採取苛刻
的行動了，但是，一離開壓迫，他們就簡直沒有用處。「沒有
用處」實在是規約公會應得的最好頌詞，就上述三公會之現狀
言，他們滿可承受這頌詞而無愧。

土耳其公會之入夥費，以前，年二十六歲以下者二十五
英鎊，二十六歲以上者五十英鎊。凡非純粹商人，註有商籍
者，不得加入。此種限制，大概在排斥一切零售商。又據公會
規章，凡屬英國運往土耳其之製造品，非經該公會共有船舶裝
載，不許輸出。該公司船舶，例由倫敦港啓航，因此，英國對

土耳其貿易，就局限於這個港口了。貿易業者也局限於倫敦附近居民了。該公會規章又規定，凡定居倫敦市二十哩以外，沒有取得同市市民權者，不得加入該公會。這種限制必然與前一限制相關聯，一切沒有取得倫敦市民權者，皆在排斥之列。該公會公共船舶之載重及啓航日期，通由主事者決定。主事者很容易以自己及有特殊關係友人之貨物裝滿船舶，至於他人的貨物，只要藉口說太晚提出申請就完事了。在這一切規定上，公會可說是極盡發揮了嚴酷苛刻的獨占精神。這種種弊害，至喬治二世二十六年，卒有第十八號法令之制定。依此法令，不論年齡大小，不論是否純粹商人，也不論是否取得倫敦市民權，凡屬情願入夥者，一律繳納入夥費二十英鎊，即可取得公會人員之資格。並且，除禁止輸出的貨物外，人人皆得自由從英國任何港口，輸送任何英國貨往土耳其任何地方；又，除禁止輸入的貨物外，人人皆得自由輸入一切土耳其貨物（不過，貨物輸入須得支給一般的關稅，和公會方面依例徵收的特定稅，同時，並須依從英國駐土耳其大使領事的合法訓示，以及公會方面的正當規定）。爲防範此等規定，萬一流於苛酷起見，同法令更有以下的明文，即此法令通過後，凡公會所訂諸規章，使該公會中任何七人感到不便者，得向貿易殖民局（此種權能，現在掌於樞密院所組織之委員會）呈請修改。但此種呈請，須在該規章制定後一年內提出；若對於此法令通過以前的何種規章感到不便，則其呈請當於法令實施後一年內提出。然而在一大公會中，各夥員憑其一年經驗，未必就能發現各種特定規章的弊害。如若某種弊害是他們在限定期間以後才發現的，那麼，就連貿易局、樞密委員會，也無法挽救了。況且，如一切

同業公會或團體的規定一樣，一切規約公會大部分約章的目的，原非壓迫已經加入的會員，而是要阻礙其他人的加入。高額入會費以及其他許多方法，都無非爲了這個目的。他們不斷求自己的利潤增高，愈高愈好，因而，不斷要求市場上對於他們輸出輸入的貨物感到供應不足，而且愈不足愈好，要做到這層，就只有限制競爭或阻礙新冒險者從事同一門的生意。就說二十英鎊的入會費吧，對於一個想永久繼續從事土耳其貿易的人，二十英鎊也許不夠阻礙他的意向；但是對於一個想暫時嘗試土耳其貿易的投機商人，二十英鎊就夠使他裹足了。不論何種行業，久於其業者，縱未締結何等公會，但最終他們總會形成一個抬高利潤的自然團體。欲杜絕壟斷，使商業利潤低至相當水準，那唯一的方法，就是讓一般投機冒險者，不時起而競爭。英國對土耳其貿易，在某種限度，雖由這國會法案開放了。但在許多人看來，那實在距離自由競爭局面還遠。土耳其公會支付了一名大使，兩、三名領事的維持費，便以爲功莫大焉，應當壟斷對土貿易。其實，公使領事，同爲國家官吏，應由國家收入維持，而對土貿易，亦當對於國王治下一切臣民開放。況該公會應此目的及其他目的，而徵收的諸項雜稅，若提歸國有，當必不止維持這幾個駐外官吏。

依約希亞・蔡爾德爵士的考察，駐外官吏的經常費，雖往往能由規約公會維持，但對於貿易所在國設置之堡壘或守備隊，一向並非規約公會所能維持。可是，規約公會所不能維持的，一般的股份公司卻常能維持。在比較上，前者也實在更不宜於承當這個負擔呢！第一，規約公會主事者，對於該公會一般貿易的繁榮——此即堡壘守備隊所以要維持的原故——並無

何等特別利害關係；反之，一般貿易的衰退，反倒對於他們私人的貿易，有不少利益。因為他們的利益，就是要減少競爭，使自己能賤買貴賣。然在一般股份公司的主事者卻正相反。他們個人的利得，包含在他們管理的共同資本所生的共同利潤中，離開公司一般貿易，就無所謂私人貿易。他們私人的利害關係，與一般貿易的繁榮，和保障這繁榮之堡壘或守備隊的維持，緊密結合。維持堡壘或守備隊所必要、持續且小心的注意，他們似更常常具備。第二。股份公司的主事者，手中常掌管有一大宗資本，即公司方面的股本。堡壘守備隊如有設置、增補、維持之必要，他們當然隨時可以劃出一部分資本拿來應用。然而，規約公會的主事者，卻沒有掌管何等共同資本；除了一點臨時收入，如公會入會金，以及課加於公會會員貿易上的公會關稅以外，更無其他資金可以動用，所以，對於堡壘守備隊的維持，規約公會儘管與合股公司持有同樣的利害關係，同樣注意到了，但他們苦於沒有同等資力，使其注意成為有效。至於駐外官吏的維持，那簡直無須多費周折，費用亦輕而易舉，就規約公會的性質和能力說，都更為相稱。

然在蔡爾德爵士去世許久後，即一七五〇年間，一個規約公會設立了，此即現今之非洲貿易商會公會。英國政府最初曾令該公會負擔非洲沿岸，由布朗角至好望角間一切英國堡壘守備隊的維持費；最後，又令該公會只負擔落幾角、好望角間一切堡壘守備隊的維持費。政府關於設立這公會的法案（喬治二世第二十三年第三十一號法令），明顯有兩個目標，第一，對於規約公會主事者自然會有的壓迫精神和獨占傾向，加以抑制；第二，極力強制他們，使他們注意維持堡壘與守備隊。

對於第一個目標，該法案限定入會費爲四十先令，並限定該公會，不得改做合股經營，不得以公會名義貸借資本；對於一切繳納入會費的英國人民，皆當任其在各地自由貿易，公會方面不得巧立限制。公會的統制權，皆操於集駐倫敦，由委員九人組成之委員會。委員每年由倫敦、布利斯托、利物浦三市之公公會會員中，各選三名，任何委員皆不得連任至三年以上。委員有不當行爲，貿易殖民局（即今之樞密院委員會）得免其職。又同委員會不得由非洲輸出黑奴，更不得運非洲貨入英國。但因他們須負責維持駐在非洲的堡壘與完備隊，故由英國向非洲輸出的各種貨物及軍需品，不在禁止之列。他們由公會領取之八百英鎊以內的貨幣，如開銷倫敦、布利斯托、利物浦三市留守者及代理者之薪俸，倫敦事務所之房租以及其他一切雜費後，還有餘，則用以報酬他們自己的辛勞，至如何分配，那聽他們自行決定。一切規定如此嚴密，照理該可以切實限制獨占行爲，而充分達成第一項目標吧。然而實際來看，獨占依然如故。依喬治三世第四年第二十號法令，舉凡塞內加爾之堡壘及其屬地，統由非洲貿易商公會管理。而至翌年（喬治三世第五年第四十四號法令），公會方面不但要把塞內加爾及其屬地，就連由南巴巴厘之舍勒港至羅格角的西非海岸的管理權，亦須統統移歸國王支配。該法令並宣言：凡屬國王的臣民，皆得自由進行非洲貿易。這個法令的宣布，當然是因爲該公會有限制貿易，建立某種不當獨占之嫌疑。不過，在喬治二世第二十三年的那種嚴密規定之下，我們要探究他們做了怎樣不當的事體，那殊非容易。加之，下院的議事錄往往又是記載失實的。但據我觀察，委員會的九位委員，都是些大商人。各

堡壘和守備隊及殖民地的大小官員，莫不仰承他們的鼻息；他
們在商務上及事務上有所囑託，那些官員雇役等必特別注意。
這樣一來，實際上就無形建立了一個獨占的地位。

對於第二個目標，該法令規定堡壘和守備隊維持費，每
年由國會付予公會一萬三千英鎊。委員會對此金額的使用，每
年須向國庫主計長提出報告，國庫主計長再向國會報告。但國
會對於國家之歲用，雖數百萬英鎊，都不怎麼關心了；這區區
一萬三千英鎊的使用，當然更不會去關心。況且，就國庫主計
長的職務和教育背景而論，堡壘和守備隊費用的當與不當，他
又何能悉其詳情。不錯，王國海軍艦長或海軍部委派之將官，
可以親自調查堡壘和守備隊實情，歸報海軍部；但海軍部對於
該委員會既未持有何等直接裁判權，又無權力糾正被調查者之
行動，加之，艦長一類人物，對於築壘之學，並不見得常常有
深的造詣。況委員等如非侵吞公款，即使加罰，頂多不過罷免
官職；我們知道，委員這官職的任期，再長不過三年，而其報
酬又極有限，要使罷免的顧慮，成為一種強制他們的原動力，
使他們時常想到那利不干己之繕防戍守小事務，哪能做到呢？
為修繕基阿那海岸之柯斯提角的堡壘——議會曾支出了幾次臨
時金額——該委員會由英國運去磚石，已頗有人非難；磚石經
過長途航行，其質大壞，據說，用那磚石修築的堡壘，簡直還
有從頭再建之必要。羅格角以北之堡壘和守備隊，不但維持費
出於國家，即管轄權亦直隸於行政當局之下。但該角以南之堡
壘和守備隊費用，雖大半出自公家，而其管轄權，卻別有所
屬，此真令人百思不得其解。直布羅陀及米諾卡戍守之設備，
其本來目的或藉口，亦在保護地中海貿易。然此等守備隊之維

持及管理，並未責成土耳其公司，而是統轄於行政當局。支配領域之廣大，乃行政當局聲威所繫，從而，領域防禦上之必要設置，他們當然不能不過問，實際上，直布羅陀及米諾卡戍守之管理，一向並未疏忽。雖米諾卡兩度被奪，現在永無恢復希望，但其咎不在行政當局管轄上之怠慢。不過，英國一再取直布羅陀，而戍之以所費不貲之守備，其事究竟非必要。若謂此事有何等意義，恐怕至多不過使英國見棄於其自然的同盟者西班牙；並使波旁王室之兩大支流，於血緣關係結合以外，作更緊密更永久的同盟罷了。但著者此言，恐未必能見諒於國人吧。

股份公司之成立，非經國王敕令特許，即當由國會通過。故其性質不獨與規約公會異，即與私人合夥公司（Private partnership），亦有許多點不同。

第一，在私人合夥公司中，非經全公司許可，舊夥員不得逕行讓渡其股本，使新夥員任意攙入。夥員如欲脫退，須於相當期間之前聲明，然後始聽其取出股本。股份公司不然。股份公司不許股東要求取出股本，但轉賣其股票，卻無須公司同意。股票價值，上市後，時有漲跌，因此，股票所有者的實際股金，就與股票上註明的金額，常有出入。

第二，私人合夥公司在營業上如有虧空，各夥員之全財產，皆負有責任。反之，股份公司在營業上的虧空，各夥員不過就其股份限內，負其責任罷了。

股份公司的經營，例由董事會處理。董事會在執行任務上，固然不免受股東大會議決案之支配，但股東對於公司業務，多無所知，如其派系色彩不濃厚，他們就情願每年或每半年安然接受董事會分配給他們紅利，不欲勞神。像這樣省事而

又無大危險的事業，無怪許多人都不肯投資合夥，賭其全部財產，而把資本投向這方面了。因爲，合夥公司即使資本雄厚，就一般而論，究竟不若股份公司吸收股本之多。南海公司的營業資本，在某一個時期，曾達到三千三百八十萬英鎊以上。英格蘭銀行的分紅股本，現在，計達一千零七十八萬英鎊。不過，在錢財的處理上，股份公司的董事，總像是爲他人盡力，若私人合夥公司的夥員，則純是爲自己打算。所以，要想股份公司董事監視錢財用途，像私人合夥公司夥員那樣用意周到，那是難得做到的。這些董事有如富家管事一樣，如著意小節，殊非主人光榮，從而，一切小的計算，就拋置不顧了。疏忽和浪費，常爲股份公司業務經營上多少難免的弊竇。惟其如此，凡屬從事外國貿易的股份公司，總是競爭不過私人的冒險者。所以，股份公司沒有取得排他的特權，成功者固少，即使取得了排他特權，成功者亦不見多。沒有特權，他們業務上的經營往往錯誤，有了特權，那就不但會經營不良，且使營業範圍縮小。

現在非洲公司的前身，即敕立的非洲公司。該公司取得之特許狀，是由王命敕賜，未經國會通過。故光榮革命後不久，非洲貿易，遂開放於全國人民。赫德生灣公司之法律根據，與敕立的非洲公司同，其特許狀亦未經國會通過。南海公司始終持有一種經國會確認過的特許狀，此又與現在之東印度公司同。

非洲貿易開放後不久，敕立的非洲公司，即自知非私人冒險者之競爭敵手，於是不顧民權宣言，竟稱此私人冒險者爲奸商，而出以迫害。一六九八年，該公司藉維持堡壘和守備隊名義，課各私人冒險者以百分之十的重稅。但在營業上，仍不能

和私人競爭。因此公司之資本及信用，日益減退。至一七一二年，公司負債甚鉅，國會為謀該公司及債權者之安全，乃制定以下的法案，即公司債務之償付日期，以及關於債務償付所成立之協定，只須公司債權者（就人數言，就價值言）三分之二以上的決議，決議過了，其餘的人皆不得違背。

然一七三〇年，公司的業務，仍陷於極度混亂。原公司之設，其唯一目的或藉口，就在維持當地堡壘和守備隊，現在連堡壘和守備隊亦不能維持了。國會見此情形，遂決定每年支出一萬英鎊，作為彌補。此項金額，自當年度起，一直彌補至該公司解散之年度止。一七三二年，該公司因歷年對西印度黑奴貿易頗有損失，遂決定從此中止，而把已經由非洲海岸買得之黑奴，轉賣於美洲私人貿易者。至於公司中之雇役，則用以從事非洲內地之金沙、象牙、染料的貿易。然而貿易範圍縮小了，經營上並不比先前更為得手。公司的業務，依然日形衰退，無論就哪點說，已完全瀕於破產狀況了。國會知無可挽救，遂下令解散。而其堡壘及守備隊，則責成現今非洲貿易商人之規約公會管理。但合股公司經營失敗的，並不僅敕立的非洲公司，之前，為進行非洲貿易，還設立了三個股份公司。它們都持有特許狀——雖未經國會確認，但實際上似持有排他的特權——然而它們都沒有成功。

在最近戰爭中，赫德生灣公司蒙受不少打擊。可是在此以前，它卻還較敕立非洲公司幸運。它每年的花費極少。其所維持諸殖民地及居留地——要說得好聽一點，該公司稱此為堡壘——之人民總數，據說，不過一百二十名。但人數雖少，在該公司貨船未到以前，已可從容把必需的毛皮及其他貨物收積

妥當。當地海口結冰期長，船舶不得停泊至七、八週以上；因此，預先積貨就成爲必要了。赫德生灣貿易不做到這層，就無法經營。私人冒險者想做到這層，又非十數年莫辦。所以，該公司憑著不到十一萬英鎊的資本，就把特許狀所許可的那廣闊而貧弱地帶的全貿易，全剩餘生產物——或將近全部——都壟斷無遺了。私人貿易者既不會企圖到那種地方，與公司競爭，所以，該公司在法律上，雖不一定持有排他的特權，而在實際上，卻已享受了排他貿易的利益。加之，該公司所有的少額資本，據說是由極少數股東集成，在名義上雖爲股份公司，其性質已與私人合夥公司相近，從而在經營上，就幾乎能和合夥公司同樣謹慎、同樣注意。有這許多利益，赫德生灣公司此前貿易上的相當成功，就毫無足怪了。不過，該公司獲得的利潤，似乎沒有達到多布斯想像的那個程度。《商業歷史編年推論》之著者安得生，是一個比多布斯遠爲率直而公平的著作家，他檢討多布斯關於該公司數年中輸出輸入的全部報告，並參酌該公司之特別風險和開支以後，他以爲該公司的利潤，雖值得羨慕，或者說，雖超過了普通的貿易利潤，但實在沒有超過很多。他這種觀察，是頗爲得當的。

南海公司從沒有維持何等堡壘或守備隊，從而，外國貿易公司照例要負擔的一大費用，它全然免除了。不過，該公司股本額過大，股東數極多，在全部業務經營上，自不免失之愚蠢、疏忽和浪費。至於招股計畫之欺騙與全無節制，那非現在討論的主題，不說了。就它的商業計畫說吧，與招股計畫比較，也好不了許多。該公司經營的主要貿易，就是把黑奴輸往西領西印度。它對於這項貿易（由烏特列赤條約，附帶承認了

所謂阿西托契約的結果），取得了一種排他的特權。但是，特權雖然取得了，貿易仍沒有多大的好處。在該公司以前，經營同一貿易，持有同一特權的葡、法公司，早已經倒閉了。該公司有鑑於此，遂要求逐年以一定噸數的船舶，直接與西領西印度通商，以圖彌補。無奈該公司所派船舶，航行十次當中，只有一次（即一七三一年羅耶・加洛林號之航行）獲了巨利，其餘九次，幾乎多少都有損失。營業的不成功，該公司之代理店及代理人，都歸罪於西班牙政府之強奪與壓迫。但大部分，恐怕是由於代理店及代理人之浪費與掠奪吧。我還聽說，他們有一位服務一年就發了大財。一七三四年，該公司以營業利潤微薄的理由，請求國王許其變賣貿易權與船隻，而由西班牙國王取得相當代價。

一七二四年，該公司開始經營捕鯨業。對於這項業務，它雖未持有獨占權，但在它經營的期間，並無其他任何英國人加入。該公司的船舶，曾航行格陵蘭八次。其中，僅有一次得利，其餘均遭損失。在最後第八次航行終了時，即該公司拍賣其船隻、漁具、店鋪時，才發現這一部門包括資本及利息之全損失，計達二十三萬七千英鎊以上。

一七二二年，該公司請求國會，把該公司三千三百八十萬英鎊的大資本──全部皆貸與政府──劃分為兩等分：一半（即一千六百九十萬英鎊以上）作為政府的國債，與其他國債同，不得用以償還填補該公司商業經營上之債務或損失，其他一半，依舊作為貿易資本，得用以償還填補債務或損失。它這種請願，國會認為合理且採納了。一七三三年，該公司再向國會陳請，把貿易資本四分之三作為國債，僅留其餘四分之

一，充當營業失敗的補償資本。到這時爲止，該公司所保有的國債及貿易資本兩者，因政府幾度的償還，已各減少了二百萬英鎊以上，從而，這所謂四分之一，就不過三百六十六萬二千七百八十四英鎊八先令六便士了。該公司此前依阿西托契約，對於西班牙國王取得之一切請求權，至一七八四年，最終由阿·拉·切帕爾條約換得相當等價，而放棄了。這麼一來，該公司與西領西印度之間的貿易，遂告終結。而其留下的貿易資本，均轉化爲國債，因此該公司再也不是一個貿易公司了。

可是，我們應注意一件事：南海公司期望多多獲利的唯一貿易，就是以本公司每年派遣船爲媒介，而對於西領西印度進行的貿易。但當它經營這種貿易時，無論在國外市場，或在國內市場，都不是沒有競爭者。在加爾替吉那、在波托·柏婁、在拿·斐列·克路茲，該公司遇到了西班牙商人的競爭，他們裝載了和南海公司船舶同樣的歐洲貨物，由克底茲運往那些地方；在英國，該公司又遇到了英國商人的競爭，舉凡南海公司由克底茲輸入的西領西印度貨物，他們也同樣由當地輸入。不錯，對於西班牙及英國商人的貨物，其稅率不免要高一些，但該公司雇役的疏忽，浪費蒙混，恐怕是一種更高的重稅吧。至於說，如果私人貿易者能夠公開的正當的和股份公司競爭，股份公司還能經營某種貿易得利，那就違反我們一切的經驗了。

舊東印度公司於一六〇〇年，依女王伊莉莎白之特許狀設立。當它最初向印度航行十二次的那時候，單只船舶爲共有，貿易資本還是每個人的，彷彿是一種規約公會的形式。在一六一二年，這個別的資本，才合併而爲股份資本。該公司持有一種排他的特許狀，這特許狀雖未經國會確認，但在當時，

卻已推想為一種真正的排他特權了。所以經過許多年，它從未
受其他商人的侵擾。該公司的股本，每股為五十英鎊，總額僅
七十四萬四千英鎊。這個數目，尚不致引起經營上怎樣的疏
忽、浪費或者蒙混。雖然荷蘭東印度公司的陷害，和其他的意
外事變，使它蒙受了很多損失，但在許多年間，依舊能有利的
進展。不過，時間一久，一般人對於自由的原理，也漸有理
解，於是，這未經國會確認的特許狀，究竟能算是怎樣的一種
排他特權呢！這件事一天一天的成了疑問。對於這個問題，法
庭的決定既不一致，政府的權力和意向又時有變動。遷延復遷
延，私人貿易者遂侵入公司特權範圍了。由查理士二世晚年，
經詹姆士二世，至威廉三世初年，該公司已陷入了大困境。
一六九八年，國債應募者向議會提案，願以年息八厘貸政府
二百萬英鎊，其條件為設立一有排他特權之新東印度公司；舊
東印度公司亦向議會提出同一性質之提案，但其貸款為七十萬
英鎊（約與該公司之資本額相當），年息四厘。就國家當時維
持信用上打算，與其貸入輕利的七十萬英鎊，倒不如貸入利
息較重的二百萬英鎊來得便利。新國債應募者的提案被接受
了，結果就出現了一個新東印度公司。不過，舊東印度公司的
貿易權利，尚得繼續至一七○一年。同時該公司並以他們財
務長的名義，極巧妙的，在新公司股本中，加入了三十一萬
五千英鎊。對於二百萬英鎊借款，授予應募者以東印度貿易
特權的那一條國會法案，在表達上有些疏忽。從字面上看不
出來那些應募者是否必須全部聯合起來組成一家股份公司。
因此，應募僅及七千二百英鎊之少數私人貿易商，堅持他們
有權獨自利用他們自己的資本個別經營東印度貿易，自負盈

虧。至一七○一年止，舊東印度公司亦有使用其舊資本，經營獨立貿易的權利。並且，在這個時期前後，該公司亦遂與其他私人貿易業者同，竟用其此前投入新公司中之三十一萬五千英鎊，從事獨營貿易。新舊二公司與私人貿易商間的競爭，兩公司彼此間之競爭，相持下去，殆不免兩敗俱傷。到一七三○年，有人向國會提議，主張印度貿易，置於一規約公會經營之下，使其有相當程度的開放。這個提案，頗爲新舊公司所反對；它們高聲向國會警告，謂如此做法，其競爭將演成可悲結果。它們以爲，競爭者多，印度土貨價格，勢必高至無物可購，而在英國市場上，因爲存貨過多，其價格又必跌至無利可獲。可是，供給過豐，入英印貨將大跌特跌，使一般大眾獲得廉價購物之利，那本無疑；若必謂求購者多，印度市上土貨即將大漲特漲，卻不盡然。由競爭促起的額外需要，比之印度貿易大洋，不過涓涓一滴而已。況且，需要增加，在當初容或有提高價格傾向，行之已久，又勢必促起價格跌落。因爲購買競爭會獎勵生產，增大生產者間之競爭。各生產者爲要使自己的出品，較他人的出品低廉，必不得不採用新的分工，和技術上新的改良。兩公司訴說的悲慘結果，即消費的低廉和生產的獎勵，又恰好是政治經濟學所要促進的結果。然而，使他們垂泣控訴的競爭，畢竟沒有繼續好久。一七○二年，這兩公司連同安妮女王，做成三方面合同契約，在某種限度合併起來。一七○八年，依據國會法案、完全合爲一體，而成爲今之所謂東印度貿易商聯合公司。同法案又限定：私人貿易業者，只許繼續貿易至一七一一年秋爲止。同時對於公司內之獨立經營貿易者，則發布預告，至三年後，買收其七千二百英鎊的小

資本。這樣一來，就無異插入了一項轉全部資本為股份資本的條文。此外，同法案又規定：該公司的資本，因對政府有新借款之故，又由二百萬英鎊，增大至三百萬英鎊。一七四三年，該公司更貸與政府一百萬鎊。不過，這項借款，非由招股得來，而是由公司出賣國債，轉結債務關係得來，故未增大股東得要求分紅之資本。然這一百萬英鎊，在公司營業失利及契約債務關係上，與其他三百萬英鎊，擔有同等責任，所以，最終還是增大了該公司的貿易資本。自一七○八年，或者至少自一七一一年以來，該公司即免掉了一切競爭者，完全建立了英國在東印度的獨占貿易。貿易經營得手，股東逐年皆由利潤分有適度的紅利。一七四一年，英法戰爭爆發，（南印度）朋狄切利地方之法國總督杜不勒克斯別具野心，致東印度公司捲入戰爭漩渦及印度土王之政爭中。經過無數次顯著成功，及無數次顯著失敗後，該公司竟在那時，把它在印度的主要殖民地馬托拉斯失掉了。嗣後，阿恢・拿・切帕爾條約成立，馬托拉斯復歸於該公司。這時，該公司充滿了戰鬥及征服氣氛，久而未釋。所以，當一七五五年爆發的英法戰爭中，英國在歐洲迭獲勝利，而該公司在印度，亦大交好運。捍禦馬托拉斯，占領朋狄切利，恢復加爾各答，並獲有一個富裕而廣大領土的收入。這收入在當時，據說，每年有三百萬英鎊以上。但該公司安然享有這收入，不過幾年罷了。一七六七年，政府以該公司占領之領土及其收入，屬國王的權利，應當繳納賦稅。公司乃承認此後每年納稅四十萬英鎊。公司之紅利，前為百分之六，以後漸增至百分之十。就全資本三百二十萬英鎊計算，紅利計增加十二萬八千英鎊；換言之，每年紅利額，已由十九萬二千英

鎊，增加至三十二萬英鎊。那時，公司方面企圖紅利更迅速的增至百分之十二點五。而其額數，相當於每年提供政府之四十萬英鎊。可是，當政府與公司實施協定那兩年中，國會相繼制定法案，不許紅利再有增加。這法案的目的，在使公司方面加速償還其所負債務。該公司當時的債務，已達六、七百萬英鎊了。一七六九年，公司與政府改訂協約，限期五年；在這五年中，紅利雖得漸次增加至百分之十二點五，但一年內，至多只許增加百分之一。這所增加的紅利額，達到極限時，合計紅利與納稅，亦不過較其最近拓境以前，年加多六十萬八英千鎊。前面講過，最近占領地之總收入，每年計有三百餘萬英鎊。依一七六八年東印度貿易船克路騰登號提出之報告，除去軍事維持費及其他費用，純收入亦達二百零四萬八千七百四十七英鎊。此外，公司方面據說還有其他收入，那收入一部分出自土地，而大部分則出自殖民地所設之稅關，其總額亦不下四十三萬九千英鎊。至於當時貿易利潤，據公司董事長在國會下院的證言，年額至少為四十萬英鎊；據公司會計師的證言，年額至少有五十萬英鎊；不論怎樣，再少也會等於每年分給股東之最高紅利額吧。有這莫大的收入，確夠開支該公司每年增付的六十萬八千英鎊，同時，並提供一項減債基金，以備急速償還債務。然至一七七三年，其債務不獨未見減少，卻反而增大。國稅未完者達四十萬英鎊；關稅未繳者，由英格蘭銀行借入者，還有業由印度發出，而無力兌付之匯票債額，共達一百二十餘萬英鎊。該公司債務日積，應付維艱，不得已，乃一舉減低股息至百分之六；更乞憐政府，請其第一，豁免年納稅四十萬英鎊的成約；第二，貸款一百四十萬英鎊，以救當前

危急。拓殖領地，增加歲入，該公司的財產是增大了，但財產愈大，對於公司職員，就似乎愈成爲浪費增大的口實，並且，愈好從中舞弊。國會欲探知其眞相，乃著手調查公司職員在印度之行動，以及歐印兩方面之一般業務狀況。調查的結果，對於公司統制的組織上，頗有幾種極關重要的變革。在印度方面，該公司的主要殖民地，如馬托拉斯，如孟買、如加爾各答，以前相互獨立，今則置於同一總督統率之下，輔佐總督的，有四名顧問組成的評議會。第一任總督及顧問，通由國會指派；又因加爾各答爲英國在印度之最重要殖民地，與以前之馬托拉斯同，故總督即駐節於此。加爾各答之法庭，原爲審理商業上之案件而設立，後因帝國版圖擴大，其司法管轄權，亦隨之擴大。然至此次改革，東印度公司之統制組織，又復縮小該法庭主權限，使還其本來面目。此外，更增設一新的最高法院，由國王任命審判長一人及法官三人組成。在印度所改革者如此。其在歐洲，以前出股五百英鎊，即可取得股東總會之投票權。現在限定，須出股一千英鎊，才有這資格；以前出股取得這資格，如非由承繼，而由承買，就須在承買後六月，才能行使投票權。但現在這個期限，延長至一年了。又，以前公司的二十四位董事，每年改選一次，現在亦改變了，每位董事，四年改選一次，但在二十四位董事中，每年有六位舊董事出去，有六位新董事進來，經任董事者，不能再選爲新董事。有了這諸般改革，股東總會及董事會雙方，該可以鄭重其事，打定主意做去，不再像從前那樣疏忽隨便。然而，無論怎樣變革，要使他們這般人好好注意促進印度之繁榮，那能做到嗎？他們大多數人的利益，與印度的利益，簡直漠不相關。在一切

方面，他們不單不宜於這種統治，且不宜於參加這種統治呢！
有大財產的人不待說，就連小有財產的人，也往往樂於購買
一千英鎊的東印度公司股票。他們欲得而甘心的，單是由此取
得股東大會的投票權。有了這投票權，自己縱不能成爲印度的
掠奪者，尚可任命印度的掠奪者。當然，行使這命令之權，乃
操於董事會，但董事會本身，就不免多少要爲股東勢力所左
右：股東不但選舉董事，有時公司任用職員，也歸他們支配。
假若一個股東能享有這權力幾年，因而，可在公司方面安插若
干故舊，那他不用說對於股息不大注意，即使對於一千英鎊的
股本，也是滿不在乎的。至於他曾選舉人去參加統治的印度之
繁榮，他哪裡會放在心上。不論怎樣的君主，對於被統治者之
幸福或悲慘，其領土之改進或荒廢，其統治之名譽或恥辱，總
不會像他們這樣漠不關心吧。然而衡情度理，按照事物的本
性，他們這般商業公司的人員，又無怪其如此，他們原是不得
不如此的。國會依據調查結果，制定種種新規，但對於這漠不
關心的程度，與其說是減少了，倒不如說是增大了。譬如，國
會下院決議案宣稱，公司要把所欠政府債額一百四十萬英鎊償
還，所欠民債減至一百五十萬英鎊，到那時，只有到那時，才
得對於股本攤給百分之八的股息。又，該公司留在本國之收入
及純利，當分爲四部分，其中三部分移歸國庫，充當國家用
途，其餘一部分，則留作償還債務及供應公司不時急需的基
金。但是，未經此規定以前，公司擁有印度之商業利益土地稅
收，猶於事務財政上，弊竇叢生，顢頇不治；今分去其四分之
三的純收入及純利潤，更把保留的一部分，置於他人監督之
下，須得其承認，方准動用，那欲使公司事務財政較先前有所

改進，怎麼可能做到呢？

　　就公司方面看來，分配百分之八的股息後，如其依國會下院決議案規定，把一切剩餘部分，委之於聲氣不相投的一群人手中，倒不若讓公司職員雜役隨便濫用，任意侵吞，還比較痛快。何況，公司使用人員的利益，往往大爲股東所擁護，即使發現其蒙混侵吞，有關全體股東利益，亦常不了了之。他們有時甚且把擁護自己權益這件事，看得更輕，把擁護侵犯這權益的人之事情，看得更重。

　　因此，一七七三年的規定，終無以救東印度公司統治之混亂局面。有一次，公司因措施得當，也曾一度在加爾各答金庫中，積存了三百多萬英鎊。往後，它的支配或掠奪範圍更加擴大，而所擴大的土地，又備極富饒、備極肥沃。但它由這所獲得的一切，還不是照舊浪費了，葬送了完事。等到海德‧阿里侵入，該公司始恍然覺悟防禦未固，無以自保。混亂至於今日（一七七四年），公司已陷於前所未有的困境了。爲了拯救當前破產危難，又迫而向政府懇求援助。國會中各黨派關於改善該公司業務經營，頗多提案。而種種提案中一致之點，則爲公司不宜於統治占有的領地——這實在是一向就非常明瞭的事實。就連公司自身，也認爲無統治能力，因而想把領地讓渡於政府。

　　在僻遠而野蠻的國境裡面領有堡壘和守衛隊的權利，必然與當地宣戰媾和的權利結合在一塊。股份公司既持有前一權利，就明顯會動輒行使後一權利。依最近的經驗，我們就知道該公司行使這種權利，該是怎樣不得當、怎樣隨便、怎樣慘酷啊！

　　一隊商人自出資本，在野蠻異域建立新的貿易，政府一方面使其組成股份公司，並於經營得手時，許以若干年的獨占，那是沒有什麼不合理的。實在說，政府要酬謝這冒險費財，異日將造福大眾的嘗試，也只有這才是最容易、最自然的方法。像這樣一種暫時的獨占，和允許發明者新機械的獨占、允許著述者新著述的獨占，可依同一原理解釋。不過，限定的時期既滿，獨占是應當取消的。如若堡壘和守衛隊仍有維持必要，自應移歸政府，由政府償以相當代價，而當地貿易，則讓全國人民自由經營。設公司長久獨占，其結果將無異增加全國其他人民不合理的賦稅。這賦稅的課加，約有二途。第一，聽民自由貿易，物價必廉，行使獨占，則物價高昂；第二，於大多數人民方便而有利的事業，因獨占而全被排除。人民無故分擔這無價值的負擔，在公司方面，卻不過徒供一般僱用人員的怠慢、浪費，乃至侵吞罷了。股東的股息，並未因此而超過其他自由事業的普通利潤率，且往往因此而在一般利潤率以下。我們就往事推斷，股份公司如未取得獨占，勢將無法長久經營任何外國貿易。經商之事，不外購買一地貨物，在有利條件下，運往他地出售。買則務求其廉，售則務求其貴，雙方競爭，其需要供給關係，乃至為繁複，至多變動。在此繁複變動情形下，對於各種貨物的品質數量，又必運用技巧判斷，以期適合。面對這樣一種有如不斷變化的戰爭，只有私人商家，才能隨時注意警戒，期待勝利，若以股份公司執事先生當之，哪能持久呢！所以，東印度公司當公款既已償畢，排他特權亦經取消時，議會雖制定法案，許其仍以股份公司資格，在東印度與其他商人共同競爭，但在這種情形下，私人冒險者之警戒與注意，不旋

踵間就使公司倦於貿易了。

　　阿柏・摩列拿爲法國有名著述家，對經濟學頗有研究。他曾列舉一六○○年以後，在歐洲各地設立之外國貿易股份公司，一共有五十五家；據他說，這些公司，都取得有排他的特權，但都因經營上的失當，而全歸失敗了。他舉出的這五十五家，其中也有兩、三家不是股份公司，且未遭失敗，被他弄錯了。可是還有幾個失敗了的股份公司，他沒有列出。整體看來，失敗的歐洲股份公司，實在不少於五十五家。

　　不過，一個股份公司，即使未取得排他特權，也並不是全無成功之望，只是須看經營主經營事業的能力。凡在作業上，有一定成規可尋，而其運用方法，又不容多少變動的事業，即不妨由股份公司經營。這類事業計有四種，第一，銀行業；第二，水火兵災保險業；第三，修建通航河道或運河；第四，儲引清水，以供城市。

　　銀行業之原理，雖不免有些深奧，而其實務，卻可一一訂爲成規，以資遵守。設貪圖眼前厚利，大膽投機，置成規於不顧，其事殆極危險，且往往陷銀行於無可挽救之境地。但是，以股份公司與私人合夥公司比較，前者實比後者更能拘守成規。因之，股份公司，就似乎很適於銀行的營業，無怪歐洲主要銀行業公司，都是合股經營。在這些公司當中，有許多並未取得排他的特權，而其經營卻非常興旺。英格蘭銀行亦全無特權可言，有之，唯國會限定其他銀行之組成，不得過六人以上。今之愛丁堡兩銀行，全爲股份公司，更絕無任何獨享的權利。

　　由火災、水災乃至戰禍生的危險，其價值雖不能很正確

的計算出來，但在某種程度，卻不難依嚴密規則和一定方法，得其概數。所以，沒有特權的保險業，當可由股份公司進行得利。如倫敦保險公司，如皇家交換保險公司，都是沒有取得何等特權的。

通航河道或運河一旦修造成功了，其管理即非常簡單容易，而且，都可訂出嚴密的規則與方法。就說進行修造河道吧，長幾哩、閘幾個，也能按照一定成規，與承修者設立契約。他若引注清水以供給城市的運河、水槽，或大水管，其事與一般運河業，無何等差異。由股份公司經營之，即未取得特權，亦當大獲其利，而實際也往往如此。

但是，股份公司之設，如僅因其能經營成功；讓一群特定商人享受其鄰人享受不到的權利，如僅因要使他們繁昌，那還說得通嗎？要使股份公司設立完全合理化，必其經營事業，可以訂出嚴密規則及方法，同時尚當伴有其他兩個條件：第一，那種營業，必顯然較一般營業，有更大更一般的效用，第二，其所需資本，必顯然非私人合夥公司所能籌集之巨額。凡以相當數額資本，不難舉辦之事業，縱令其效用特大，亦不能成為設立股份公司之充分理由。因為，在這場合，對於那種企業產出物的需要，很容易就可以由私人企業者供給。上述四種事業，要皆伴有這兩個條件。

銀行業管理妥當，其效用既大且周，本書第二篇已詳細說明了。但公共銀行之設，如意在維持國家信用，亦即當國家有數百萬英鎊之特別急需，而供應此急需之全部賦稅，又須一、兩年後始得收入，只好由銀行暫墊時，則所需資本，當不是私人合夥公司所籌集得來的。

　　保險業能予個人財產以大的保障。一種損失本來會使個人
趨於破產，但有了保險業，他這損失，就可分配給許多人，叫
全社會分擔起來，毫不費力。不過，保險業者要想與他人以保
障，自己就需有好大的一宗資本。倫敦兩保險股份公司設立以
前，據說，不到幾年，就有失敗了的一百五十個私人保險業者
之表冊，存在法務部長那裡。

　　為供水城市而設置的通航水道，運河，以及農業灌溉必要
工事，很明顯不單有大而普遍的效用，同時，其所需巨額之費
用，亦常非個人財力所及。

　　總之，合理的股份公司之設立，必具有上述三個條件。
具有這三個條件的事業，我除上述四者外，再也不能想出其他
的。就說倫敦的英國製銅公司、熔鉛公司，以及玻璃公司，言
其效用，並不見得怎樣大、怎樣特別，言其費用，也並不是許
多個人的財力，難以舉辦，我不敢說我知道，那些公司所經營
的行業，是否可以被簡化成嚴格的規則與方法，以便適合股份
公司的管理，或者那些公司是否有任何理由可以炫耀他們的超
凡利潤。不過，礦山企業公司早就破產了。愛丁堡英國麻布公
司的股票，近來雖沒有從前低落得厲害，但較其面額價格，卻
是相差太遠。再說其他基於公共理想，為促進國家某特殊製造
業而設立之股份公司吧；這種公司，往往因為經營失當，致減
少社會總資本；而在其他諸點上，同樣是利少害多。用意雖再
真摯，無奈主事者對某特定製造業之不可避免的偏向，將為其
餘各種製造業之妨害。況適當產業與利潤間之自然比例，乃一
國一般產業之最大而最有效的獎勵。逆自然比例而行事，則此
自然比例，就不免多少要受到破壞了。

第二項　論青年教育之設施費

由本身收入，支付本身費用的事業，並不限於前述道路運河等等；對於青年教育之設施，亦是如此。學生支給教師之學費或謝禮，自然成了這一類的收入。

即使教師之報酬，全不取自這自然收入，那也不一定就要由社會一般的收入——在許多國家，這收入的徵集和運用，權在行政當局——支付。就歐洲而論，一大部分普通學校及專門大學，通由捐贈之財產維持，間或有仰給一般收入的，極其有限罷了。教育經費仰給於地方收入或學租，幾乎各地皆然。此外，把由君主自身或由私人慈善者捐助之學款妥為保管，積存生息，亦大可供應此項用途。

這諸般捐贈財產，曾於教育設施之促進上，有所貢獻嗎？曾獎勵教師的勤勉，增進教師的能力嗎？曾改變教育之自然過程，使其轉向於個人社會雙方都較有用的目標嗎？對於這種種問題，至少，要予以不離譜的答覆，我想，是不會怎樣困難的。

不論在哪種職業上，總有大部分人的努力，是按照其努力之必要的比例。這種必要程度，因人的境況而不同。一個人的職業報酬，如果是他累積財產，甚至獲得普通收入及生活資源之唯一來源，這種必要程度對於他就最大。他為累積，甚至為謀生，一年間既不能不完成一定價值的一定量工作，於是在自由競爭的場面下，每個人相互排擠的那種競爭心，便會強制他，使他把自己的工作做得相當正確。當然，由某種職業成功可獲得的目標之偉大，有時或不免誘起少數非常之士和野心家的努力，但最大的努力，卻顯然用不著偉大目的來敦促。哪

怕是卑卑不足道的職業，競爭心和對抗心亦可使優越性，成爲野心的目標，而引起最大的努力。反之，單有大目的，卻無何等迫其實現此目的之必要，那就不大能夠激發起任何可觀的努力。在英國，精通法律者，原有取得高官厚祿之可能。從而，精通法律，就成了許多極大的野心之目標，但在這種職業上露其頭角的，究竟有幾個呢？

一個普通學校或專門學校，如果有了一宗捐助的基金，教師勤勉的必要，就必然要減少若干，教師的生計，如能按月由一定的學俸維持，他們教授的成功與名望，就顯然與其生活資源兩不相關了。

有些大學，教師的薪俸僅占其報酬的一部分——往往爲最小的一部分——其餘大部分，則出自學生的謝禮或學費。在這情況，教師孜孜教誨的必要，雖不免減少一些，但卻不會完全除去。因爲從事這種職業，名聲還是重要的，他還得開心受教者對於他的敬愛、感謝，以及好評。而這種種好感的博得，除了依自己的能力和勤勉，而履行各項任務外，再也不會有其他的方法。

在其他諸大學，教師禁止領受學生的謝禮或學費，他的薪俸，就是他由這種職務取得的全部收入。因此，義務與其利益，立於相反的地位了，愈不盡義務，便愈有利益。就一個人本身說，他的利益，就是看他能夠怎樣過安逸的生活。如果他對於某種非常吃力的義務，無論履行了或者沒有履行，其報酬卻爲一樣，那他的利益——至少是流俗意義上的利益——就是全然不要履行義務；設或這時有某種權力，督促他不許放棄職務，那在那種權力許可的範圍內，他就會隨便敷衍了事。又，

如果他生性活潑，喜歡勞動，則他與其把活動力使用在全無好處的義務履行上，就不如找點有益的事做。

　　教師應當服從的權力，如掌握在團體、專門學校，或大學之手，而他自己又爲這學校團體中之一員，其他成員大部分亦同爲教師或可爲教師者，那麼，這些教師彼此間就會寬大爲懷；每個人以容許自己疏忽義務爲條件，而寬宥同輩疏忽其義務。這樣做，才是共需的利益。最近許多年來，牛津大學一大部分教授，簡直連表面上教授這件事，也全然放棄了。

　　如果教師服從的權力，不掌握在他們自己團體之手，而掌握在外部的人物如主教治下的監督、州長，或某國務大臣之手，那麼，他們想全然忽略其義務，就實在不大做得通。不過，這些大老能夠強制教師盡其義務的，也只是使他們上一定時間的課，或者在一週或一年內，講解一定的次數。至於課程的內容如何，那依然要看教師的勤勉，而教師的勤勉，又是按照其之所以要努力的動機之比例。況且，這種外部來的監督，動輒流於無知和反覆無常，其性質是強制且專斷的，行使監督者，既未親自登堂聽講，又不一定理解教師所教的學科，很難求其有正確的判斷。加之，由這種職務上生出的傲慢，往往使他們不留意怎樣行使其職權，就是沒有正當理由，也一味使氣任性的譴責教師，或革除教師。這樣一來，必然要減低教師的品格，教師原來是社會最尊敬的人，現在卻成了最卑賤、最可輕侮的人了。爲要避免這隨時可以發作的不好待遇，他就非仰仗有力的保護不可，而獲得這保護的最妥方法，並不是他在職務上的能力或勤勉，而是曲承監督者意志的阿諛，不論何時，準備爲這種意志而犧牲他所在團體的權利、利益，以及名譽。

試在一個相當長的期間，注意法國大學的統治，你定有機會看到，像這種強制外加的監督，自然會生出什麼結果。

如若有什麼事情，強制一定人數的學生，必須入某專門學校或大學，而不論教師的教學品質如何、名望如何，那麼，教師的教學品質或名望的必要，就不免要因而減少一些。

技術上、法律上、醫學上、神學上，畢業生的特權，如果只要在某個大學住滿一定的年限，就能獲得，那就必然會強迫一定人數的學生，去住這個大學，至於教師的教學品質或名望，就毫無關係了。畢業生的特權，也算是一種學徒制度。其他學徒制度，對於技術及製造業的改良，究竟有如何貢獻，我們講過了。這種學徒制度，對於教育的改良，究竟有如何貢獻，正可一併而論。

研究費、獎金、貧學津貼那一類的慈善基金，必然會使一定人數的學生，不問那保有這類基金之專門學校的教學品質如何，而貿然入學。設仰賴這慈善基金的學生，能自由選擇其最喜歡的專門學校，這種自由，說不定會引起諸專門學校間某種競爭。反之，各特定專門學校的規定，如果連自費生不得學校許可，也禁止轉入他校，各學校間的競爭，就十之八九要消滅了。

假若在一個專門學校教授各學生以科學技術的導師或教師，不由學生隨意抉擇，而由校長指派，並且，教授者怠慢、愚鈍或不良，學生未經申請許可，即不得由甲教師改換乙教師，照這樣規定下來，同一學校內諸導師、諸教師間的競爭，固然不免要消滅非常之多，而他們全體勤勉之必要，和對於各自學生注意之必要，也必定要消滅非常之多。像這類的教師，

縱令其領受了學生非常優厚的報酬，但比起那些全未受學生報酬的，或除學俸以外，即毫無其他報酬的，將會同樣怠於職守，耽誤學生。

如果教師是一個有良心的人，當他自己意識到：他向學生講的、讀的，都是一些無意義或近似無意義的話，他一定會感到不快。並且，大部分學生如對於他的教課缺席，或雖來上課卻顯得心不在焉、輕蔑，乃至嘲弄，他也一定會感到不快。於是他對於規定次數所教的課程，縱無其他利益，亦必因了這動機，而煞費苦心的，求其相當的完善。然而，還是有幾個不同的變通辦法，可以供他有效地削弱所有那些可以激勵勤勉的動機。譬如，他有時對於教授學生的課業內容，不自加說明，而把關於那種課業內容的書籍，拿來照唸；如果那種書籍，是用死的外國語寫成的，他就用本國語向學生譯述；而更不費力的方法，就是叫學生解釋給他，偶爾穿插幾句話進去，這樣，便夫子自道也的，說是在講授。這種輕而易舉的事，只要極有限的知識和勤勉就夠了，既不致當面蒙受到輕蔑或嘲弄，也可避免講出真正愚蠢、無意義，乃至可笑的話。同時，學校的規則，又使教師強制學生全部規規矩矩的出席，並且在他講授的全程，維持一種最有禮貌且最虔敬的態度。

專門學校及大學的校規，大體上，不是為了學生的利益，而是為了教師的利益，更妥當的說，那是特為教師的安逸而設計出來的。在一切場合，校規的目的，總在維持教師的權威。不論教師是疏忽其義務，或是履行其義務，學生總得承認教師在履行義務上，是用了最大的勤勉和能力，所以不能不隨時保持其對於教師的虔敬態度。教師有完全的智慧和德行，學

生則是大愚，且有最大的弱點：校規之設，似乎就是根據這個前提。但我相信，教師若真履行了他們的義務，大多數學生是絕不會疏忽他們自己的義務。講授若真值得學生出席傾聽，學生自會出席，用不著校規強制。對於小兒、極年幼的孩童，為要使他們習得這幼年時代必須學習的教育，在某種程度，確實有強制干涉之必要。但學生一到了十二、三歲以後，只要教師履行其義務，無論哪門功課，就都不必加以強制干涉。大多數青年，都是非常寬大的。如若教師向他們表示自己當竭力使他們得點益處，那就不用說學生會疏忽輕蔑教師的教訓，就連教師在履行義務上有頗大的錯誤，他們也會原諒，有時，甚至會當著大眾，隱蔽教師的怠慢。

　　未有公家設施的那一部分教育，大抵是教授得最好的部分，這是值得注意的。青年當進擊劍學校或舞蹈學校時，對於擊劍、舞蹈大都沒有好好學習過，但學習起來，卻不見有多少人失敗。馬術學校的成果，通常沒有如此顯著，這就因為馬術學校費用浩繁，大多數地方都成了公家的設施。文科教育中最重要的有三部分，即誦讀、書寫和算術。迄今學習這三者，進私立學校的猶比進公立學校的多。但學習者卻都能夠學得他所必要學習的程度，學習失敗了的，殆沒有一個。

　　就英國說，公立學校（Public school）固不免腐敗，但比之於大學，卻要好多了。在公立學校，青年有希臘語、拉丁語課程，至少，他總可學習希臘語和拉丁語。即是說，教師聲明要教或應該教的功課，實際都會教給青年。但青年在以教授科學為業務的大學這種法人團體內，往往既未受到科學教育，亦找不到教授科學的適當手段。公立學校教師的報酬，在大多數

場合主要仰賴，而在某種特殊場合則幾乎全部是出自學生的謝禮或學費。這種學校，是沒有何等排他特權的。要一個人取得畢業學位，無須繳納在公立學校學過一定年限的證書。如果考試時，他能顯示他已經瞭解一些什麼東西，那他究竟曾在什麼學校受教，就沒有誰會過問。

我們可以說，普通歸大學教授的那部分功課，都沒有教得很好。但是沒有這種教學機構，就完全不教，那就個人或就社會來說，又都將因為欠缺那些重要的知識教育而蒙受很大的損失。

現在歐洲諸大學，一大部分原是為教育神職人員而設立的宗教團體（教會），創始者為羅馬教皇。在創建之初，學校中所有的教師和學生，皆完全置於教皇直接保護之下，而持有當時所謂神職人員的特權。有了這特權，他們就只服從宗教法庭，而不受大學所在國之司法權的拘束。在這種學校裡面所教的，當然要適合於其設施的目的，所以一大部分課程，如不是神學，就是單為學習神學而預備的學問。

當基督教初由法律認定為國教時，轉化的拉丁語，簡直成了全西歐的共通語。從而，教堂中舉行禮拜，以及誦讀的聖經譯文，全是這轉化的拉丁語，亦即教堂所在國的共通語。自顛覆羅馬帝國之野蠻民族侵入後，拉丁語便漸次在歐洲各地不大通行了。但是，最初導入拉丁文並使其合理化的環境，雖早經改變，而人民虔敬之念，卻自自然然要把這宗教上確立的形式和儀節保存下來。因此，拉丁語縱然在各地沒有多少人瞭解，教會舉行禮拜，卻依舊是使用這種語言。有如在古代埃及一樣，在歐洲，強行使用著兩種相異的語言，即神職人員的語言

和人民的語言、聖者的語言和俗人的語言、學者的語言和非學者的語言。神職人員在執行祭務當中，既必須知道幾分聖者學者之語言，所以拉丁語自始就成了大學教育的一個重要部分。

至於希臘語和希伯來語的情形，卻不是這樣。所謂絕無錯誤的教會布告，曾宣稱拉丁語之聖經翻譯（普通稱為Latin Vulgate）與希臘語及希伯來語的原書，同為神之靈感所口授，從而有同等的權威。這樣一來，希臘語和希伯來語的知識，對於神職人員就非必不可少的了，而這兩種語言的研究，亦未成為大學普通課程之必要部分。我敢斷定：西班牙的若干大學，就從未把研究希臘語，作為普通課程。最初的宗教改革者，因見拉丁語之聖經譯文，逐漸成了支持天主教教理的東西，所以發現了：與拉丁語之聖經譯文比較，新約全書的希臘語原書固不待言，就是舊約全書的希伯來語原書，也更有利於他們的教理。他們從此開始暴露拉丁譯文的許多謬誤，而羅馬天主教的神職人員們，亦遂有防禦或說明這些謬誤之必要。但是防禦也好、說明也好，對於希臘和希伯來原語沒有若干知識，定行不通。所以關於這兩者的研究，逐漸為擁護新教，和反對新教的多數大學，列入學校課程中了。希臘語的研究，與各種古典的研究，是有密切關係的。古典研究雖然主要的是開始於天主教徒及義大利人，但其成為時尚，則差不多是在新教創立的那個時候。因此，在多數大學中，學生一學習了若干拉丁語，接著就教希臘語，而哲學的研究，則在希臘語有了相當把握以後。至於希伯來語，則因與古典研究無何等關係，除聖經外，再也沒有一部用希伯來文寫成的有價值的書籍。所以，這種文字的研究，總是於哲學研究了之後，當學生進行研究神

學時，才開始教授。

以往，各大學的課程中，均有初階希臘語和拉丁語。迄今有些大學，猶是如此。而在其他諸大學，則認定學生於這兩種語言——至少兩者之一——已有初步知識，期望再繼續研究。關於這進一步的研究，目前已成了各地大學教育中極重要的一環。

古代希臘哲學分成三個部門，即物理學（或自然哲學）、倫理學（或道德哲學），以及理則學。像這樣一般的區分，似乎完全與事物的性質一致。

自然的大現象，天體的運行，日蝕、月蝕、慧星、雷、電，以及其他異常的天文現象；植物動物之生成、生活、生長，以及死滅等等，必然會刺激人類的驚異心，自然會喚起人類的好奇心，使人類把它們作為對象，而探究其原因。最初，迷信企圖把這一切驚異的現象，歸因於諸神的直接影響，藉以滿足其好奇心。往後，哲學乃努力根據比神之影響更為常見，更為人類所易知的諸原因去說明。這些大現象，因其為人類好奇心最初的對象，所以要說明此大現象的科學，就自然會在哲學中，成為最初開拓的部門。而歷史上還留有若干記載的最初哲學者，也就似乎是一些自然哲學者。

人類不論在哪個時代、哪個社會，總會相互注意他人的性格、意向，以及行動。總會經由大眾的共識，對於人類生活行動，規定並公認許多可尊重的規律及準則。等到寫文達意的事體一經普遍，許多聰明人，或自作聰明的人，就自然要努力來增加這些既經確立的準則；並且，為要表現他們自己對於某種行為正當，某種行為不正當的意見，他們有時採用比較技巧

的間接語言形式，如像所謂伊索寓言；有時又採用比較單純的
箴言的形式，如像所羅門格言（Proverbs of Solomon）、提奧
格尼斯（Theoynis）和福希里提斯（Phocy Llides）的韻語，
以及希西阿（Hesiod）某一部作品。他們在一個長期內，一直
是這樣增加智慧及道德之準則，而從未企圖在一種極明確的、
有方法的秩序中，去整理這諸般準則。至於要由一種或多種可
以推論的　　有如由自然的原因，推出其結果一樣——一般的
原理，去聯結綜合這諸般準則，那就更談不到。把各種不同的
觀察，由若干共通原理連結起來，成為一個體系有條理的美，
最初乃出現於往時自然哲學家之素樸的論文中。往後，與此相
類的事情，才漸見於道德方面。日常生活的諸準則，才在某種
有方法的秩序中整理起來，並且，如像在自然現象的研究上一
樣，生活上的準則，也由少數共同原理連結綜合起來了。研究
並說明這些連結起來的原理的科學，才配稱為道德哲學。

　　各不同著者，給予了自然哲學及道德哲學以各種不同的體
系。但是支持他們那種體系的議論，往往全無根據，至多不過
是極其無力的蓋然論罷了。有時，他們的議論，又單是以日常
不正確的曖昧的用語為基礎而形成的詭辯。不論在何時代，思
辨體系被採用的理由，都不是那全無根據的理由。任何有常識
的人，即使在極小的金錢事務上，都不會拿那些理由作為判斷
的依據。多數的詭辯對於人類意見，殆沒有何等影響，可是在
哲學及思辨範圍內，那種影響卻往往最大。自然哲學及道德哲
學上各體系的擁護者，自然要努力暴露異己者議論的弱點。在
他們相互檢討異己者之議論當中，必然會想到可能的和確定的
論據，以及分辨謬誤的和無可置疑的論據之差異；由這精審嚴

核引起的種種觀察，遂必然的產出了一種科學，討論正誤推理的一般原理，這科學，就是理則學。就其起源而論，理則學是較遲於物理學及倫理學的，但在古代大部分——雖非全部——哲學學校中，理則學通常總是先於其他兩者教授。因為要使學生關於物理倫理這種非常重要的主題，從事推理，當然不能不預先教他們如何理解正確推理和謬誤推理之差異。

古代哲學分為三部分，而在歐洲大部分大學中，則改變過來，分為五部分。

在古代哲學中，關於人類精神及神之性質所教授的一切，都算是物理學體系的一部分。至於這精神及神之本質，究竟由何而構成，就是屬於宇宙大體系的部分，這些部分產出了許多最重要的結果。人類理性關於這兩部分，所能論斷及推測出來的一切，似乎是要說明宇宙大體系如何起源、如何運行的科學之兩章——無疑是極關重要的兩章。但是在歐洲諸大學中，教授哲學僅因其附屬神學之故，所以對於科學的這兩章，自然要比科學的其他部分教得詳細些。這兩章漸次一層一層擴張起來，更細分為許多的章節，結果，在哲學體系中，被我們瞭解得極少的精神學說，遂與我們瞭解得極多的實體學說，占有同等的地位。因此這兩項學說，乃被視為判然各別的兩種科學。所謂形而上學或精神學，與物理學正立於相反的地位，它在這兩種科學之中，不但為比較崇高的科學，而且為了特定職業的目的，終成為比較有用的科學。在這種情形下，只要小心注意實驗及觀察，便可引出極多有用發現的主題，幾乎全沒有人留意了。反之，與這正相反的主題，即假若把若干單純的，幾乎是一見即明的真理除外，任憑怎麼注意，也只能發現曖昧

且不正確的東西，從而只能產出小聰明和詭辯的那種主題，卻在大大的被人攻讀學習著。

當上述兩種科學這樣相互對立時，兩者間的比較對照，自然要生出第三種科學，即所謂本體學。其主旨在討論其他兩種科學對象之共通性質及屬性，但是，假若各學派的形而上學或精神學，有大部分是小聰明與詭辯，這種無聊的科學本體學——有時亦稱為形而上學——就全部是小聰明與詭辯。

不僅被視為獨立個人，且為家族、國家，乃至人類大社會之一員的人，其幸福與至善，究竟存在何處呢？古代道德哲學的目的，就企圖研究這個。站在這種哲學觀點上，人生的諸般義務，就都被視為是為了人生的幸福與至善了。但是，當教授道德哲學及自然哲學，單是為了神學的時候，人生的諸義務，乃不是為了人生的幸福和至善，而主要是為了他未來的幸福。在古代哲學上，德行之完成，被認為必然會給有德者以現世最完全的幸福。而這時代的哲學觀點卻不然，那些以為要完成的德行，往往或者幾乎總是，須與現世生活上某種程度的幸福發生矛盾。天國只有由懺悔、禁欲，或者修道士的苦行和卑賤，才可以得到；一個人單憑了自由、寬縱，而活潑的行動，是莫想進天國的。詭辯的決疑論及禁欲道德，簡直占了諸學校道德哲學的大部分。哲學一切部門中最重要的部分，就這樣成了其中最墮落的部分了。

因此，歐洲有一大部分大學的普通哲學課程，是依著這個程式：第一，教理則學；第二，教本體論；第三，教那討論人類靈魂和神之性質的精神學；第四，教某種腐化變質的道德哲學，即與精神學說、人類靈魂不滅說，以及由上帝裁判而在未

來生活上予以賞罰之說，直接發生關聯的學問；最後，通常教以簡單粗淺之物理學，以結束全部課程。

歐洲諸大學在古代哲學課程中導入的變更，全部是以神職人員教育為目的。並且，使哲學成為神學研究比較適當的入門。但是附加在哲學上的小聰明與詭辯，和由這變更導入的詭辯的決疑論與禁欲修行的道德，確實沒有使哲學更適宜於紳士或一般世人的教育。或者說，無助於他們悟性的發展或感情的改善。

在今日歐洲一大部分大學中，這種哲學課程，依然相當受到重視，這原因，就因為各大學的組織，使教師有重視的必要。至於那些最富裕，有最多捐贈基金的大學，情形就比較兩樣。那裡的導師，往往以教授這腐敗課程中的零篇小片段為滿足，而且，就連對於這小小片段，通常還是教得非常怠慢、非常淺薄的。

近代關於哲學若干部門的改善，雖無疑有若干部分行於人學之中，但還有一人部分未曾實行。大多數大學即使改進了，卻又不肯趕快採用。那些已遭否定的體系，變成了陳腐的偏見，既為世界各地所不容，於是在這若干學術團體中，受到保護，而此等學術團體，也就甘願長久作它們的避難所了。大概最富裕、有最多捐贈基金的大學，最不願意既經確立的教育方案，有任何顯著的變動，從而，它們對於這等改進的採用，就最為遲緩。而在比較貧困的諸大學中，教師大部分的生活資源，皆依存於自己的名聲，他們不得不更加注意世界時代的思潮，因之，對於課程的改善，就更加容易實行了。

但是，歐洲公立學校及大學，原初設立雖僅是為了某種特

定職業的教育，即神職的教育，無奈它們對於這種職業認為必要的科學，也並未十分勤勉的教學生；學生的學業荒疏了，而它們卻在逐漸把一切人民的，特別是紳士及有錢人家子女的教育，引向它們這邊來。人在幼年時期及真正踏實著手世務的那個時期之間，存有一個長的期間。而要度過這段長的期間，在正當的方法中，似乎沒有比受教育更好的。然而諸公立學校、諸大學所教授的大部分東西，對於學生後來經營的世務，卻並不是最適當的準備。

　　在英國，年輕人剛在學校畢業，不令其入大學，卻把他送往外國遊學，這件事，已經一天一天成了流行的風尚。據說，年輕人遊學歸來，其智能往往大有長進。一個由十七、八歲出國至二十一歲歸來的年輕人，歸國時僅較出國時大三、四歲。在這年齡出去，要在三、四年內，便有大進展，當然很是困難。他在遊學中，大概只能稍微學到一、兩種外國語知識。可是這種知識，怕還不夠使他毫無錯誤的說話或寫作。就其他諸點說，他如果在這個短期內不到外國，留在家中，也許不會變得那樣驕傲、那樣隨便、那樣放蕩，而且對於研究或作業，那樣不肯一心一意的努力吧。這樣年輕時的漫遊，遠離父母及親戚之督責管理，而極放蕩無聊的把一生最寶貴的韶光消費了。以前的教育在他內心形成的一切有用習慣，現在不獨不能因而堅固確立，卻幾乎必然會因而減弱，乃至全行打消。像這樣全無意義的早期漫遊習尚之流行，其實只說明了一件事，即社會對於諸大學之不信任。為人父親者，不忍見到他的兒子在自己面前無所事事的、漫不經意的墮落下去，所以不得已，暫時把他們送往外國。

　　以上就是某些近代的教育機構所產生的效果，就正是這樣。

　　在其他諸時代及諸國民間，似乎有過各式各樣的教育方法和教育設施。

　　就古代希臘諸共和國說吧，當時各自由市民，全在國家官吏指導之下，學習體操及音樂。體操的用意，在強健肉體、砥礪勇氣，並養成堪耐戰時疲勞和危險的實力。據一切記錄，希臘的民兵，乃世界過去最良民兵之一；從而，這一部分公家教育，無疑是完全達成了它企圖的目的。至於另一部分教育，即音樂教育的用意，那卻在教化人心，使人的性情柔和，並使人有履行國家生活及個人生活上一切社會的、道德的義務之傾向。

　　古代羅馬有稱為坎帕・馬希阿斯（Campus Martius）的體操教練，那與希臘稱為幾姆納西阿姆（Gymnasium）的體操教練，具有同一目的，並且也似同樣收到了好的效果。在羅馬人之間，雖沒有與希臘音樂相類的東西，但羅馬人的道德，無論在個人生活上，或在社會生活上，都不比希臘人差，而就全體立論，且遠較希臘人為優。羅馬人的道德在個人生活上，優於希臘人的地方，曾由最通曉兩國國情之著者波利比亞斯（Polybius）和赫利卡那蘇斯的迪奧尼席亞斯（Dionsius of Halicarnassus）兩人（希臘的）予以證明。而羅馬人社會道德之優越，又可由希臘及羅馬全史內容，得到實證。黨派間爭執，尚能出以雅量和穩健，那是自由民主社會道德上最關重要的事情。希臘人的諸黨派，動不動就流為橫暴，表演流血慘劇；反之，在羅馬，他們至格拉奇時代為止，卻從未因黨爭而激起不祥事故。格拉奇時代以後，羅馬共和國實際已算解體了。因此，不論柏拉圖、亞里士多德及坡里比阿有怎樣值得尊

重的論述，也不論孟德斯鳩支持此論述有怎樣聰明的理由，羅馬人沒有音樂教育，其道德且較希臘人為優，則希臘人以音樂陶冶道德的效果，就可想而知了。往時這些哲人對於其祖先所定制度的尊敬，說不定曾引導他們，使他們在古代習俗——這習俗是由太古社會一直繼續到顯著開化時期，未曾中輟的——中，找到了不少政治的智慧。音樂及舞蹈兩者，殆為一切野蠻民族的大娛樂，同時也是使他們每個人適於社會生活的重要藝能。在今日非洲海岸的黑人間是如此，在古代克勒特人及斯堪地納維亞人間是如此。依荷馬所示，在特洛伊戰爭以前的古代希臘人間，亦是如此。當希臘諸民族組織諸小共和國的時候，此等藝能的研究，有一個長時期是當時人民公共教育、普通教育之一部分，那並不是偶然的。

　　以音樂體操教授學生的教師，在羅馬，甚至在那法律習俗為我們熟知的希臘共和國雅典，都像不是由國家供給薪俸，甚且不是由國家任命。為戰時捍衛國家計，國家要求各自由市民，接受軍事訓練。但是學習的教師，則讓市民自己去尋求，國家除了備置一公共廣場，作為市民教練操演的運動場所之外，再也沒有為此目的做一點什麼。

　　在希臘、羅馬諸共和國初期，除上述種種科目外，教育上其他的部分，就是讀、寫，以及當時算術上的計算。對於這諸種技能，富人往往是在家庭內，請家庭教師——大抵為奴隸，或由奴隸解放了的自由人——學習，而貧窮市民，則是往學校學習，因為那裡偏有以授課為職業的教師。但是，不論在家庭學習，或往學校學習，教育的這一部分，都是由每個人的父母或保護者處置，國家不曾加以何等監督或指導。但實在說來，

為親者如忽視其義務，不使子女習得有用的職業或業務，則子女亦得免除其為親養老的義務，這是由梭倫法律規定的。

當文化進步，致哲學、修辭學成為流行的時候，社會上比較上層的人物，遂常為了學習這流行學術，而把子弟送往哲學者及修辭學者的學校。可是這等學校，並沒有由國家支持，在一個長期內，國家只予以默許而已。之前，哲學及修辭學的需要過小，專以此兩者之一為常務的教師，絕難在任一都市不斷找到工作，所以他不得不由一個場所跑到另一場所。埃利亞之齊諾、普羅泰哥拉斯、高吉雅斯、希皮阿斯，以及其他許多學者，過的都是這種生活。之後需要增加，關於哲學及修辭學的學校，遂由流動的變為常設的。雅典首開其端，接著其他若干城市，亦有同類學校之設立。可是，國家對於這種學校，除了有的給予一可資授課的特定場所——這場所，有時由私人捐贈——外，再也不曾做進一步的獎勵。柏拉圖的學園（Academy），亞里士多德的講學地（Lyceum）以及斯多亞派創建者希塔之齊諾的學府（Pootico），想來都是國家所賜與。至於伊比鳩魯的學校，卻是由他自己的花園改做的。至馬卡斯·安東尼時代為止，無論何等教師，都不曾從國家領得薪俸，或者說，教師除由學生奉送謝禮或學費以外，再無其他任何報酬。盧西安告訴我們，這個嗜好哲學的皇帝曾以獎勵金，給予一位哲學講師，但這種獎勵金，似乎在他死後就停發了。總之，在這等學校中，既不能取得今日畢業的特權；想從事某項特定職業或事業者，亦沒有在此修學的必要。假若倡言學校效用在於學校本身的輿論，不能吸引學生使入學校，那學生就不會來了，因為法律既不強制任何人進這等學校，而進這等學

校，也不能予人以何等好處。學校的教師，對於學生，未持有任何裁判權，除了憑其授課上之美德與才能，不難博得對學生之自然權威以外，再也沒有其他權威可言了。

羅馬關於民法之研究，原非大部分市民的教育，而為少數特定家族的教育。所以，想求得法律知識的青年，並無一個可入的公家學校。他們除了時常與親戚故舊來往，藉以瞭解法律外，再也沒有其他的研究手段。羅馬的十二木板表的法律，有許多條雖然是由古代某希臘共和國的法律抄襲而來，但法律並不曾在那個共和國發展而成為一種科學，這也許是值得注意的。在羅馬，法律老早就形成一種科學了。凡屬有通曉法律名聲的市民，都會博得顯著的榮譽。而在古代希臘諸共和國，特別在雅典，普通的法庭，皆為多數人民組成的無秩序的集團。這種集團之審判，幾乎常是任意的、喧鬧的，黨同伐異的隨便決定。可是他們這種不正當裁判的壞名譽，每須由五百人、一千人，或一千五百人（希臘有的法庭，包括有這多的人數）分擔，而落到任何一個人身上的，也就微不足道了。反之，羅馬就不是如此。羅馬主要的法庭，通常由一個法官或少數法官構成，所以法官的人格——特別是當眾公審的場合——就不免要因草率而不正當的裁決案情，而大受損害。面對可疑的案件，法庭為要苦心孤詣的避免世人非難，自然會努力搜求本法庭及其他法庭各前任法官的慣例或審判實例來保護自己。羅馬法就因為這樣對於慣例或審判實例的留意，而成為這樣規則有秩的體系而留傳至於今日。其實，任何他國的法律，如能有同樣的留意，亦必然會產生同樣的結果。就性格上講，羅馬人是比較希臘人為優越的，坡里比阿及黑里加拉沙狄奧尼素，曾極

力主張此說；但是羅馬人所以有這優越，與其說由於這兩位著者提出的種種情形，倒毋寧說由於這較好的法庭制度。據說，羅馬人特別著名的，是他們對於誓約的尊重，當然哪，慣在精進自律消息靈通的法庭前發誓的人，比那慣在群眾的無秩序的集會前發誓的人，定會更尊重自己的誓言。

與現代任何國民比較，希臘人、羅馬人關於行政上及軍事上的能力，至少，總該可以說是不相上下的吧。我們的偏見，也許不免把他們那種能力，估價過高了。但是，除了關於軍事的訓練，國家對於這重大能力的養成，亦似乎不曾費多少努力（希臘音樂教育對於這重大才能的養成，我不相信其有如此重大的效果）。不過，它們比較上層的人民，如要學習當時社會狀態視爲必要、而且便利的一切技術及科學，並不難找到教師。對於教育的這種需要，常會生出滿足此需要的才能。無限制的競爭所激起的競爭心，更會使此才能達到極高的完美的程度。古代哲學者，似乎比近代的教師，更能夠誘發聽講者的注意，控制聽講者的意見和心思，並對於聽講者之行動，言論的格調和風格，產生某種程度的影響。近代公家教師所處的環境，使他們不大關心自己在特定業務上是否有名望，是否已成功。從而，他們的勤勉，便不免多少因此受到阻礙。加之，他們所得的薪俸，恰好把那些想與他們競爭的私人教師，放在如下那種境地上了，即好比一個未得到任何獎勵金的商人，想與那得到了很多獎勵金的商人競爭。假若前者以將近同一的價格，出賣其貨物，他就不能得到同一的利潤。縱不破產、沒落，至少，貧窮乞丐的命運，是避免不了的。假若他把貨物過於高價出售，顧客就必極其有限，因而，他的境遇也不會改善

很多。況且，在許多國家中獲得某種學位的資格，對於多數從事學問的職業的人，即想進一步研究學問的人，非要不可，至少，有了這資格，就非常便利。但是，這資格之獲得，又只有去聽公家教師的講授。私人教師雖最有教授能力，學生雖然最小心的聽講，但終究不能由此取得任何資格。因為這種種原因，講授普通大學列為課程的學科的私塾老師，在近代一般人都將視之為學者中最低級者。真有本領的人，殆不能找到比這更屈辱，更無利益的職業。普通學校及專門大學的捐贈基金，不但是這樣把公家教師的勤勉精神磨滅了，並且使優良的私人教師，也不容易找著。

假若公家的教育設施全然沒有，那麼，沒有相當需要的體系或科學，或者說，按當時情形，為非必要的、非便利的，或非流行的體系或科學，便全然不會有人教授。一種科學，或體系如已遭否定了、陳腐了，或一般信其為無用、為玄學的詭辯、為胡說，那由私人教師教授，就一定不會有什麼好處。像這種體系、這種科學，只能存續於教育上的組合團體中。在那裡，教師的繁榮與收入，大部分與其名聲無關，且全然與其勤勉無關。如果全然沒有這類公家教育團體的設置，一個紳士又若能奮其勤勉與能力，而經歷當時所提供的最完全的教育課程，那進入社會後，與世人談論普通問題，我敢斷言是絕不會一無所知的。

對於女子教育的公共設施，是全然沒有的，因此，女子教育的普通課程中，便全沒有無用的、無意味的，或者空想的東西。女子所學的，都是她的父母或保護者制定她必須學習，或者學了於她有用的課程。如增進她體態上自然的丰姿哪，形

成其內心的謹慎、謙遜、貞潔及儉約，教以婦道，使其將來不愧為家庭主婦。凡其所學，明顯皆是向著有用的目的。在她的全生涯中，她總會感到：她所受教育的各部分，殆莫不於她有某種方便或利益。若在男子則不然，他們所受的，是極辛苦、極麻煩的教育。可是一生由這種教育得到了何等方便或利益的人，卻不多見。

因此，我們可以反問：國家對於人民的教育，不應加以注意麼？如果有注意之必要，那麼，在各等級人民中，國家所應注意的，是教育的哪些部分呢？而且，它應該怎樣注意呢？

在某種場合，政府儘管不注意，社會的狀態，已必然會把大多數人，安排於一種境地，使他們自然形成那為當時環境所需要、所容許的幾乎一切的能力和德行。在其他場合，因為社會狀態，不能把大多數人安排在那種境地，所以為防止這些人民幾乎完全墮落或退化起見，政府就有加以若干注意之必要。

分工進步，依勞動為生者的大部分——即人民大多數中的最大部分——的職業，逐局限於少數極單純的作業上，往往其作業單純到只有一兩項。可是人類大部分的悟性，其形成必由於其日常職業。一個人如把他的全生涯消磨於少數單純的作業——作業結果，亦怕是同一的，或者極近於同一的——上，他就永不會在作業上遇到困難，不會要求解除困難的方法，從而，他沒有銳其悟性，振其發明心之必要。這樣一來，他自然要失掉其努力的習慣，使其人性，變成那樣的愚鈍和無知。他精神上這種無感覺的狀態，不但使他無領會或參加一切合理談話的能力，且使他無懷抱一切寬宏的、高尚的、溫順的情操的能力，其結果，對於私人日常生活應盡義務上的許多事情，

他也沒有能力出以適當的判斷。至於大的、廣泛的國家利益，他更是全然辨認不了的。他的無知無能，如非費一番非常特殊的努力，要他遇戰爭時捍衛國家，那也同樣不能辦到。他的千篇一律固定生活方式，自然把他精神上的勇氣摧毀了，他看不慣兵士不規則、不確實，和冒險的生活。就是他肉體上的活動力，也因那種千篇一律的生活而毀壞了，除了他既經習慣了的職業外，對於無論什麼職業，他都不能以活力和忍耐去進行。這樣看來，他自身特定職業上的技巧熟練，就是由犧牲其智識的、社會的，以及尚武的諸種德性而獲得的。在一切進步文明的社會中，政府如不費點努力，加以防止，勞動貧民，即人民大多數，就必然會陷入這種狀態。

　　在普通所謂野蠻社會，即狩獵民社會、遊牧民社會，甚或製造業未發達及外國貿易未擴大之初級階段農業狀態下的農耕民社會中，情形就不是這樣。在那種社會中，每一個人雜多的作業，使他不得不奮其能力，並不得不隨時想些方法，去對付那不斷發生的困難。他們的發明心是活活潑潑的，他們的精神，也不會陷於文明社會下層人民悟性麻痺的昏睡愚鈍狀態中。我們在前面講過，這所謂野蠻社會中的每個人，都是一個戰士，並且，在某種程度，都是政治家。關於社會的利益，和這利益支配者的行動，他們都能下相當的判斷。酋長在平時是怎樣好的法官，在戰時是怎樣好的指揮者，幾乎每個人都是明白的。不過，有一點，比較進步的文明狀態下，往往有少數人具有改良的精練的悟性，這卻不是未開化社會中人所能做到的。在未開化社會中，每個人的職業，雖非常多樣，但社會全體的職業，卻並沒有很多。每個人幾乎都在做或能做其他人所

做或能做的一切。他們每個人也具有相當程度的知識、機巧和
發明心，但那種程度，畢竟不大。不過，以他們既經有了的那
種程度，去對付其單純業務的全部，大概是夠了。反之，在文
明社會中，個人的職業，雖然大部分幾乎沒有何等變化，而社
會全體的職業，則極其繁多。這多種多樣的職業，對於那些自
己未從事何等特定職業，有閒暇且有意願研究他人職業的人，
殆提供了無限的研究對象。像這樣雜多的對象之觀察，必然使
他內心進行著無限的比較、組合，使他的領悟異常敏銳、異常
廣泛。可是，他們這少數人如不是偶然立於非常特殊的地位，
這特殊的能力，縱然於自身值得光榮，而於社會的善政和幸
福，卻很少貢獻。這少數人雖有大能力，但人類一切高尚性
格，在大多數人民間，依然大多遭到抹煞、消滅。

在文明的商業社會中，普通平民的教育，恐怕比有身
分、有財產者的教育，更需要國家的注意。有身分財產的人，
他們大概都是到十八、九歲以後，才從事他們入世揚名的特定
事業、職業或藝業。而在此以前，他們有充分時間，獲取那博
得世人尊敬，或值得世人尊敬的一切知能；至少，亦使他們將
來有獲取這一切知能的準備。他們的父母或保護者，大概都十
分希望他們能這樣完成，而對於必需費用的支出，那是毫不躊
躇的。如果他們常常受不好的教育，那由於費用不足者少，大
概都是由於費用的不當；由於教師不足者少，一般都是由於教
師的怠慢與無力，或在當前不易找到良好教師，或者說不可能
找到好教師。加之有身分財產者消磨其大部分生涯的職業，並
不像普通平民的職業那樣單純、那樣劃一。他們的職業，幾乎
全都是極其複雜的；用手的時候少，用腦的時候多。從事這種

職業者的理解力，是不大會因為不用腦子而流於遲鈍的。況且，他們這種人所從事的職業，又不大會使他們終日煩心。他們對於自己在早年已打有相當基礎，或已獲得若干嗜好的各種知識（有用的或裝飾的知識），又有不少餘暇來予以完成。

若是普通平民，則與此兩樣。他們幾乎沒有受教育的時間。就是在幼年期間，他們的父母，也幾乎支持不了。所以一到他們能夠工作，馬上就須就職謀生，他們所就的職業，大概都極單純、極劃一，對於其理解力，簡直沒有多少活動的餘地。同時，他們的勞動，又是那樣沒有間斷，那樣鬆懈不得，他們哪有閒暇想做旁的什麼，想旁的什麼呢？

不過，無論在哪種文明社會，普通平民雖不能受到有身分、有財產者那樣好的教育，但教育中最重要的幾部分如誦讀、書寫，以及算術，他們卻是能夠在早年習得的；即是說，在這個期間，就是預備從事最低賤職業的人，亦大部分有時間在從事職業以前，習得這幾門課。因此，國家只要以極少的費用，就幾乎能夠便利全體人民、鼓勵全體人民、強制全體人民，使獲得這最基本的教育。

國家在各教區、各地方，設立教育兒童的小學校，取費之廉，務使一個普通勞動者也能負擔得來，這樣，人民就容易獲得那基本教育了。這種學校教師的報酬，不能全由國家負擔，國家只宜擔負一部分；因為全部，甚或大部分由國家負擔了，教師馬上便會習於怠惰。在蘇格蘭，這種教區學校的設施，幾乎叫全體人民都會誦讀，教一大部分人民都會寫算。在英格蘭，慈善學校的設施，亦曾收得同一效果。不過，因為這種設施沒有蘇格蘭教區學校那麼普遍，其效果亦沒有那麼普遍。假

若這些小學校所教的兒童讀物，比現在普通所用的，更有教育意義一點；假若普通平民兒童有時在學校學習的，但於他們全無用處且一知半解的拉丁語取消不教，而代以幾何學及機械學的原理，那麼，這一階級人民的文化教育，就恐怕達到了最完全的限度了。沒有一種普通職業，不應用幾何學及機械學的原理的；從而，沒有一種普通職業，不漸次使普通平民能瞭解這些原理——最高尚、最有用的科學之必要入門。

普通平民的兒童中，有些在課業上較為優良。國家對於這種兒童，設能給以小獎賞或小榮譽獎章，必能獎勵這最基本部分教育之獲得。

在取得某種同業公會的會員以前，或在有資格在自治村落或自治都市中經營某種職業以前，如限定一切人均須受國家基本教育的試驗或檢定，那麼，國家就幾乎能夠對於全體人民，強迫他們習得這最基本的教育科目。

希臘羅馬諸共和國，維持各自市民的尚武精神，就是依著這個方法，便利人民、獎勵人民、強制人民受軍事上及體操上之教練。但為便利人民，使人民容易習得這教練計，諸共和國備有一定的學習和實習的場所，並對於一定的教師，賦予在這場所授課的特權。不過，這等教師，既沒有由國家領取薪俸，又不會取得何等排他的獨占權。他們的報酬，完全出自學生。在公立運動場（Public Gymnasia）習得這教練的市民，對於由私人習得這教練的市民——如其學力相等——並未持何等法律上的特權。學習者在這等教練上特別優異，則由國家給予小獎賞、小榮譽獎章，以資鼓勵。在奧林匹克（Olympic）或伊茲米安（Isthmian）或納麥安（Nemaen）之競技上的獲賞

者，不但獲賞者本人，其家族及親戚全體，皆與有光榮。另凡屬共和國的市民，只要召集，皆須在共和國軍隊中服務一定年限。這義務就很夠強制一切市民學習軍事教練及體操教練了，因為不學習這些教練，軍隊服務的工作是必然無法從事的。

治化改進，軍事教練實施，便須由政府費相當氣力予以支持，否則不免日漸衰退，而同時大多數人民的尚武精神，亦將隨之衰退；近代歐洲的實例，已十分顯示這種趨勢了。各社會的安全，常須多少依賴人民大多數的尚武精神。固然在近代，沒有精練的常備軍，單靠尚武精神，也許是不夠防禦社會、保障社會的。但是，各個市民如都具有軍人精神，那所需的常備軍就確實會減去不少。況且，普通因擁有常備軍，在實際上或想像上，對於自由所加的危害，也必然會因為市民具有軍人精神，而減少許多。這尚武精神、軍人精神，一方面對外敵侵攻，可以大大加速常備軍行動；而在另一方面，假若不幸常備軍有違反國憲的事故發生，它又可以大大的加以阻止。

就維持人民大多數的尚武精神而論，希臘及羅馬往時的制度，似乎比較近代所謂民兵的體制要有效多了。那種制度，頗為單純。制度一經確立，即可自行運作，而以最完全的活力維持下去，政府的注意，幾乎是全然用不著的。然而，要在相當程度上，實施近代民兵的複雜規定，就須政府不厭其煩的注意；政府不注意，這規定就不免要常被忽視，或者完全失其效用。加之，古代制度的影響力遠為普遍。在那種制度下，人民全體都會使用武器。若在近代則不然。近代恐怕除瑞士外，各國由民兵規定施教的範圍，皆不過及於國民中之最小部分。但是，一個不能防禦自己，或為自己復仇的怯懦者，雖然缺乏了

人類本性中最切要的一部分。有如最切要的某肢體折毀了，失
用了的人，是肉體上的殘廢與畸形一樣，這樣的人，便是精神
上的殘廢、精神上的畸形。而且，顯然的與前者比較，他還更
是不幸、還更是可憐；因爲，全寄託於精神上的幸福與悲慘，
其受影響於肉體之殘廢或完全者少，而受影響於精神之健全不
健全殘廢或完全者多。哪怕說，在社會的防禦上，已用不著人
民的尚武精神，爲要防止這 —— 爲怯懦心所必具之 —— 精神上
的殘廢、畸形，以及醜怪，傳播於人民大多數之間，政府猶應
加以最切實的注意。這恰好比癲病，以及其他討厭的、不快的
疾病，雖不會致死，或沒有危險，但爲要防止其傳播於人民大
多數之間，政府猶應加以最認眞、切實的注意。盡管政府的這
種注意，除了防止這麼重大的一項公然的邪惡之外，也許不會
產生其他任何公共的利益。

文明社會一切下層人民的理解力，往往爲其粗野的無知
和愚鈍所麻痺了。這種無知和愚鈍，亦可說是精神上的殘廢。
一個人不能適當使用其生而爲人的智慧，假如說可恥，那就
比怯懦者還要可恥了。那是人類天性中更切要部分的殘廢和畸
形。國家即使由下層人民的教育，得不到何等利益，猶當加以
注意，不令其全然陷於無教育的狀態。何況這般人民有了教
育，國家亦受益不淺呢！在無智的國民間，狂熱和迷信往往引
起最可怕的擾亂。一般下層人民所受教育愈多，其由狂熱迷信
形成的妄想就愈少。加之，有教育有知識的人，常比無知而愚
笨者，更有禮節、更守秩序。他們每個人都覺得自己更受人尊
敬，更有資格得到法律上居上位者的尊敬，從而，他們就更加
尊敬那些居上位者。對於黨爭及煽動的利己的不平之鳴，他們

更能根究其原委，更能看透其底細；因此，反對政府政策之放肆的或不必要的論調，就愈加不能欺惑他們了。在自由國家中，政府的安全，大大依存於人民對政府行動所抱的好意判斷。人民不輕率且隨意判斷政府之行動，確實是一件非常重要的事。

第三項　論各種年齡人民之教育設施費

對各種年齡人民的教育設施，主要是宗教的教育設施。這樣一種教育，其目的與其說是使人民成為今世的優良公民，倒不如說是為人民做來世（更好的世界）生活的準備。講授這種教義的教師的生活資源，也同其他普通教師一樣，有的專靠聽講者自由奉納，有的則由國家法律，許其在其他財源，如教會地產收入、地租薪金什一稅、神職人員薪俸內領受，但他們的努力，他們的熱心和勤勉，在前一場合，似乎比在後一場合要大得多。就在這點上，新教的牧師要攻擊舊國教體系，往往占有不少的便宜；因為，後者賴有穩定的教會薪俸，遂不大注意去維持人民大多數之信仰和皈依的熱情；他們懶惰慣了，甚至不能奮發起來，保護他們自身的教會。況且，一種宗教，既認定為國教，且有許多捐贈財產，它的神職人員，就往往具有紳士的氣質，其學識、其風度，皆足以博得紳士的尊敬；可是正因其如此，他們對於下層人民的權威和感化力；換言之，他們的宗教，得成為國教的本來原因（不論其性質是善的，還是惡的），便不免漸漸都要失去了。這種神職人員，如其一旦遇著一群勇敢而孚眾望——雖或愚而無知——的狂信者的攻擊，就如同亞洲南部之懶惰的、無為的、飽食的國民，碰著了活潑堅

忍而苦於饑荒的北方韃靼人的侵攻一樣，會全然無以自衛。在這種緊急場合，這些神職人員通常所執的唯一手段，就是申訴於行政長官，稱其反對者擾亂公安，而加以迫害、撲滅，或驅逐。羅馬天主教神職人員迫害新教徒，是假手於行政長官；英國國教迫害非國教派的信徒，亦是假手於行政長官；此外，就一般而論，一個宗派，既經被認定為國教，而安全度過了一、兩世紀時，若有某種新宗教對於其教義教律加以攻擊，它要果敢的防禦是做不到的，可施之計只有請政府出面阻止。就學識與文章來說，國教派方面雖常占優勢，但新興的反對派方面，卻往往長於博得眾望，和吸引新信徒的一切技術。在英國，宗教上的這些技術，早把那些持有多額捐贈財產之國教教會的神職人員，拋在一邊了。到現在，主要是由非國教派及衛理公會派牧師（Methodists）在開發研習。不過，在許多地方，非國教派牧師，如已由自由捐獻、信託，以及其他脫法行為，得有了獨立的生活資源，他們的熱情和活動力，就會大大的減少。他們大部分雖然是非常有學問、非常賢明而值得尊敬的人，但大體上，他們卻不是非常孚眾望的說教者。現在，比非國教派還更得人心的，已是那些學問遠不如非國教派的美以美派教徒。

在羅馬天主教會中，下級神職人員的勤勉和熱心，比任何公立的新教教會的神職人員要活躍多了，這就因為其中有一種有力的利己動機。在地方教會的神職人員中，有很多人的生計主要來自人民的自由奉納物。這奉納物，是他們的一個收入來源，並且，懺悔又會給予他們許多機會來增加收入。托缽教團的生活資源，全皆出自這奉納物。他們頗似那些輕騎快步的軍隊，不行掠奪，就沒有給養。教區神職人員，有類那些一

部分以薪俸，一部分以學費為報酬的教師，因此，這報酬的獲得，就常須多少依賴其勤勉和名聲。若托缽教團，則有類那些專靠勤勉以換得全生活資源的教師，因此，他們就不得不使用那煽動普通民眾皈依的技術。據馬基維利觀察，在十三世紀及十四世紀，聖多米尼克（St. Dominic）及聖佛蘭西斯（St. Francis）兩大托缽教團，曾把天主教教會日益衰微的信仰和皈依復活了。在羅馬天主教諸國，這皈依精神，全由修道士及貧苦的教區神職人員所支持。至若那些高階神職人員，他們有紳士及世人一切的修養，有時且具有學者的知識，對於維持下級神職人員所必要的教化，他們雖亦十分注意，但關於人民的教育，卻沒有幾個肯費神去做的。

有一位現代最著名的哲學者兼歷史家說：「一國有許多技術及職業，都具有這樣一種性質，即，一方面促進社會的利益，同時並於個人有用或適合於個人。國家在這場合，所應訂立的規則──某種技術最初導入時情形或可除外──不外任職業自由，而以各自職業上的成功，作為獎勵。職工知道要顧客喜愛，才得增加自己的利潤，所以他會盡可能的加強他們的技巧與勤勞。事物之推移，如未經有害的干涉所擾亂，那無論何時，商品都會與其需要，幾乎相當。」

「不過，也還有些職業，對國家雖屬有用，甚至必要，但在個人，卻無何等利益或快樂。關於這類職業的從事者，最高權力自不得不予以不同的待遇，為維持其生活計，它必須能夠予以公家的獎勵；為防止其自然流於怠慢計，它必須能夠在那種職業上，附以特別名譽，或嚴定階級以為升降，或採取其他鼓勵方法。從事財政、海軍，以及政治的人，就都是這一類人

的實例。」

「乍看之下，有些人會自然以為，神職人員是屬於前述第一類人。如同對律師及醫師的獎勵一樣，對他們的獎勵，對民眾個人有益，大可完全任憑民眾個人慷慨的施捨，只要那些民眾喜愛他們教誨，覺得他們的精神指引及協助，或有安慰作用。他們的勤勉、他們的注意，無疑都會依著這附加的動機而增加。他們職業的技巧、支配人民精神的機智，亦必由這不斷增加的實踐、研究和注意，而日有進益。」

「但是，我們如把這事體仔細考察一下，就會發現，神職人員這種利己的勤勉，就是一切賢明的立法者所要防止的。因為，把真的宗教除外，其餘一切宗教，都有極大的害處。且都有一種自然傾向：把那迷信、愚昧及虛妄的強烈混合物，灌輸於真的宗教裡面，而使信徒陷於邪道。各宗教上的從業者，為要使他自己在信徒眼中更高貴而神聖，就向信徒宣說其他一切宗派如何橫暴可厭，並不斷努力造作新奇，以刺激其聽眾鬆懈了的信心。至於教義中所含的真理、道德或儀節，卻無人注意。而最適合於人類好亂心的教理，卻全被採取了。為要利用俗眾之激情和輕信，各非國教派教會乃不惜以新的勤勉、新的技巧，招引顧客。結果，政府發現了：不為神職人員設定定俸，表面像是節省，而所付代價，卻是昂貴的；並且，實際上，政府要與心靈指導者結成最適宜且最有利的關係，就是為其設定定俸，以賄得其怠惰，使他們感到除了防止畜群、誤尋新的牧場之外，其他進一步的任何活動，皆為多事。就這樣，宗教上的定俸制度成立了。這種制度，通常在最初雖是生於宗教的見地，但結果卻證明那是有利於社會政治利害關係的一種

設施。」④

　　但是，神職人員之給養獨立，不論利弊如何，訂立此制者，卻恐怕很少顧及其將來的利弊。宗教上爭論激烈的時代，大概都是政治上鬥爭激烈的時代。在那種場合，各政治黨派都發覺，或者都想像：與相爭諸宗派的某一宗派同盟，必於它有利。不過，要做到這層，又只有採納，或贊成那特定宗派的教理。某特定宗派若幸而站在勝利的政黨那　邊，就必然要參加其同盟者的勝利，藉著同盟者的贊助和保護，馬上使一切敵對教派沉默而屈服。這些敵對教派，大概都是與勝利黨的政敵結為同盟，從而它們也就成了勝利黨的敵人。如是，這特定宗派的神職人員，就完全成了戰場上的支配者；他們對於大多數人民的勢力與權威，達到了最高頂點，他們的權力，已夠威嚇自黨的領袖及指導者，且強制政府，使其尊重他們的見解和意向。他們對於政府的第一個要求，是為他們鎮壓並屈服一切敵對的宗派。第二個要求，是給於他們以獨立的給養。他們既然大有功於政治方面的勝利，要求分享若干戰利品，那於理似無不合。加之，人心反覆無常，要他們一味迎合其心理，以取得生活資源，在他們，已經覺得可厭了。所以，當這個要求提出時，他們純是為自己的安逸和快樂打算，至於那將如何影響他們階級之勢力和權威，他們卻沒有多費考慮。在政府方面，要容許這個要求，就只有把那些寧願由自己取得並保留的東西給予他們。所以對於這種要求，政府絕不願立即批准。不過，往

────────

④　見大衛・休謨著《英國史》第四卷第二十九章。

往幾經延擱、迴避，並辯解之後，終似有某種必要，而不得不屈服下來。

然而，假若當時政爭，不曾要求宗教的援助；勝利黨博得勝利時，又不曾特別採用任一宗派的教理，那麼，這個政黨，對於一切不同的宗派，就會平等看待，一視同仁，讓每一個人去選擇自己認為適當的神職人員和宗派。在這種情況，無疑會有許許多多的宗派出現。各種不同的宗教性集會，幾乎都會自成一個小宗派，或者自有其若干特殊教理。這時，充當宗派導師的人，要保持現有學生，並增加學生數目，他定會感到有不遺餘力，並使用一切技術之必要。可是這種必要，其他一切宗派導師也這麼想，人人不遺餘力，人人使用一切技術，故任何一個宗派導師，或任何一派的成功，皆無法過大。宗派導師之利己的積極熱心，只在社會默認獨一宗派的情況，或一個大社會全體，只區劃為兩三個宗派勢力範圍，而各宗派的導師，又能共同在一定紀律、一定上下關係之下行動的情況，才會發生危險與困難。如若一個社會分為兩三百、乃至數千小宗派的勢力範圍，那其中就不會有一個宗派的勢力夠攪擾社會，而他們宗派導師的熱心，也就全然無害於事了。在這種情況，各宗派導師見到圍繞他們四周的不是朋友，而是敵人，從而，常為大宗派 —— 這種大宗派的教理，有政府為其支援，幾乎，博有廣大王國與帝國一切居民的尊敬，從而它們的周圍，就布滿附和的信徒，以及低聲下氣的崇拜者，全沒有一個反對的人 —— 導師所忽略的誠篤與中正，在他們卻是不得不注意。他們因為覺察到自己幾乎是獨而無友的，所以不得不尊敬其他宗派的教師；他們彼此相互感到便利且適意的這種退讓，結果，就可能

會使他們大部分的教義，脫去一切荒謬、欺騙或迷惘的成分，而還原為一純粹且合理的宗教。這樣的宗教，是世界各時代賢智之士所欲認為國教的，然而，國家法律恐從未認此為國教，而且將來怕亦沒有國家會認此為國教。這因為關於宗教的法律，一向就不免多少受了世俗之迷信及狂熱的影響，而今後也恐怕還要常常受此影響。這種教會統治方案，更適當的說，這個教會無統治方案，乃當時所謂獨立（indopendent）教會主義者──無疑是一個極粗野的狂熱信徒的宗派──在英格蘭王國內戰末期提議實施的方案。就其起源說，這提案雖是極其非哲學的，但如依該方案實施，恐怕到今日已產出最哲學的和平氣質和中正精神，來對待各種宗教原理吧！賓夕凡尼亞州是實施了這個方案的地方。雖然那裡教友派（Quakers）占最多數，但其法律對於各教派，實是一視同仁，沒有高下之分。據說，那裡就產出了這種哲學的和平氣質和中正精神。

但是，在某特殊國家中，對於各宗派雖平等對待，不分軒輊，但仍不能使各宗派全體，甚至於 ·大部分，產出這和平氣質和中正精神。不過，宗派的數目，如其十分繁多，從而每個宗派的勢力，都小到不夠攪擾社會治安，那麼，各派對於各自教理的過度熱心，就不會產出極有害的結果，反之，卻會產出若干好的結果。政府方面，如若斷然決定，讓一切宗派自由，並不許任何宗派干涉其他宗派，那就用不著擔心它們不會迅速自行分裂，而形成大量宗派。

在各文明社會中，即使在階級區別已完全確立了的社會中，往往有兩種相異的道德之主義或體系同時並行著。其一稱為刻苦的、嚴肅的體系，另一稱為自由的，或者不妨說開放

的體系。前者為普通平民所讚賞尊敬；後者則比較為上層社會中人所尊敬採用。不過，依我想，對於輕浮這種惡德——容易由高度繁榮，及過度尋歡作樂生出的惡德——厭惡的程度，實構成了這兩個相反主義或體系間的主要區別。如像奢侈、放蕩，甚至於昏亂的歡樂，不大謹慎的享樂追求，兩性任一方面破壞貞操等，只要不伴以低俗的非禮，且流於虛偽或不正，自由的開放的體系，大概就會非常寬大的看待，而且容易予以寬恕或完全原諒。若在嚴肅的體系則不然，這所有的放蕩行為，皆將受到極度憎惡與排斥。輕浮的惡德，對於普通人，常是傾家蕩產的。哪怕一個星期的放蕩與浪費，往往就足令一個貧窮的勞動者永遠淪落，並驅使他陷於絕望深淵，以致犯下嚴重罪行。普通人中比較賢明而良善點的，從經驗中瞭解到這放蕩行為，立即會予自己這種境地的人致命打擊，所以，他們對此，常不免極度憎惡與排斥。可是在另一方面，數年間的放蕩及浪費，卻不一定會使一個上層人沒落。他們很容易視某種程度的放蕩，為他們財產上的一種利益，以放蕩而不受譴責非難的自由，屬於他們地位上的一種特權。因此，與他們同一階級的人，就不大非難這放蕩，認為只是極輕微的錯誤罷了，或者全然不算是錯誤。

一切宗派，殆皆起於普通平民間，由普通平民招致其最初且最多數的新信徒。從而，道德上嚴肅的體系，就不斷為這些宗派所採用——其中雖不無例外，極少數罷了。這個體系，就是諸宗派最易博得普通平民——其改革舊教理的方案，即最先屬意於這種人民——歡心的體系。為要博取信用，許多宗派，或者大多數宗派，都不惜努力精進這嚴肅體系，甚且把這體系

弄得有些愚蠢、有些過度。而這種過度的嚴格，卻往往比其他事情都更能博得普通平民的尊敬和崇拜。

　　有身分、有財產的人，就其地位說，是大社會中顯赫的人物。他的一舉一動，社會都在注意，從而他就不得不注意他自身的一切行動。社會對於他的尊敬，頗與他的權威和名望有關。凡在社會上有損名譽、有失信用的事，他都不敢妄為；並且，社會對於他這種有身分財產的人，一致要求的是那種道德：自由的，還是嚴肅的，他都得小心注意。而一個處境微賤的人就不同了。他說不上是什麼大社會的顯赫人物。在鄉村中，他的行為，也許有人注意，從而他自己也許非當心自身的行為不可。但是當他一走進大的社會，馬上就淪落於卑賤和黑暗中了。他的行為，再也沒有人觀察注意了，因此他就為所欲為、不加檢點，以致委身於一切卑劣的遊蕩和罪惡，這是往往而有的事。一個人想從其微賤的境地脫出，想引起一個體面的社會來注意他的行為，那頂有效果的方法，莫如做一個小宗派的信徒。一做了某宗派的信徒，他馬上就會獲得從來不曾有過的幾分名望。為了宗派的信用，一切教友都要留心觀察他的行為；如果他做出寡廉鮮恥的事，或者他所做的，大大違反了同門教友常須相互遵守的嚴肅道德律，即使說沒有何等民法上的議處，他究竟須當心那極嚴峻的刑罰，即宗教上放逐或破門的懲罰。因此，在小宗派上，普通平民的道德，就幾乎常是特別有規則、有秩序的，比之於國教，那更不可同日而語了。實在說，這些小宗派的道德，往往卻也未免太違反人類的社會性，嚴格到不近人情。

　　可是，國家對於國內一切小宗派道德上的這些缺陷，要矯

正，不待使用暴力，只須依兩種極容易而有效的救濟方法，共同作用就行了。

第一種救濟方法，是由國家強制國內有中等、乃至中等以上之身分及財產者，幾乎人人都學習科學和哲學。這不是要國家支付薪水給老師，以使他們變得疏忽與怠惰，而是對於較高深、較困難的科學，設定一種檢定考試制度，不論何人，他在就某種自由職業以前，或在接受某種名譽的或有俸的候補官職以前，都須經過這檢定考試。國家如對這一階級的人，強迫其研究學問，並不要費神供給他們以適當的師資。因為他們自己馬上會找到教師，由他們自己找到的教師，比國家為他們供給的教師，還要好。科學是對於狂妄及迷信之毒的大消毒劑。一國上層社會人士，都能明白事理，脫去迷信，則一般下層人民，也就不致大為迷信所惑了。

第二種救濟方法，是增進民眾的娛樂。俗眾之迷信及狂妄，常起於其憂鬱的陰沉的心情，一大部分人民的這種心情，殆不難由繪畫、詩歌、音樂、舞蹈，乃至一切戲劇表演消除。故為自己利益，在不流於傷風敗俗的限度內，專以引人發噱、教人解悶，而從事這諸般技藝者流，國家當予以獎勵，或者完全聽其自由。煽動俗眾的狂信者，常常恐懼公眾娛樂、厭惡公眾娛樂。由娛樂引起的快適與樂意，那與他們所要求的，最便於煽動的精神狀態，是全然相反的。加之，戲劇表演，常會暴露其伎倆，使成為公眾嘲笑之目標，有時甚至使成為厭惡之目標。因此，戲劇一項，就比其他任何娛樂，更為他們所嫌忌。

一國法律，如對於國內一切宗教之導師，一視同仁，不分畛域，則這些導師與君主或行政當局，就不必持有何等特定或

直接的從屬關係，同時君主或行政當局，也不必在他們職務的
任免上有所處置。在這種情境下，君主或行政當局對待他們，
亦如對待其他人民一樣，唯一任務就是維持他們彼此之間的和
平，即阻止他們相互迫害、侵犯或壓迫，此外，便無其他關注
之必要了。但是，一國如有國教或統治的宗教存在，那情形就
完全兩樣。在那種情況下，君主如對於該宗教的大部分導師，
沒有持著一種有力的控制手段，他就永無安全之日。

　　一切國教教會的神職人員，皆組織有一個大的組合團
體。他們協同行動，有如在一個人指導下一樣。他們往往在全
體指導下，以一種計畫、一貫精神，追求他們的利益。他們那
個組合團體的利益，與君主的利益，是絕不相同的，有時還正
相反。他們的重大利益，就在維持他們對於人民的權威；這權
威，基於兩種推想：第一，推想他們所諄諄教誨的全部教義，
乃是確實而又重要的；第二，推想要由永遠的悲慘解脫，則必
須以絕對信心，接納那個教義的每一個部分。假若君主不自謹
慎，敢對於他們教義之細微部分，表示嘲笑或懷疑；或是對於
其他嘲笑懷疑教義者，居然以人道精神曲加保護，則這般同君
主沒有何等從屬關係的神職人員的名譽心，馬上便會激發起
來，宣告君主的不信之罪，同時並使用一切宗教上的恐怖手
段，使人民忠於那比較屬於正統教的比較馴服的君主。又假若
君主對於他們的某種要求或某種侵奪行為表示反對，亦不免有
同樣大的危險。一個君主敢於像這樣反對教會，他的反逆之罪
是坐定了，此外，即使他如何嚴肅宣明他的信仰，以及他對於
一切教義——教會認為君主應當恪遵的教義——的謙抑服從，
大概亦不免要加以異端外道的罪名。宗教的權威，勝過其他一

切權威。宗教暗示的恐怖，超過其他一切恐怖。所以國教教會的導師，如要宣傳顛覆君權的教義，那君主就只有憑藉暴力，即憑藉常備軍的武力，才得維持其權威。不，有時就連這常備軍，也不能予以多久的完全保障；因為，如果兵士不是外國人——外國人充當兵士的很少——而是由本國大多數人民間募集來的——大概常是如此——那麼，他們這些兵士，不久也不免為那種教義所腐化。我們知道，在東羅馬帝國存續的期間，希臘神職人員，曾在君士坦丁堡引起了多少次革命。往後幾百年間，羅馬神職人員也曾在歐洲各地引起了多少次動亂，這些事實，已十分證明了：一國君主如沒有控制國教（統治的宗教）導師之適當手段，他的地位就該是如何危險，如何不得安定。

宗教信條，以及一切其他有關信仰之事，很明顯的，都非現世君主所可管轄；君主縱或有資格好好保護人民，卻很難相信他能好好教導人民。所以關於這些信仰之事，他的權威往往抵不過國教教會神職人員結合起來的權威。社會的治安和君主自己的安全，常依存於神職人員關於這些事件認為應當宣布的教義。君主既不能以適當的壓力和權威，直接反抗神職人員的決議，故非有力控制他們這決議不可。制控之法，唯有使大多數神職人員有所恐懼而又有所希求。解職或其他處罰，是他們所恐懼的，升遷職位是他們所希求的。

在一切基督教會中，神職人員的俸祿，是他們終身享受的一種不動產。其享有，非因授與者一時的高興；只要沒有過失，他人亦不得任意褫奪。他們財產的保有，如其不是這麼穩固，稍稍得罪於君主達官，即有褫奪的顧慮，那麼，他們對

於人民的權威，就不能維持了。人民會視他們為宮廷金錢上的
從屬者，對於他們教導的真誠，早已沒有何等信心。但是，假
若君主濫用暴力，藉口於他們熱心散布黨派鬥爭的或煽動的教
義，逕行褫奪他們終身享有的不動產，那麼，他這種迫害，不
過使被迫害的神職人員及其教義，增加十倍的聲譽，從而使他
們變得比從前更麻煩、更危險十倍。在大部分的場合，恐怖手
段終是統治上的一種壞工具；若用這工具去對付那些對於獨立
權要求最小的人，就尤其不應該了。企圖恐嚇這種人，實足以
刺激其反感，強固其反抗；若處置寬大一點，他們那反抗，也
許容易和緩下來，或者完全放棄的。法國政府常用暴力強制議
會或最高法庭，公布不孚眾望的布告，然這種暴力成功者極
少。有人說，對於一切頑強不服者，通予禁錮，乃是十分有
力的手段。斯圖亞特王室諸君主，就曾用與此相類的手段，
來控制英國議會的若干議員，但那些議員還是同樣的頑強不
屈。因此，他們不得不改弦更張。英國議員今日是在另一種
方法上被操縱著。約在十二年前，許瓦祖爾公爵（the duke of
Choiseul）曾對於巴黎最高法庭，進行一個極小的實驗，由那
個實驗充分表明了一件事，即採用英國今日使用的方法，法國
一切最高法庭，將會更容易收得操縱之效。不過，這位公爵不
曾繼續他的實驗。因為，強制與暴力雖是最壞的、最危險的工
具，操縱與勸說雖是最容易、最安全的工具，但人類似乎生來
就是傲慢的，除非他不能或不敢使用壞的工具，他總是不屑於
用好的工具。法國政府很能夠而且敢於用暴力，所以不屑於操
縱與勸說。不過，根據一切時代的經驗，我相信，以強制和暴
力，加諸國教教會之可敬的神職人員，比加諸其他階級的人

民，還要危險，不，寧可說還更有滅亡的可能。每一個神職人員，只要他和教會同袍的關係良好，那麼他個人的權力、特權和人身自由，即使在最為專制獨裁的政府統治下，也比其他任何在地位與財富上和他相當的人更受尊重。在每一種等級的獨裁專制下，從法國政府那種寬大溫和之獨裁專制，到君士坦丁堡那種猛烈狂暴之獨裁專制，莫不如此。但是，神職人員階級雖很難以暴力強制，卻與其他階級同樣容易操縱。君主的安全、社會的治安，頗有賴於君主自己操縱他們的手段，這手段就似乎全在他們職位上的提升。

舊時基督教教會的制度，各教區的主教，全由主教所轄都市之神職人員及人民共同投票選舉。人民這種選舉權，並不曾保留多久；而且在保留期內，他們也多半是惟神職人員的馬首是瞻；神職人員在這類有關信仰的事件上，已儼然是天生的指導者了。不過，為選舉操縱人民，那也不免是一種麻煩事，神職人員不久就厭倦了，他們覺得，主教由他們自己選舉，比較容易得多。修道院院長亦同樣，由修道院院長領區大部分僧院之修道士選舉。教區內的一切下級職務，則全由主教任命，主教認為適當者，即予以職務。這樣，一切教會神職人員的升遷權，就全掌握在教會手中了。在這種場合，君主對於他們的選舉事項，說不定也持有某種間接勢力；教會有時關於選舉、乃至選舉的結果，說不定也請求君主的同意，但是君主畢竟沒有直接操縱他們的充分手段。因此，各神職人員的雄心壯志，就自然會教他不要阿諛君主，而去巴結他自己的同袍，因為他的晉升機會來自於他自己同袍認可，而不是來自於他的君主。

羅馬教皇最先就漸漸的幾乎把歐洲大部分主教職、修道

院院長職（即所謂紅衣主教職）的任命權拿到手中了；其次，又以種種奸計及藉口，把各教區內大部分下級職務的任命權拿到手中了：這樣一來，主教除了對屬下神職人員尚有相當權利以外，再也沒有留下什麼了。同時，君主的境況，卻反而因教權上這種安排，弄得比先前更壞。歐洲各國的神職人員，簡直由此編組成了一種神職人員軍隊。這種軍隊雖散處各國，但它的一切活動，都能受一個首領指揮，而在一種一致的計畫下進行。每個特定國的神職人員，即可被視為這全神職人員軍隊的一個特遣隊，各特遣隊的動作，又容易得到四周其他特遣隊的支持和援助。每一支特遣隊，不僅不受維持它吃住的那個國家的君主指揮，反而服從某個境外的君主。這個外國君主一有必要，隨時可叫它們反戈轉向其特定國的君主，同時其他一切特遣隊亦將為其聲援。

這種武力之可怕，就我們想像得到的，大概無以復加了。往時，當歐洲技術及製造業未發達之前，諸侯對於其家臣、佃戶及家僕的勢力，是由其富有所賜。同樣，神職人員對於普通平民的勢力，亦是由其富有所賜。諸侯在其領地上，保有一種司法權；依同一理由，神職人員在他們——由諸侯及個人之錯誤的虔敬而捐贈教會的——大地產上，亦確立了一種類似的司法權。在此等大地產範圍內，神職人員或其執事，不待仰仗君主或其他任何人的支持和援助，就能夠維持和平；但是，沒有神職人員的支持及援助，哪怕是君主或其他任何人，也絕維持不了和平。因此，有如俗世諸侯，在其特定領地及莊園保有的司法權一樣，神職人員的司法權，就獨立於國王的法庭，而劃在國家司法管理範圍以外了。神職人員的佃戶與諸侯

的佃戶同，幾乎全都是無契約的，隨時可以更換的；他們全靠
其地主生活，所以，神職人員一旦有了爭鬥，要他們參加，他
們就必得應召前往。神職人員的收入計有兩種：其一是這些所
有地的地租，另一是以什一稅的名義，徵收通國其他一切土地
地租的大部分。這兩種地租，大半皆爲實物，如穀物、葡萄酒
及家畜等。他們的收入量，大大超過其所能消費的限度。當時
既無技術品或製造品可資交換，他們對於這大量的剩餘，除了
像諸侯處置其收入之剩餘一樣，大宴賓客大行慈善以外，再也
沒有其他有利的使用方法。因此，神職人員之宴享和慈善的規
模，就據說是非常大了。他們不但維持了幾乎通國全部貧民的
生活，並且，許多無以爲生的騎士紳士，也往來於各修道院，
假皈依之名，收神職人員款待之實。若干特殊修道院院長之僕
從，往往與最大領主之僕從同樣多。把一切神職人員的僕從合
計起來，也許比一切領主共有的僕從還多。各神職人員間的結
合力，是遠非領主所及的。前者是在一種正規的紀律和隸屬關
係下，服從羅馬教皇的權威，後者不然，他們彼此間幾乎常在
相互猜忌，並且又同在嫉視國王。所以，把佃農和僕從合計起
來，神職人員所有的，雖比大領主少，單就佃農而言，神職人
員所有的，雖比大領主更少，但他們的結合力，卻使他們更爲
人所恐懼。況且，神職人員的款待和慈善，不但給與了他們一
大現世勢力的支配權，同時並大大增加了他們精神武器的力
量。他們已由這博施濟眾之舉，博得了一般下級人民——許多
是不斷由他們贍養的，但幾乎全體都偶爾要由他們贍養——最
高的尊敬和崇拜。一切屬於或有關於這一階級的事物，它的所
有物、它的特權、它的教義，必然在普通民眾眼中成爲神聖的

了；而對於這些神聖物的侵犯，不論眞僞，這是罪大惡極。就
這樣，如果君主抵抗其治下少數大貴族的同盟，已常常感到困
難，那就無怪其抵抗治下的神職人員結合勢力，更感到困難；
何況這種結合勢力，尙有各鄰國的同一勢力爲其聲援呢！在此
種情況下，君主有時必得降服，倒不奇怪；君主常能抵抗才是
怪事。

　　古代神職人員完全不受世俗司法權支配的特權（在我們
今日看來，是最不合理的），譬如，英國所謂神職人員的特惠
（benefit of clergy），正是這種事勢推移之自然的，或毋寧說
是必然的結果。一個神職人員階級有保護他的意向，並表明犯
罪證據，不夠處罰神聖人物；或所加於神聖人物的懲罰過嚴，
那麼，君主這時想執法懲治那位神職人員，那該是多麼危險
呢？在這種情形下，他最好是讓那位犯罪者由教會法庭審判；
爲他們全階級的名譽計，法庭必盡可能抑制各個神職人員：犯
大罪固所不許；即引起世人惡感的醜行，亦在所必禁。

　　第十世紀、十一世紀、十二世紀、十三世紀，以及這前後
若干時期，歐洲大部分，全爲基督教的勢力。對於政府之權力
和安全，對於人類之自由、理性和幸福──這種種，只有在受
到政府保護的地方，才得以發揚──羅馬教會的制度，殆可視
爲一曠古未有的可怕的結構。在這種制度下，極粗野之迷信的
妄想，竟爲如此多數人私利心所支持，致人類理性的攻擊，亦
不能予以動搖；理性雖不難揭穿迷信的妄想，教普通人也能明
白，但它終究不能解散那基於私利心的結合。教會制度如不碰
到其他對頭，單爲無力的人類理性所攻擊，它是一定會永遠存
在的。然而這廣大牢固的建築，這爲一切人類智慧德性所不能

動搖，尤其不能顛覆的建築，卻在事物自然的行程上，一開始衰弱了，往後，部分的傾頹了，照現在的傾向，不到幾百年，恐怕還要全歸瓦解。

技術、製造業及商業的漸次發達，是大領主權力破壞的原因，也同樣是神職人員在歐洲大部分的俗世權力，全歸破壞的原因。如同大領主一樣，神職人員在技術、製造業及商業的生產物中，找到了可用以交換自己所有的原生產物的東西，並且由此發現了一己可以消費其全收入的方法。自己既能完全消費自己的所有物，不必分許多給旁人，所以他們的慈善，也漸次縮小了範圍，他們的款待，也不像先前那樣寬宏、那樣豐盛了。其結果，他們先前那許多的僕從，亦由漸漸縮減以至全行取消。為要過大領主那樣的生活，為要求其虛榮及淫蕩之行為的滿足，這些神職人員，也想由他們的所有地，獲取較多的地租。但是要增加地租，只好同意與租地人締結佃租契約，這樣一來，租地人大體上就算脫離他們獨立了。從此，下層人民附屬於神職人員的利害關係，遂一天天的破壞、一天天的分解；與大領主及其下層人民間關係的破壞與分解比較，前者的破壞與分解，還要來得迅速；這就因為大部分的教會所領田產，遠不若大領主領地之多，從而每個教會田產的所有者，要自己消費其收入全部亦就比較容易。當十四世紀、十五世紀之時，封建諸侯的勢力，在歐洲大部分，達於極點。但神職人員的世俗勢力，即他們會一度凌駕於大多數人民的絕對支配權，卻在這時就大幅衰退了。教會這時在歐洲大部分的勢力，幾乎就只剩下了心靈上的權威；甚且連這心靈上的權威，也因神職人員的慈善不行，款待中輟，而大幅削弱了。下層人民對於這一階

級，再也不視爲是他們悲慘遭遇的安慰者和貧窮的救濟者了。在又一方面，富有神職人員的虛榮、奢侈與耗費，尚不免引起這般下層人民的激憤和嫌惡，因爲一向被視爲救濟貧民的財產，現在竟爲他們自己尋樂而浪費了。

在這種情形下，歐洲各國君主乃力圖挽回他們曾一度享有的管理教會重要職務的勢力，改弦更張使各教區之副主教及神父會恢復其主教選舉權，一方面又使各修道院院長領區之修道士恢復其修道院院長選舉權。這種舊秩序的再建，就是十四世紀英國制定的若干法令，特別是所謂俸給條例（Statute of provisions）的目的，也是十五世紀法國頒發的基本敕令（Pragmrtis Sanction）的目的。依據這條例或敕令：要使選舉發生效力，進行選舉，須先得君主的同意；被選的人物，亦須得君主的同意。這樣，選舉雖仍被視爲是自由的，但君主的地位，必然會使他持有一切間接手段，來支配其屬下神職人員。在歐洲其他地方，原亦設有與這同一傾向的規定。不過，羅馬教皇任命教會重要職務的權力，在宗教改革前，只有在英、法兩國，被限制得最厲害而且最普遍。往後當十六世紀時，羅馬教皇與法國國王間成立了一種協定；賴有這協定，國王對於高盧教會一切重要職務（即所謂紅衣主教），遂有了絕對推薦權。

自基本敕令及上述協定成立以來，一般法國神職人員對於教廷布告的尊敬，就不及其他天主教國了。每當君主與教皇有所爭議，他們幾乎都是站在君主一邊。這樣看，法國神職人員對於羅馬教廷的獨立，主要就是由於這基本敕令和協定了。在比較前些時代，法國神職人員極忠心於教皇，與他國神職人員

原非兩樣。當卡佩王朝第二君主洛柏特被羅馬教廷非常不公正地逐出教會時，他本人的從臣，據說就把王餐桌上之食物丟給狗吃：他們拒食罪王所觸穢了的一切東西。王之左右會公然這樣做，那很可推想是由當時國內神職人員指使。

對於教會重要職務任命權的要求——羅馬教廷為了維護這種要求，常使基督教國若干最有力君主之王位發生動搖，甚至於傾覆——就是這樣的，在歐洲各國，甚至於在宗教改革以前，被抑制、被變更，或者全被放棄了。隨著神職人員對人民的勢力減少，國家對神職人員的勢力遂日益加大。因此，神職人員攪擾國家治安的勢力和意向，就大非昔比了。

羅馬教會權威既在這種傾頹狀態下，所以宗教改革論爭一發生於德國，不旋踵間就傳播於歐洲各地了。這新教義到處大受歡迎。當新教攻擊既成權威時，通常以普通會煽動黨派精神之狂熱精神，宣傳其教義。就其他方面說，新教諸導師，也許不比許多擁護舊教者更有學識，但大體上，他們似乎比較熟於宗教的掌故，比較多知道一點舊教權威所由建立之理論體系之起源與沿革，所以在一切論爭上，他們總占優勢。他們的態度是嚴肅的，普通平民把他們極自律的行動，和自己教區大多數神職人員的浪漫生活對照起來，就分外覺得他們可敬了。加之，博得名望及吸收信徒的種種技術，這般新教導師，遠比其反對者高明得多；反對者為教會的驕子，自視不凡，這些於他們幾無所用的技術，是早就拋在腦後了的。新教義由理性吸收的信徒少，由新奇吸收的信徒多，由對舊教神職人員的憎惡輕侮，吸收的信徒更多；不過，他們博得最大多數人民歡心的手段，還是他們到處諄諄宣教的雄辯，那有時雖不免流於粗野下

流，然而是熱心、激情、狂信的雄辯。

　　新教義的成功，幾乎到處都是極大的，當時與羅馬教廷發生齟齬的君主，一憑了這教義，就不難把自己領域內的教會顛覆下來。教會失了下層人民的尊敬和崇拜，大抵都無法反抗。德意志北部有若干小君主，因一向受羅馬教廷輕視，曾有些對不起他們的地方，因此，他們就在自己領土內進行宗教改革。克立斯替爾二世及大主教特諾爾的暴虐無道，加斯塔伐·發沙是有力量把他們逐出瑞典的；教皇這時反要袒護這暴君及主教，所以加斯塔伐·發沙在瑞典進行宗教改革，就易如反掌了。往後，克立斯替爾二世君臨丹麥，仍不改其在瑞典的討厭行為，他被逐出丹麥了，但教皇老是袒護他，繼登王位的裴特烈要報復教皇，遂仿加斯塔伐·發沙的前例，而實行宗教改革。伯恩與蘇黎世政府原和教皇無特別爭執，但因少數神職人員一時的越軌行為，以致這兩聯邦人民憎惡輕視其全階級；在這種事故發生後不久，宗教改革就極容易的在這兩個聯邦中完成了。

　　在這種危機四伏的狀態下，教廷遂不得不苦心孤詣向法國和西班牙的有力君主示好——後者在當時為德國的皇帝。仗著他們的援助，教廷始得在艱巨困境與大流血慘劇之下，把他們領土內的宗教改革運動全然鎮壓住，或者大大的予以防阻。對於英國國王，教廷也顯然有意拉攏，但在當時的情形下，因為怕得罪了更有力的西班牙國王兼德國皇帝查理五世，這友好終未結成。英王亨利八世原不盡信革新的教義，但因這教義已在國內普遍流行了，所以他就樂得順水推舟，逐行廢止領土內一切修道院，消除一切羅馬教會權威。他雖做到這裡終止了，沒

有更進一步，但那些宗教改革的擁護者，卻已有幾分滿意了。往後英王嗣子繼位，政權皆操於這般宗教改革論者之手，亨利八世未竟之功，遂由他們毫不費力的完成了。

有的國家，其政府是薄弱的，不得民心的，且未十分穩固。像蘇格蘭就是如此。那裡的宗教改革運動，不但有能力推翻教會，並且同樣有能力推翻那企圖支持教會的國家。

宗教改革的信奉者，散布在歐洲各國了。但他們之間，迄未有一個最高法庭，像羅馬教廷或羅馬全體教會會議那樣，能夠解決一切信奉者間的爭議，並以不可抗的權威，命全體遵循眞正的正教教理。所以，一國宗教改革信徒，如果和另一國宗教改革信徒的意見發生齟齬，因無可以申訴的共通法官之故，那爭論終究無從得到解決；況且他們彼此之間，又多的是這類爭論！關於教會統治及教會神職授受權的爭論，也許最有關於市民社會之和平與福利。在一切信奉者之間，最後產出了兩個主要黨派或宗派，即路德派和喀爾文派。新教原亦分有不少的宗派，但其教理與宗律，曾在歐洲某地由法律訂爲國教的，卻只有這兩個宗派。

路德的信奉者與所謂英國教會，都多少保存了監督統治的形式，神職人員之間，建立有一定的服從關係，一國領土內一切主教職及其他主教公會職務的任免權，全給予君主，這樣一來，君主就成爲教會的眞正首腦了。至於教區內之下級職務任免權，雖仍操自主教，但君主及其他新教擁護者，不但仍允許有推薦權，這種推薦權且還受著袒護。這種教會統治組織，最初對於和平及良好秩序是有利的，對於君主的服從關係，也是有利的。所以，不論何國，這種教會統治組織一經確立，

就絕不會引起何等騷擾或內訌。特別是英國教會。它對於所奉教理著重對國家的忠誠，曾自誇未有間斷，那並不是沒有理由的。在那種教會統治下，神職人員自會努力博取君主、宮廷，及一國紳貴巨族的歡心，因為他們所期待的升遷，就為那般人的意向所左右。為要巴結那般人，無疑的，有時會流於下流的阿諛奉承，但他們通常都很講究那最值得尊敬，從而最易博得有身分有財產者尊敬的技術；如各種有用的及裝飾的學識，風度神態的端莊自在，社交談吐的溫恭幽默，公然輕蔑一般狂信者之非理矯情的苦行，不一而足；他們所以要公然輕蔑那些狂信者，就因為那般人一方面主張實行刻苦，以博取普通平民的尊敬，同時並使普通平民，對於大部分公開表示不能刻苦的有身分地位者，懷抱憎惡。神職人員既這樣獻媚於上層階級，遂不免全然忽略了維持對人民之勢力與權威的手段。沒錯，他們是在受上等人物的注意、稱讚和尊敬，但當他們在下層人民之前，受到那些最無智的狂信者之攻擊時，想有效的，使聽眾信服的，防禦他們的真摯而中正的教義，就常常不可能了。

蘇文黎的信徒，或者比較妥當的說，喀爾文的信徒，是和路德的信徒不同的。他們把各教會牧師職的選舉權，賦予各教區人民了，牧師隨時出缺，人民隨時可以選舉；又，他們在各神職人員之間，樹立了最完全的平等關係。就這制度的前一部分說，在它好好存續的期內，也只產出了無秩序和混亂，並使神職人員及人民雙方的道德墮落罷了，就後一部分說，平等的目的是完全達到了，但是沒有何等其他成果。

各教區人民在保有牧師選舉權的期內，幾乎常是照著神職人員的意旨行事，而這些神職人員，又多半是最富於黨派精

神和最爲狂熱的。爲要保持他們在這民眾選舉上的勢力，他們多數人自己成了狂信者，或者裝成了狂信者，他們獎勵民眾間的狂信主義，而常把優良位置授予那些最狂信的候補者。一個教區牧師的任命，原是一件小事，但結果不但在本教區內，並且動不動在一切鄰近教區內，釀起了猛烈的鬥爭。教區如在大城市中，這鬥爭便會把全區居民，分成兩個黨派；設那個城市自身就構成了一個小共和國家，或者如瑞士、荷蘭許多大城市那樣，本身就是小共和國的首都，那麼，這無聊的鬥爭，除了激成其他一切黨派的憎惡情感以外，更會在教會內留下新宗派分離，在國家內留下新黨派建立的隱憂。因此，在那些小共和國中，政府爲了維持社會治安起見，馬上就覺得，把神職推薦權掌握在自己手中，乃是緊急要事。蘇格蘭是曾建立長老管理教會制度的最大國家。威廉第三當政之初，乃由長老管轄法令之制度，實行撤廢了神職推薦權。政府之推薦權既廢，於是各教區某些階層民眾，乃得以少許價格，購買本區牧師的選舉權。基於那項法令形成的制度，大約存續了二十年，終因這民眾選舉，到處引起無秩序和混亂，遂由安女王第十年第十二號法令廢除了。不過，蘇格蘭是一個幅員遼闊的國家，僻遠教區發生紛擾，終究不會像前述諸小國那樣容易驚動朝廷，所以安女王同年的法令，竟把那神職推薦權恢復起來了。根據這個法令，凡有推薦權者推薦的人物，法律雖一律予以神職，全無例外，可是教會（教會關於這方面的決定，並不一致）在授與被推薦者以宗教上職務（Cure of sonls）或教區之教會司法權以前，往往有得到人民贊同之必要。至少，它有時佯言爲教區治安計，一直延宕到這贊同能夠得到時，方始授予。鄰近若干神

職人員個人的干涉——有時爲得到這贊同，但更尋常是爲要阻止這贊同——以及爲要使這干涉更有效力而深入研究的通俗技術，恐怕是蘇格蘭人民間或神職人員間，尚存有舊時狂信遺風之主要原因。

　　長老管理教會制度，在諸神職人員間建立的平等，計有兩種，第一是權力或教會司法權的平等，第二是神職俸祿的平等。在一切長老的教會中，權力的平等算做到了，神職俸祿的平等卻沒有。不過神職俸祿之間的差異，還沒有大到那種程度，致使一般神職人員，爲要獲取較優職位，乃不惜對於推薦者，出以下流的阿諛奉承。在神職推薦權完全確立了的長老教會中，神職人員要取得其上位者的關愛，大概都是憑著學問、生活的嚴整規律、履行職務的忠實勤勉，這一類比較高尚、比較冠冕的方法。所以，其提拔者往往不能見諒，以神職人員的獨立不阿，爲忘恩負義，其實，把那說得再怎麼壞，也不過因無進一步之希求，遂不覺表現出淡漠的態度罷了。因此，歐洲各地比較有學問、有禮節，且能獨立而可敬的人，就恐怕要算荷蘭、日內瓦、瑞士及蘇格蘭長老教會內的大部分神職人員了。

　　教會神職俸祿將近同等，其間斷無巨富發生；在實行上，那雖或有時不免操之太過，但於教會本身，卻有若干極良好的結果。一個財產不多的人想保持威嚴，唯一的方法，就是具有很可爲人模範的德行。如其浮薄虛華、品行乖戾，勢必惹人嘲笑，且因財產不多，殆不免與普通人之輕浮者，同樣陷於頹敗。因此，他們這種人在自己行爲上，就不得不遵循普通人所最尊敬的道德體系。他博得普遍之尊敬和情愛的生活方式，就是他自己的利益和地位引導他遵循的生活方式。一個人的境

遇，如多少和我們自己的境遇接近，而在我們看來，其地位實在應該高於我們，那我們對於這個人，就自然而然會發生親切之情；普通人對於神職人員親切，神職人員也自然會對於普通人親切。他小心教導他們，注意幫助並救濟他們。他們對於他既這樣親切，所以他絕不願輕視他們，絕不會像富裕教會之傲慢神職人員那樣，動輒以輕侮的驕傲態度對待他們。因此，就對於普通平民精神的支配力而言，恐怕長老教會的神職人員要勝過其他任何國教教會的神職人員。正惟其如此，普通平民不加迫害，即相率全都改歸國教教會這事實，只有在實行長老教會制的國家才能見到。

一國教會大部分的神職俸祿，如極平庸，則其大學教職所得報酬，大抵皆較神職優厚。在這場合，大學的教授人員，便會由全國所有神職人員——不管在何國，神職人員是包括有最多數學者的階級中抽取選拔。反之，一國教會大部分的神職俸祿，如很是可觀，那教會自然會把大學中大部分知名的學者吸引過去；因爲這些學者要升就神職，有權推薦他們的人，又常以推薦他們爲榮耀。在前一種情形下，全國最知名的學者，將聚集於諸大學；在後一種情形下，諸大學留下的知名學者，將限於少數，而其中最年輕的教師輩，在他們獲有充分授課的經驗與學識以前，說不定早被教會網羅去了。據伏爾泰（M. De Voltalre）的觀察，耶穌會教士波列，原不算學者中怎樣的傑出之士，但在法國諸大學的教授當中，還只有他的著作值得一讀。一國既然培植出了許多知名學者，而這些知名學者中，殆沒有一個人充當大學教授，看起來，一定有幾分奇怪吧。有名的伽桑狄，在他青年時代，原是亞斯大學的教授。後來正當

他天才顯露的初期，有人勸他進教會去，說那裡容易得到比較靜謐、比較愉快的生活，並且容易得到比較宜於研究的環境。他聽信了，立即捨去大學教職，而投身於教會中了。我相信，伏爾泰的觀察，不但可以適用於法國，一切其他羅馬天主教國家，殆莫不如此。除了教會不大屬意的法律和醫學這兩方面的人才外，你要想在這些國家的大學教授中，找出知名的學者，那就真是鳳毛麟角了。把羅馬教會除外，在一切基督教國中，英國教會要算最富裕，有最多捐贈的基金了。從而，英國各大學的一切最優良、最有能力的學者，就不斷被這教會吸收去了。其結果，英國諸大學知名教授之缺乏，遂與一切羅馬天主教國的大學相同，想在那裡找到一個在全歐洲老練而著名的大學導師，幾乎是不易做到的。反之，在日內瓦、在瑞士新教諸區域、在德國新教諸邦、在荷蘭、在瑞士、在瑞典、在丹麥，一切國家培植出來的最著名的學者，雖非全部，但至少有最大一部分，是在充當大學教授；而它們教會中一切最有名的學者，卻被那些大學不斷吸收去了。

在希臘羅馬古代，除了詩人、少數雄辯家，以及歷史家外，其餘最大部分知名的學者，大概都是充當哲學或修辭學的公私教師，這件事，也許值得我們注意一下。且不獨古代為然，從里棲阿斯、蘇格拉底、柏拉圖及亞里士多德時代，降至波盧塔克和埃披克提茲、斯韋托尼阿和昆體倫時代，亦是如此。把某一特定部門的學科，逐年專門要求某一個人教授，那實在是使他對於那門學科專精深造的最有效方法。因為，他今年教那一門，明年後年還得教那一門，如若他有所作為，在數年之內，他一定能通達那一門學問的各部分；並且，如果他在

今年對於某點的見解，欠缺斟酌，到明年講到這同一個主題時，還很容易把它改正。科學的教師，確實是單想成爲學者的人的自然職業，而同時這職業又是使他具備堅實學問和知識的最適當的教育。一國教會的神職俸祿果屬平庸，則學者大部分自然會從事這最有用於國家社會的職業，同時並由此，盡可能的獲得其最良好的教育。這樣一來，他們的學問便會成爲最堅實而最有用的了。

各國國教教會的收入——其中特定土地或莊園的收入部分或可除外——雖爲國家一般收入的一部分，但這一部分沒有用在國防上，而轉用到與國防非常相異的目的上了。譬如，什一稅，實在是一種土地稅；教會如不把這部分稅收分去了，土地所有者對於國防的貢獻，是要大得多的。國家緊急支出的資源，在某一些王國，最終是專靠土地地租，在別一些王國，則是主要依靠土地地租。教會由這資源取去的部分愈多，國家能由這資源分得的部分就愈少，這是明明白白的。在一切其他情況相同下，教會愈富有，君主和人民就必然愈貧乏，而國家防禦外侮的能力，也就愈薄弱，這很可說是一個一定不變的原則。在若干新教國，特別是在一切瑞士新教區域中，往時屬於羅馬天主教會的收入，即什一稅和教會所有地兩者，已被發現爲一種資源，這資源不但可用以提供國教神職人員充分的薪俸，且略加彌補，或全不彌補，亦夠開銷國家其他一切費用。尤其是強大的伯恩地方政府，它把以前供給宗教之費儲存起來，約有數百萬英鎊的一大金額，其中一部分存在國庫，另一部分貸出生息，作爲歐洲各債務國——主要如法國及英國的公債基金。伯恩或瑞士其他新教區域各教會，仰給於國家的全費

用究竟有多少，我不敢冒以爲知。但根據一非常正確的計算，一七五五年蘇格蘭教會神職人員的全收入——內含教會所有地及住宅的房租——合理估計起來，不過六萬八千五百十四英鎊一先令五便士又十二分之一。這樣極平常的收入，每年要供給九百四十四名牧師的相當生活資源費；再加上教堂及牧師住宅不時修葺或建築的支出，總和計算，每年亦不會超過八萬英鎊、乃至八萬五千英鎊。蘇格蘭教會的給養太儉，那是不待言的。但就維持大多數人民間之信仰的統一、皈依的熱忱，乃至秩序、規律，以及嚴肅的道德精神而言，殆沒有一個基督教國的最富裕的教會，能夠趕得上蘇格蘭的教會。國教教會能在社會上及宗教上產出的一切良好結果，其他教會能產出，蘇格蘭教會也同樣能產出。而且，大體上，比蘇格蘭教會給養並不見佳的大部分瑞士新教教會，對於這諸種結果，還能更高度的產出。在瑞士大部分的新教區域中，殆不能找出一個人，公認他不是新教教會的信徒。確實的，有人如公開宣稱他是其他教會的信徒，法律會強迫他離開這個區域。但是，假如不是僧侶勤勉，預先誘導人民全體——或許有少數例外——改入國教教會，像這樣嚴峻或者毋寧說是壓迫的法律，是難在這種自由國家實行的。因此，在瑞士某地方，因了新教國與羅馬天主教國偶然的結合，改宗者不若其他地方之通行，這兩宗教，遂不獨同爲法律所默認，且同被認爲國教。

　　不論何種職務，在適當履行上所取得的報酬或薪俸，總須在可能的正確範圍內，與該職務的性質，保有相當比例。報酬過少，將因奉職者大部分的卑劣無能，而蒙到損害；報酬過多，又不免因他們的疏忽怠惰，而更蒙到損害。一個有大宗收

入的人，無論他所執何業，他總會覺得，他應當與其他有大收入者，過同一的生活，並且在歡樂、虛榮，以及放蕩上面，消費其大部分時間。但是，對於一個神職人員，這樣的生活方法是不行的，照此下去，他不但會把他應該用在供職上的時間消費掉，並且會把他存在普通平民眼中人格上的莊嚴——這是使他能以適當的勢力與權威，履行其義務之唯一憑藉——完全破壞掉。

第四節　論國君養尊之費

一國君主，除了履行種種義務所必要的費用以外，為維持其尊嚴計，亦需有一定的費用。這費用隨社會改進的時期而不同，隨政府的種種形態而不同。

在富裕而發達的社會中，各階級人民之房屋、家具、食品、服裝，以及遊觀玩好之具，皆由質樸而流於奢華，此時而欲君主獨逆時尚，絕難做到。他的一切穿著使用的物品，所費必日益加多。蓋非如此，不足以維持他的尊嚴。

就尊嚴一點而言，一國君主君臨於其臣子庶民，比之共和國元首對於其同胞市民，更要高不可攀，望塵莫及；所以為要維持這較高的尊嚴，勢必要較大的費用。總督或市長的官邸，自然是不能與國王宮廷比其華麗的。

結　論

防禦社會的費用，維持一國主權者的費用，通是為全社會

一般利益而支出的。因此，照正當道理，這兩者應當由全社會一般出資開支，而全社會每個人的資助，又須盡可能的與他們各自的能力成比例。

司法行政的費用，亦無疑是為全社會一般利益而支出的。這種費用由全社會一般的出資開支，當無不當。不過，國家之所以有支出此項費用之必要，乃因社會強橫狡詐者多行不義，勢非設置法庭救濟保護不可。而最直接受到裁判之利益的，又是那些由法庭恢復其權利或維持其權利的人。因此，司法行政費用，如按照特殊情形，由他們兩造或任一方面開支，即由裁判手續費開支，乃最為妥當。除非罪人自身無財產資金夠支出此手續費，這項費用，是無須由社會全體負擔的。

凡利在一地一州的地方費或州區費（譬如，為特定都會特定地區支出的員警費），即當由地方收入或州區收入開支，而不應由社會一般收入開支。為了社會局部的利益，而增加社會全體的負擔，那是頗不正當的。

維持良好道路及交通機關，既無疑有利於社會個體，其費用就不妨由全社會一般的收入開支。不過，有的道路、交通機關，對於往來搬運貨物的商賈，乃至購用那種貨物的消費者，有最初近、最直接的利益，所以英國之稅道通行稅，歐洲其他各國所謂皮幾稅（peoges），全由這兩種人民擔當；這樣一來，社會一般人的負擔就要減輕許多了。

一國教育的設施及宗教的設施，明顯是於全社會有利益的，其設施費由一般收入開支，當無不當。可是，這費用如由那直接受到教育及教化利益的人，或者自以為有受教必要的人，自發出資開支，恐怕同樣妥當，說不定還伴有若干利益。

凡有利於全社會的諸種設施或土木工事，如不能全由那些最直接受到利益的人維持，或者不曾全由他們維持，則不足之數，大抵不能不由全社會一般的出資填補。因此，社會一般的收入，除開支了國防費及君主養尊費以外，更須補充許多特別收入部門的不足。至於這一般收入或公家收入的來源，我將在下一章詳細說明。

第二章

論一般收入或公共收入之來源

一國每年支出的費用，不但有國防費、國君養尊費，且有國家憲法未規定何等特定收入的其他必要政府支出，這些費用的開支，有兩個來源，第一，特別屬於君主或國家，而與人民收入無何等關係的資源，第二，人民的收入。

第一節　特別屬於君主或國家之收入來源

特別屬於君主或國家的資源，或收入來源，由資本及土地構成。

君主由其資本取得收入，與其他資本所有者同，計有兩種方式，一是親自使用獲取利潤，一是貸與他人獲取利息。

韃靼或阿拉伯酋長的收入，全為利潤。他們自身是本部族中的主要畜牧者，他們監督飼養家畜，由其家畜的乳汁及繁殖的小牛和羊羔，獲取收入。不過，以利潤為君國收入之主要部分，終究只是政治最初期最未開化狀態下的事。

小共和國家的收入，往往有不小的部分是得自商業經營上的利潤。據說，漢堡小共和國由國營葡萄酒庫及國營藥店，獲利頗多①。國君有從事酒藥買賣的閒暇，那個國家當然是不會

---

① 見《歐洲法律及賦稅誌》（*Memoires Concernant les Droites et Impositions en Europe*: tome l. pege 73）法國為改革財政，前數年曾設有一委員會，這部著述，就是宮廷命令編纂出來，供該委員會參考的。關於《法國賦稅的說明》（三卷），皆可說信而有徵。至於歐洲其他各國的賦稅說明，因是由法國公使駐在國宮廷之報告編纂而成，故比較簡單，且恐難十分置信。

很大的。公立銀行的利潤，常為更多數國家的收入來源。不但漢堡是如此，威尼斯及阿姆斯特丹亦是如此。據許多人觀察，就是俍大的大英帝國，也並未忽視這種收入。英格蘭銀行的股息為百分之五點五，就總資本一千零七十八萬英鎊計算，每年除去經營費剩下的純利潤，實不下五十九萬二千九百英鎊。有人主張：政府能以百分之三的利息，把這項資本借過手來，自行經營，則每年可得二十六萬九千五百英鎊的純利潤。照經驗所示，經營這種事業，像威尼斯及阿姆斯特丹那種貴族政治下之有序的、謹慎的、節約的政府，才最為適宜；若委之英國這樣的政府（不論其性質如何，它總不是以善於理財著名的：在平時，它大抵行著君主國自然不免的怠惰和疏忽的浪費，在戰時，它又常常行著一切民主國易犯的無規劃的法外浪費），它是否能勝任愉快，至少是一個大大的疑問。

郵政局本來就是一種營利事業。政府事先墊款設置種種郵局，並購買或租賃必要的車輛馬匹，這種墊款，不久即由郵費償還了，且伴有大的利潤。我相信，各種政府經營商業成功了的，怕只有這種企業。這上面投下的資本額不甚多，而其業務，又未含有何等祕密。資本的收回，不但確定，且極迅速。

但各國君主，往往從事其他許多營利事業；也同普通私人一樣，他們為改善其財產狀態，至不惜成為普通商業部門的投機者，可是他們究竟沒有幾個成功的。一種業務，讓君主經營，每不免流於浪費，浪費就使他們不可能成功。君主的代理人，以為主人有無盡藏的財富；貨物以何種價格買來，以何種價格售去，由一地運往他地，須得多少費用，他們全是草率從事，沒有盤算。他們往往與君主過著一樣的浪費生活；並且，

就是浪費了，他們猶能以適當的計帳方法，獲有君主那樣的財產。據馬基維利說，麥第奇之羅倫佐，也不算怎樣無能的君主，他的代理人替他經營商業，就是如此。由代理人浪費所負的債務，佛羅倫斯共和國被逼著為他償還了好多次。因此，他發現：放棄這商人的業務——他原來是由這種業務起家的——在後半生，把自己餘下的財產，及由自己處分的國家收入，使用在更適於自己地位的事業及用度上，於他便利。

商人性格與君主性格之兩不相容的程度，那是無以復加的了。假若東印度公司的商人精神，使它成極壞的君主，則君主的精神，也同樣會使其成為極壞的商人。當該公司專以商人資格經商時，它是成功了，且能在贏得的利潤中，支給各股東相當的紅利。但自它統治當地以來，雖說原有三百萬鎊以上的收入，卻仍因要避免當前破產計，不得不請求政府臨時的援助。在先前的地位，該公司在印度的職員，都視自己為商人的夥計；在現在的地位，他們卻視自身為君主的欽差。

國公家收入的若干部分，往往是得自貨幣的利息和資本的利潤。假若國家積蓄有財寶，它就會把這財寶的一部分，貸借於外國或自國的臣民。

瑞士伯恩省即以一部分財寶借給外國，成為歐洲諸債務國（主要如英國、法國）的公債債權國，從而獲得了頗大的收入。這收入的安全性，第一要看那種公債的安定性如何，管理此公債的政府的信用如何；其次要看與債務國能在如何程度上繼續保持和平。在戰爭爆發的場合，債務國方面最初採取的敵對行為，就恐怕是沒收債權國的公債。以貨幣貸借於外國，據我所知，那是伯恩聯邦特有的政策。

　　漢堡市設立有一種公家當鋪，人民以抵押品交與當鋪，當鋪即貸款於人民，取利息百分之六。由這當鋪，或即所謂洛姆巴德（Lombard）提供國家的收入，計有十五萬克朗，以每克朗四先令六便士計，約當英幣三萬三千七百五十鎊。

　　賓夕凡尼亞政府是不會累積何等財寶的，它發明了一種對於人民的貸款方法，不交貨幣，只交那與貨幣為等價的信用證券。此證券規定十五年償還，在償還以前，得如銀行鈔票一樣，在市面流通授受；且由議會法律宣布為本州一切人民間之法幣；但人民領受此證券，須以兩倍價值的土地作為擔保，並須納入若干利息。賓夕法尼亞政府是節儉而有秩序的，它每年的全部經常費，不過四千五百鎊；由這種貸款方法提供的相當收入，當於它大有幫助。不過，這種方法的功效如何，那須視下面的三種情形而定：第一，看對於金錢貨幣以外的其他商業媒介物，有如何的需要；換言之，看對於那須以金錢由外國購回之消費品，有如何的需要；第二，看利用這方法之政府，有如何的信用；第三，信用證券的全價值，絕不能超過這證券未發行時，流通界所需金幣銀幣的全價值。所以這種方法運用上的節制，亦與其成功大有關係。在美洲其他幾處殖民地，亦曾幾度施行過這同一方法，但因缺乏這種節制，結果多半是利少害多。

　　能夠維持政府之安全與尊嚴的，只有確實的、不動的、恆久的收入，至於持有不確實性和可滅性的資本及信用，絕不宜於充政府之主要收入資源。所以，較遊牧國為進步的一切大國政府，從來都不由這種來源取得其大部分的公家收入。

　　土地是一種比較有確實性和恆久性的資源，所以比遊牧國

進步的一切大國的收入，都是以國有地地租爲主要來源。古代希臘及義大利諸共和國就是如此。它們國家大部分必要費用的開支，有好長一段時間是取給於國有地的出產或地租。而往時歐洲各國君主大部分的收入，亦有很長時間是取給於王室領地的地租。

在近代，戰爭及準備戰爭，這兩種情況，占有一切大國必要費用的大部分。但是在希臘及義大利古代諸共和國，每個市民，都是兵士，無論從戰也好，備戰也好，費用全由他們自備，國家無須支出很多的費用。所以，一項相當數額的所有地地租，就夠支付政府一切必要費用而有餘。

在歐洲古代君主國中，大多數人民因當時風俗及習尙所趨，對於戰爭，皆有充分準備。一旦參加戰爭，通常依封建的占用領地條件，或以他們自身的費用維持，或以直屬領主的費用維持，君主無須增加新的負擔。政府其他費用，大多非常有限。即使司法行政一項，不獨毫無所費，且爲收入來源，這是我們前面講過的。地方人民於每年收穫前及收穫後，各提供三日勞動；一國商業上認爲必要的一切橋梁、大道，以及其他土木工事，有這項勞動，就夠營造維持了。當時主權者的主要費用，就是他自身家族及宮廷的維持費。他宮廷的官吏，即國家的大官。財務大臣是爲君主收地租的，宮內及內務大臣是爲君主家族掌出納費用的。君主的廏舍，則委任警衛等部門分別料理。君主所居之宮室，全以城堡形式建築，無異他所有之主要要塞。這要塞的守護者，則有類衛戍總督。君主平時必須出費維持的武官，就只限於這總督。在這種種情形下，通常有一大面積的所有地的地租，就很可支付政府一切必要的費用了。

　　在歐洲現狀下，多數文明國君主，即使自身領有全國所有的土地，而獲有一切土地的地租，恐亦不及其國平時由人民徵收的普通收入。譬如，英國通常收入，如支付必要經常費、支付公債利息，以及清償一部分公債，每年須一千萬英鎊。然所收土地稅，以每英鎊徵四先令（每英鎊二十先令，即五分之一取稅——譯者）計，尚不及二百萬英鎊。況這所謂土地稅，尚不僅包括由一切土地地租徵取的五分之一；即由一切房租、一切資本——其中，貸於國家的，及用作農業資本的部分除外——利息而徵取的五分之一，亦包括在內。名爲土地稅，其實有最大部分是取自房租及資本利息。譬如，以每鎊徵四先令計，倫敦市的土地稅高達十二萬三千三百九十九英鎊六先令七便士。同樣的土地稅，在韋斯敏尼斯德市，金額高達六萬三千零九十二英鎊一先令五便士。槐特霍爾及聖傑姆士兩宮的土地稅，金額三萬零七百五十四英鎊六先令三便士。按一定比例，同樣推之於王國各都會各市鎭，則知這種稅收，幾乎全都出自房租及商業資本和利貸資本之利息，而取之於地租者實有限。總之，英國的地租，既然不到二百萬英鎊，則全部地租、房租、資本利息之收入總額，當然不及一千萬英鎊，從而，對於英國平時一千萬英鎊的支出，就只會不夠，而絕不會超過。英國制定土地稅之評價，就全王國平均起來，無疑是去其眞實價值太遠；偶有稅當其實的，亦不過一二特別州區罷了。因此，有許多人估計，土地地租一項——除開房租及資本利息不計——每年總額，當有二千萬英鎊。他們這種評價，是非常隨便的，我認爲不符事實。現在，姑且退一步，假定這是確實的吧，假若在目前耕作狀態下，英國全部土地所提供的地租，沒

有超過二千萬英鎊，那麼，這全土地如統由國王一人領有，且置於承辦人、代理人之怠慢的、浪費的、壓制的經營之下，那全地租額，就莫說二千萬英鎊的二分之一，恐怕連四分之一也提供不來。英國今日王室領地的情形，就是如此。設王室領地更加擴大，則其經營方法，必更形惡劣，而所提供的地租，就更要減少了。

大多數人民由土地獲取的收入，不是與土地地租為比例，而是與土地生產物為比例。除土地上播種的種子之外，一國全部土地年生產物，皆是供大多數人民逐年消費，或者用以交換他們所消費的其他物品。土地生產物原應增加的，今不使其增加，無論這妨礙的原因為何，其所損於地主收入者少，而所損於大多數人民收入者多。英國土地地租，即生產物中屬於地主的部分，殆沒有一個地方超過全生產物三分之一以上的。假若在某種耕作狀態下，每年只提供一千萬英鎊地租的土地，在他種耕作狀態下，每年可提供二千萬英鎊（兩種場合的地租，全假定是全生產物的三分之一），那麼，土地被阻滯在前一耕作狀態下，所受的損失，在地主雖為一千萬英鎊，在全國人民卻有三千萬英鎊；未計入者，不過播種的種子罷了。一國土地生產物減少三千萬英鎊，而其人口，也要按照這三千萬英鎊，按照所養階級之生活方式、費用方式所能維持的數目減少下來。

在歐洲現代文明國家中，以土地為國家私產，以地租為公家大部分收入者，已不復存在。但有許多大領地為王室所有，卻是一切大君主國同有的現象。王室領地大抵皆為林地，可是有時你在這種林地上走了好幾英哩，也不一定能看到一棵樹

木。這種土地的保留，徒爲國家養民生產兩方面之浪費與損失罷了。假使各國君主完全出售其私有領地，則所入貨幣必很可觀；若更以之清償國債，收回擔保品，那由此所得的收入，較之一向領地提供的收入，就不可同日而語了。土地改良土地耕植最好的國家，地租豐厚，其售價既通常以三十倍年租爲準；王室領地，未經改良耕植，地租輕微，其售價當可望以四十倍年租、五十倍年租或者六十倍年租爲準。君主以此大價格，贖回國債擔保品，就立即可以享受此擔保品所提供的收入。而在數年之內，還會享有其他收入。因爲，王室領地一變爲個人財產，不到幾年，即會好好的改良、好好的耕植。生產物由此增加了，人民的收入消費增大，人口亦隨之增加。這樣一來，君主之關稅及國產稅的收入，勢必隨人民之收入及消費而俱增。

文明國君主，由其私領地獲取的收入，看來似於人民個人無損，其實，這所損於全社會者，較之他所享有的其他任何同等收入尤多。所以爲社會全體利益計，莫若拍賣王室領地，使分配於人民之間，而君主一向由其領地享有之收入，則由人民提供其他同等收入代替之。

土地之用作公園、林地及散步場所者，其目的在供遊樂與觀賞，此不獨非收入來源，且須時常出費修治。我看只有這種土地，應該屬於文明大國君主。

因此，一個文明大國的必要費用，如端賴君主或國家特有之資本與土地兩項收入支付，那不只不適合，且於事亦無濟；而剩下的方法，就是國家的必要費用，大部分須取給於他項稅收；換言之，人民須拿出自己一部分私的收入，以補充國家公的收入。

第二節　論賦稅

本書第一篇講過，個人一己的收入，最終是出於三個不同的來源，即地租、利潤與工資。每種賦稅，歸根結柢，又定是由這三者之一、三者之二，或三者全部支出。因此，我將竭盡所能，論述以下各點。第一，論稅之要加於地租者，第二，論稅之要加於利潤者，第三，論稅之要加於工資者，第四，論稅之不分彼此，加於這三項收入者。此四種賦稅之各別特殊的考察，須分本章第二節爲四項，其中有三項，還得細分爲若干小目。如我們在後面所論到的，這各種賦稅，其始雖要加在某項資源或收入上面，最終卻不是由那項收入支出。所以非得詳細討論不可。

在進行檢討各特殊賦稅之前，須得列舉關於一般賦稅的四種原則，作爲前提。這四種原則如下。

第一，一國國民，各須在可能範圍內，按照各自資力的比例，即按照各自在國家保護下享得收入的比例，提供國賦，維持政府。一大國每個人須捐納政府的費用，正如大地產的共同承租人，須按照各自在地產上所受利益的比例，提供那種經營的費用。所謂賦稅的平等或不平等，就看對於這種原則的尊重或輕忽。凡百賦稅，最終僅由地租、利潤、工資三者之一負擔了，其他兩者不受影響，那必然是不平等的。關於這種不平等，只簡單討論如上，以下殊少論及。以後，我們只要討論特種賦稅，如何不平等的落在所課的特種私人收入上。

第二，各國民應當完納的賦稅，須是確定的，不得隨意變更。完納的日期、完納的方法、完納的數額，皆當讓一切納稅

者及其他的人，一一清楚明白。否則，每個納稅人就多多少少不免爲稅吏的權力所左右；稅吏會藉端加重賦稅，或者利用加重賦稅的恐嚇，勒索贈物或賞金。賦稅一旦不確定，哪怕是不傲慢、不腐敗的人，也會由此變成傲慢與腐敗；因爲他們這類人，自然就是不愛名譽的。據一切國民的經驗，我相信，賦稅雖再不平等，其病民尙小，賦稅稍不確定，其病民實大。國家對於人民應納賦稅之確定，該是如何重要呵。

第三，各種賦稅完納的日期及完納的方法，須予納稅者以最大便利。房租稅和地租稅，當在普通繳納房租、地租的同一個時期徵收，因爲這時於納稅者最爲便利，或者說，他在這時最容易拿出錢來。至於對於奢侈品一類消費物品的賦稅，最終是要出在消費者身上的，所以徵取的方法，大概於他極其便利。即當他購物時，附徵少許。每購一次，附徵一次。購與不購，是他的自由；如因課稅感到何等大的不便，那只有責備自己。

第四，一切賦稅的徵收，須設法使民之所出，盡可能的等於國之所入。若民之所出，大過於國之所入，那是由於以下四種弊端。第一，徵收賦稅，使用大批官吏；這些官吏，不但要耗去大部分稅收，且會於正稅以外，苛索人民。第二，賦稅之設，民之舉辦產業者，將裹足不前，社會許多人之生計職業，因而受其妨害。又若強制人民付納賦稅所從而出的資金，即可減縮乃至於破壞這種資金。第三，對於不幸逃稅未遂者，所加之充公及其他懲罰，往往會傾其家產，而國家由這部分資本使用所獲的利益，亦因以告終。何況胡亂課稅，實爲走私之大誘惑。而走私之懲罰，又勢必按照此誘惑的比例而加重。始而

設重稅以誘惑走私，繼復制嚴刑以懲走私，依誘惑之大小，而定刑罰之重輕，設阱陷民，全違反法律正義原則。第四，稅吏之頻繁訪問及無謂稽查，常使納稅者橫受極不必要之煩勞、困擾與壓迫。這困擾嚴格而言，雖不是什麼金錢上的破費，但無異是一種破費，因為人人都願用這種破費來避免這種困擾。總之，諸賦稅之所以徒困人民而無補國家收入的，蓋不出這四種原因。

上述四原則，於理既明，其效復著，治理國家者於制定賦稅之時，多少總是留意到了。他們憑其計慮之周，曾設法使賦稅盡可能的保持公平；賦稅之額，盡量確實；納稅之期輸納之法，務求於納稅者便利；並使人民於輸納正稅外，不再受其他苛索。下面這對於各時代各國家之主要賦稅的短短評論，將顯示各國在這方面的努力，並未同樣得到成功。

第一項　地租稅
一、加在土地地租上的賦稅

加在土地地租上的賦稅，有兩種徵收方法：其一，按照某種規準，對各地區評定一定額地租，此評價既定，以後不復變更；又其一，隨土地實際地租之變動而變動，耕作屢進屢退，地租稅即時高時低。

像英國就是採用前一方法。英國各地區的土地稅，乃根據一個固定不變的規準所評定。這種固定的稅法，在設立之初雖說平等，但因各地方耕作上勤惰不齊之故，久而久之，亦必然會流於不平等。英國由威廉及瑪麗第四年法令規定的各郡各教區的土地稅，甚且在設定之初，就是極不公平的。因此，這

種賦稅，就違反上述四原則之第一原則了，所幸對於其他三原
則，卻完全一致。這種稅制，是十分明確的。徵稅與納租為同
一時期，於納稅者亦很便利。在一切場合，地主都是真正納稅
者。那通常雖由佃農墊支出來，但地主在收取地租時，不得不
予以相當的斟酌。與其他同額稅收比較，這種稅徵收上使用的
官吏，是少很多的。各地區的稅額，既不隨地租增加而增加，
地主由改良土地生出的利潤，君主遂無從分享。在同一地區
內，一地主對於土地的改良，有時會減輕其他地主的負擔，那
是無疑的。有時，在某種特殊土地上，縱或加重賦稅，但因所
加極其有限，終不致阻礙土地的改良，及其正常的生產。減少
土地產量的傾向沒有了，抬高生產物價格的傾向亦沒有，從而
對於人民的勤勞，是絕不會有何等妨害的。地主除了要支納賦
稅，就不會有其他不便，但納稅乃是一種無可避免的不便。

　　英國地主無疑是由這土地稅之不變的恆久性，得到了利益
的，但這利益的發生，無關於賦稅本身性質，而主要是由於若
干外部的情形。

　　英國土地稅評價最初確定以來，各地繁榮大增，一切土地
地租，殆莫不繼續增加，而鮮有跌落，因此，按現時地租應付
的稅額，和按舊時評價實付的稅額之間，就生出了一個差額，
所有的地主，幾乎都按這差額而得了利益。假若在與此相異的
情形下，地租因耕作衰退而逐漸低落，那一切地主，就幾乎都
要按這差額而受損失了。英國革命以後的情勢，使土地稅之恆
久性，常有利於地主而損於國君；設時變勢異，說不定又要利
於國君，而損於地主了。

　　且國稅以貨幣徵收，土地的評價，自以貨幣表示。自此

評價設定以來，銀價十分劃一；在重量上、品質上，皆未變更
鑄幣之法定標準。假若銀價顯有騰貴，如在美礦發現之前兩
世紀，則此評價的恆久性，將使地主大吃其虧；假如銀價顯有
跌落，如在美礦發現之後一世紀，則君主的收入，又會因此評
價的恆久性而大大減少。此外，如貨幣法定標準變動，同一銀
量，或被貶低爲較少的名目價格，或被提升爲較多的名目價
格，譬如，銀一盎司，原可鑄五先令二便士，現在不照這辦
法，或用以鑄二先令七便士，或用以鑄十先令四便士，那麼，
在後一場合吃虧的是收稅的國君，在前一場合吃虧的是納稅的
地主。

　　因此，在與當時實際情狀多少相異的情形下，這種評價的
恆久性，就不免要使納稅者或國家感到極大的不便。然而，只
要多經過些時間，那種情形，卻必然有發生的一天。諸帝國雖
與一切其他人爲的事物同，其命運有時而盡，但它們卻總圖謀
永生。帝國之凡百制度，都是認爲應與帝國本身同樣永久的，
所以制度之設，不但要求其宜於一時，且須宜於永久；換言
之，制度不應求合於過渡的、一時的，或偶然的情形，卻應求
合於那些必然的、不變的情形。

　　徵收土地稅，隨地租的變動爲轉移，或依耕作狀況的進退
爲高下，曾被法國自命爲經濟學家的一派學者，推爲最公平的
稅則。他們主張，一切賦稅最終皆不外加在土地地租上。土地
地租是最後支出賦稅的來源。所以賦稅從這最後來源公平的支
出，才合乎道理。但是他們這種極微妙的學說，無非立足於形
而上學的議論上，我不欲多所置辯。我們只要看以下的評論，
就可十分明瞭何種賦稅最終出自地租，何種賦稅最終出自其他

資源。

在威尼斯共和國境內，一切以租約貸予農家的可耕土地，概徵稅等於地租十分之一[2]。租約登錄於公簿，而公簿則由各地區之稅吏保管。設土地所有者自耕其地，其土地地租即由官吏公平估定，然後減去稅額五分之一。因之，這種土地支出的賦稅，就不是推定的地租的百分之十，而是百分之八了。

與英國的土地稅比較，這種土地稅確實公平得多；但它沒有那樣確定，在徵收上，不但常常會使地主感到更大得多的麻煩，且會耗去更大得多的費用。

然而這樣一種行政制度，要設法防止其不確定性，並減輕其費用，那也許是可做到的吧。

譬如，責令地主及佃農兩方，須同在公簿上登記租約。設一方有隱匿偽記情事，即科以相當罰金，並將罰金一部分給予告發及證實此情事之他方，如此，主佃夥同騙取公家收入的弊寶，當可得到有效的防止。而一切租約的條件，就不難由這公簿徵知了。

有些地主對於租約的更新，不增地租，只求若干續租金。為貪這現金而捨去其價值更大得多的將來的收入，那是浪費者慣用的手段。不用說，這手段大抵是有損於地主自己的，但時常損害佃農，而在一切場合，皆損害國家。因為，佃農常會因此費去其極大部分的資本，從而大大減少其耕作土地的能力，致使他感到提供續租金而付少額地租，反比增租付多額地

---

② 見《歐洲法律及賦稅誌》，二四○至二四一頁。

租，更加困難。況土地稅爲國家最重要的一部分收入，土地上的耕作能力減少了，國家自不免因此蒙受損害。總之，要求續租金，是一種有害的行爲。設對於這種續租金，課以比普通地租稅更重得多的賦稅，而予以阻止，則一切與有關係者，如地主、佃農、君主，乃至全社會，均將受益不淺。

有的租約，註明佃農在全租期內，應採何種耕作方法、應輪種何種穀物。這個條件，大抵由地主自傲其知識優越使然。佃農受此拘束，無異提供了一份附加的地租，所不同的，以勞務不以貨幣罷了。欲阻止此愚而無知的辦法，唯有對於此種地租，予以高的評價，從而，課以較普通貨幣地租爲高的稅率。

有些地主，不取貨幣地租，而取穀物、家畜、酒、油一類實物地租。其他地主，又要求勞務地租。不論實物地租或勞務地租，通常都是利於地主者少，而損於佃農者多。佃農所出，往往多於地主所入。所以，實行這些地租的國家，佃農全是貧乏不堪的，實行愈嚴格，貧乏即愈屬害。這種貽害全社會的勾當，設使用同一方法，即高其地租評價，從而課以較普通貨幣地租爲高的稅率，那也許是制止得了的吧。

當地主自願耕其所有地一部分時，其地租通常由鄰近農人及地主公平估定，此估定之地租，如未超過某一定額，即照威尼斯境內所行辦法，許其減稅若干。這辦法對於獎勵地主自耕，是頗關重要的。地主的資本，大抵較佃農爲多，所以，耕作雖較不熟練，收穫卻常較豐盈。在農場上，他是能夠而且大概有意試行某種實驗的。實驗不成功，所損於他者有限，實驗一成功，所利於全國耕作改良者無窮。可是，藉減稅鼓勵地主自耕，萬不能不限制其自耕地的範圍。如其減稅無限制，一

大部分地主將盡耕其所有土地，那一國真摯而勤勉的佃農（他們為自己的利益，不得不在資本及熟練許可的範圍內，努力從事耕作），將全被驅逐，而代以懶惰放蕩之代耕人。他們這種人浪費的經營，不要多久，便會使耕作荒廢，使土地年產物縮減，這樣一來，蒙其影響的，固不僅地主的收入，而全社會最重要收入之一部分，亦將因而遞減。

　　像這樣一種行政制度，一方面也許可以免除稅額不確定，所加於納稅者的壓制與不便，同時，在一國普通土地經營上，也許可由此而導入一種於全國一般改良及耕作進步，有大大貢獻的計畫或政策。

　　土地稅隨地租變動而變動，其徵收費用，無疑較額定不變者所費為多。因為，隨地設置登記處，隨時估量地主自耕地之評價，皆不能不支出若干附加費用。不過，這一切費用大抵都甚輕微，比之其他在徵收上所費不貲，然所入極其有限的課稅，那就更其不算一回事了。

　　可變土地稅將阻礙耕地改良，似為反對此稅者引為最重要的口實。因為，君主不分攤改良的費用，卻分享改良所得的利潤，為地主者就比較不願從事土地改良了。然而就是這種障礙，也許亦有法可以免除。在地主進行改良土地之前，即許其會同收稅官吏，依鄰近地主及農夫各若干人（雙方同等人數選出）之公平裁定，而確定土地之實際價值，然後使其在一定年限內，依此評價完納賦稅，務令其改良所費，能完全得到賠償。這樣一來，他就不會不願改良土地了。這種賦稅之主要利益之一，就在使君主因注意自身收入之增加，而留心土地的改良。所以，為賠償地主而規定的期間，只求達到賠償的目的就

夠了，不應訂得太長；如若地主享受這利益的時期太遠，那又不免大大阻礙他這種注意。可是，在這種情況，與其把那期間訂得太短，倒無妨訂得略長一些。因為，促起君主留意農事的刺激雖再大，若稍有阻礙地主注意改良土地的地方，那就全然無濟於事了。君主的注意，至多只能在極一般的極廣泛的考慮上，看怎樣才有所貢獻於全國大部分土地的改良。若地主的注意，則是於特殊的細密的計較上，看怎樣才能最有利的利用他每寸的土地。總之，君主應在其權力所及範圍內，以種種手段鼓勵地主及農夫注意農事；即是說，使他們兩者，能依自己的判斷、自己的方法，追尋自己的利益；讓他們能最安全的享有其勤勞報酬；並且，在領土內設置最便利、最安全的水陸交通機關，使他們所有的生產物，有最廣泛的市場，同時，並得自由無阻的輸往其他各國：凡此種種，才是君主應當好好注意的地方。

假若依這種行政制度，使田賦不獨無礙於土地改良，反之，卻於土地改良有所促進，那麼，田賦這項收入，就不會讓地主感到何等不便，要說有，那就是無可避免的納稅義務了。

社會狀態無論怎樣變動，農業無論怎樣進步或退步，銀價無論怎樣變動，鑄幣公定標準無論怎樣變動，這樣一種賦稅即無政府的注意，亦自會不期然而然的，與事物之實際狀態相適應，且會同樣因時制宜的趨於正當公平。所以，與其他常照確定評價徵收的賦稅比較，就遠不如這樣建立一定不變的定規，或所謂國家的基本法。

有的國家不採用簡單明瞭的土地租約登記法，而不惜多勞多費，實行全國土地測量。它們這樣做，也許因為怕土地出租

人和承租人，會夥同隱蔽租約的實際條件，以騙取公家收入。
所謂土地測量簿（doomsday-book），就彷彿是這種確實測量
的結果。

在舊日普魯士國王領土內，徵收田賦，全以實際測量及評
價爲準，隨時測量、隨時變更③。普通土地所有者，依當時變
更的評價，納其收入百分之二十至二十五，神職人員則納其收
入百分之四十至四十五。希勒希亞土地之測量及評價，乃依現
國王命令施行，據說非常精確。凡屬於布勒斯洛主教的土地，
即按此評價，徵其地租百分之二十五，對於新舊兩教神職人員
之其他收入，則取其百分之五十。條頓騎士團采邑及馬爾他騎
士團采邑，都輸納百分之四十。貴族保有地，爲百分之三十八
又三分之一，平民保有地，則爲百分之三十五又三分之一。

波希米亞土地之測量及評價，據說是百年以上的工程。直
至一七四一年媾和後，始由現在女王④之命完成。由查理六世
時代著手之米蘭公爵領地的測量，延至一七六○年以後，還沒
有完全竣工。據一般評論，那種測量的精確，是前所未有的。
如薩福伊及皮德芒特的測量，至故王薩丁尼亞，始以命令督其
完成⑤。

在普魯士王國中，教會收入的課稅，比普通土地所有者收
入的課稅要高得多。教會收入的大部分，皆出自土地地租，但
用這收入改良土地，或在其他方面增進大多數人收入的事，那

---

③ 《歐洲法律及賦稅誌》，第一卷，一一四至一一六頁。

④ 《歐洲法律及賦稅誌》，第一卷，八三至八四頁。

⑤ 《歐洲法律及賦稅誌》，第一卷，二八七至三一六頁。

是不常見到的。也許因爲這個緣故吧，普魯士國王覺得國家急需的負擔，理應在教會收入方面加重一些。然而有些國家，教會土地卻全然免稅；在其他國家，即使徵稅，亦較一般賦稅爲輕。一五七七年以前，米蘭公爵領土內一切教會土地，僅徵實際價值三分之一。

希勒希亞領土內貴族保有地所課之稅，較之平民保有地要高百分之三。這種差異，恐是普魯士國王想到：前者既享有種種榮譽、種種特權，那就很夠抵償他略高的課稅負擔；同時，後者的卑賤，則不妨輕減賦稅，使其得到幾分彌補。然在其他國家不然，它們的賦稅制度，不但不輕減平民的負擔，卻反把平民的負擔加重了。如在薩丁尼亞國王領地內，以及實行泰理稅（predial taille）之法國諸省，其賦稅悉由平民保有地負擔，而貴族之保有地，則概予豁免了。

按照一般測量及評價而估定的田賦，其開始時即使非常公平，但實行不到多久，就必定會流於不公平。爲防止這流弊，政府乃不斷費心注意全國各個農場狀態及生產物之一切變動的必要。普魯士政府、波希米亞政府、薩丁尼亞政府，以及米蘭公爵領地政府，都曾實際注意及此。不過，這種注意，頗不適於政府之性質，所以難得持久。即或長久注意下去，久而久之，不獨於納稅者無所助益，且會引起更多得多的麻煩。

據說，在一六六六年，孟托本課稅區所徵收之泰理稅，是以極精確之測量及評價爲準⑥。及至一七二七年，這賦稅就

---

⑥ 《歐洲法律及賦稅誌》，第二卷，一三九頁以下。

變爲全不公平了。爲求救濟此種不便，政府除了在全課稅區內追加一萬二千里維爾稅額外，再也找不出其他較好的方法。這項追加稅額，乃依照舊稅比率，加諸一切泰理稅區。不過，分擔此追加稅額的，又只限於那些按實情納稅過少的地方，按實情納稅過多的地方，則爲此方法所要救濟的地方。譬如，現在有兩個地區，其一，按實情應稅九百里維爾，其他，應稅一千里維爾。而此前所稅，兩者通爲一千里維爾。兩者都負擔追加稅，則各爲一千一百里維爾。但現在分擔追加稅額的，只限於此前分擔過少的地區；此前分擔過多的地區，則是由此追加稅額所要救濟的地區。所以最終它所輸納的，就不過九百里維爾罷了。追加稅既完全用以救濟舊稅率上所生的不公平，故於政府毫無得失可言。不過，這種救濟方法之運用，大抵是受稅區行政長官的處理調節，所以，實行起來不免大大流於任意。

二、不按地租比例，而按土地生產物比例課徵的土地稅

　　加在土地生產物上的賦稅，實際，就是加在土地地租上的賦稅。這賦稅起先雖由農人墊支，最終仍由地主支付。當生產物之一定部分作爲賦稅支出時，農人必精密計算這部分逐年的平均價值究竟有多少，並按此比例，由他既經同意付給地主的租額中扣除下來。教會之什一稅，就是這一類賦稅。農人支出這賦稅，而不預先算其逐年之平均額，那是沒有的事。

　　教會的什一稅及其他一切這類土地稅，表面看似十分公平，其實極不公平。在不同情形下，一定部分的生產物，實等於極不相同部分之地租。極肥沃的土地，往往產有極豐盈的生產物；那生產物有一半，就夠償還農耕資本及其普通利潤，

其他一半，或者其他一半的價值，在無什一稅的場合，那是很可用以提供地主之地租的，但是，租地者如把生產物之十分之一付了什一稅，他就必須要求減少地租五分之一，否則，他的資本及利潤，就有一部分沒有著落。在這種情形下，地主的地租，就不會是全生產物之一半或十分之五，而只有十分之四了。至於貧瘠土地上之生產物，產量既少，所費又極多，農家資本及其普通利潤之償還，常須占全生產物的五分之四。在此種情形下，即無什一稅，地主所得地租，亦不能超過全生產物的五分之一或十分之二。如其農夫把生產物付了十分之一的什一稅，他就會減除十分之一的地租，從而地主所得就唯有減到全生產物的十分之一了。在肥沃土地上，什一稅往往不過全地租的四分之一，或每鎊四先令；而在較貧瘠土地上，什一稅就爲全地租的二分之一，或每鎊十先令了。

什一稅既常爲加在地租上的極不公平的賦稅，故對於地主改良土地及農夫耕作，常爲一大妨礙。教會不支出任何費用，而大大享受利潤；在地主就不肯進行那重要的，而往往需要最多費用的諸種改良；在農夫亦不肯冒險栽種最有價值，通常也花費最多的作物。歐洲自什一稅實施以來，栽培茜草並獨占此有用染料的，只有荷蘭聯邦（United Provinces），因爲那裡是長老教會國家，沒有這種惡稅。最近英國亦開始栽培茜草了，這就因爲議會制有法令，對每畝茜草地，只徵抽五先令，並把什一稅廢止了。

亞洲有許多國家，正如歐洲大部分地方的教會，其主要收入，皆仰給於土地稅。土地稅的徵收，不與土地地租爲比例，而與土地生產物爲比例。中國帝王之主要收入，即由帝國一切

土地生產物之十分之一所構成。不過，這所謂十分之一，評價至輕，據說，許多地方還沒有超過普通生產物的三十分之一。印度未經東印度公司統治以前，孟加拉回教政府所徵土地稅，約為土地生產物五分之一，而古代埃及之土地稅，亦將近五分之一。

　　亞洲這種土地稅，使亞洲的君主，都關心土地的耕作及改良。據說，中國的君主、回教治下之孟加拉君主、古代埃及君主，為求盡量增加其國內一切土地生產物之分量和價值，都會竭盡心力，從事公路及運河之創建與維持；對於每一部分生產物，務使其能暢銷於國內。歐洲享有什一稅之教會則不同，各教會所分得之什一稅為數極少，故它們不能像亞洲君主那樣關心土地之耕作及改良。一個教區的牧師，設為拓展其生產物之市場，而向其所屬國之僻遠地方修建運河或公路，他絕不能發現那有什麼利益。因此，這種稅如用以維持國家，其相伴而生之若干利益，尚可在某種限度抵銷其不便；若用以維持教會，那就除不便外，再也無利益可言了。

　　加在土地生產物上的賦稅，有的是徵收實物，有的是依某種評價徵收貨幣。

　　教區牧師的什一稅和住在自己田莊內的小鄉紳的地租徵收實物，有時也許有若干利益。因為，他徵集的分量及徵集的區域，都極其有限：自己通能親自監視，親自處理。可是，一個住在大都會而有大資產的紳士，如其對於其散在各地之田莊的地租，亦徵收實物，那就不免要蒙受其承辦者及代理人怠慢的危險，尤其是這般人舞弊的危險。至於稅吏由濫用及瀆職所加於君主的損失，那無疑還要更大得多。一個普通人，哪怕遇

事不關心，但與小心謹慎的君主比較，對於監督下屬那一點，怕還要來得有力。公家實物收入，經稅吏胡亂處理所遭損失之大，往往使國庫之所入，不過人民所出之一小部分。然而中國公家收入的若干部分，據說就是這樣徵收的。中國大官及其稅吏，無疑的，都樂於保持這種徵稅慣例，因爲徵收實物，遠較徵收貨幣容易舞弊多了。

土地生產物稅徵收貨幣，有的是准照隨市場價格變動而變動的評價；有的則是准照一定不易的評價，譬如，市場狀態無論如何變動，一蒲式耳小麥，常是評作同一貨幣價格。以前法徵收的生產物，不過隨耕作勤惰，在實際生產物上所生之變動而變動，以後法徵收的生產物，就不但隨土地生產物上之變動而變動，且會隨貴金屬價值的變動，乃至隨各時代同名異量之鑄幣的變動而變動。因此，就前者言，其生產物，對於土地之實際生產物的價值，常保持同一比例；就後者言，其生產物，將在不同時期，對於那個價值，保持不同的比例。

不取償於土地生產物之一定部分，或這一部分的價格，而完全取償於一定額的貨幣之賦稅或什一稅，就確實與英國的土地稅爲同一性質。這種稅既不會隨土地地租而漲跌，也不會妨害或促進土地的改良。有許多教區，大都以所謂十分之一代金稅（modus）代替什一稅，那種稅法，亦與英國之土地稅相類似。當孟加拉回教政府時代，其所屬大部地域或稅區（Zemindaries），對於徵收生產物五分之一的土地稅，亦建立有一種極輕的貨幣代稅制；此後，東印度公司之若干使用人，因藉口恢復公共收入之本來價值，而在某些省分，把貨幣代稅，改爲實物付稅了。可是，這一改變一方面因阻礙耕作，

同時，又在他們管理下造出了濫用的新機會，所以，與他們開始管理那種稅收時比較，公家收入曾大大的減少。這般公司職員之主張改弦更張，於他們容或有利可圖，但他們的主人及國家，是不免同受犧牲的。

三、房租稅

房租可以區分為兩個部分，其一，或可稱為建物租（building rent），其他通常稱為建地租（ground rent）。

建物租是建築房屋所費資本之利息或利潤。為要使建築業與其他職業立於同一水準，這種建物租就必得第一，夠支給他一種利息，相當於他把資本貸予確有擔保者所能得到的利息；第二，足夠他不斷修理房屋，或者在一定年限內，收回其建築房屋所費的資本。因此，各地的建物租，或建築資本的一般利潤，就常受貨幣之一般利息支配。在市場利率為百分之四的地方，如除去建地租，尚能對於建築全費用提供百分之六，或百分之六點五的建物租，那建築主的利潤，就算是十足的了。若在市場利率為百分之五的地方，這建物租也許會要求百分之七，或百分之七點五。不過，利潤既與利息成比例，如其建築主的利潤，長此超過貨幣利息率過多，則其他事業上的資本，將會移用到建築業上來，直至這方面的利潤，降到它原來的水準為止。又若建築業上的利潤，長此低於貨幣利息率過多，則這方面的資本，立即會移用到其他事業上，直至建築業利潤，再抬高到原來的水準為止。

全部房租中，凡超過合理利潤以上的部分，自然會移作建地租；並且，在地主與建築主為個別個人的場合，這部分大

抵要全數付予前者。此種剩餘租金，乃住戶爲報酬當前位置之眞實的，或想像的利益，所支付的代價。在離大都會遙遠的地方，供選擇之房屋基地甚多，因此，那裡的建地租，就比用那地皮栽種所得價值不會更多。大都會附近之郊外別墅，其建地租就有時昂貴得多。至於特別便利，或周圍具有美景的位置，不用說，那是更其昂貴。在一國首都，及對房屋有最大需要的特別地段內（不問這需要是爲了營業、爲了遊樂，還是只爲了虛榮和時尙），建地租大都是最高的。

對房租所課之稅，如由住戶付出，且與各房屋之全租爲比例，那至少在相當長期內，是不致影響建物租金的。建築主得不到合理利潤，他就會不得已而拋棄這職業，這樣一來，不要多久，建築的需要提高，其利潤便會恢復原狀，而與其他職業上的利潤，保持同一水準。不過，這種稅也不會全然加在建地租上。那往往是自行區分爲兩部分，一部分由住戶擔當，一部分由地主支出。

比方說，假定有一個人，斷定他每年能出六十英鎊的房租，又假定，加在房租上，由住戶支出的房租稅，爲每英鎊四先令，或全租金的五分之一，那麼，在這場合，六十英鎊的房租，就要費他七十二英鎊；其中有十二英鎊，超過了他認定能負擔的數額。這樣一來，他將願意住差點的，或租金五十英鎊一年的房屋，這五十英鎊，再加上必須支付的房租稅十英鎊，剛好是他斷定每年能負擔的房租六十英鎊；爲要付房租稅，他放棄房租貴十英鎊所附加的便利。不過，這附加便利，究竟只放棄了一部分，而罕有放棄全部的。因爲，有了房租稅，他會以五十英鎊租得無稅時五十英鎊所租不到的較好的房屋。這種

稅有減少競爭者的作用，對於年租六十英鎊之房屋，競爭既會因此減少，對於年租五十英鎊之房屋，競爭亦必因此減少，以此類推，除了租金最低，無可再減，且會因而增加競爭之房屋外，對於其他一切房屋，競爭皆得依同一方法減少；其結果，一切房屋之租金，皆因而削減。可是，因這削減的任何部分，至少，在相當長期內，不會影響建物租，其全部就必然要加在律地租上。因此，房租稅最後的支付，一部分是出自那因為分擔此稅，而不得不放棄其一部分便利的住戶，另一部分，則是出自那因為分擔此稅，而不得不放棄其一部分收入的土地所有者。至於他們兩者間，究竟以何等比例分擔這最後支付，那也許是不容易斷定的。大約在不同的情形下，那種分配亦會極不一樣；而且，隨著這些不同的情形，住戶及土地所有者兩造，就會因此稅，而受著極不公平的影響。

建地租所有者由此稅受到的不公平，全是分割上偶發的事實；可是住戶由此稅受到的不公平，那就除了分割上的原因以外，還有其他原因。房租費對於生活全費用的比例，隨財產的程度而不同。大約財產最多，此種比例最大；財產逐漸減少，此種比例亦逐漸減低；財產最少，此種比例乃趨於最小。生活必需品，是貧者費用的大部分。他們常有獲得食物的困難，所以他們小收入的大部分，都花在食物上了。富者不然。他們主要的收入，大都為生活上的奢侈品及虛飾品而花費了；而壯麗的居室，又大可陳飾他的奢侈品，顯示他的虛榮。因此，國家徵收的房租稅，一般都是由富者擔當。說到公平，那是欠缺公平吧，但也許不算怎麼不合理。富者按照收入比例——有時且超過此比例——為國家提供費用，哪能說是極不合理的事呢！

　　房租在若干點上，雖與土地地租相似，但在某一點上，卻與土地地租根本不同。土地地租的付給，是因爲使用了一種生產的物體，支付地租的土地，即是產生地租的土地。至於房租的付給，卻因爲使用了一種不生產的物體。房屋乃至房屋所占的土地，都不會生產什麼。所以，支付房租的人，必須由其他與房屋絕不相關之收入來源中抽出。房租稅在增加住戶負擔的部分，其來源必與房租本身的來源相同，即勞動工資、資本利潤或土地地租。所以，住戶所負擔的那一部分房租稅，即是無所區別，加在這三項收入來源上的混合稅之一；並且，在一切點上，均與一切其他消費品稅有同一的性質。就一般而論，要用一個消費品來評定一個人全部費用之奢儉，那恐怕最好是根據房租來評判。在此特殊消費品上，按此徵取的消費稅，其所得收入，或較今日歐洲其他稅收爲多。不過，房屋稅如訂得太高，大部分人將竭力以求避免：或者以較小房屋爲滿足，或者把大部分房屋費用，移作其他用途。

　　確定房租，如採用確定一般地租所必須採用的方法，就容易做到十分正確的地步。無人居住的房屋，自當免稅。由此而徵稅，那稅之全部，就要加在既無收入，又不能提供任何便利之房屋所有者身上了。設所有者自住其房屋，其應納稅額，亦不當依其建築所費爲準，而必依其出租此房屋時，公平裁定之租金爲準。假若依其建築所費爲準，那每鎊三先令、四先令之房屋稅，再加以他項稅目，就幾乎會把全國的富戶大家全都毀掉，並且，我相信，其他一切文明國如都這樣做，也都會得到同一結果。不論是誰，只要他留心考察這一國若干富戶大家之都會宅第及田舍宅第，他將發現這些宅第之建築原費，若按原

始建築費用的六又二分之一或七評估，他們的房租，就將近要
等於他們所收的淨租全部。他們所建造之宏偉的華麗的宅第，雖
積數代之經營，但與其原費相比，卻僅有極少的交換價值⑦。

　　與房租相較，建地租是更妥當之課稅對象。稅在建地租
上，是不會抬高房租的。那種稅，將全由地皮所有者負擔。他
們常處在獨占地位，對於土地的使用，常盡可能的要求最大
的租金。其所得租金為多為少，乃取決於競相使用其土地者為
貧為富。換言之，他們是否能由一塊土地得到滿意的租金，那
要看競爭者能出多少。都會爭用土地者多而有力，故都會的土
地，常能得到最高的租金。不過，競爭者的財富，如在一切方
面，都不會因建地租有所增加，他們對於使用土地，亦就不願
多有所費。那種稅，由住戶墊支，抑由土地所有者墊支，無關
緊要，要之，占住者所必須付納的稅愈多，他對於土地支付的
意念就愈少。所以土地稅之最後支付，完全要落在土地所有者
身上。無人居住的房屋之建地租，當然是無稅可言的。

　　建地租及其他普通土地地租，同為所有者不用親自勞神費
力，便可享得的收入。因此，這收入雖有一部分要提充國家費
用，但於個人生計，絕不會有何等妨害。土地課稅以後，與未
稅以前比較，社會土地勞動的年產物，即大多數人民之真實財
富與收入，是不會有兩樣的。這樣看來，建地租及其他普通土
地地租，就恐怕是最宜於負擔特種稅的收入了。

---

⑦ 本書初版以來，英國所課之房屋稅，幾與上述原理相近（此註是著者
　在第三版附入——譯者）。

　　單就這點說，建地租甚至於比普通土地地租，還更宜於成
為特種稅的對象。因為，在許多場合，普通土地地租至少有一
部分要賴地主的注意和經營。地租稅過重，便非常足以成為這
注意和經營的妨害。若建地租則不然。建地租在超過普通土地
地租的範圍內，完全是由於君主的善政（優良統治）。這善政
一方面保護全人民的產業，同時，保護若干特殊住民的產業，
其結果，這些住民乃得對於其房屋所占土地，付以大大超過其
實際價值的租金；或者說，因此善政，土地所有者遂獲得了更
大得多的報酬，來賠償土地被人使用所蒙受的損失。對於藉國
家善政而存在的資源，課以特別稅，或使其納稅，較大於其他
大部分收入資源，那是再合理沒有的。

　　歐洲各國，雖然大都對於房租課稅，但就我所知，沒有一
國把建地租視為另一項稅收的對象。租稅創設者，對於確定房
租之多大部分，應歸建地租，多大部分應歸建物租也許會覺有
幾分困難吧。然而要把它們彼此分開，也畢竟不是何等了不起
的困難啊。

　　在英國，有所謂年土地稅（annual land-tax），照此種稅
法，房租按理應當被課徵和地租同一比例的稅。各不同教區地
域，徵收此稅所依據之評價，彼此常為一樣。那在原來已是極
不公平的，現今依然如此。就全王國大體而論，此稅加諸房租
上的，依然比加諸地租上的要輕一些。僅有少數地區，那稅率
原來雖很高，但房租又頗有低落，故每鎊三先令或四先令的土
地稅，據說與實際房租之比例相等。無人居住之房屋，法律雖
規定納稅，而在大多數地區，卻由估稅吏的好意免除了。這種
免除，固然不會影響全地區的稅率，但在特定房屋的稅率上，

卻不免有若干變動。又房屋建築修理，租金有增加，房租稅卻無增加，故特定房屋的稅率，就會發生更大的變動。

在荷蘭[8]，不管實際房租多少，也不管是否有人住著，每一棟房屋一律按其價值，課徵百分之二又二分之一的稅。對於無人居住的房屋，即所有者不能由此取得收入的房屋，亦勒令納稅，尤其是納如此的重稅，未免苛刻。荷蘭的市場利率，一般不過百分之二，對於房屋全部費用，既課以百分之二又二分之一的重稅，那在大抵場合，就要達到建物租三分之一以上，或者達到全租三分之一以上。不過，據以徵稅的評價，雖極不公平，但一般徵稅的評價，大都在其實際價值以下。當房屋再建、增修，或擴大時，一種新評價因而建立，其房租稅，即以此新評價為準。

英國各時代房屋稅之設計者，都以為要相當正確的確定各房屋之實際房租非常困難。因此，他們規定房屋稅時，遂根據一些比較明確的事實，即他們認定在大多數場合，對於房租保有相當比例之事實。

最初，有所謂爐床捐（hearth-money），每座爐床取二先令。為要確定一房屋中究竟有幾爐，收稅吏乃有逐室調查之必要。這種討厭的調查，遂使這種稅成為一般人討厭的對象了。所以，革命後不久，即被視為奴隸制度之象徵，而被廢除了。

繼爐床捐而起的，為對每住屋課以二先令之稅。房屋有十扇窗戶，課四先令，有二十扇窗戶乃至二十以上之窗戶，課八

[8] 《歐洲法律及賦稅誌》，二二三頁。

先令。此稅後來大有改變。凡有窗戶二十至三十以下之房屋，課十先令，有窗三十至三十以上之房屋，課二十先令。窗數大抵能從外面計算，且不必侵入各私人之內室。因此，關於這種稅的調查，就沒有爐床捐那樣惹人討厭了。

往後，此稅又經廢止，而代以窗戶稅（window-tax）。窗戶稅設立後，亦曾有幾許變更和增加。迄至今日（一七七五年一月）英格蘭每屋須課三先令，蘇格蘭每屋須課一先令以外，窗戶另稅若干。在英格蘭，房屋不到七窗，課以最低稅率二便士，房屋有二十五窗，乃至二十五窗以上，課以最高稅率二先令。

這諸種稅惹人反對的地方，主要在不得其平。而其中最壞的，就是它們加在貧民身上的負擔，往往比加在富者身上的更重。鄉間市鎮上十英鎊租金的房屋，有時比倫敦五百英鎊租金房屋的窗戶還要多。不論前者的住戶怎麼窮，後者的住戶怎麼富，但窗戶稅既經規定下來，較貧者終不能不負擔較多的國家費用。這樣一來，這類稅就直接違反前述四原則之第一原則了。不過，對於其他三原則，倒還不見得怎樣違背。

窗戶稅乃至其他一切房屋稅的自然傾向，是減低房租。一個人納稅愈多，明顯的，他所能負擔的房租就愈少。不過據我所知，英國自窗戶稅施行以來，通計所有市鎮鄉村之房屋租金，皆多少提高若干了。這就因為各地房屋需要增加，致房租提高的程度，超過了窗戶稅使其減低的程度。這事實可以證實國家繁榮程度已經增大，居民收入已經加多。設無窗戶稅，房租是更會提高的。

第二項　利潤稅，即加在資本收入上之賦稅

由資本所生之收入或利潤，自會分成兩個部分，其一為支付利息，屬於資本所有者；又其一為支付利息以後之剩餘。

後一部分利潤，顯然是不能直接課稅的對象。那是投資危險及困難的報酬，並且，在大多數場合，這報酬是非常輕微的。資本使用者，必得有這項報酬，他才肯繼續使用，否則，從其本身利益打算，他是不會再做下去的。因此，假如他依全部利潤之比例，受有課稅負擔，他就不得不提高利潤率，或者把這負擔轉嫁到貨幣利息上面去，即是少付利息。假若他按照稅之比例而抬高其利潤率，那麼，全稅雖或由他墊支，最終還是按照他的投資方法，而由以下兩種人民之任一方面付出。假若他把那用作農業資本，栽培土地，他就只能由保留一較大部分土地生產物，或者較大部分土地生產物的價值，而抬高其利潤率，並且，他要想這樣做得通，又唯有扣除地租，因之，此稅最後的支付就落到地主身上了。假若他把那用作商業資本或製造業資本，他就只能由提高貨物價格，而提高其利潤率；在這一場合，此稅最後的支付，就要完全落到消費者身上。假若他沒有抬高利潤率，他就不得不把全稅轉嫁到利潤中分歸貨幣利息的那一部分上去。他對於所借資本，只能提供較少利息，那稅之全部，就要貨幣利息擔當。在他不能以某一方法救濟他自己時，他就只有採用其他方法來救濟自己。

乍然一看，貨幣的利息，就好像和土地地租一樣，是能夠直接課稅的對象。貨幣利息是完全除去投資危險與困難之報酬後，所剩下的純收入，土地地租亦是如此。地租稅不能抬高地租，因為償還農業家資本及其合理利潤後，所剩下的純收入，

絕不能在既稅以後，大過其未稅以前。同理，貨幣利息稅，也不能抬高利息率，因為一國之資本量或貨幣量，與土地量同，既稅未稅，在推想上，均是一樣。本書第一篇講過，無論何處，一般利潤率都是受可供使用的資本量，相對於實際被運用的資本量比例，或相對於必須利用資本來經營的業務量比例所支配。不過，運用之範圍，可資經營的業務範圍，絕不能因任何利息稅而有所增減。可供使用之資本，不增不減，那麼，一般利潤率，就必然要保持原狀不變了。但是，在投資危險和困難無所變更的範圍內，報償投資者之危險困難所必要的利潤部分，同樣會保持原狀不變。最終，剩餘部分即屬於資本所有者，作為貨幣利息的部分，也必然要保持原狀不變。所以，乍然看來，貨幣利息就好像和土地地租一樣，是能夠直接課稅的對象。

　　然而與地租相較，貨幣利息終究是很不宜於直接課稅的，這有兩種理由在。

　　第一，個人所有土地之分量與價值，絕不能保守祕密，且常能正確的確定。但是，一個人所持的資本全額，卻幾乎常是祕密的，要相當正確的確定，殆不易做到。資本額隨時容易發生變動。不用說一年，就是一月一日，都不一樣。對於每個人私人情狀的調查，即為求適當的課稅，而調查監視每個人的財產變動，乃是一件非人所能忍受、無窮無盡的煩難工作。

　　第二，土地是不能移動的，而資本則容易移動。土地所有者，必然是其地產所在國的一個公民。資本所有者不然，他很可能是一個世界的公民，他不一定要附著於那個特定國家。一國如果為了要課以重稅，而多方調查其財產，他就要捨此他去

了。他並且會把資本移往任何國家，只要那裡比較能隨意經營
事業，或者比較能安逸的享有財富，移動資本就會把此前在該
國經營的一切產業停止。資本是耕作土地的，是使用勞動的。
一國稅收如有驅逐國內資本的傾向，那麼，資本被驅逐出去多
少，君主及社會兩方面的收入來源，就要枯竭多少。資本向
外移動，不但資本利潤，就是土地地租、勞動工資，亦必因而
縮減。

　　因此，歷來要課資本收入以賦稅的國家，遂不大採用嚴厲
的調查方法，而往往不得已，以那非常寬大的，從而多少隨意
一點的方法為滿足。課稅採用這方法，其極度的不公平、不確
定，只有由極度的低率，才得補償。因為照此做法的結果，每
個人都會覺得自己所稅，如已遠較其實際收入為低，那麼鄰人
所稅雖較自己更低一些，他也就沒有什麼過不去了。

　　英國的所謂土地稅（land-tax），其所期在使資本所稅與
土地所稅，保持同一比例。當土地稅率，每英鎊課四先令，或
推定的地租五分之一時，對於資本，也期望課其推定的利息五
分之一。年土地稅初行之當時，法定利率為百分之六，因此，
每資本一百英鎊，推想是課稅二十四先令，即六英鎊的五分之
一。自從法定利率縮減為百分之五，每百鎊資本所稅，遂推想
只有二十先令。這所謂土地稅徵收的金額，乃由鄉村及主要市
鎮分攤。其中，一大部分負擔加在各鄉村了。市鎮方面負擔的
部分，又大半是課自房屋，其餘則由市鎮上之資本或營業（對
於投在土地上之資本，沒有企圖課稅的意向）徵收。而其所徵
收的，又遠在資本或營業之實際價值以下。因此，不論當時這
徵稅評價，怎樣有失公平，以輕微故，終沒有惹起何等紛擾。

今日全國將近普及的繁榮，在許多地方，已把土地、房屋，以及資本的價格，抬高極多了，而各教區各地區對於這一切的課稅，卻依舊是繼續用那原初的評價，所以在現在看來，那種不公平，更無甚關係。加之，各地區的稅率，久無變動，這樣一來，這種稅的不確定性——在它課加於任何個人資本的範圍內——遂甚形減少了，同時，也愈成爲不重要了。假若英國大部分土地，沒有依其實際價值之半估定稅額，那麼，英國大部分資本，就恐怕沒有依其實際價值五十分之一估定稅額。在若干市鎮中，全部土地稅都是加在房屋上，如威斯敏尼斯特市之資本同營業，全不徵稅，但倫敦不是如此。

無論哪個國家，都曾小心謹慎迴避了嚴密調查個人私事的舉動。

在漢堡共和國⑨，每個居民，對於其所有一切，都有支付給國家他個人所有財產價值的百分之四分之一的義務。如其一個住在漢堡的人的財產，主要爲資本，那麼，這項稅就可視爲一種資本稅。每個人每年輸納國庫之稅額，自行估定，並得在長官之前，宣誓那爲他所有總額之百分之四分之一。不過，宣誓時，不言實額多少，也不受任何盤詰。這種稅的支付，一般人都推想是非常忠實的。因爲，在一個小小共和國中，那裡的人民，都完全信賴長官，都確信賦稅乃維持國家所必要，並且都相信，所出之稅，將忠實的爲維持國家而使用，那麼，這種憑良心的自發的納稅辦法，有時是會做得通的。而且行之者，

---

⑨ 《歐洲法律及賦稅誌》，第一卷七四頁。

也並不限於漢堡。

瑞士的烏德瓦爾德省，常有暴風及洪水的災害，所以常有籌集臨時費之必要。當此場合，人民相與聚集，各自大公無私的，宣誓其財產數額，然後依此課稅。在蘇黎世，每有緊急需要，法律即命令每個人依其收入比例納稅，對於所納稅額，人人都負有宣誓之義務。據說，當地行政當局，全不疑其同胞市民有欺騙情事。在巴塞爾，政府的主要收入，皆出自輸出貨物之小額關稅。一切市民，皆當宣誓每三個月納入按法應納的一定稅款。一切商人，甚至一切旅舍主人，都須親自登記其在領土內外所賣之貨物，每到三個月末尾，就把這登記簿——登記計算出了的稅額——送呈國庫官吏，絕沒有人疑慮國庫收入會因此蒙受損失⑩。

對於各市民，課以公開宣誓其財產額之義務，在瑞士諸聯邦中，似乎不算是一件苦事。但在漢堡，那就是了不得的痛苦了。從事投機貿易的商人，都怕隨時要公開其財產實況。他逆料到，其結果即是使他的信用破壞，使他的企業慘敗。至若未從事此類投機事業之質樸節約的人民，卻不會感到他們有隱蔽其財產實情之必要。

荷蘭在已故的鄂倫吉王子就總督職後不久，對於全市民之全財產，即課以百分之二，或所謂五十便士取一之稅。各市民財產之自行估計，乃至稅之完納，全與漢堡同。據一般推想，他們納稅，頗為誠實。當時人民，對於剛由全民起義而建

---

⑩ 《歐洲法律及賦稅誌》，第一卷，一六三、一六六、一七一頁。

立的新政府，大有好感。這種稅是爲了救濟國家特別急需而設的，所徵只限於一次。實在說，要是永久徵下去，那就未免太重了。荷蘭當時市場之利率，不常超過百分之三，今對於一般資本最高的純收入，卻課以百分之二的賦稅，即每鎊徵去十三先令四便士了。人民爲擔此重稅，而不多少蠶食其資本的，恐怕不多吧。當國家萬分危急之秋，人民激於愛國熱忱，盡己之力，放棄其一部分資本，尚覺可行，但這可一而不可再。設長此行去，這種稅不久便會損害人民，使他們完全無力支持國家。

英國依土地稅法案所課之資本稅，雖與資本成比例，但其所期不在減少或分去資本之任何部分，僅在按照土地地租的比例，課貨幣利息以相等之稅。所以，當地租稅每鎊四先令時，貨幣利息稅亦是每鎊四先令。漢堡所行之稅，烏德瓦爾德及蘇黎世所行更較輕微之稅，其主旨正同；課稅之對象，不在於資本，而在於資本之利息或純收入。若荷蘭，其所稅對象，卻是資本。

特定行業利潤稅

有些國家，對於資本利潤課有特別稅，這資本有時是用在特殊商業部門的，有時是用在農業上的。

在英國，對於販賣商人及攤商所課之稅，對於出租馬車及轎子所課之稅，以及酒店主爲得到啤酒、烈酒、酒零售執照所納之稅，皆屬於前一類稅。在最近戰爭中，同類其他各稅，曾經提議加在店鋪方面。有人主張，戰爭之起，乃用以擁護本國商業，由此受到利潤的商人，自應負擔戰爭費用。

不過，對於特殊商業部門資本所課之稅，最終皆不是商

人（他在一切場合，必須有合理的利潤，並且，在商業自由競爭的地方，他之所得，也罕能超過此限以上）負擔，而常是由消費者負擔。消費者必得在購物的價格上，支給商人墊付的稅額。而在大多數場合，商人還會把價格多提高若干。

當這種稅與商人之營業成比例時，最終總是由消費者付出，於商人無所謂壓迫。但當它不是與商人營業爲比例，而同樣課加於一切商人時，最終雖亦是出自消費者，可是，大商由此受了特惠，小商卻不免要受到幾分壓迫。對於每輛出租馬車，一週課稅五先令，對於每頂出租轎子，一週課稅十先令，在這種稅由車與所有主分途墊支的範圍內，那往往是十分正確的，與他們各自營業範圍爲比例。照這樣稅法，大營業者沒有特惠，小營業者亦不致蒙受壓迫。領啤酒販賣執照所納之稅，每年二十先令；領烈酒販賣執照所納之稅，每年四十先令，領葡萄酒販賣執照所納之稅，每年八十先令。這些對於零賣酒店都是一律看待，結果，大營業者就必然要獲得若干利益，同時，小營業者就必然要蒙受若干壓迫了。前者要在貨物價格上取還其墊付稅款，一定較後者容易。不過，因爲這稅率輕微，雖不公平，亦比較無關緊要，並且，在許多人看來，小酒館到處林立，對其稍加遏阻，亦無不當。若對店鋪所課之稅，雖大小店鋪一律看待，有失公平，但這種稅要想相當正確的，按照各店鋪進行中之營業範圍的比例，那除了採用自由國家絕難承認之調查外，再也無法進行。這不平之稅，如頗爲繁重，則小營業者將橫受壓迫，以致全部併合在大營業者手中。小營業者的競爭不存在了，大營業者即將享受營業上的獨占，並與其他獨占者相同，立即會聯合起來，把利潤大大抬高到納稅所需的

限度以上。這樣一來，店鋪稅之最後支付，就不是由店鋪主擔當，而是由消費者擔當；消費者且還要爲店主的利潤，支出一個附加額。因此之故，關於這種稅的設計，遂拋在一邊，而代以一七五九年所設之補助金。

在法國，有所謂個人的泰理稅。此稅之對象，爲農業資本的利潤。在歐洲，恐以此種賦稅，爲最重的農業資本利潤稅。

在昔歐洲盛行封建政府之混亂局面下，君主迫於情勢，不得不以賦稅重擔，僅加在一般無能力拒絕納稅之人民身上。大領主當君主有特別急需時，雖願意幫助，但對於恆久納稅一層，終不肯承認，而君主亦無實力迫其承認。全歐洲之土地占有者，大部分原爲農奴。他們後來在歐洲大部分，漸歸解放。其中一部分人，乃獲有地產保有權。他們之保有地產，與英格蘭昔時佃據保有者（copy-holder）同。有時在國王之下，有時在大領主之下，以賤奴式之保有法保有之。其他沒有獲得保地權的人，則在他們領主之下，以若干年爲期，以租得其所經營之土地，這樣一來，他們就比較不依附於領主了。大領主看著這些下層人民，漸至享有繁榮與獨立，之前不勝其惡意的侮蔑的嫌惡，因而樂得君主課他們以賦稅。在若干國家，這種稅的對象，限定是那些以賤奴式保有法保有的土地，並且，在這種場合，這才可說是眞正的泰理稅。經故國王薩丁尼亞設定的土地稅，以及在倫格多克、卜洛芬斯多佛奴及希利塔尼諾州，在孟托本課稅區、在亞津及根頓選舉區，乃至在法國若干省分，所行之泰理稅，都是加在上述保有地之賦稅。在其他諸國，這種稅的對象，乃是那些租用他人土地者——土地之租用法如何不問——所得之推定的利潤。在這種場合，可說是個人

的泰理稅。法國所謂選舉區諸省，大部分均行使這種稅法。眞
實的泰理稅，既只課加於一國一部分土地上面，那必然是不公
平的。可是，雖不公平，畢竟不常出以任意——雖然有時不
免如此。若個人的泰理稅，則本要按照某一階級人民利潤之比
例，這利潤究竟有多少，又只能推想，所以必然是任意的、不
公平的。

　　法國今日（一七七五年）所行之個人的泰理稅，每
年課加於稱爲選舉區之二十個課稅區者，計達四千零十萬
七千二百三十九利弗六蘇。諸州負擔這稅額的比率，年有變
動，全取決於朝廷所接關於各省收穫豐歉程度，以及其他情形
（可以增加人民納稅能力之情形）的報告。每個課稅區，區分
爲一定數的選舉地域，全課稅區按比例分擔的總額，再分配於
這各選舉地域；各選舉地域分擔的總額，亦是同樣按照呈給朝
廷有關各地區納稅能力之報告，而年有不同。照此看來，朝廷
立意雖然盡善，但要想以相當正確比例，決定當年度某州、某
區、某地域之實際納稅能力，卻似乎是不可能的。況且，無知
與誤報，一定會多少使大公至正的朝廷錯下判斷。一個教區對
全選舉地域課稅額所應分擔的比率，每個人對所屬教區課稅額
所應分擔的比率，都是依必要情形，而逐年不同。這諸種情
形，在前一種情況，是由選舉地域之稅吏判定；在後一種情
況，則是由教區的稅吏判定，這兩者都不免多少爲州長的指導
及勢力所左右。據說，此等稅吏，往往對於那些情形錯下評
判。那不但是由於無知和誤報，且由於黨同伐異，乃至個人的
私怨。任何納稅者，在此評價未定以前，不能確知他所支付的
稅額，那是顯明的；他甚且在既經評判以後，亦還不能確切知

道。假若一個應該免稅的人被課有稅，或所稅超過了他應稅的
比率，他雖須暫時墊付出來，但如果他們訴說不平，並且有了
不平的理由，那麼，爲要補償他們，翌年全教區便當追徵一個
附額。假若納稅者破產，或者全無支付能力，其應納之稅，便
須由稅吏墊付，並且，爲補償稅吏，翌年全教區亦當追徵一個
附額。假若稅吏自身破產了，選出他的教區，就必須當著選舉
地域之總稅收吏，對那個稅吏的行動負責。但是，控訴一全教
區，在總收稅吏未免覺得麻煩；所以，任意選定那區最富的納
稅者五、六人，使他們補償那稅吏無力支付的損失。往後再由
全教區追徵以補償他們。這種追徵稅，常是特定年度泰理稅以
外的附額。

　　當一種稅加在特定商業部門的利潤上時，商人都會留
意，使上市的貨物量所得賣價足夠償還他們墊支的稅額。他們
有的由營業上撤回一部分資本，使市場上的供給較前更形減
少。價格因貨少而漲起來，那種稅最後的支付，就加到消費者
身上了。但是，當一種稅課加在農業資本利潤上時，農人如由
那種用途撤回一部分資本，一定得不到利益。務農業者占有一
定量土地，對於土地支付地租。要求這土地耕作適宜，一定額
資本是必要的。如果他把這必要的資本撤回一部分，他仍不會
更有能力支付地租或賦稅。爲要付稅，他絕不能以減少其生產
物量，爲他的利益。他想把賦稅最後支付，藉抬高生產物價，
而轉嫁於消費者，定做不通，賦稅絕不能使他抬高其生產物價
格。不過，農業者也如一切其他營業者，須得有其合理的利
潤，否則，他就會放棄他這種職業。在他有了這種負擔以後，
只有對於地主少付地租，才能得到合理的利潤。他必須輸納的

賦稅愈多，他能夠提供的地租就愈少。設這種稅課加在租約未
滿期前，那就無疑會使農業家蒙受損害，甚或陷於破產。可
是，當租約更新時，這賦稅就一定要轉嫁於地主。

　　在施行個人的泰理稅諸國，農業家所納之稅，通常是按
照他在耕作上使用資本的比例。因此之故，他常怕保有良馬良
牛，而竭盡所能的，用那些最惡劣的、最貧弱的農具耕作。
這樣做，足見他頗不信任稅吏的公正，恐其強納重稅，所以裝
作貧困，以示無力付納。採用這可憐的方法，大概沒有好好考
慮他自己的利益吧。他由減少生產物所損失的，說不定，比他
減少賦稅所節約的還多呢！雖然這種惡劣耕作的結果，市場上
的供給，無疑要少一些，但由此引起價格上些許的騰貴，就連
賠償他減少生產物的損失還嫌不夠，叫他支付更多的地租給地
主，那是益發談不到的。這種耕作的減退，公家、農業家、地
主，多少都會蒙其不利。至於個人的泰理稅，如何以各種方法
妨害耕作，從而枯竭一大國主要的財富來源，著者在本書第三
篇，已經解析過了。

　　北美南部諸州及西印度群島殖民地，有所謂人頭稅，即對
於每個黑奴逐年所課之稅，適當的說，就是加在農業資本利潤
上的一種賦稅。因為耕作者大部分都是農業家兼地主。所以這
種稅的最後支付，就由他們以地主的資格負擔了。

　　對於農業使用的農奴，每人課以若干之稅，往昔全歐洲似
乎都曾實行過。迄今俄羅斯帝國仍然是這樣做。也許是因為這
個緣故吧，令人對於各種人頭稅，常視為奴隸的象徵。然而，
對於納稅者，一切的稅，不獨不是奴隸的象徵，且是自由的象
徵。一個人納稅了，雖然表示他是隸屬於政府，但他既有若干

納稅的財產，他本身就不是主人的財產了。加在奴隸身上的人頭稅，和加在自由人身上的人頭稅，是截然兩樣的。後者是由被稅人自行支付，前者則是由其他不同的人支付。後者完全是任意的，或完全是不公平的，而在大多數場合，兩者且兼而有之。至於前者，在若干方面，雖是不公平的，但不同的奴隸，有不同的價值，所以並不是任意的。主人知道他的奴隸人數，就確然知道他應當納多少稅。不過，這種不同的稅，因爲使用同一名稱，從而被人視爲同一性質。

荷蘭對於男女僕役所課之稅，不是加在資本上的，而是加在開支上的，因此，就有類於加在消費品上的一種消費稅。英國最近對於每個男僕課稅二十一先令，那與荷蘭之僕役稅相同。此稅乃以最重的部分，歸中產階級負擔；每年收入百鎊者，或要僱用一個男僕；每年收入萬鎊者，卻不會僱用五十個男僕。至於貧民，那是不會受到影響的。

加在特定營業上的資本利潤稅，絕不致影響貨幣利息。一個人放債，斷乎不會對於無稅營業的經營者取息多，對於有稅營業的經營者取息少。一國政府，如企圖以相當正確的比例，徵收各種營業的資本利潤，那在許多場合，當會減低貨幣利息。法國之文體美稅（vingtieme），即二十便士取一之稅，與英國所謂土地稅同，同樣以土地、房屋，以及資本之收入爲對象。不過，此稅課加在資本方面的，雖不怎樣嚴峻，但與英國土地稅之加於資本方面者比較，卻要正確多了。在許多場合，這完全要出自貨幣利息。在法國，貨幣往往按照所謂「永續年金合約」，債務人得隨時在償還原來的借款後贖回這種合約，但債權人卻除非在某些特定情況下，否則無權要求贖回合

約。這種文體似乎未曾提高這年金的利率，雖然所有年金合約都絲毫不差地被課徵這種稅。

第一項及第二項之附錄　加在土地房屋資財上之資本價值稅

當財產爲同一人所保有時，對於這財產所課之稅，無論如何恆久，其用意絕不在減少或取去其財產主任何部分的資本價值，而只在取去其財產之收入的一部分。但是當財產易主，由死者轉到生者或由生者轉到生者時，所課之財產轉移稅，就往往不免要取去資本價值之某一部分。

由死者傳給生者之一切財產，以及由生者過渡到生者之不動產如土地房屋，其轉移在性質上，都是公開的，眾人皆知的，無法長久隱藏。所以公家對於這種對象，是可以直接徵稅的。至於生者彼此間在借貸關係上發生資本或動產的轉移，卻常是守著祕密的，並且，往往也能保守祕密。對於這祕密事體直接徵稅，不容易做到，所以採用兩種間接方法：第一，規定債務契約，必須寫在曾付一定金額印花稅的用紙或羊皮紙上，否則不發生效力；第二，規定此類相互授受行爲，須公開的或祕密的註冊，並徵收一定的註冊稅，否則同樣不發生效力。此印花稅及註冊稅，對於容易直接課稅之財產繼承及不動產變賣等行爲，亦曾屢屢施行。

羅馬古代由奧古斯都設定之二十便士取一之遺產稅（即Vicesima Hereditatum），乃對於財產由死者傳給生者所課之轉移稅。狄昂・開希阿斯關於此稅，曾有詳明之記述。據他所說，這種稅雖加於一切繼承、遺贈，乃至死時贈與行爲，但對於最親者及貧者，概予豁免。

　　荷蘭對於繼承所課之稅，與此為同一種類。凡旁系繼承則依親疏順序，對於其繼承全部價值，課以百分之五乃至百分之三十的財產繼承稅。對於旁系之遺言贈與，或遺贈，亦同此稅法。夫妻相續——夫傳給妻或妻傳給夫——取稅十五分之一。直系長輩對於其晚輩之悲慘的繼承（即Luctuosa Hereditas），則僅稅二十分之一。直接繼承，即直系晚輩對於其長輩之繼承，通常無稅。父親之死，對於其生前同居之子女，不獨不能增加收入，往往會大大減少收人。父親死了，父親在世保有的勤勞、官位，或者若干終身年金，都要失去，設更由課稅取去一部分遺產，而加重這損失，那就未免近於殘酷而且壓迫了。但有時對某些子女來說情形卻不是這樣；這些子女，以羅馬法術語來說，已經是被解放的，以蘇格蘭法的術語來說，是已經分得家產離家自立的。因為他們都已經分有財產，成有家室，並且，其生活不仰仗父親，而另有獨立財源。父親的財產留下一分，他們的財產就會實際增加一分。所以，這類繼承稅，較之課加在一切其他遺產上的，可能不會引起更多的不便。

　　封建時期的機會稅，是一種對土地在轉讓時課徵的稅，不管是由死者遺給生者，或由生者轉讓給生者。在往昔，這種稅是歐洲各國君主一個主要的收入來源。

　　國王之采邑（封地），通常為其直接家臣所保有。保有者由他人繼承此采邑時，須付一定稅額，大概為一年之地租。假若繼承者尚未成年，在他未成年期中，此采邑之全地租都歸國王，王國除扶養此未成年者以外，沒有任何負擔——此采邑如偶然為寡婦繼承，那也只要支出寡婦的生活費就可以——繼承

者既達成年，他還得對於國王支付一種交代稅，此稅大概同為一年之地租。就目前而論，未成年如為長期，往往可以解除大地產上的一切債務，而恢復其家族以往之繁榮；但在當時，不能有此結果。那時通常的結果，不是債務的解除，而是土地的荒蕪。

根據封建時期的法律，采邑保有者，不得領主同意，不能巡行讓渡，領主同意之前，大抵要強抽一筆補償金。在當初，這項補償金是隨意性質，往後許多國家都把這規定為土地價格中的一部分。有的國家，其他封建慣例雖然大部分廢止了，但對於這土地讓渡稅，卻依然存續著，而為其君主收入之一個極大來源。在瑞士伯恩省，此種稅率極高；土地為貴族保有者，占其價格六分之一，為平民保有者。占其價格十分之一[11]。在盧桑省（Lucerne）之土地變賣稅，只限於一定地區，並不普遍。但是，一個人如為轉居異地而變賣土地，則當於其賣價上抽稅十分之一。此外，在其他許多國家，對於一切土地的變賣，或對於依一定保地法而保有的土地的變賣，所課之稅，都多少為其君主之一項重要收入。

凡此所稅，皆為間接的，或取其印花稅，或取其註冊稅。而此等稅法，有些是與轉移物之價值成比例，有些是不與其價值成比例。

英國的印花稅，沒有按照轉移的財產價值徵收（最高金額的借據，支給一先令六便士或二先令六便士之印花稅，就夠

---

[11] 《歐洲法律及賦稅誌》，第一卷，一五四頁。

了）。契據性質不同，稅額因而有高低。課稅最重者，不過六
鎊，由購買稅紙或羊皮紙繳納之，此種高稅，大抵是因爲國王
的敕許狀及一定法律手續文書，而與轉移物之價值無關。英國
對於契約或文件之註冊，毫無所稅，有之，不過管理此類相關
文件官吏之手續費罷了。即此手續費，亦罕超過管理者勞動之
合理報酬。至於君主，是不能由此取得分文的。

　　在荷蘭⑫，印花稅和註冊稅同時並行。在某些場合，此等
稅的徵收，是按照轉移財產價值之比例；而在其他場合，則又
沒有按照此種比例。一切轉移證書，須用印花紙書寫，其價格
則與其所處理之財產成比例，因此，印花紙的種類，就有三
便士或三斯蒂維爾一張，至三百佛洛林（即二十七鎊十先令）
一張的。假若所用印花紙低於其應使用之印花紙，其繼承財產
就會全被沒收。除匯票及其他若干商用票據外，所有一切票
據、借據等，皆當完納印花稅。但此稅不依轉移物價值比例而
提高。一切房屋、土地的變賣，以及一切房屋、土地之用作抵
押品者，都須註冊，並對國家納變賣品或抵押品價格百分之二
又二分之一的註冊稅。載重兩噸以上之船舶——不問有無甲
板——變賣，亦適用此稅則。是把船舶看作水上的房屋吧。此
外，依法庭命令而變賣的動產，亦同樣繳納印花稅百分之二又
二分之一。

　　法國亦是印花稅、註冊稅同時並行。前者視爲國內消費稅
之一部分。而實施此稅的諸州，通常由國內消費稅吏徵收。後

---

⑫　《歐洲法律及賦稅誌》，第一卷，二二三至二二五頁。

者則成爲國王所有收入之一部分，由其他官吏徵收。

　　由印花及註冊課稅的方法，雖同爲近代產物，但是，約在百年以前，印花稅已幾乎普遍通行於歐洲了，註冊稅更極其普遍。一個政府，向其他政府學習技術，如所學的是由人民荷包搜刮金錢的技術，那就最容易學會。

　　財產由死者轉到生者課以稅，則此稅最終的、直接的，都要落在接受此財產者的身上。對土地變賣所課之稅，卻完全要落在賣者身上。賣者之變賣土地，往往是迫於非賣不可，必須取得他所能取得的價格。若買者，則沒有非買不可的需要，所以，他只肯出他所願出的價格。他把土地所費的價格和賦稅，放在一處考量：必須付出的賦稅愈多，他願意出的價格就愈少。因此，這種稅常是由那些經濟困難的人負擔，所以一定是殘酷的、壓迫的。至於新房屋變賣——在不賣建地的場合——課以稅，則所課之稅，大抵是出自買者方面，因爲建築家通常總得獲取利潤，沒有利潤，他一定會放棄這種職業。如果稅由他墊支了，買者大抵總得償還他。對變賣舊房屋所課之稅，則與對土地變賣所課之稅同，最終全由賣者負擔；因爲，他賣大概是爲了有賣的必要，或者賣了於他方便些。每年出售的新房屋數，多少是受需要支配；那需要對建築家不能提供利潤，他就不會繼續建築。而每年出售的舊房屋數，卻是受偶發事故支配，這些事故，大抵於需要無何等關係。一個商業城市上有兩、三件大破產事故發生，就有許多房屋要出售，並且，都會以能夠得到的價格出售。對變賣建地所課之稅，亦由賣者負擔，其理由與變賣土地同。借貸字據契約之印花稅、註冊稅，全部當出自求借者，而事實上也常是由他付出。至於對爭訟事

件所課之印花稅及註冊稅，通常由訴訟者繳納，不過，對於原告被告兩方，都不免減少其爭訟對象之資本價值。為爭得某財產所費愈多，到手後的純價值一定愈少。

各種財產轉移稅，如果會減少那財產的資本價值，結果，必會減少那用以維持生產勞動的資源。人民的資本，只是用以維持生產勞動者，君主的收入，則多半是用以維持不生產勞動者。這種稅既是犧牲人民資本，而增益國君收入，所以多少總不免於浪費。

況且，這種稅的徵收，即使按照轉移物價值之比例，依舊不得公平。我們就說相等價值的財產吧，每轉移一次，其價值即有一次的不同。如其不按照價值比例徵收——大部分印花稅及註冊稅，都是如此——那就更要不平等了。不過，此稅在任何場合，皆明顯而確定，無可通融。雖有時不免加在非常無力負擔的人身上，而支付的期間，卻還能便於納稅者。支付之期到了，他大抵還有錢可付。又完納此稅時，費用極少。除納稅本身為一種無可避免的不便外，納稅者普通尚不致遭受其他的不便。

在法國，人們對印花稅沒有太大的抱怨。可是，他們稱為康特洛爾（contrôle）的註冊稅，卻就兩樣。那種稅，大體上是任意的、不確定的，其立意就在多予包徵總稅吏以勒索的機會。所以反對法國現行財政制度的刊物，大半都是以這種註冊稅弊害為主題。不過，不確定這一點，似乎還不是這種稅之內在性質。如果這普遍的不平，確實有理由，那弊害倒可能是生於課稅敕令或法律用語，欠缺精確、明瞭。

抵押品之註冊，及一切不動產權利之註冊，因其大可為

債權者及買入者雙方的保障，故極有利於大眾。至於其他大部分契據之註冊，既於大眾無何等利益，又往往於個人不便，甚且危險。一般認為應保守祕密的冊據，絕不應存在。個人的信用，絕不當委之於那樣薄弱的保證，如下級稅吏之正直與忠實。但是，在註冊手續費成了君主收入來源的地方，則應註冊者固須註冊，不應註冊者亦須註冊，故須無限的增設註冊機關。法國有種種祕密的註冊簿。這種弊害，雖或不是此稅的必然結果，但我們總得承認，那是此稅非常自然的結果。

英國課加在紙牌、骰子、新聞報紙，乃至定期印刷物等上的印花稅，適當的說來，都是消費稅；那種稅最後的支付，將由使用或消費這些物品的人負擔。其他若對啤酒、葡萄酒，以及烈酒零售執照所課之稅，雖原要加在這些零售者的利潤上，但最終同樣由消費者負擔了。像這類稅，雖然也稱為印花稅，雖然和上述財產轉移稅，由同一稅吏，用同一方法徵收，但其性質完全不同，且由完全不同之資源負擔。

第三項　勞動工資稅

我曾在本書第一篇努力說明過，低層勞動者的工資，到處都受於兩種不同的情形支配，即對勞動的需要，和食物之普通的平均的價格。勞動的需要在增加、停止，或在減退呢？換言之，在要求人口增加、停止，或減退呢？勞動者的生活資源，即依此規定；並且，哪種生活資源為充裕、為平常，或為缺乏的程度，亦將取決於此。至於食物之普通的或平均的價格，那將決定付給勞動者的貨幣量，這貨幣量，是使勞動者每年平均能購買這充裕平常，或者缺乏的生活資源的。當勞動需要及食

物價格保持原來的狀態時，對勞動工資課直接稅之唯一結果，就是把工資略微提高到此稅以上。譬如，假定有一個特別場所，那裡的勞動需要及食物價格，使勞動普通工資，爲十先令一週。又假定對工資所稅，爲五分取一，即每鎊四先令。假若勞動需要及食物價格保持原狀，勞動者仍必須在那個場所，獲得那每週十先令所能購得之生活資源；換言之，付過了工資稅之後，他還須有每週十先令的純工資。但是，爲要使課稅後，還讓勞動者有這個純工資額，那麼，這個場所的勞動價格，就一定馬上會提高，不但提高到十二先令，且會提高到十二先令六便士。這就是說，爲要使他能夠支付五分取一之稅，他的工資立即提高，不但提高五分之一，且會提高四分之一。不論工資稅率如何，在一切場合，工資總會按照這個稅率比例，而還要抬高一些。比方說，此稅率如爲十分取一，勞動工資之提高，就不是十分之一，而爲八分之一。

對勞動工資所課之直接稅，雖或不免由勞動者付出，適當的講，那就連由他墊支還說不上；至少，在課稅前後，勞動需要及食物價格保持原狀時是如此。在這一場合，不但工資稅，就是超過此稅的若干部分，其實都是直接由僱他的人墊支。最後的支付，則在各種不同的場合，由各種不同的人負擔。製造業勞動工資由課稅提高，墊支者將爲製造業主，製造業主是有資格而且不得不把那墊支額，以及由此所生利潤，轉嫁到貨物價格上。因此，工資提高額及利潤追加額之最後支付，都會加在消費者身上。鄉村勞動工資由課稅而提高，墊支者將爲農業家。農業家爲要維持以前相同的勞動人數，勢必使用較大的資本。爲要收回這較大資本及其普通利潤，他須留下一較大部分

的土地生產物，或一較大部分土地生產物的價值。其結果，他
對地主就要少付地租。所以，勞動工資提高額及利潤追加額，
都要由地主負擔。總之，在一切場合，對勞動工資所課之直接
稅，最終總不免引起地租的縮減，和製造物價值的增加。不
過，這所縮減的，增加的，必定會超過本來所稅的數額──那
數額一部分落在土地地租上，一部分落在消費品上。

　　假若工資直接稅，不曾使工資依此稅比例而騰貴，那就因
為勞動需要，大體上會因此而頗有低落。產業的衰退，貧民就
業機會的減少，一國土地勞動年產物的減低，大概都不外這種
稅的結果。不過，因有此稅，勞動價格卻常比在不課稅的實際
需要狀態下要高昂一些，並且，這種價格的上騰，加上墊支此
價格者的追加利潤，最終不是出自地主，就是出自消費者，於
勞動者無何等關係。

　　對鄉村勞動工資所課之稅，並不會按照此稅比例而提高土
地原生產物的價格；其理由與對農業家利潤課稅，不會按此比
例提高其生產價格同。

　　然而像這樣不合理的惡稅，竟有許多國家在實行。法國
泰理稅，有一部分的對象，即是鄉村勞動者及日傭勞動者之勤
勞，就恰好同此稅相類似。他們這些勞動者的工資，乃依他
們居住地之普通工資率計算，並且，為使他們盡可能的少受格
外負擔，每年所得，估定不超過二百日之工資[13]。每人所負擔
之稅，依各年度之情形而不同，此等情形的評定，全決定於稅

───────────

[13]　《歐洲法律及賦稅誌》，第二卷，一〇八頁。

吏或州長派充協助稅吏的委員。波希米亞於一七四八年開始變革財政組織的結果，對手工業者的勤勞，加上了一種非常的重稅。這些手工業者被分爲四個等級，第一級，年稅一百佛洛林，每佛洛林一先令十便士半，計達九鎊七先令六便士；第二級，年稅七十佛洛林，第三級年稅五十佛洛林，第四級 ── 其中包含有鄉村手工業者及城市最低層手工業者 ── 年稅二十五佛洛林。

我在本書第一篇講過，優秀藝術家及自由職業者之報酬，必然對於比較低層的職業，要保有一定的比例。因此，這報酬課稅之唯一結果，就是按照此稅比例，而還要略高的，抬高其報酬。假若報酬沒有像這樣提高，那優秀的藝術及自由職業，就已經沒有與其他職業立於同一水準了，最終，從事此業者大幅減少，不久，它又重新回復到原先的水準。

各級官員的薪水報酬，因爲不像普通職業報酬那樣取決於市場的自由競爭，所以，對於那種職業所要求的性質，並不常保持適當比例。在大多數國家，那種報酬大都高於其性質所要求之限度。掌理國政者，對於自身，乃至其直接從屬者，大概都會予以超過充分限度以上之報酬。因此，各級官員的薪水報酬，大多很經得起課稅。加之，任有公職的人，尤其是任何有利公職的人，在各國均爲一般嫉妒之目標，對他們的報酬課稅，即使較他種報酬所稅再高，也一定大快人心。譬如，英國依土地稅法，對一切他種收入每英鎊徵四先令，而對於每年一百英鎊以上之公職薪俸，每英鎊實徵五先令六便士，此舉曾頗爲人所稱道。其他若皇室新成家者的年金、海陸軍官的薪俸，以及其他少爲人所羨忌的若干官薪，不在此例。除此以

外，英國就沒有對勞動工資另外課加什麼直接稅了。

第四項　原要混加在各種收入上的諸稅

　　原要混加於各種收入上的諸稅，即是人頭稅和消費品稅。這種稅必須不分彼此的，由納稅者各種收入支付；不管那收入是出自土地地租也好，資本利潤也好，勞動工資也好。

一、人頭稅

　　人頭稅如企圖按照各納稅者之財富或收入比例，那就要完全成為任意的了。一個人財富的狀態，日有不同，不加以很難堪的調查，並且，至少每年不新訂一次，那就只有全憑推測。因此，他的稅額評價，大抵都依評價者一時的好意、惡意為轉移，其結果一定全是任意的不確定的。

　　人頭稅如不按照推定財富的比例，而按照每個納稅者身分之比例，那就要完全成為不公平的了；同一身分的人，其財富程度，常不一樣。

　　因此，這類稅如企圖使其公平，他就要完全成為任意的、不確定的；如企圖使其確定而不流於任意，它就要完全成為不公平的。不論稅率為重為輕，不確定都很值得顧慮；輕稅相當程度的不公平，猶可勉強去做，若重稅，那就簡直無法接受了。

　　當威廉三世治世中，英國曾實行過種種人頭稅。納稅者大部分都是具有身分的，身分的等差，有公爵、侯爵、伯爵、子爵、男爵、士族、紳士及貴族的長子和幼子等。一切行商坐賈，有財富在三百英鎊以上，即屬商賈中之小康者，同樣課

稅。至於三百英鎊以上之財富大小程度如何，在所不計。他們
這種人的身分，大體是就其財富考量。有些人的人頭稅，起初
是按照他們推定的財富課稅，往後則是按照其身分課稅。高級
律師、事務律師、代訴人，起初按其收入，課人頭稅每鎊三先
令，往後則按照其紳士的身分課稅。所課之稅，如不過重，相
當程度的不公平，倒還沒有什麼；一不確定，那就不能忍受了。

　　法國由本世紀初推行之人頭稅，現尚繼續施行。人民之最
高階級，所課稅率不變，最低階級則依其推定上之財富程度，
而年各不同。宮廷的官吏、最高法院之法官及其他官吏、軍隊
之士官等，均以第一方法課稅。諸州之較低階級人民，則以第
二方法課稅。不甚過重之第一方法稅，雖不公平，法國人民猶
易忍受；但州長之任意裁定應付稅額，他們忍受不了。在那個
國家，課以第二方法稅的下層階級人民，對於其長官認為適當
而給予他們的待遇，則必須隱忍。

　　英國各種人頭稅，從未達到其所期待的稅收目標，即未產
出那想像上正確徵收可以產出的金額。反之，法國的人頭稅，
卻常產出了其所期待的金額。英國政府是溫和的，當它對各階
級人民課加人頭稅時，每以偶能取得的金額為滿足；不能支付
的人、不願支付的人（這種人很多），或者因法律寬大，未強
制其支付的人，雖使國家蒙受損失，亦不要求其賠償。法國政
府則比較嚴酷，它對每個課稅區，課以一定之金額，這金額州
長必竭盡所能的徵收到。假若某州訴說所稅太高，即將在次年
的課稅評價上，按照前年度過重負擔的比例而減輕。但是本年
度評定多少，還是必須繳納的。州長為要確實收得各稅區的金
額，他有權把這金額加大一些；若由納稅人之破產者或不能支

付者受到損失，就可以取償於其餘的人的格外負擔。這種格外課稅的決定，至一七五六年止，還是全任州長裁決。然而就在這一年，朝廷把這種裁決權，握在自己掌中了。據《法國賦稅誌》作者指出，法國各省之人頭稅，由貴族及享有不納泰理稅特權者負擔之比例，最不足觀。最大部分，乃課加正在負擔泰理稅者的身上。即依他們所付泰理稅之多寡，而課加以一定金額的人頭稅。

人頭稅如課加在低層人民身上，就是一種對勞動工資的直接稅，並且，伴有這種稅的一切不便。

徵收人頭稅，所費有限。如其嚴格屬行，會提供國家一項極確定的收入。就因為這個緣故，不把低層人民安逸、舒適，以及安全放在眼中的國家，人頭稅極其普通。不過，普通一大帝國由此取得的，往往不過是公共收入之一小部分；況且，這種稅所曾提供過的最大金額，也往往可由其他於人民便利得多的方法徵得。

二、消費品稅

不論採用哪種人頭稅，想按照人民收入的比例徵收，都不可能；這種不可能，似乎就引起了消費品稅的發明。國家不知道如何直接並比例的課其人民收入之稅，它就努力間接的課其費用之稅。這費用認為在大多數場合，對於他們的收入，有近似的比例。對他們的費用課稅，就是把稅加在那費用所從而支出的消費品上。

消費品可分為兩類：必需品和奢侈品。

我之所謂必需品，不但是維持生活上必要不可少的商

品，且是按照一國習俗，少了它，體面人固不待說，就是最低
階級人民，亦覺有傷體面的那一切商品。譬如，嚴格說來，麻
襯衫並不算是生活上必要的。據我推想，希臘人、羅馬人雖然
沒有亞麻，他們還是生活得非常舒服。但是，到現在，全歐洲
大部分，哪怕一個打零工的勞動者，沒有穿上麻襯衫，亦是羞
於走到人面前去。沒有襯衫，在想像上，是表示他窮到了丟臉
的程度，並且，一個人沒有做極端的壞事，是不會那樣窮的。
不但襯衫，習俗也同樣使皮鞋成為英國人生活上的必需品。哪
怕最窮的體面男人或女人，沒穿上皮鞋，他或她是不肯出去獻
醜。在蘇格蘭，對於最下層階級男子，習俗上，雖亦以皮鞋為
生活所必需，但同階級的女子不然。她赤著腳，是沒有什麼不
體面的。所以，在必需品中，我的解釋不但包括那些按照自然
即為最低階級人民所必需的物品，且包括那些按照禮節上之規
律，亦為同一階級人民所必需的物品。此外，一切其他物品，
我稱為奢侈品。不過，稱之為奢侈品，並非要對於其適度的使
用有所非難。譬如，在英國的啤酒、麥酒，甚至在葡萄酒產國
的葡萄酒，我都稱為奢侈品。不論哪一階級的人，他如完全禁
絕這類飲料，絕不致受人非難。因為，自然的定律沒有使這類
飲料成為維持生活的必需品，而各地習俗，亦未使其成為少了
它便是失禮的必需品。

各地的勞動工資，一部分是受勞動需要支配，另一部分
則是受生活必需品的平均價格支配。凡屬提高這平均價格的原
因，必然會提高工資。所以勞動需要狀態，不論是進步的，停
止的或退步的，勞動者仍可按照那狀態所要求的程度，購得他
應有的一定量必需品。對這些必需品所課之稅，必然會使其價

格提高，並且略高於那稅額，因為墊支此稅的商人，勢必要由此墊支，取得相當利潤的。因此，這種必需品稅，必定使勞動工資，按照此等必需品價格之騰貴比例而提高。

這樣一來，對生活必需品課稅，確實與對勞動工資所課之直接稅有同一作用。勞動者雖會由自己手中支出此稅，但至少在相當長期內，他甚至連墊支都說不上。那種稅，常在一種增加的工資率上，由其直接雇主墊支給他。那雇主如是製造業者，他將把這增加的工資，連同其追加利潤，轉嫁到貨物價格上，所以，此稅最後的支付，以及這追加利潤的支付，將成為消費者的負擔。那雇主如是農業者，則此等支付，將成為地主的負擔。

對所謂奢侈品的賦稅，甚至對貧窮者奢侈品的賦稅，則又另當別論。課稅品價格的騰貴，並不一定會引起勞動工資價格的騰貴。譬如，香菸雖同為富者貧者的奢侈品，但對這奢侈品課稅，不致提高勞動工資。香菸在英國被課徵其原價三倍的稅，在法國則被課其原價十五倍的稅，稅率如此之高，而勞動工資，似不因此受到影響。茶及砂糖在英國、在荷蘭，已成為最低階級人民之奢侈品了，巧克力糖在西班牙亦然。對此等奢侈品課稅，其結果與對香菸課稅同。英國在現世紀中，對各種酒類所課之稅，並無人設想其於勞動工資有何影響。濃啤酒每桶徵附加稅三先令，致黑麥酒價格上升，然倫敦普通勞動工資，並不因此提高。在此附加稅未課以前，他們每日工資，約為十八便士二十便士，而現在所得，亦沒有加多。

這類商品的高價，不一定會減少下等階級人民養育家族之能力。對於真摯而勤勞的貧民，這種稅的作用，與奢侈取締

法同，其傾向在使他們適度使用，或全不使用那些不復容易得到手的奢侈品。這種強制節約的結果，他們養家的能力，不但不因此稅而減，且往往會因此稅而增。大概撫育大家庭的，供給有用勞動需要的，主要都是這些眞摯而勤勞的貧民。然而一切貧民，並不都是眞摯而勤儉的；那些放肆者、胡作非爲者，在奢侈品價格騰貴以後，依然會像以前一樣使用，至於這放縱行爲將如何使其家族困難，他們是不會顧及的。像這樣放縱的人，能養育大家庭者少；他們的兒童，大概都由於照料不周、處理不善及缺乏食物及不衛生而夭亡了。即使兒童身體健壯，能耐其父母不當行爲所及於他們的痛苦，但父母不當行爲的榜樣，通常亦會誤導此兒童的德行。這些兒童長大了，不獨不能以其勤勞貢獻社會，且會成爲社會傷風敗俗的禍害。因此，貧民奢侈品價格的騰貴，雖或不免多少增加這種放縱家庭的困苦，從而多少減低其養家的能力，但尚不致大大減少一國有用的人口。

必需品的平均價格，不論騰貴多少，如其勞動工資不按此增加起來，必然多少會減低貧民的養家能力，從而減低其供給有用勞動需要的能力；至於那需要狀態是增加、是停止，還是減退；換言之，所要求的人口數是增加、是停止，還是減退，卻無關係。

對奢侈品所課之稅，除這商品本身外，其他任何商品價格，皆不會因此提高。對必需品所課之稅，因其提高勞動工資，必然會提高一切製造品價格，從而減少其販賣與消費的範圍。奢侈品稅，最終是由課稅品消費者無代償的支出。它們是不分彼此的課加於各種收入：土地地租、資本利潤，以及勞動

工資。必需品稅，在它們影響貧民的範圍內，最終有一部分是由地主減少地租支出，另一部分，是由加高製造品價格，而由富有的消費者——地主及其他的人——支出；且往往附有一個相當的額外負擔。眞爲生活所必需，且爲貧民消費的製造品，譬如，粗製毛織物等，其價的騰貴，必然要由提高工資，使貧民得到補償。中上層階級人民，如眞能瞭解他們自身的利益，他們就常須反對生活必需品稅，反對勞動工資之直接稅。這兩者最後的支付，全都要落在他們身上，且須附加一個相當的額外負擔。尤其是地主，他的負擔最重，他對於此等稅，須由雙重資格支付：一是地主資格，減少地租；一是消費者的資格，增加費用。馬太·德克爾關於生活必需品課稅的觀察，是十分正確的，他認爲，某種稅加在某種商品的價格上，有時竟重複累積四次或五次。比如，在皮革價格上，你不但要支給你自己的皮革稅，並須支付皮鞋及製革匠皮革稅的一部分；而且這些工匠在爲你服務期間所消費的鹽、肥皂，以及蠟燭稅，乃至製鹽者、製石鹼者、製蠟燭者爲你服務期間所消費之皮革稅，都須由你支出。

英國對生活必需品所課之稅，主要是加於剛才所述的那四種商品——鹽、皮革、肥皂，以及蠟燭。

鹽爲最普遍而且最古的課稅對象。羅馬曾對鹽課稅，我相信，現在歐洲各地，皆莫不實行鹽稅。一個人每年消費的鹽量頗少，並且，此少量之鹽，還可零用零購。因此，鹽稅雖再重，在當局者想來，似乎總不致令人感到怎樣難以承受。英國之鹽稅，每蒲式耳三先令四便士，約三倍於其原價。在其他諸國，此稅還要更高。皮革是一種眞正的必需品。亞麻之使用，

致肥皂也成爲必需品了。在冬夜較長的國度，蠟燭爲職業上必要工具。英國皮革、肥皂稅，都是每鎊三便士半。蠟燭則爲每鎊一便士。稅加在皮革原價上，約達百分之八或百分之十；加在肥皂原價上，約達百分之二十或二十五；加在蠟燭原價上，約達百分之十四或十五。這種種稅，雖較鹽稅爲輕，但仍是極重的。這四種商品既然是眞正的必需品，如此的重稅，勢必多少增加那眞摯而勤勞貧民的費用，從而，多少提高他們勞動的工資。

在英國這樣冬天非常寒冷的國度，燃料一項，不獨爲烹調食物，即使爲戶內工作勞動者生活上之舒適，亦算是這個季節嚴格意義上的必需品。在一切燃料中，炭是最低廉的。燃料價格對於勞動價格影響之重要，以致英國所有主要製造業，都是局限在產炭區域；若在其他區域，因此必需品高價之故，它們就很難像這樣便宜從事作業了。加之，有些製造業，如玻璃、鐵，以及一切其他金屬工業，常以炭爲其製造之必要王具。假若獎勵金在某種場合，能夠說是合理的，那麼，對於把炭由一國豐饒地帶，運往缺乏地帶之運輸加以獎勵，那就恐怕說得上是合理的了。然而立法部不但不加獎勵，卻反而對於沿海岸運輸之炭一噸，課稅三先令三便士。此就多數種類之炭而言，已爲其炭礦原價百分之六十以上。由陸運或由內河航運之炭，一律免稅。炭價自然低廉的地方，可以無稅的消費，炭價自然昂貴的地方，卻反而要負擔重稅。

這些稅雖然提高生活必需品價格，從而提高勞動價格，但對於政府，卻提供了一項不容易由其他方法得到的大宗收入。因此，要繼續實行這類稅，就不怕沒有相當理由了。穀物輸出

獎勵金，在現實農耕狀態下，既有提高此必需品價格的趨勢，故必然要生出上述那一切壞結果；可是，那對於政府，不獨無收入可圖，且往往要支出一筆大的費用。對外國穀物輸入所課之重稅——在平常豐收年度，等於禁絕——對活家畜及鹽醃食品輸入之絕對禁止——此僅行於法律普通狀態下；現因此等物品缺乏，故在一定期間內，已不禁止愛爾蘭及英屬殖民地此類物品之輸入——都會生出必需品稅所生的一切壞結果，並且，都於政府無收入可言。要廢止這種規定，除了說服人民確信這些管制措施的源頭思想（即，重商主義）全無用處外，似乎不必要採取其他手段了。

　　對生活必需品所課之稅率，比起英國，其他許多國家要高得多。許多國家，對水車場研磨之麵粉及麥片有稅，對火爐上烘焙之麵包有稅。在荷蘭，都會上所消費之麵包貨幣價格，推想起來，已因此稅加倍了。住在鄉村的人，則有代替此稅一部分的他種稅，即每個人隨其推想上所消費之麵包種類，每年各納稅若干。譬如，消費小麥麵包的人，納三基爾德爾十五斯蒂維爾，約合六先令九便士半。這兩稅，以及同類其他若干稅，據說已由提高勞動價格，而使荷蘭[14]大部分製造業，歸於荒廢了。在米蘭公爵領地、在熱那亞諸領地、在摩的那公爵領地、在巴爾馬、普勒生提亞、加斯塔拿諸公爵領地，乃至在教廷，同類之稅，亦可見到，不過沒有那樣繁重罷了。法國有一位略有聲名的著者名拉・列福麥提爾，他曾提議改革該國財政，

---

[14]　《歐洲法律及賦稅誌》，第二卷，二一○、二一一頁。

以這最有破壞性的稅，去代替其他諸稅的大部分。誠如西塞羅所說，「哪怕是頂荒謬絕倫的事，有時亦會有若干哲學家主張」。

屠宰肉品稅比這些麵包稅，還要普遍實行。固然，屠宰肉品在各地是否爲生活必需品，仍有懷疑餘地。但據經驗所知，有穀粒及其他菜蔬，再輔以牛乳、乾酪、牛油 —— 如無牛油，則代以植物油 —— 即使無屠宰肉品，亦可提供最豐盛的、最衛生的、最營養的、最有活力的食物。禮節在許多地方，要求人穿一件麻襯衫、穿一雙皮鞋，但卻沒有在任何地方要求人吃屠宰肉品。

消費品，不論是必需品，還是奢侈品，其課稅有兩種方法。其一，根據他曾使用某種貨物、消費某種貨物的理由，叫他每年支付一定的金額；其他，當貨物尚留在商人手中，尚未售給消費者以前，即課以定額之稅。一種不能立即用完，可繼續消費相當長期的商品，最宜於以前一方法課稅，一種可以立即消費或消費較速的商品，則最宜於以後一方法課稅。馬車稅及金銀器皿稅，爲前者課稅方法的實例；國內消費稅及關稅大部分，則爲後者課稅方法的實例。

好好管理一輛馬車可以使用十年或十二年。在它未離製車者以前，固不妨全部一次課稅。但對於買者，爲保有馬車的特權而年納四英鎊，確實比支付四十英鎊或四十八英鎊的附加價格而一次付清（買者在使用該馬車期間大約要支出的稅額）要便利些。同樣，一件金銀器皿，有時可以使用百年以上。爲消費者計，對器皿每百盎司年付五先令，所取約當其價值百分之一，比之一次拿出二十五、乃至三十年的稅金，確實要容

易些，因爲在後一情況，此器皿之價格，至少將騰貴百分之
二十五乃至百分之三十。對於房屋所課諸稅，哪怕稅額相等，
亦更不宜於在房屋最初建築或變賣時，一時課此重稅，而更宜
於逐年課以輕稅。

馬太・德克爵士有一個有名的提議，主張一切商品，甚至
立即或迅速消費的商品，都須依下面這方法課稅，即爲得到消
費某商品的執照，可由消費者逐年支付一定金額，而不必由商
人代爲墊支。他這計畫的目的，在撤廢一切輸入稅、輸出稅，
使商人之全資本全信用，都能使用在購買貨物及租賃船舶上，
從而使資本或信用之任何部分，都不致轉用以墊支各稅，對於
貿易之一切部分，特別是販運貿易，就有所促進了。但是，主
張對立即消費或迅速消費之商品，亦以這種方法課稅，似乎免
不了以下四種極重要的反對意見。第一，這種稅比以普通方法
課稅更不公平，也就是說，那將不能好好按照諸納稅者之費用
和消費比例課稅。由商人墊支的啤酒、葡萄酒及烈酒稅，最終
可以由各消費者，正確按照他們各自消費的數量比例拿出來。
但是，假若這種稅是由購買飲酒執照而支付，那與消費量比
例而言，節用者所負擔的，就要比好酒者所負擔的重得多了；
大宴賓客之家族所負擔的，就要比罕宴賓客之家族所負擔的，
輕得多了。第二，按照這種課稅方法，消費某種商品的執照，
或一年一付，或半年一付，或一季一付，那樣一來，對迅速消
費商品所課諸稅的主要便利之一，即陸續支付的便利，便要大
大減少了。現在對黑麥酒一罈所付價格，爲三便士半，而對於
麥芽、藿蒲、啤酒所課諸稅，以及釀酒者墊支此諸稅之額外利
潤，恐怕亦要達一便士半。假若一個勞動者手頭方便支出此一

便士半，他就購買黑麥酒一罈，如其不能，他將會以一品脫爲滿足，節約一便士，即等於獲得一便士，他遂由這種節制，省下一點錢。稅由陸續支付，他願支就支，他幾時能支就幾時支，支付行爲完全是自發的；他想避稅，那也做得通。第三，這種稅在運用上，比較沒有奢侈取締法的作用。當消費執照一旦購得，購買者多飲也好，少飲也好，其所稅均爲一樣。第四，假若對於一個勞動者，一年、半年，或一季零碎飲用黑麥酒之全稅，現在令其由一年一付、半年一付，或一季一付的，總支出來，即使無何等其他的不便，那個額數往往就會使他吃不消。因此，這種課稅方法，不出以悲慘的強制，就不會生出現在課稅方法所能取得的同等收入，而現在這課稅方法，卻是沒有何等強制的。然而，有若干國家，對立即消費或迅速消費的商品課稅，就是採用這強制的方法。荷蘭人民取得飲茶的執照，每人就須支出如此之多。

英國的貨物稅，主要是對那些由國內製造充當國內消費商品徵課上。那種稅，只課加在銷路最廣的若干種商品上。所以，關於課稅的商品，關於各種商品所課之特定稅率，皆清楚明白，沒有夾雜絲毫疑問。這種稅，除了前述鹽、肥皂、鞋皮及蠟燭，或者還加上普通玻璃外，其餘幾乎全都是加在我所說的奢侈品上面。

關稅之實行，遠較國內貨物稅爲早。此稅稱爲卡斯頓（customs）的由來，恐是表示那是由遠古沿用下來的一種慣例的支付。在最初，那似乎是對於商人利潤所加之稅。當封建的無政府野蠻時代，商人與城邑中的其他居民同，其人格之被輕蔑，其利得之被忌妒，殆與解放後之農奴無大區別。加之，

大貴族既已同意國王對於他們自己個人的利潤課稅，而對於這愈保護，愈於自己不利的階級的利潤，自然不會不願意國王予以同樣的課稅。在那種愚昧時代，商人利潤不得直接課稅；換言之，一切稅之最後支付，不得不加上一個額外負擔，歸消費者負擔，他們哪裡懂得呢？

與英國商人的利得比較，外國商人的利得，遭遇還更不幸。因此，後者所稅自然要比前者為重。課稅在外國商人與英國商人間所設的區別，始則源於無知，往後又因有獨占精神；換言之，因要在外國市場及本國市場予本國商人以利益，而存續下來了。

往時關稅，對於一切種類貨物，不問其為必需品或奢侈品，也不問其為輸出品或輸入品，皆平等課稅。同是商人為什麼某種貨物商人，要比他種貨物商人享有更多特惠呢？為什麼輸出商人，要比輸入商人享有更多特惠呢？那時似乎有人這樣想過。

往時關稅，分成三類。第一類，或者說，一切關稅中行之最早的一類，是羊毛和皮革的關稅。這種稅，主要的或者全都是輸出稅。當毛織物製造業在英國興起時，國王怕毛織物輸出，失去了他的羊毛關稅，遂把這同一之稅，加在毛織物上面。其他兩類，一為葡萄酒稅，此稅是對每噸葡萄酒課稅若干，稱為噸稅（tonnage），一為對其他一切貨物所加之稅，此稅是對貨物推定價格每英鎊課稅若干，稱為鎊稅（poundage）。愛德華三世四十七年，對一切輸出輸入的商品稅，每英鎊課六便士。而課有特別稅之羊毛、羊皮、皮革，以及葡萄酒，則不在此例。理查二世十四年，此稅提高至每英

鎊一先令，三年以後，又由一先令，縮減至六便士；亨利二世二年，復提高至八便士，後二年，復回到一先令。由此時至威廉三世九年止，均為每英鎊稅一先令。噸稅及鎊稅，曾經國會依同一法令，確認歸於國王，而稱之為噸稅、鎊稅補助金。鎊稅補助金，在一個長期內，均為每英鎊一先令，或百分之五，故關稅用語上所謂補助金（subsidy），一般都是表示這種百分之五的稅。這種補助金——現稱舊補助金——迄今仍照查理二世十二年制定之關稅表徵收。由關稅表確定所稅貨物價值之方法，據說在詹姆士一世時代以前就實行過。威廉三世九年、十年所課之新補助金，是對於大部分貨物增稅百分之五。新舊補助金之間，又有三分之一補助金、三分之二補助金，合計增稅百分之五。一七四七年之補助金，為對於大部分貨物課加之第四個百分之五，一七五九年之補助金，為對於若干特定貨物課加之第五個百分之五。不但如此，有時為救國家的急需，或有時為遵從重商制度原理，而管制本國貿易起見，還有各式各樣的稅，課加在若干特定貨物上面。

重商主義的思想一天一天的流行起來了。舊補助金，對於輸出、輸入原是不分差別，一律課稅。此後四種補助金，以及其他不時對若干特定貨物所課諸稅，遂全然——雖有若干例外——加在輸入上面了。而對舊時國產品及國內製造品輸出諸稅的大部分，或減輕，或完全撤廢。甚且對若干輸出品予以獎金。對輸入而又輸出之品，有時退還其輸入稅全部。在大多數場合，則退還其輸入稅之一部分。輸入時由舊補助金所課之稅，當其輸出，只還半額；但從此後四補助金及其他海關稅則所課之稅，當其輸出，對於大部分貨物，即全部發還。此種輸

出特惠之增進和輸入的阻礙，不蒙其影響的，主要只是兩、三種製造原料罷了。這些原料，我們的商人及製造業者，均願其盡可能的以廉價賣給自己，並盡可能的以高價賣給他們外國的敵手及競爭者。為了這個緣故，所以有時允許若干外國原料，免稅輸入；西班牙的羊毛大麻及粗製亞麻絲，即其實例。而國內原料及殖民地特產原料的輸出，有時或加禁止，有時或課以重稅。比如，英國羊毛的輸出是禁止的；海狸皮、海狸毛及辛勒加樹膠的輸出，則課以較重之稅；因為英國占領加拿大及辛勒加爾以來，幾乎獲得了這些商品的獨占。

我在本書第四篇努力闡釋過，重商主義對於人民大多數的收入，對於一國土地勞動的年產物，並不是很有利。而對於君主的收入，也似乎不會更有利些，至少，在那種收入仰賴關稅的部分來說，是如此。

這種學說流行的結果，若干貨物之輸入全被禁止了。於是輸入商乃迫而走私；在某些場合，走私完全行不通，而在其他場合，所得輸入的，亦很有限。外國羊毛的輸入，全被阻止了；外國絲絨的輸入，則大大減少。在這兩種場合，得由輸入徵取關稅的收入，完全化為烏有了。

對許多外國品輸入課加重稅，其用意在阻止英國消費這些物品，然而在許多場合，只是獎勵了走私，而在所有場合，卻把關稅收入減低了，使不及輕稅所得提供的程度。斯韋佛特博士說，在關稅的算術上，二加二不是四，往往只能得一；他這議論，於我們現在說及的重稅，是十分允當的。假若重商主義不曾這樣教給我們說，在許多場合，課稅不是收入工具，而是獨占工具，那麼，那種重稅就絕不會被人採用了。

　　有時對國內產物及製造品輸出所給的獎勵金，以及對大部分外國貨再輸出所退還的稅金，曾引起許多欺詐行為，並且引起了最破壞國家收入的走私。如一般所知道的，為要得到獎勵金或退稅，往往貨物一旦載在船上，送出海口，馬上又由本國其他沿海地方上陸了。關稅收入由獎勵金及退稅——一大部分皆落到欺詐者手中了——招致的損失，非常之大。至一七五五年一月五日為止的那一年度的關稅總收入，計達五百零六萬八千鎊。由這總收入中支出的獎勵金——同年度雖然對於穀物全未支給獎勵金——為十六萬七千八百鎊。按照退稅憑單及其他證明書所付之退稅，為二百一十五萬六千八百鎊。此兩者合計，共二百三十二萬四千六百鎊。把這一大金額除去，關稅收入就不過二百七十四萬三千四百鎊。再由此額扣除官吏薪俸及其他事務費，即關稅行政費用二十八萬七千九百鎊，當年度純關稅收入，就只二百四十五萬五千五百英鎊了。關稅行政費，約當關稅總收入百分之五或六；但如除去獎勵金退稅，則已達百分之十以上了。

　　因為對於一切輸入貨物幾乎都課以重稅，所以我們的進口商，對走私力求其多，而對通關登記則力求其少。反之，我們的出口商，有時為了虛榮心，要在不課稅貨物上，擺其大商人場面，有時為了獲取獎勵金或退稅，其所通關登記的，往往超過他們實際輸出的頗多。因為這兩方面欺詐的結果，我們的輸出就在稅關登記簿上，顯得大大超過了我們的輸入。這對於依所謂貿易差額測定國民繁榮的政客，真給予了一種說不出來的成就感。

　　一切輸入貨物——除了極少數特別免稅品外——都課有

一定關稅。假若輸入某種未載入關稅表中的貨物，則此貨物當基於輸入者的宣誓，對於其價值每二十先令，課以四先令九便士又二十分之九的關稅，即約當前述五種補助金或五種鎊稅比例之關稅。關稅表所包者廣，極多的品目，皆被列舉其中，有許多且是不大使用，不為一般所人知道的。因此，對於某種貨物，究竟是屬於哪個品目，從而，應該課以何種稅率，屢屢無從確定。這種缺失，往往會影響稅吏的升遷，並常常對於輸入者引起大大的麻煩、破費，以及苦惱。所以，在明瞭、正確，以及清晰諸點上，關稅實遠不若國產稅。

為使社會大多數人民，按照他們各自費用的比例，提供國家收入，似乎不必對於費用所從而支出的每項物品，課以賦稅。由國產稅徵取的收入，與由關稅徵取的收入，不難推想是同樣平等的由消費者負擔。而國產稅，則只課加於若干用途極廣、消費極多的物品上。於是，許多人有這種意見，以為依適當的經營，關稅也可同樣只課加於少數物品上，而不致虧損公家收入，且給予外國貿易以大的利益。

英國民眾用途最廣、消費最多的外國貨，現在主要的是外國葡萄酒、白蘭地酒，美洲及西印度所產之砂糖、蔗糖酒、菸草、椰子，東印度所產之茶、咖啡、磁器、各種香料及若干種類的紡織品等。這種種物品，可能提供了現在關稅收入大部分。現在對外國製品所課諸稅，如把適才列舉外貨中若干貨物的關稅除外，那就有一大部分不是以收入為目的，而是以獨占為目的，即要在國內市場上，給本國商人以利益。因此，撤廢一切禁令，對外國製品課以適度的關稅——即據經驗顯示，每種物品都可供國家以最大收入的適度的關稅——我國工人，依

然在國內市場上持有頗大的利益，而現在於政府無收入可言，以及僅提供極少收入的許多物品，到那時，亦會提供極大的收入了。

一種重稅，有時會減少所稅物品的消費，有時會獎勵走私，其結果，重稅所提供政府的收入，往往不及輕稅所能提供的收入。

當收入減少，是由於消費減少時，唯一的救濟方法，就是減低那消費品的稅率。

當收入減少，是由於獎勵走私時，那或者可以由兩種方法救濟：一是減少走私的誘惑，一是增加走私的困難。只有減低關稅，才能減少走私的誘惑；只有設立最適於阻止那種不法行為的稅政制度，才能增加走私的困難。

據經驗看來，貨物稅法之防止走私活動，比關稅法要大有效果。在性質許可的範圍內，把類似貨物稅之稅政制度，導入關稅制度中，那就能大大增加走私的困難。這種變更之輕而易舉，許多人早已想到。

於是，有人就做這樣的主張：輸入者應負擔某種關稅的商品是搬進他自己所備的倉庫，還是保管在公家所備的公共倉庫裡，全聽他自決，不過，在公家倉庫保管的情況，其鎖鑰當由稅關吏執掌，稅關吏未臨場，他不得擅開。假若這商人把貨物運往自己的倉庫，那就當立即付稅，以後絕不支還；並且，為確定那倉庫內所存數量與所納稅的數量是否相符，稅關吏得隨時蒞臨檢查。假若他把貨物運往國家倉庫，以備國內消費，不到出貨時，他就可以不必納稅。如再輸往國外，則完全免稅；這樣一來，就常可確實保證他的貨物是如此輸出了。又由批發

或零售販賣這些貨物的商人，隨時都要受稅關吏的訪問檢查，並且還須依適當的憑單，證明他對於自己店鋪中或倉庫中全部貨物，都支付了關稅。英國現在對於輸入蔗糖、酒課加的所謂「貨物稅」（excise duties），就是依此方法徵收；這種稅政制度，恐怕不難擴張到一切輸入品的課稅吧——假如這些稅與國產稅同樣，只課加於少數使用最廣、消費最多的貨物上。如果現在所稅的一切種類貨物，都改用這種方法徵收，那要設立十分廣大的國家倉庫，恐怕是不容易吧；況且極精細的貨物，或者在保存上非特別小心注意不可的貨物，商人絕不放心寄存在別人的倉庫內。

假若實施這種稅政制度，就是關稅相當的高，亦可大大阻止走私；並且，假若各種稅時而提高、時而減低，惟望其能提供國家（課稅常是用作收入的工具，而絕不是用作獨占的工具）以最大收入；那麼，只對使用最廣、消費最多的少數貨物課以關稅，其所得至少能與現在關稅純收入相等。關稅要和國產稅有同程度的單純、明瞭、正確，就沒有什麼不可能了。在這種制度下，現在國家由外貨再輸出（實則會再輸入以供國內消費）退稅所蒙受的收入上的損失，就可完全省免了。這項節省，其數額已非常之大，再加上對國產貨物輸出所予獎勵金之廢止，其結果，關稅純收入在制度變更以後，就無疑至少可以相等於其未變更以前。

假若制度這一變更，國家收入上無何等損失，全國的貿易及製造業，就確實會獲得非常大的利益。未課稅的商品——此種商品占最大多數——貿易，將完全自由；而以各種可能的利益，運往世界各地。並且，這些商品，其中包含有一切生活

必需品及一切製造品的原料。生活必需品既自由輸入，其在國
內市場上的平均貨幣價格低落，在此範圍內，勞動貨幣價格
亦因而低落，但不致減少勞動之眞實報酬。貨幣的價值，是按
照它所購買的生活必需品數量的比例。而生活必需品的價值，
則與它所能換得的貨幣數量全然無關。勞動貨幣價格低落，國
內一切製造品的貨幣價格，必然隨之低落，這樣一來，國內製
造品，就可在一切國外市場上獲得若干利益了。若干製造品，
因原料自由輸入，其價格就更爲低下了。假若中國及印度生絲
能夠無稅輸入，英國製絲業者就比法國、義大利的製絲業者，
能更低廉的出售其製造物了。在那種情況，外國絲絨的輸入，
就沒有禁止之必要了。本國製造品之廉價，不但會保證我國商
人能占有國內市場，且能大大支配國外市場。就連一切課稅品
的貿易，亦比現在要大獲其利。假若那些商品，由國家倉庫取
出，輸往外國時，一切稅皆予豁免，那種貿易就完全自由了。
在此制度下，各種貨物之販運貿易，將享有一切可能的利益。
假若那些貨物由國家倉庫取出，不運往外國，而行銷國內，那
就因爲進口商在未找著機會把貨物賣予商人或消費者以前，沒
有墊支稅金的義務，所以與那一經輸入，就要墊支稅金的情況
比較，他這時就能以更低廉的價格，出售其貨物了。因此，哪
怕所經營的是課稅的商品，而所課稅又一樣，消費品外國貿易
的經營，猶可在這情況下，比在現狀下，獲得遠爲巨大的利益。

　　洛柏特・華爾普爾爵士曾提出一個著名的貨物稅案，其目
的乃在關於葡萄酒及菸草，設立一種制度，這制度與上面所提
議的相似。他那時向國會提出的提案，雖只含有這兩種商品，
但依一般推想，那只是一種更廣泛計畫的開端。因此，這提案

遂激起與走私商人利益結合在一塊的營私黨派，極不理性的反對。這反對的猛烈程度，讓首相覺得還是把那提案撤回比較妥當，而且以後，再也沒有人敢繼起提議這個計畫了。

對於由外國輸入為國內消費的奢侈品所課之稅，有時雖不免落在貧民身上，而主要則是歸中產及中產以上階級的人民負擔。如外國葡萄酒、咖啡、巧克力糖、茶、砂糖等之關稅，皆屬此類。

對於國內產出、國內消費之較低廉的奢侈品所課之稅，就按照各自費用的比例，很平均的落在一切階級的人民身上。貧民為自身消費，付納麥芽、藋蒲、啤酒、麥酒之稅；富者則為自身及僕婢之消費，而付納此稅。

這裡須注意一件事，下層階級人民或中層階級以下人民之全部消費，在任何國家，比之中層階級與中層階級以上人民之全部消費，不但在數量上，即在價值上，亦大得多。與上層階級的全部費用比較，下層階級的全部費用，要大得多。第一，各國的全部資本，幾乎都是用作生產勞動的工資，而分配於下層階級人民，第二，由土地地租及資本利潤所生之收入大部分，都是用作僕婢和其他非生產性勞動之工資及維持費，年年分配於同一階級；第三，資本利潤中之若干部分，乃屬於同一階級經營小資本所得的收入。小商店主、店夥，乃至一切零售商人每年掙得之利潤額，到處都是非常之大，而在年收入中，占有一個極大的部分；第四，土地地租中之若干部分，亦屬於這一階級，而在此若干部分中，一大部分為略在中層階級以下的人所有，一小部分則為最下層階級人民所有；因為普通勞動者，有時亦保有一、兩畝土地的所有權。這些下層階級人

民之費用，就每個人分開來看，雖是極小，但就全體合攏來看，卻常占有社會全部費用中的一個最大部分；一國土地勞動年產物中，把他們的除去，留下來供上層階級消費的，往往在數量上、在價值上都少得多。因此，主要以上層階級人民之費用爲對象之消費稅，比不分彼此以一切階級之費用爲對象之消費稅，甚至比主要以下層階級費用爲對象之消費稅，要少得多；換言之，即以年產物之較小部分爲對象之消費稅，比不分彼此，以全部年產物爲對象之消費稅，甚至比主要以較大部分年產物爲對象之消費稅要少得多。所以，在以費用爲對象的一切課稅中最能提供收入者，就要算以國產酒類原料及其製造品爲對象之國產稅；而國產稅的這一部門有很多，或者說，主要是由普通平民負擔。以一七七五年一月五日爲終止期的那個年度，這一部門的總收入，計達三百三十四萬一千八百三十七鎊九先令九便士。

不過，我們常須牢記一件事：應當課稅的，是下層階級人民的奢侈費，而不是他們的必需費。對他們必需費課稅之最後支付，完全要由上層階級人民負擔，即由年生產物之較小部分負擔，而不是由年生產物之較大部分負擔。在一切場合，此種稅都會提高勞動工資，或者減少勞動需要。不把那種稅的最後支付加在上層階級身上，勞動價格絕無從提高。不減少一國土地勞動年生產物——此即一切稅最後支出的來源——勞動需要絕不致減少。由此種稅減少勞動需要的狀態不論如何，勞動工資都不免要因而提高到沒有此種稅的情況以上。並且，在所有的場合，這提高的工資之最後支付，必定會出自上層階級。

釀造發酵飲料及蒸餾酒精飲料如不爲販賣，而爲自家消

費，在英國都不課貨物稅。這種免稅的目的，雖在避免收稅吏往私家做討厭的訪問與檢查，其結果卻常使此稅的負擔，加於富者方面的過輕，而加於貧者方面的過重。固然，自家蒸餾酒精飲料之事，雖有時行之，不甚普遍。但各地許多中等家庭及一切相當富貴家庭，都在釀造他們自用的啤酒。他們釀造酒精濃度高的啤酒所費，比普通釀造者（他們所墊支的一切費用及稅金，都須有利潤），每桶要便宜八先令。所以與普通平民——他們飲用啤酒，不管在何處，都不如陸續向釀造所或酒店購買來得方便——能夠飲用的一切同質飲料比較，小富貴人家所飲的，至少每桶要便宜九先令或十二先令。同樣，為自家消費而製造的麥芽飲料，雖亦不受收稅吏的訪問和檢查，但在這場合，每人卻須納稅七先令六便士。七先令六便士等於麥芽十蒲式耳之貨物稅；而麥芽十蒲式耳，又恰好是節儉家庭全家男女兒童平均所能消費的數量。可是，富貴之家，宴會頻繁，其家人所飲用麥芽飲料，不過占其全消費之一小部分罷了。但也許因為這個原因，或者還有其他原因吧，自家製造麥芽飲料，畢竟不及自家釀造飲料那樣普遍。然則對於釀造或蒸餾自用飲料之人，對於製造麥芽飲料之人，何不處以同種規定，其公正理由，殊難想像。

往往有人說，對麥芽課以較輕之稅，其所得收入，會比現在重徵於麥芽、啤酒及麥酒者為多。因為，瞞騙稅收的機會，釀造所比麥芽製造場要多得多；並且，為自己消費而釀造飲料的人，統統免稅，為自己消費而製造麥芽的人，則有貨物稅的負擔。

倫敦之黑麥酒釀造所，普通每夸特麥芽，成酒兩桶半以

上，有時或成酒三桶。各種麥芽稅，每夸特六先令；各種強烈啤酒及麥酒稅，每桶八先令。因此，在黑麥酒釀造所，課加於麥芽、啤酒，以及麥酒之諸稅，對麥芽每夸特之產額，計達二十六先令、乃至三十先令。若在那以普通鄉村販賣為目的之鄉村釀造所，每夸特麥芽之產額，在濃啤酒兩桶及淡啤酒一桶以下者很少，且往往有產出兩桶半濃啤酒的。淡啤酒所課諸稅，計每桶一先令四便士。所以，在鄉村釀造所，對一夸特麥芽之產額，所加於麥芽、啤酒，以及麥酒的諸稅，常為二十六先令，在二十三先令四便士以下者很少。合首都與各鄉村平均計算，對一夸特麥芽的產額，所加於麥芽、啤酒，以及麥酒之稅，恐不能少於二十四先令或二十五先令。但是，撤廢一切啤酒稅麥酒稅，而把麥芽稅加大三倍，即對麥芽每夸特，由六先令提高至十八先令，據說，由這單一稅所得收入，比由現在諸種重稅所得收入還更多。

		鎊	先令	便士
1772年	舊麥芽稅收入	722,023	11	11
	附加稅	356,776	7	$9\frac{3}{4}$
1773年	舊麥芽稅收入	561,627	3	$7\frac{1}{2}$
	附加稅	278,650	15	$3\frac{3}{4}$
1774年	舊麥芽稅收入	624,614	17	$5\frac{3}{4}$
	附加稅	310,745	2	$8\frac{1}{2}$
1775年	舊麥芽稅收入	657,357	—	$8\frac{1}{4}$
	附加稅	323,785	12	$6\frac{1}{4}$
	合計	3,835,580	12	$\frac{3}{4}$
	四年之平均數	958,895	3	$\frac{3}{16}$

	鎊	先令	便士
1772年 地方貨物稅收入	1,243,128	5	3
倫敦釀造所稅額	408,260	7	$2\frac{3}{4}$
1773年 地方貨物稅收入	1,245,808	3	3
倫敦釀造所稅額	405,406	17	$10\frac{1}{2}$
1774年 地方貨物稅收入	1,216,373	14	$5\frac{1}{2}$
倫敦釀造所稅額	320,601	18	$\frac{1}{4}$
1775年 地方貨物稅收入	1,214,583	6	1
倫敦釀造所稅額	463,670	7	$\frac{1}{4}$
合　計	6,547,832	4	$9\frac{1}{2}$
四年之平均數	1,636,958	4	$9\frac{1}{2}$
加入麥芽稅平均數	958,895	3	$\frac{3}{16}$
兩平均數之和	2,595,853	7	$\frac{11}{16}$
三倍麥芽稅，即麥芽每夸特由六先令之稅提高至十八先令，則此單一稅將產出以下之收入	2,876,685	9	$\frac{9}{16}$
對於前者之超過額	280,832	1	$2\frac{14}{16}$

　　不過，舊麥芽稅中，含有蘋果汁每半桶四先令之稅及濃麥酒每桶十先令之稅。在一七七四年，蘋果汁稅收入只三千零八十三鎊六先令八便士。這個稅額，恐較通常之額稍少；因當年度所課蘋果汁諸稅全部，皆在通常收入額以下。對濃麥酒課稅雖頗重，其消費因稅重而減，故收入更不若蘋果汁稅。但是，為均衡這兩種稅的通常額，遂在所謂地方貨物稅項下，含

有：（一）蘋果汁每半桶六先令八便士之舊貨物稅；（二）酸果汁酒每半桶六先令八便士之舊貨物稅；（三）醋每桶八先令九便士之舊貨物稅；（四）蜜酒或蜜糖水每加侖十一便士之舊貨物稅。此等稅的收入，用以均衡上述麥芽稅中所含蘋果汁稅及濃麥酒稅之收入，或恐大有餘裕。

麥芽不但用以釀造麥酒及啤酒，且用以製造下等烈酒及酒精。假若麥芽稅提高到每夸特十八先令，那以麥芽為一部分原料的特種下等烈酒及酒精之貨物稅，就有減低若干之必要了。在所謂麥芽酒精中，普通以麥芽為其三分之一的原料，其他三分之二，有時全為大麥，有時大麥占三分之一，小麥占三分之一。走私的機會與誘惑，在麥芽酒精蒸餾所裡面，比在釀造所或麥芽製造場內要大得多。酒精體積較小而價值較大，故機會多；其稅率頗高，每加侖三先令十便士又三分之二[15]，故誘惑強。麥芽稅增加，蒸餾所所課之稅減少，或許可以消除走私的機會與誘惑，而使國家收入有更大的增加。

因設想酒精飲料將有害於普通牛民健康，並敗壞其德性，故英國過去某時期乃以抑制這種飲料的消費為政策。依此政策，對蒸餾所所課稅之減低，幅度皆不得過大，以致降低此種飲料之價格。酒精之高價，也許就因此沒有變更吧。同時，像麥酒啤酒一類健康而又提神的飲料，就顯然降價了。這樣，人民現在總算從最感痛苦的負擔，得到一部分的解救，同時國

---

[15] 對標準強度酒精直接所課之稅，雖只每加侖二先令六便士，但加入下等酒精——標準酒精，即由此蒸餾出來——所課之稅，就有三先令十便士又三分之二了。這兩種酒精。都按照發酵中原料的容量而課稅。

家收入亦顯有增進。

　　達芬蘭特博士對現行貨物稅制度上的這種改變，表示反對，但他的反對意見，似沒有何等根據。據他所說：這種稅現在沒有平等的分配利潤給麥芽製造者、釀造者，以及零售業者；在它影響利潤的範圍內，它全然歸麥芽製造者負擔了；釀造者及零售業者可由酒精加價取回其稅額，麥芽製造者卻不容易做到這層；並且，對麥芽課以這麼高的稅率，勢必減低人麥耕地之地租及利潤。

　　在相當長期內，沒有一種稅能夠減低特定職業上之利潤率；任何職業，一定常與鄰近的其他職業保持相近的利潤率。現在的麥芽稅、啤酒稅，以及麥酒稅，絕不會影響商人在這些商品上的利潤；他們在增加貨物價格時，就連墊支稅額之附加利潤，也要算進去的。固然一種稅加在貨物上，不免使此貨物昂貴，從而減少貨物的消費。但麥芽的消費，是在釀成麥芽酒精以後，那種酒精的價格已由二十四先令、乃至二十五先令的諸稅，提得這麼高了，換以麥芽每夸特十八先令之稅，絕不會使其再高；反之，說不定還可因此減低一些。其消費，與其說會減少，恐怕不如說會增加。

　　為什麼釀造者現在能在酒精騰貴的價格上，收回二十四先令、二十五先令，有時乃至三十先令，麥芽製造者要在麥芽騰貴的價格上收回十八先令，卻會更為困難呢？固然，麥芽製造者對麥芽每夸特，不是墊支六先令之稅，而是墊支十八先令之稅；但釀造者現在卻要對其釀造所用的麥芽每夸特墊支二十四先令、二十五先令，有時甚至三十先令。麥芽製造者墊出較輕之稅，絕不會比釀造者墊出較重之稅還要不便吧。任何麥芽製

造者，在儲倉裡所保有的麥芽存貨，比釀造者在酒窖中所保有的啤酒麥酒存貨，並不需要更長時間來處理。因此，前者之收回貨幣，就住往與後者同樣迅速。麥芽製造者因稅率加重而感到的不便，無論如何，只要同意他比現在釀造者，能有較長數月的信用，他就容易得到救濟了。

不是減少大麥需要的原因，是絕不致減少大麥耕地之地租及利潤的。設改弦更張，把釀造啤酒、麥酒之麥芽每夸特的稅率，由二十四五先令，減到十八先令，那樣的措施非但不致減少需要，且會增加需要。況且，大麥耕地的地租及利潤，是常須與其他同肥沃度及同耕作狀態之土地的地租、利潤約略相等的。如其較少，則大麥耕地的若干部分，將轉作其他用途；如其較多，則更多土地將立即轉來栽植大麥。當某種土地特產物的普通價格，可以稱作獨占價格時，對此所課之稅，就必然會減少那土地的地租及利潤。譬如，葡萄酒的有效需要，常大感不足，因此，其價格對於同肥沃度、同耕作狀態其他土地生產物的價格，往往超過自然的比例；現在如對於貴重葡萄酒這種生產物課稅，此稅必然要減少葡萄園之地租及利潤。因為，葡萄酒的價格，已經達到了通常上市葡萄酒量所能達到的最高的限度；那種數量不減，其價格不會再高，那種土地既不能轉用以生產其他同價值之生產物，所以沒有較大的損害，其數量又不能減少。這樣一來，賦稅的全部壓力，就不免要落在地租及利潤上，適當的說，不免要落在葡萄園之地租上了。當有人提議課砂糖以新稅時，我國蔗糖栽培者屢鳴不平，以為此稅的全部壓力，不會落在消費者身上，而要落在生產者身上，因為在課稅以後，他們不能把砂糖價格提高超過未稅以前。這就是

說，未稅以前，砂糖價格已是一種獨占價格了。他們引來證明砂糖爲不適當課稅對象的論據，恐怕正好表示那是適當課稅的對象，獨占者的利得，隨時都是最適於課稅的。但是，大麥的普通價格，卻從沒有成爲一種獨占價格；大麥耕地的地租及利潤，對於同肥沃度、同耕作狀態之其他土地的地租及利潤，也從沒有超過其自然的比例，課加在麥芽、啤酒，以及麥酒上的諸稅，從未減低大麥價格，從未減少大麥耕地之地租及利潤，對於使用麥芽做原料的釀造者，麥芽已在不斷按照麥芽稅的比例而騰貴；並且，這種稅，和對啤酒、麥酒所課之稅，已在不斷提高那些商品的價格，要不然就是在不斷減低那些商品的品質。因此，這類稅之最後支付，就在不斷歸消費者負擔，而不是歸生產者負擔。

由制度的這種改革蒙受損害的，只有一種人，即爲供自家消費之釀造者。但是，一般貧苦勞動者及工匠所負擔之重稅，現在上層階級卻反而得到了免除，那確實是最不正當、最不公平的；即使這種制度上的變更不會實現，那種免除，也是應當撤廢的。然而，一直妨礙這利國裕民之制度改革的，說不定就是這上層階級的利益啊。

除上述之關稅及貨物稅外，還有更不公平、更間接影響貨物價格的若干其他的稅。法國稱爲培格（péages）的，就是這種稅，此在昔日撒克遜時代，稱爲通行稅（duties of passage），其原來設定之目的，似與我們的道通行稅，或爲維持道路或運河，而對道路及運河所課之通行稅同。目的如此之賦稅，最宜於按照容量及重量徵收。在最初，此等稅原爲適應地方或州區目的之地方稅或州區稅，所以在許多情況下，其

管理都是委託於被稅地方之特定都會、教區，或莊園。因為在推想上，這些自治團體，是會以某種方法，負責任實施此種稅制的，可是往後對此全無責任的君主，卻在許多國家，把此項稅收的管理權，握在自己掌中了。在大抵情況，君主雖然大多已大大提高了那些稅的稅率，卻往往完全把那稅制的實施目的忽視了。假若英國的稅道通行稅，成了政府的一個資源，那我們看看許多國家的榜樣，就會十之八九的料到它的結果。那種通行稅，最終無疑是由消費者支出；但消費者支出此稅，不是按照他費用的比例，不是按照他所消費的貨物的價值比例，而是按照那種貨物的容量或重量比例。當這種稅的徵收不按照貨物之容量重量，而按照其推定的價值時，那就恰好是一種內地的關稅或貨物稅，此種貨物稅，會大大阻礙一國最重要的國內商業。

若干小國，對於由水路、陸路通過其領土，而從一外國運往其他外國的貨物，課有與此相類似之稅。此稅在某些國家稱為通過稅。位於波河及流注波河之諸川沿岸的若干義大利小國家，由此稅取得一部分收入。這收入完全出自外人，不加害自國工商業，而由一國課加於他國人民之稅，這也許是唯一的種類。世界最重要的通過稅，乃丹麥國王對一切通過波羅的海峽商船所課之稅。

像關稅及貨物稅大部分那樣的奢侈品稅，雖完全是不分彼此，由各種收入負擔，由消費品課稅的一切人，最後的或全無報償的支付，但那不常是平等的或比例的落在每個人的收入上。因為每個人的性情，支配他的消費程度，他之納稅，就不是與其收入成比例，而寧可說是按照於其性情，浪費者所納

過於其適當比例，節約者所納，不及其適當比例。大財主在未
成年期間，由國家保護獲得了最大收入，但他普通由消費貢獻
國家的，卻極有限。身居他國者，對於其收入財源所在國的政
府，不能由消費有一點貢獻。假若其財源所在國，如像愛爾蘭
那樣，沒有土地稅，對於動產或不動產的轉移，亦無何等重
稅，那麼，這個居留異國者，對於保證其享有大收入的政府，
就不會貢獻一個銅板。此種不公平，在政府隸屬於或附庸於他
國政府的國家最大。一個在附庸國具有廣大之土地財產的人，
大多數原定居在統治國。愛爾蘭恰好是處在這種附庸地位；無
怪乎，對僑居國外者課稅之提議，會在該國大受歡迎。可是，
一個人要經過怎樣的僑居國外，或何種程度的僑居國外，才算
是應當納稅的僑居國外者呢？或者，所課之稅，應以何時開
始、何時告終呢？求其確定，恐怕不免有點困難吧。然而，我
們如把這極特殊的情形除外，則此稅在個人稅額上所生的不公
平，就很可由那引起此不公平之情形，得到抵償而有餘；那情
形就是每個人的稅額全憑自願。對課稅商品，消費或是不消
費，他是可以完全自決的。因此，此稅評價若甚適當，所稅商
品亦甚適當，納稅的人是比較少感到不平的。當這種稅由商人
或製造者墊支時，最後支出此稅的消費者，立即就把它與商品
價格混同了，並且幾乎忘記自己付過了稅金。

　　這種稅是完全確定的，或者可以完全確定的。換言之，
關於應付納多少、應何時支付，即關於支付之數量及日期，此
稅皆得確定，不會留下一點疑問。英國關稅或他國同類諸稅
雖有時顯出不確定的樣子，那無論如何，總不是起於那種稅的
性質，而是發生於課稅之法律表現方法的不正確或不夠有技巧

所致。

　　奢侈品稅，大概是陸續支付，或者常可以陸續支付，即納稅者幾時有購買課稅品之必要，就幾時支付。在支付的時間與方法上，這種稅是，或可以是，最方便的了。就全體而論，對於前述課稅四原則之前三原則，這種稅或可符合。可是對於最後第四原則，就恰恰相反了。

　　與其他各種稅比較，此稅在徵收上，人民之所出，就往往更大於國家之所入了。在可能範圍內，引起此流弊的，一共有四種不同的方法。

　　第一，徵收此稅，即使在安排至當方式的情況下，亦有維持許許多多的稅關吏及國產稅吏之必要；他們的薪俸及特別費，就是國家無所入而人民必須出的實稅。不過，英國此種費用，還較其他大多數國爲輕，那是不能不承認的。以一七七五年一日五日爲止的那個年度爲例，英國貨物稅委員管理下諸稅的總收入，計達五百五十萬七千三百零八英鎊十八先令八便士又四分之一，稽徵費用比總稅收數的百分之五又二分之一多一點點。不過，在此總收入中，因爲要扣除輸出獎勵金及再輸出退稅，故其純收入不免縮減到五百萬鎊以下[16]。鹽稅爲一種國產稅，而其管理方法不同，故其徵收所費就更多了。關稅的純收入，未達到二百五十萬英鎊，徵收官吏及其他事務的費用，卻已超過百分之十以上。但是不論何處，稅關吏的特別費，實

---

[16] 這年度的純收入，除去一切費用及津貼，計達九十七萬五千六百五十二英鎊十九先令六便士。

遠較其薪俸爲多，在若干港口，竟有多至兩倍、三倍的。因此，假若稅吏的薪俸及其他開支達到了關稅純收入百分之十以上，那麼，把徵收此收入全部費用合算起來，就要超過百分之二十或三十了。國產稅的稅吏，幾無何等特別費；又因這個收入的行政部門，爲比較近才設立，故大體上，沒有關稅行政那樣腐敗；關稅歷時既久，遂產生許多陋習，且有明知其弊害而公認了事的。現在由麥芽稅及麥芽酒精稅徵收的全收入，如概行轉嫁到麥芽上，國產稅每年的徵稅費用，據推想已可節約四萬鎊以上。那麼，關稅如限定課加於少數貨物，且依照國產稅法徵收，關稅每年的徵收費用，就恐怕可以節約得更多得多了。

第二，這種稅，對於某些部門的產業，必然會引起若干妨礙。因爲被稅商品常因此提高價格，這提高的部分不免會妨礙消費，從而妨礙生產。假若此商品爲國產品或國內製造品，則其產出及生產上所使用的勞動，就要減少了。假若此爲外國商品，其價格因課稅而騰貴，那在國內生產的同類商品，遂得在國內市場獲得若干利益，而國內產業乃有更大部分轉向這種商品的生產。但是，外國商品價格騰貴，國內某特殊部門的產業，雖或受到獎勵，其他一切部門的產業，卻必然要蒙受阻礙。伯明罕的製造業者所買外國葡萄酒愈貴，他爲買此葡萄酒而賣去的一部分鐵器，或者一部分鐵器的價格，就必然愈賤。與葡萄酒價廉的情況比較，這一部分鐵器對於他的價值減少了，他對於製作那鐵器的獎勵也減少了。一國消費者對他國剩餘生產物付價愈昂，他們爲買那生產物，而賣去自己的一部分剩餘生產物，或者，一部分剩餘生產物的價格，就必然愈低。與付價低的情況比較，這一部分剩餘生產物對於他們的價值減

少了，他們對於增加這一部分生產物的獎勵也減少了。所以，對一切消費品所課之稅，皆會使生產勞動量縮減至不稅情況的自然程度以下；如其那消費品爲國內商品，則被稅商品生產上所僱用的勞動量縮減；如其爲外國商品，則縮減者爲外國商品所購買的國內商品生產上所僱用的勞動量。況且，那種稅常會變更國民產業的自然方向，並使它轉向一個非自然所趨的，而且大概更不利的方向上。

第三，由走私而避免課稅的企圖，屢屢招致財產沒收及其他懲罰，使走私者陷於破產。走私者侵犯國法，無疑應大加懲罰，但他如此做，並不能說是侵犯了自然正義，假若國法不定此爲罪惡，他在一切點上，皆爲一個優良公民。有些腐敗政府，至少不免有任意支出，浪費公帑之嫌。在這種政府下保障國家收入的法律，是不大爲人所尊重的。所以，如果無須背誓造假，就能得到容易安全的走私機會，許多人就會無所遲疑的走私貨物。那雖明明鼓勵人家去違犯稅法，而且明明鼓勵幾乎常與違犯稅法相伴的背誓造假，但對於購買走私品表示遲疑，在許多國家，簡直視爲一種僞善者的行爲。不買走私品的人，不獨不能博得稱譽，卻徒使人疑其爲鄰居中之大奸巨猾。公眾對於走私行爲既如此寬容，走私者便常常受到鼓勵，而繼續其儼若無罪的職業；如果稅法之刑罰要落在他頭上，他還想憑其積非成是所獲的財產勞力，加以防範。在最初，他與其說是犯罪者，卻寧可說是鹵莽者，但到最後，他就屢屢對於社會的法律，出以最大膽、最有定見的侵犯了。而且，走私者破產了，他此前用以維持生產勞動的資本亦會被吸入國家收入中，或稅吏收入中，而用以維持非生產性的勞動。這樣一來，社會的總

資本仍要減少，原來可由此得到維持的有用產業亦減少。

　　第四，此稅之施行，至少被稅商品之商人，是得服從稅吏之頻繁訪問和討厭檢查的，這樣，他有時無疑要受到某種程度的壓迫，而通常更不勝其苦惱與麻煩。前面屢屢講過，麻煩雖然嚴格說來，不算是費用，但如免得掉，人是願意出費用的，所以那確實與費用為等價。就其設定的目的說，貨物稅法是比較有效果的，可是在這點上，它卻要引起更多的麻煩。商人輸入課稅商品時，如已付過關稅，再把那貨物搬往自己倉庫中，那在大多數場合，就不會再受稅關吏之苦惱與麻煩。若貨物由貨物稅課稅，情形就不是如此；稅務官吏之不斷檢查訪問，商人都須毫不遲疑的與之周旋。因此之故，貨物稅就比關稅更不為人所喜歡了，從而，徵收這貨物稅的官吏，亦更不為人所喜歡。有人主張：就一般而論，貨物稅稅吏，恐怕與關稅官員同樣能好好履行其義務，不過，因為他們這義務，往往不免要使其鄰人感到異常麻煩，所以大都形成了關稅官員所沒有的冷酷性格。然而這種觀察，十之八九是出於那些走私的不正商人。他們的走私，常為官吏所阻止、所揭發，故如此諷刺。

　　不過，一有了消費品稅就幾乎免不了的這種不便，英國與政府費用幾乎同等昂貴之其他國家，其人民被添加的負擔相比，乃是同樣輕微。我們這個國家，當然未達到完全之境，處處須待改良；但一與諸鄰國相比，它卻是同樣良好，或者較為優良。

　　若干國家，因為想像消費品稅，是對於商人利潤所課之稅，所以貨物每賣一次，就課稅一次。其意以為，輸入商人或製造商人之利潤如果課稅，而介乎他們與消費者之間的中間商

人的利潤，似乎要同樣課稅，才算公平。西班牙之阿爾卡非那稅（alcavol），彷彿就是依此原則設定的。這種稅最初對於各種動產或不動產每次變賣[17]，抽稅百分之十，往後抽百分之十四，現在抽百分之六。徵收此稅，不但要監視貨物由一地向他地轉移，且要監視貨物由一店鋪向他店鋪轉移，所以爲了周密，不能不有許多的稅務官吏。況且，在這種稅則上，須忍受稅吏之不時訪問檢查的，不僅是某幾種特定貨物商人；一切農業者、一切製造業者、一切行商坐賈，都在檢查訪問之列。實行此稅國家之大部分地域，皆不能爲銷售遠方而生產。各地方的生產，必須按照其鄰近消費的比例。烏斯塔利茲以西班牙製造業荒廢之罪，歸之阿爾卡非那稅，其實西班牙農業之凋敝，亦由此稅，因此稅不但課加於製造品，且課加於土地原生產物。

在那不勒斯王國中，亦有同類之稅，對一切契約價值，從而一切買賣契約價值，徵抽萬分之三。不過此稅均較西班牙稅爲輕，並且該王國大部分城市及教區，皆許其付納一種賠償金作爲代替。至於城市教區徵取此賠償金之方法，聽其自便，大概以不妨害那地方之內地商業爲原則。因此，那不勒斯之稅，就沒有西班牙稅那樣具有破壞性了。

英國境內各地通行同一種稅制——有少數無關重要的例外——幾乎使全國內地商業及內地沿海貿易，全部自由放任了。對內貿易之最大部分貨物，可由王國之一端運往他端，不要許可證、通過證，也不受收稅吏之盤詰、訪問，或檢查。雖

---

[17] 《歐洲法律及賦稅誌》，第一卷，四五五頁。

有若干例外，那都是無礙於國內商業之任何重要部門的。往海岸輸送的貨物，固然要有證明書或沿海輸送許可證，但除煤炭一項外，其餘幾乎都是免稅的。由同一稅制而成就的這種對內貿易自由，或許就是英國繁榮的主要原因之一，因為每個大國必須成為自國大部分產業生產物的最好、最廣泛的市場。假若依此同一稅制的方式，把同一自由，擴張到愛爾蘭及諸殖民地，則國家的偉大和帝國各部分的繁榮，說不定要速過於今日呢！

在法國，各州各有其不同的收稅法，為要阻止某種貨物的輸入，或者對那貨物課以一定稅額，不但王國國境，即各州州境，都必須有許多收稅吏，這樣一來，國內商業就要受到不少的妨害。有若干州，對於格柏勒（gabelle）或鹽稅，得付納一種賠償金代替；而在其他諸州，則完全豁免。賦稅包徵者所享受（在全王國的大部分）的菸草專賣權，在若干州是全予免徵了。與英國的貨物稅相當的亞德稅（aids），州與州完全不同。若干州豁免了，而代以一種賠償金或等價物。在其他施行此稅且採用包徵制的諸州，則設有許多地方稅（local duties）；那些稅的實施，只限於某特別城市或特別地區。至於與英國的關稅相當的特列特稅（traites），則分該王國為三大部分：第一，適用一六六四年稅法，而稱為五大包徵區的諸省分，其中包含有畢加迪、諾曼地及王國內部諸省分的大部分；第二，適用一六六七年稅法，而稱為外疆的諸省分，其中包含有邊境諸省分的大部分；第三，所謂與外國受同等待遇的諸省分，這諸省分，許與外國自由貿易，但與法國其他諸省分貿易時，所受關稅待遇，亦與外國相同。如亞爾薩斯、如麥芝

道爾斐爾蕩三主教區、如敦克爾克、卑陽那、馬賽三市，都屬
於這個部分。在所謂五大包徵區諸省分（往時關稅分為五大部
門，每部門原來各成為一特定包徵區的對象，所以有這個稱
呼。現在，這諸部門已合而為一了）及所謂外國的省分，都各
設有許多地方稅，那些稅的實施，也未超過某特定城市或特定
地區。稱為與外國受同等待遇的諸省分，亦設有此種地方稅，
馬賽市特別是如此。這種種稅制既只實行於某州或某地域，則
為守護邊界，該要增大多少國內商業的限制，該要加添多少收
稅的官吏，就無待細述了。

除了這複雜稅制所生的一般限制外，法國對於其最重要的
產物——其重要，只次於穀物——即葡萄酒商業，還加有種種
特殊限制，使某特定州區葡萄酒所享之特惠，勝過其他諸州之
特惠。產葡萄酒最出名的諸州，我相信，就是在葡萄酒商業上
所受限制最少的諸州。這諸州享有的廣泛市場的特惠，獎勵它
們，使它們在葡萄的栽培上，接著，在葡萄酒的調製上，都有
良好的經營。

然而這多樣的複雜稅法，並非法國所特有。小小的米蘭公
爵領地，共分六省，各省關於若干種類的消費品，訂有個別的
課稅制度。而更小的巴爾馬公爵領土，亦分有三、四省，各省
亦同樣有其個別的課稅制度。在這樣不合理的管理下，如非土
壤特別肥沃，氣候甚調適，那種國度，難保不會馬上淪落到最
底層的貧窮野蠻中。

對於消費品所課之稅，有兩種徵收方法，其一由政府徵
收。在這種情況，收稅吏由政府任命，直接對政府負責，並且
政府的收入，隨稅收不時的變動，而年各不同；又其一則由政

府規定一定數額，責成賦稅包徵者徵收，在這種情況，包徵者
得自行任命其徵收員，此種徵收員雖負有照法律指定方法徵稅
的義務，但是受包徵者監督，對包徵者直接責負。最妥善的、
最節約的徵稅方法，絕不能求之於這種包徵制。包徵者於必須
支付的額定國賦、吏員薪俸，以及經營全部費用外，至少，尚
須於賦稅收入中，對於他所拿出的墊支、所冒的危險、所遇的
困難，以及應付這非常複雜事務經營上所必要的知識與熟練，
提取相當利潤。若政府像包徵者那樣設立行政制度，自己直接
監督，至少，這種利潤——常為一個非常大的數額——是可以
節省的。包徵國家收入之任何顯著部門，必須有一大資本或一
大信用，單為了這條件，這種企業的競爭，便會限定於少數人
之間。而持有相當資本或信用的少數人中，具有必要知識或經
驗者，更為少數，於是這另一條件，把那競爭局限於更少數人
之間了。此有資格競爭的最少數人，知道他們彼此團結起來，
於自己更有利益些；大家不為競爭者，而為合夥人者，當收稅
權提交拍賣時，他們所提供的國賦，就會遠在真實價值以下。
所以，公家收入採用包稅制的國家，承包人大概都是極富裕的
人。單是他們的富，已夠引起普遍的嫌惡；而往往與這類暴發
戶相伴的虛榮，以及他們常用以炫耀其富之愚行，更把這嫌惡
加甚了。

　　公共收入的承包人絕不會發覺，懲罰企圖逃稅者的法律
過於苛刻。納稅者不是他們的人民，他們自不會憐恤，並且即
使在他們的收稅租約到後的次日，納稅者全部破產，他們的利
益，也不會有什麼影響。在國家最危急的時候，君主對於其收
入之正確支出，必大大關心，這時候，賦稅包徵者一定會大訴

其苦，說法律不較現行加重，他們絕難提供平常的國賦。當此國家緊急關頭，他們有求，君主必應。所以，這包徵稅法，就一天苛酷一天。最殘忍的稅法，常常見於公共收入大部分採用包徵制的國家；而最溫和的稅法，則常常見於君主直接監督徵收的國家。君主雖再昏庸，對於人民的憐念之情，是非包徵者可比的。他知道，王室之恆久偉大，乃依存於其人民的繁榮；他絕無意為一時之利，而破壞這繁榮。若在賦稅包徵者，情形就兩樣了；他的昌盛，往往是人民破產的結果，而不是人民繁榮的結果。

包徵者提供了一定額賦稅，即可包徵一種賦稅，但有時候他還獲有課稅品的專賣權。在法國，菸草稅及鹽稅就是以這種方法徵收的。在這種情況，包徵者不僅課取了人民一種法外利潤，而是課取了兩種法外利潤，即包徵者的利潤，和更大的侵占者的利潤。菸草為一種奢侈品，買與不買，人民尚得自由。但鹽為必需品，每個人是不能不向包徵者購買一定數量的；因為這一定數量，他如不向包徵者購買，就會被猜想曾從某某走私者購買。對這兩商品所課之稅，皆異常繁重。其結果，走私的誘惑，簡直不可抵抗；而同時法律的嚴酷，包徵者屬員的提防，被誘惑者幾乎都非破產不可。鹽及菸草的走私，每年總有幾千、幾百人送入牢獄，更有很多人被送上絞架。然而，稅由這種方法徵收，對政府可提供一極巨額的收入。一七六七年，菸草包徵每年納二千三百五十四萬一千二百七十八里維爾，鹽包徵每年納三千六百四十九萬二千四百零四里維爾。此兩項包徵，自一七六八年起，更約定繼續六年。看重君主收入，而輕視民脂民膏的人，恐怕都贊同這種徵稅方法。因此，在許多其

他國家，特別是在奧地利及普魯士領土內，在義大利諸小國大部分，對於鹽及菸草都設立了同種的賦稅與獨占。

在法國，國王實際收入的大部分，有八個來源，即泰理稅（taille）、人頭稅（capitation）、二十分取一之稅（vingtiernes）、鹽稅（gebelles）、貨物稅（aides）、關稅（traites）、官有財產，以及菸草包徵。最後五者，諸省分大抵皆採用包徵制，而前面三者，則各地均置於政府直接監督及指導之下，由稅政機關徵收。比較這兩種徵收人民稅金的方式，前三者輸供國庫的，要比後五者為多；後五者管理上頗為奢靡浪費，那是世所周知的。

現在法國的財稅制度，似可採取三項極明顯的改革。第一，撤廢泰理稅及人頭稅，增加二十分取一之稅，使其附加收入，等於前兩稅之金額，這樣，國王的收入，便得保存；徵收費用，可以大減；泰理稅及人頭稅所加於下層階級人民的麻煩，會全然消除，而且大部分上層階級，負擔亦不致較現在加重。前面講過，二十分取一之稅，頗與英國之所謂土地稅相同。泰理稅最終要出自土地所有者，那是普遍的看法；人頭稅的大部分，乃按照泰理稅每英鎊若干的比率，課加於泰理稅之納稅者，故此稅大部分的最後支付，還得由同一階級人民負擔。因此，二十分取一之稅，即使按照泰理、人頭兩稅所提供的稅額增加，上層階級負擔仍不致較現在加重。不過，因現在泰理稅課加於個人所有地及租戶頗不公平之故，一經改革，許多個人就不免要加重負擔。所以，現在受惠者因利害關係而產生的反對，恐怕就是此改革及其他類似改革之最大障礙。第二，統一王國各地的鹽稅、貨物稅、關稅、菸草稅，即統一一

切關稅、一切貨物稅，使這些稅得以遠較今日爲少的費用徵收，並且，王國的國內商業，亦得與英國國內商業，同樣自由。第三，這一切稅，皆當使其受政府直接監督指導的稅政機關支配，這樣一來，包徵者的法外利潤，就得附加於國家收入中。可是，與上述第一種改革計畫同樣，由個人私利出發的反對，亦很可能阻止這後兩種改革計畫。

法國的課稅制度，在各方面，似皆較英國爲劣。英國每年由八百萬以下的人民，徵取一千萬英鎊稅款，而絕不聞任何階級有被困迫的情事。據愛克培里院長蒐集的材料，以及《穀物法與穀物商業論》著者的觀察，法國包含洛林及巴爾兩省，人民約兩千三百萬乃至兩千四百萬，這個數目，將近有英國人口三倍之多。法國的土壤及氣候，優於英國。法國土地的改良及耕作，遠在英國之先；唯其如此，所以凡屬需要長久歲月經營累積的一切事物，譬如，大都市，乃至城市內鄉村內便利而宏偉的建築等等，法國皆勝於英國。沒有這種種利益的英國，尚能不大費周折的，徵收賦稅　千萬英鎊，法國總該可以不大費周折的，徵收三千萬英鎊吧。然根據我手邊最好的──雖認爲極不完全──數據資料，法國一七六五年及一七六六年輸歸國庫的全收入，通常在三萬萬零八百萬里維爾、乃至三萬萬二千五百萬里維爾之間，以英幣計之，尚未達到一千五百萬英鎊。以法國人民之數，照英國人民之同一比例納稅，我們殆期望其能得三千萬英鎊。此金額還不到預期的半數，然而，法國人民所受課稅壓迫，還遠甚於英國人民，亦是世所公認的，但歐洲各大帝國除英國外，法國政府已是最溫和最寬大的政府了。

在荷蘭，生活必需品課稅之重，據說，曾破壞該國一切主

要的製造業。就是漁業及造船業，亦將逐漸蒙其阻礙。英國對
必需品所課之稅甚重，但未聞任何製造業受其破壞。製造業沒
有最苛的負擔，要說有，不過原料輸入稅，特別是生絲輸入稅
罷了。荷蘭中央政府（States gencral）及諸都市之收入，聞每
年有五百二十五萬英鎊以上，而其居民，還不及英國居民三分
之一，以此推而較之，其稅就重得多了。

　　在一切適當課稅對象，都課過了稅之後，假若國家的急需
狀態，仍繼續要求新稅，那就必須課稅於不適當的對象了。因
此，對必需品課稅，並非荷蘭共和政府之愚昧無知，因共和國
要獲有獨立、維持獨立，故雖平素節約異常，一臨到多費的戰
爭，亦就不得不大事舉債。加之，荷蘭為特殊國家，為了保住
其存在；換言之，為了阻止為海水所吞沒，必得有一項巨大費
用，從而必得大大加重其賦稅的負擔。共和的政治型態，似為
荷蘭現在偉大的主要支柱。大資本家、大商家，或直接參加政
治統治，或間接具有左右政治的勢力。他們由這種地位，取得
了尊敬和權威，所以哪怕與歐洲其他地方比較，在這一國使用
資本，利潤要輕些；在這一國貸出資金，利息要薄些；在這一
國取得少許收入所支配的生活必需品、便宜品要少些，但他們
仍樂於居在這一國。這些富裕人民定居的結果，其所受障礙雖
再多，猶必然能在某種程度，維持住該國的產業。設一旦國家
災難發生，這共和國的政體陷於破壞，全國統治，落於貴族及
軍人之手，從而這些富裕商人的重要性全體消失；他們再也不
會高興住在為人所不尊敬的國內。他們會連同居處及資本，遷
往他國，這樣一來，一向由他們支持的荷蘭產業和商業，就立
即要緊跟在資本之後而移出了。

第三章

論公債

在商業未擴張、製造業未改進的未開化社會，關於僅能由商業及製造業引出的高價奢侈品，尚一無所知，這時——如我在本書第三篇講過的——有大收入者，除了盡收入能維持多少人，便用以維持多少人外，再也不能有其他消費或享受收入的方法。一大收入，隨時都可說是一大量生活必需品的支配力。在那種未開化社會狀態下，對於那收入，通常是付以大量必需品，即粗衣粗食、穀物、家畜、羊毛，以及生皮。當時既無商業，又無製造業，所以這些原料的所有者，找不到一件產品，可以交換其消費不了的大部分原料；除了盡其所有，用以供人衣食外，他簡直無法處置其剩餘物了。在此情形下，富者、有權勢者的主要費用，就是不奢華的款待和實用的施惠。不過——同樣如我在本書第三篇講過的——這種用途，殆不很容易使人陷於破產。若利己的享樂，就不同了，雖似微不足道，追求的結果，智者有時亦不免於滅亡。鬥雞的熱心，曾使許多人破產。然而，我相信，由這種款待或施惠而敗家的人，其實例當不甚多。在我們封建的祖先之間，同一家族長久繼續保有同一地產的事實，可充分顯示他們生活上量入為出的一般習性。大土地所有者不斷行著不奢華的款待，看來雖與良好經濟不可分離的規律生活有所背離，但至少，他們通常未把全部收入盡行消費掉的那種節儉，我們確實是不能不承認的。他們大概有機會賣掉其一部分羊毛或生皮，取得貨幣。這貨幣的若干部分，他們也許是用以購買當前環境所能提供的某種虛榮及奢華物品來消費，但還有若干部分，則常是照原樣蓄藏起來。實際上，他們除了把節約的部分蓄藏著，也就無法再怎麼處置。經商吧，那對於一個紳士是不名譽的；放債吧，當時早視為不

義，且爲法律所不許，那是更不名譽的。加之，在那種暴戾混亂的時代，說不定有一天會由自己的住宅被逐出來，要攜帶一般認爲有價值之物，而逃往安全地帶，在手邊儲蓄一點貨幣，是便利的。使個人以儲蓄貨幣爲便利的暴戾，更同樣使個人以隱匿其儲蓄的貨幣爲便利。動不動就有埋藏物發現，無主財寶發現，那可充分證明當時儲蓄貨幣，並隱匿儲蓄之事，甚爲普漏。有一個時候，埋藏物簡直成了君主的一個重要收入部分。然在今日，哪怕全王國的一切埋藏物，亦怕不夠成爲一個多財紳士的主要收入部門了。

節約與儲蓄的傾向，行於人民之間，也同樣行於君主之間。我在本書第四篇講過，一國國民如對商業及製造業尚無所知，君主所處境地，自然會使他爲累積而過著節約的生活。在那種境地，就是君主的費用，亦不能由其虛榮心支配；他喜歡有一個華麗裝飾的宮廷，但那個無知時代，卻只能提供他一點無甚價值的玩物，這些玩物，構成了宮廷的全部裝飾。當時無常備軍之必要，所以，如其他大領主的費用一樣，就連君主的費用，除了用以獎勵其屬下佃農，接待門客侍從外，幾乎沒有用處。但是獎勵及款待兩項，是罕有流於過度的，大抵流於過度的，常是虛榮。因此，歐洲一切古代君主，殆莫不蓄有財寶。即使在今日，聽說每個韃靼酋長還是藏有財寶。

在充斥各種高價奢侈品的商業國內，君主，一如其領土內所有大富人家一樣，自然會把他的大部分收入，用以購買這些奢侈品。他本國及鄰近諸國，對於一切高價的裝飾物，皆有豐富的供給，這些裝飾物，形成了宮廷之華麗但無意義的美觀。君主屬下的貴族，爲了展現較差一等的同種的美觀，一方面開

革其家臣，一方面讓佃農獨立，這樣一來，他們就漸漸失掉了權威，以致與君主領土內其他大部分富裕市民，沒有區別了。左右他們行為的淺薄欲望，也左右他們君主的行為。在他領土內，個個富有者都在徵逐這享樂，獨叫他成為一個富而不淫者，那是如何能夠呢？即使他不為享樂，而消費其一大部分收入——其實，他是很容易這麼做的——以致過度減弱國防力，然在維持國防力以上的一切部分，那是不能期望他不消費的啊。他通常的費用，就等於他通常的收入；費用不超過收入，就算萬幸了。財寶的累積，早就無望；一旦有特別急需，需要特別費用，他就定然要向人民要求特別的援助。一六一○年法國國王亨利四世過世後，歐洲大君主中蓄有很多財寶的，推想起來，要算普魯士現任國王及前一任國王了。君主政府不說，共和政府，為累積而行節約的事亦幾乎是同樣罕見的。義大利諸共和國、荷蘭共和國，都負有債務。伯恩聯邦積有不少的財寶，但在歐洲已算僅見。瑞士共和國之其他聯邦，即全無累積可言。對於宏偉華麗，或者至少，對於堂皇的建築物及其他公共裝飾物，最大王國之放蕩的宮廷，自不必說，就連那些小共和國看似質樸的政府，也往往同樣欲得而甘心。

一國在平時沒有節約，到戰時就只好迫而借債。戰爭爆發起來，國庫中除了充當平時設施之經常費的必要貨幣外，更無其他貨幣可言了。戰時為國防設備所需之費，需三倍、四倍於平時，從而在戰時的收入，也需三倍、四倍於平時收入。即使君主有一種直接手段，能按照費用的增大比例而增大其收入——這幾乎是不可能的——可是這增大收入之來源，必出自賦稅；賦稅既課之後，不經過十個月、乃至十二個月，恐難輸

入國庫。然而在戰爭爆發的瞬間，或者寧可說，在戰爭似要爆發的瞬間，軍隊必得增大，艦隊必得裝備，守軍所在都市必得設防，而這軍隊、艦隊、守軍駐在的都市，且得供給武器、彈藥，以及糧食。總之，一項馬上就要的大費用，在危險臨到的瞬間，就要支出；這危險是不能等待新稅徐緩入庫的。在此萬分緊急之秋，除了借債，政府更不能有其他的來源了。

依道德原因的作用，使政府有借款必要的商業社會狀態，又使人民生出了貸款的能力和貸款的意向。所以，這種社會狀態，通常使其有借款之必要，亦同樣使其有借款之便利。

商人製造家甚多的國家，必然多有這一類人，即他們自己的資本，以及願以貨幣借他或以貨物託他的人的資本，通過他們手中的次數，和私人收入通過不事生產作業者自己手中的次數比較，是同樣頻繁或更頻繁。像後面那種人的收入，每年只能規則的通過他手中一次。但一個商人，如從事那本利能迅速收回的職業，他的資本及信用全量，就往往每年要通過他手中三、四次。因此，一個商人多製造家多的國家，必然多的是那種手中有充分貨幣的人，如其願意的話，他們隨時能夠貸予政府以極多額的貨幣。所以，商業國人民，不少人具有出貸能力。

任何國家，如果它沒有具備正規的司法行政，以致人民對於自己的財產所有權不能感到安全，契約上的承諾，不能由法律保障，並且，政府又不一定能正規的行使其權力，強制一切有支付能力者償還債務，那麼，那裡的商業、製造業，是罕能長久繁盛的。簡言之，一國政府的公平正義，如不能使人相當信賴，那裡的商業、製造業，就不會長久繁盛。大商人、大製造家平時把財產委託政府保護，信賴得過，到特殊狀況時，

把財產委託政府使用，亦就信賴得過。借貨幣於政府，片刻無損於進行商業及製造業的能力。反之，通常卻會增大那能力。國有急需，大抵會使政府樂於以極有利於出借方的條件借款。政府付與原債權者的保證物，得轉移於其他債權者；並且，因一般信賴國家公平正義之故，那保證物大概能以高於原額的價格，在市場上買賣。商人或有錢者，貸貨幣予政府，尙可賺得貨幣；他的營業資本不獨不減少，反而增加。所以，政府如允許他最先應募新借款，他大抵會視爲一種特惠。所以，商業國人民多具有貸款的意願。

這種國家的政府，要應付特殊情況，自然會倚賴人民之貸款能力與意願。他預見到借款的容易，所以在平時就不必孜孜於節約。

在未開化社會狀態下，既無大商業資本，亦無大製造業資本。個人把他所能節約的貨幣，都儲蓄起來。凡所儲蓄的貨幣，都隱匿起來；他這麼做，因爲他不相信政府的公平正義，並且怕他的儲蓄被知道了、被發覺了，立即就要被掠奪。在此種狀態下，政府即使當著萬分吃緊之秋，能貸款的固屬稀罕，願貸款的就簡直沒有了。爲君主者，預知借款之絕不可能，所以他就覺得，須爲緊急關頭預先節約。這種先見之明，把節約的自然傾向加強了。

巨額債務之累積過程，在歐洲各大國，差不多是同一模式；目前各大國國民，都在受其壓迫，久而久之，說不定要因而破產！國家與個人同，開始借款，全憑對人的信用，對於債務的支付，不必指定特別資源，或以特別資源爲擔保。往後這種信用失效了，所以借款就有指定特別資源做抵押的事。

　　英國所謂無擔保公債，就是依前一方法訂定契約的。那
有一部分為全無利息或預期上全無利息的債務，即類似個人營
業帳簿上所記的賒欠；還有一部分為附有利息，而類似個人來
往之期票或信用券上所結的債務。凡屬充當特別用途，或尚未
預定用途，或在某種用途上業經期滿，而還未償付的債務，即
陸軍、海軍及軍需費之臨時開支的一部分，對外國君主所與補
償金的未付餘額，海員工資的未付餘額等，通常構成了前一種
債務。有時為支付這債務之一部分，有時又為其他目的而發行
之海軍證券或財政部證券，則屬於後一種債務。財政部證券利
息，自發行之日算起；海軍證券利息，自發行後六個月算起。
英格蘭銀行，或自動按照流通價值，折扣這種證券，或與政府
協約相當條件以流通財政部證券，即按面額價格收受下來，扣
付所應付的利息，以保持證券價值，便利證券流通，從而，使
政府能夠商借一極大額的這種公債。在法國，因無銀行，國家
證券有時以百分之六十或七十的折扣出售。在威廉治世大改鑄
貨幣時代，英格蘭銀行認為應當停止其平常的業務，財政部證
券及符契，就以百分之二十五、乃至百分之六十的折扣買賣；
這原因一部分當由於革命甫定，新政府是否安定尚未確定；另
一部分，則是因為沒有英格蘭銀行的援助。

　　此種手段既行不通，政府舉債遂有對債務指定國家特
定收入作為抵押之必要。這種借款方法，因情形不同而有兩
種：即，有時這指定或抵押，限於短期，如一年或數年，有
時，又訂為永久。在前一種情形，那做抵押的收入，據推想
能在限定期間內，支付所借貨幣之本金及其利息；在後一種
情形，做抵押的收入，據推想，夠支付利息或數額相當於利

息之永久年金就行。政府幾時能償還借入的本金，幾時就得免除付息的義務。貨幣以前一方法借入，通稱爲「預支法」（anticipation），以後一方法借入，則通稱爲「永久基金法」（perpetual funding）或簡稱爲「基金法」。

英國年徵的土地稅及麥芽稅，逐年都依不斷插入課稅法令中之借款條件預支了。而墊支此金額之英格蘭銀行，大概附加一定利息（革命以來，此利息已由百分之八變爲百分之三了），徐徐收取此等收入。若某年度賦稅收入，不夠補還墊支之金額及其利息（此爲常事），則此不足之額，當取償於次年度之賦稅收入。國家收入中尙剩下未用做擔保的這唯一主要收入部門，每年在未收歸國庫之前，就這樣正規的消費了。此與無打算之浪費者同，浪費者對於其收入，每迫不及待，而預爲付息借支；國家則不斷從其代理商及信託人借款，而不斷爲自己貨幣之預先使用支付利息。

當威廉國王及安女王時代，永久基金法不若今日習見，新稅的大部分，只限於短期（僅四年、五年、八年，或七年），而各年度國庫的支出，大抵是得自以此稅收爲預支之借款。稅收往往在限定期內，不夠支付借款之本金及利息，於是乃有延期塡補此缺陷之必要。

一六九七年，爲塡補數種稅之不足額，遂依威廉三世第八年第二十號法令，將此時將滿期各稅，延期至一七〇六年八月一日，是爲第一次總擔保或基金（The first general mortgage or fund）。這次延期所負擔的不足額，計達五百十六萬零四百五十九鎊十四先令九便士又二分之一。

一七〇一年，此諸稅及其他若干稅，復因同一目的，延期

至一七一〇年八月一日，是爲第二次總擔保或基金。這次延期
所負擔的不足額，計達二百零五萬五千九百九十九英鎊七先令
十一便士又二分之一。

　　一七〇七年，此諸稅又作爲一種新債基金，更延期至
一七一二年八月一日，是爲第三次總擔保或基金。依此擔保借
入的金額，計達九十八萬三千二百五十四英鎊十一先令九便士
又四分之一。

　　一七〇八年，此諸稅（其中，除去半額噸稅、鎊稅之舊
補助金，及由英、蘇合併協定而撤廢之蘇格蘭亞麻輸入稅）
復作爲一種新債基金，延期至一七一四年八月一日，是爲第
四次總擔保或基金。由此擔保借入之金額，計達九十二萬
五千一百七十六英鎊九先令二便士又四分之一。

　　一七〇九年，此諸稅（除去噸稅、鎊稅之舊補助金——於
是，此補助金，完全不復爲此次新債基金了）更爲同一目的，
延期至一七一六年八月一日，是爲第五次總擔保或基金。由此
擔保借入之金額，計達九十二萬二千零二十九英鎊六先令。

　　一七一〇年，此諸稅再延期至一七二〇年八月一日，是爲
第六次總擔保或基金。由此擔保借入的金額，計達一百二十九
萬六千五百五十二英鎊九先令十一便士又四分之三。

　　一七一一年，此諸稅（到這時，已須供應四種預支了）及
其他若干稅項，皆規定永久繼續下去，作爲支付南海公司資本
利息之基金，該公司在同年度曾爲政府償還債務，填補不足而
貸出九百一十七萬七千九百六十七英鎊十五先令四便士。這金
額，爲當時所僅見之最大借款。

　　在此時期以前，爲支付債務利息，而永久課加之主要的

（在我觀察得到的範圍內，可稱爲）唯一的諸稅，其目的就在爲英格蘭銀行、東印度公司，以及當時計畫中之土地銀行三者，貸與政府之貨幣——其實後者是一種預期，而迄未成爲事實——支付利息。這時，英格蘭銀行貸與政府之金額，爲三百三十七萬五千零二十七英鎊十七先令十便士又二分之一，年息百分之六，計達二十萬零六千五百零一英鎊十三先令五便士；東印度公司貸與政府之金額爲三百二十萬英鎊，年息百分之五，計達十六萬英鎊。

一七一五年，即喬治一世元年，依是年之十二號法令，凡從來作爲英格蘭銀行年息支付之擔保的諸稅，以及由這次法令訂爲永久的其他若干稅，通通集積爲一共同基金，而稱爲集體基金。此基金不獨用以支付英格蘭銀行之年金，且用以支償其他年金及債務。往後，依喬治一世三年之第八號法令，及五年之第三號法令，此基金乃更增大，而當時附入的諸稅，亦同樣訂爲永久的了。

一七一七年，即喬治一世三年，依是年第七號法令，其他數種稅，又被訂爲永久的，課徵所得，集積爲另一共同基金，而稱爲一般基金。此基金所支付之年息，計達七十二萬四千八百四十九英鎊六先令十便士又二分之一。

這幾次法令的結果，以前訂爲數年短期預支的諸稅大部分，全都變成永久的了，而其用途，不在支付連續由預支法所借貨幣之本金，而僅用以支付其利息。

假若借入貨幣，非用預支法不可，那只要政府注意兩點，數年之內，就可解放公家收入：第一，估量賦稅基金在有限期間所能負擔的債務，不使其負擔過重；第二，第一次預支

未滿期以前，不做第二次預支。但是歐洲大多數國家的政府，是不能注意到這些的。它們往往在第一次預支上，就予那基金以過度的負擔；即或不然，在第一次預支未滿期以前，它們大概都打算設定第二次、第三次預支，以加重其負擔。這樣下去，指定之基金，完全不夠支付所借貨幣之本金及利息，而不得不單用以支付利息，或支付那與利息為等額之永久年金；像這樣無準備的預支，必然會引出那更多破壞性之永久基金法。此例既開，公家收入的重累，逐由一定期間，延續到無限期間，似乎永難有解放之日；而在一切場合，由這種新方法，又較之由舊的預支法，能取得更大金額，所以人們一旦習知這新方法，每當國家萬分吃緊之秋，一般都要捨舊法而用新法。救目前的急難，是直接參與國事者之要圖，至若公家收入的解放，那是後繼者的責任，他們無暇顧及了。

　　當安妮女王治世中，市場利率由百分之六跌落至百分之五；同女王十二年，且宣稱百分之五，為有私人擔保品借款之最高率合法利息。英國暫行稅，大部分變成了永久的，而分為集成基金、南海基金，以及一般基金後不久，國家的債權者，與私人債權者同，亦收取貨幣利息百分之五。這樣一來，對永久基金法借款母本之大部分，逐有百分之一的節約；換言之，由上述三基金所支付年金大部分，逐有六分之一的節約。此種節約，在用作基金之諸稅收上，生出了一個巨額的剩餘，而為此後償債基金（sinking fund）之基礎。一七一七年，此剩餘額計達三十二萬三千四百三十四英鎊七先令七便士又二分之一。一七二七年，大部分公債之利息，更減低至百分之四；一七五三年，減至百分之三點五；一七五七年，更減至百分之

三，由是償債基金，遂日益增大了。

償債基金雖為支付舊債而設，然對於新債之徵募，亦提供了不少便利。當國家有緊急需要，此基金常可補助其他基金以舉債，故成了一種補助基金。英國用此基金償還舊債時多，或用以另舉新債時多，慢慢就會十分明白的。

借款的方法有二，一是預支，一是永久基金。但此外介乎這兩者之間的，還有其他兩方法：即有期年金之借款方法，和終生年金之借款方法。

在威廉王及安妮女王治世當時，往往依有期年金方法借入巨額貨幣，而這有期的年限，有時較長，有時較短。一六九三年，議會通過一法案，以百分之十四的年金，即以十六年滿期，年還十四萬英鎊的年金，借入百萬英鎊。在前一六九一年，國會曾通過一法案，以終生年金法，借入百萬鎊；自今日看來，其條件是非常有利的。但應募之數，迄未滿額。於是，翌年乃以百分之十四的終生年金借款，即以七年便可收回本金的條件借款，以補此未滿之額。一六九五年，凡購有此項年金者，許其往財政部對每百鎊支付六十三英鎊，換取其他九十六年為期之年金；即因終生年金百分之十四與九十六年年金百分之十四的差額，為六十三英鎊；每年取十四英鎊，四年半即可收回本金。如此有利的條件，竟找不到幾個買家，這是因為當時政府的安定性，尚頗難確定。安妮女王治世中，嘗以終生年金及三十二年、八十九年、九十八年、九十九年之有期年金，借入貨幣。一七一九年，三十二年期之年金所有者，以其所有年金，換得了等於年金十一年半之金額的南海公司股本，至對於該年金臨期未付之餘金，亦與以等價的南海公司股本。

一七二〇年，其他長短有期年金大部分，統統合為同一基金。當時的長期年金，每年計達六十六萬六千八百二十一英鎊八先令三便士又二分之一。一七七七年一月五日，其剩餘部分，即當時募而未滿之額，不過十三萬六千四百五十三英鎊十二先令八便士。

在一七三九年及一七五五年發端的兩次戰爭中，由有期年金或終生年金借入之貨幣極少。但九十八年期或九十九年期之年金，所值貨幣，殆與永久年金相等，從而，就無異出借了同額貨幣。但是，為家族治產謀遠久者購買公債，絕不願購買那價值不斷減少之公債，而這種人又占公債所有者及購入者之最大部分。因此，長期限年金之內在價值，雖與永久年金之內在價值無大出入，但終沒有永久年金那麼多的購買者。新債之應募者，大概都想盡快的轉賣其應募股份，金額哪怕相等，與長期不能收回的年金比較，他們還願獲得那由議會償還的永久年金。永久年金的價值，在推想上，是常為同一的，或者極為接近的；所以那比長期年金，要便於轉移多了。

當上述兩度戰爭期間，有期年金或終生年金，都是永久基金以外，給予新借款應募者的一種附加利益；即是說，那不是對於所借貨幣之本來基金而償還的年金，而是對於貸方的一種附加獎勵。

終生年金往往實行著兩種付與方法，一種是個人終生年金，另一種是數人聯合終生年金。後者在法國為頓丹（Tontin）所發明，故名為頓丹法。在年金付予個個生命的場合，各年金受領者一旦死亡，國家收入上即減輕了他這一部分負擔。若按頓丹法給予年金，國家收入上對此負擔之解除，必

待那一群中所有年金受領者都過世才行；那一群人數，有時為二十人乃至三十人，其中，後死者承受前死者的年金，最後殘存者，則承受其一群全部的年金。設以同一收入借取貨幣，各個生命付予法，就不若頓丹法，因後者能借入更多的貨幣。因為，殘存者有承受權的年金，實際比對每個人付予的同額年金，有更多的價值。每個人對於自己的幸運，自然有幾分自信——此即彩票成功希望所基之原則——所以這種年金的買賣，就大抵要高過其實際價值若干。因此之故，一國政府，如常由年金法借款，大概總是採用頓丹法；因為，政府與其採用解除國家收入負擔最速之方法，就不如常常採取能夠借入最多額貨幣的方法。

法國公債中由終生年金構成的部分，要比英國的大得多。據波爾多議會一七六四年向國王提出之債簿，法國全部公債，計達二十四萬萬里維爾，其中，由終生年金法借入的本金，約為三萬萬，即公債總額八分之一。此項年金，年付三千萬里維爾，即公債總額之推定利息一萬萬二千萬里維爾的四分之一。這種計算之不大正確，我是十分知道的，但因其提出的機關如此值得尊重，我看離真實的程度總該不遠。英、法兩國借債方法上所生的差異，不是由於兩國政府對於解除國家收入負擔之苦心程度不同，而完全是由於出借人之見解及利益的不同。

英國政府所在地，為世界最大的商業都市，因此，以貨幣貸與政府的人，大概都是商人。商人之貸出貨幣，其用意不在減少其商業資本，反之，卻在增加其商業資本，所以，新債之債券。如不能以相當的利潤賣出，他就不會應諾那新債。

但是，假若他貸出貨幣所購入的，不是永久年金，只是終身年金，那麼，不論這年金是基於他自己本身，或是基於他人，當其轉售時，就難望有何等利潤。不論是誰，對於與自己年齡相若，健康狀態相當之他人的年金，比對於以自己生命為基礎的年金總不肯予以同一價格，所以，把以自己生命為基礎的年金出賣，往往是不免要蒙受損失的。至於以第三者生命為基礎的年金，對於買者、賣者雖有同一價值，但其真實價值，就在賦予價值的那一瞬間，開始減少了，而且此年金存續一天，其價值就愈加減少一天。因此，終生年金，要想與其實質價值常為一樣，或無大出入之永久年金同樣成為便於移轉的資財，那是很難做到的。

法國政府所在地，不是大商業都市；從而以貨幣貸予政府的人，就不像英國那樣，大部分是商人。法國政府每有急需，多半是向那些金融業者、賦稅包徵者、未經包徵之賦稅的徵收吏，以及專為宮廷服務的銀行家等調借貨幣。這般人大抵出身寒微，因為多的是錢，所以常很驕傲。他們既不屑與同等身分的婦人結婚，而較有身分的婦人，又不屑與他們結婚，所以他們常決定過獨身生活；他們自己是沒有家族的，對於照例不大願意往來的親戚的家族，更漠不關心；他們只求自己一生好好度過，財產即身而止，那是無所介意的。況且，富有者嫌忌結婚，或其生活狀況不宜或不便於結婚的人數，在法國，要遠較英國為多。對於這不大為後人打算，或者全不留意後人的獨身者，以其資財換入一種不長不短，恰如其所期待的長期收入，那是再便利沒有的。

近代各國政府平時的經常費，多半是等於或者近於其經

常收入；所以戰爭一旦發生，要政府按照費用增加比例，而增
加收入，就不獨非其所願，且非其所能。它們之所以不願，
因爲如此巨額的突然增稅，恐傷害人民感情，致使他們嫌惡戰
爭，它們之所以不能，因爲戰爭所需費用無定，賦稅應增多少
才夠，殆無把握。各國政府所碰到的這兩層困難，一經舉債，
就容易解決了。借債能使它們增稅少許，逐年籌得戰爭所需費
用，並且，永久基金，能使它們盡可能以最輕微的增稅，逐年
籌得最大可能量的貨幣。在一大帝國中，住在首都中的人，以
及住在遠隔戰場地帶的人，大都不會由戰爭感到何等不便，反
之，他們卻可優遊安逸的，從報紙上讀到自國海陸軍的功勛，
而享其樂。這種享樂，很可補償他們戰時所納賦稅對平時所納
賦稅之小小差額的。他們通常都不滿意和平的恢復，因爲，那
樣一來，他們那種享樂，便要中止；並且，再繼續戰爭些時，
說不定就會實現的征服及國家光榮之無數幻想，也要消滅了。

可是和平雖然恢復了，在戰爭中增加的大部分賦稅，卻罕
有解除的。那些賦稅，都做了戰債利息的擔保。假若舊稅同新
稅，於支付戰債利息及支付政府經常費用外，尚有剩餘，此剩
餘部分，恐不免轉作償還債務之減債基金。不過，第一，此減
債基金，從不移作其他用途，要想在合理期待和平持續的一段
時間中，償付全部戰債，往往不足，況且第二，這基金幾乎常
爲其他目的而使用。

新稅之唯一目的，在償付以此爲擔保之借款的利息。若有
餘剩，那餘剩的部分，大概都是出乎意料或企圖之外的，所以
少有很大的數額。所謂減債基金，概由利息減低而生，非由於
超過利息或年金之必要額以上的剩餘。一六五五年的荷蘭減債

基金，一六八五年教廷的減債基金，全由利息減低而形成，所以，以此基金償還債務，往往不足。

　　當國家昇平無事，而有種種特別開支之必要時，政府每覺增加新稅，不若濫用減債基金來得便利。一切新稅的增加，人民立即會多少感到痛苦。他們常為此而訴說不平，而加以反對。課稅的種類愈繁多，已課之諸稅愈加重，則人民對於任何新稅的怨聲亦愈大，因此另課新稅或加重舊稅，就益形困難了。若暫時停止償還債務，人民是不會馬上感到痛苦的；那不致引起怨謗，亦不致有人訴說苦情。所以減債基金的借用，常成為目前救急之明白而容易的方法。可是公債所積愈多，研究如何縮減公債愈成為必要，而濫用減債基金，就愈加是危險的破壞的了；公債某種程度縮減的可能性愈少，對平時種種特別開支而濫用減債基金的事，就愈加是可能的、一定的。一國國民既已負有過度的賦稅，除非迫於新的戰爭，除非為報國仇，為救國亡，人民是不能再忍受新稅之課加的。所以減債基金，常不免於濫用。

　　英國自最初仰賴永久基金法那種破壞方法以來，平時公債的減少，從沒有對戰時公債之增加，保持何等比例。現在所有龐大的公債，大部分還是基於一次戰爭的戰費，這戰爭是於一六八八年發端，至一六九七年由來斯威克條約結束。

　　一六九七年十二月三十一日，英國的公債──永久基金及無擔保公債──計達二千一百五十一萬五千七百四十二英鎊十三先令八便士又二分之一。其中有一大部分是基於短期預支，有若干部分是基於終身年金，所以不到四年。即在一七○一年十二月三十一日以前，就償還了一部分，有一部分復歸於

國庫，其額達五百一十二萬一千零四十一英鎊十二先令又四分之三。在如此短期內，償還了如此多公債，實為前所未有。所以當時剩餘的公債，就不過一千六百三十九萬四千七百零一英鎊一先令七便士又四分之一。

在那次起於一七〇二年，終於烏特列希特條約的戰爭中，公債益形增大起來。一七一四年十二月三十一日，其額計達五千三百六十八萬一千零七十六英鎊五先令六便士十二分之一。由南海公司基金所增加之公債本金，在一七二二年十二月三十一日，已達五千五百二十八萬二千九百七十八英鎊一先令三便士又六分之五。自一七二三年至一七三九年十二月三十一日，其間對於公債的償還，異常緩慢，計此十七年太平無事歲月中所償還之總額，僅及八百三十二萬八千三百五十四英鎊十七先令十一便士又十二分之三，而當時公債之本金，則為四千六百九十五萬四千六百二十三英鎊三先令四便士又十二分之七。

一七三九年發端的對西班牙戰爭，以及緊接西班牙戰爭而起的對法國戰爭，更使公債益形加多，一七四八年十二月三十一日，即由愛·拉·查帕爾條約結束的那次戰爭之後，公債額已達七千八百二十九萬三千三百十三英鎊一先令十便士又四分之一。前述十七年太平無事歲月中的公債償還額，不過八百三十二萬八千三百五十四英鎊十七先令十一便士又十二分之三；然而，未滿九年戰爭所增加的公債額，卻為三千一百三十三萬八千六百八十九英鎊十八先令六便士又六分之一①。

---

① 見詹姆斯·普斯勒則愛特所著《國家收入史》。

　　當柏爾哈姆主政時，公債利息由百分之四減低至百分之三，以增加減債基金，償還某一部分公債。一七五五年即最近戰爭勃發以前，英國永久基金爲七千二百二十八萬九千六百七十三英鎊，一七六三年一月五日，即締結和約當時，這永久基金已達一萬萬二千二百六十萬三千三百三十六英鎊八先令二便士又四分之一，而無擔保公債尚有

　　千二百九十二萬七千五百八十九英鎊二先令二便士。但是由戰爭引起的費用，並不止於締結和約之日，所以一七六四年一月五日，永久基金雖已增至一萬萬二千九百五十八萬六千七百八十九英鎊十先令一便士又四分之三（其中一部分爲新起公債，一部分則爲由無擔保公債改成之永久基金），而根據一位博識著者所著《英國商業及財政之考察》，當年度及次年度，還餘有九百九十七萬五千零十七英鎊十二先令二便士又四十四分之十五的無擔保公債。因此，（據同一著者所述）在一七六四年，英國所有公債（內含永久基金及無擔保公債）已達一萬萬三千九百五十一萬六千八百零七英鎊二先令四便士。加之，對於一七五七年新公債應募者增附之終身年金（計十四年，即可收回本金），約爲四十七萬二千五百鎊；對於一七六一年及一七六二年新公債應募者增附之長期年金（計二十七年半即可收回本金），約爲六百八十二萬六千八百七十五英鎊。以柏爾哈姆之愼重且忠於國事的施政，經七年太平無事的歲月，尚不能償還六百萬舊債，然在將近七年的戰爭期中，卻竟舉借了七千五百萬英鎊以上的新公債。

　　一七七五年一月五日，英國永久基金爲一萬萬二千四百九十九萬六千零八十六英鎊一先令六便士又四分之

一，無擔保公債（除去皇室費之一大債務）為四百一十五萬零
二百三十六英鎊三先令十一便士又八分之七；兩者合共為一萬
萬二千九百十四萬六千三百二十二英鎊五先令六便士。依此
計算，當太平無事的十七年間所償還的全債務，僅及一千零
四十一萬五千四百七十四英鎊十六先令九便士又八分之七。然
而就是這麼小的公債減少額，尚非全由國家經常收入中節約得
來，有許多是得自那與國家經常收入全不相涉之外來金額。譬
如，為期三年每英鎊土地稅加收一先令的附加捐；為獲得領土
而由東印度公司取得之保證金二百萬英鎊，以及為更換特許
狀，由英格蘭銀行取得的十一萬英鎊，皆可算入此外來金額
中。其他若由最近戰爭所獲之若干金額，理應視為償還此戰費
的部分，所以亦須附加在這外來的金額內，其主要者如：

法國戰利品收入⋯六十九萬零四百四十九英鎊十八先令九便士
法國俘虜賠償金⋯⋯⋯⋯⋯⋯⋯⋯⋯⋯⋯⋯⋯六十七萬英鎊
由割讓諸島賣得金額⋯⋯⋯⋯⋯⋯⋯⋯⋯⋯九萬五千五百英鎊
合計⋯⋯⋯⋯⋯一百四十五萬五千九百四十九英鎊十八先令九
便士。

　　假若在這個金額上，加入查桑姆伯爵及加爾克拉夫特所推
算之餘額，其他同類軍費之節約，以及上述三項金額，其總額
一定要大大超過五百萬英鎊以上。因此，戰爭終結之後，由國
家經常收入節約所償還之公債，平均起來，每年尚未達到五十
萬英鎊。由於一部分公債的償還，一部分終身年金的滿期，以
及由百分之四降至百分之三的利息減低，戰後減債基金無疑是

顯有增加了；假若一直和平下去，現在說不定每年可以由那基金抽出一百萬英鎊來償還公債。而去年就償還了一百萬英鎊。但是皇室費的大債務，尚延而未付，而我們現在又要捲入新的戰爭中。由歷次戰爭所顯示，這新戰爭發展起來，又不免要耗去同樣多的費用[2]。在這新戰爭告終以前所不免舉借的新債，說不定要等於國家由經常收入節約所償還出的全部舊債。因此，想由現在國家經常收入節約所得，償還所有的公債，簡直是一種幻想了。

據某著者所主張，歐洲各債務國之公債，特別是英國之公債，是國內其他資本以外的一大資本的累積；藉由此累積，商業主擴展、製造業增大、土地之開墾改良，比單靠其他資本所能成就的大得多。可是主張此說的著者，沒有注意到以下事實。即最初債權者貸與政府的資本，在貸予的那一瞬間，已經由資本的機能，轉化為收入的機能了；換言之，已經不是用以維持生產勞動者，而是用以維持非生產性勞動者了；就一般而論，政府在借入那資本的當年，就把它支用了、浪費了，絕未想到將來的再生產。固然，貸出資本的債權者，往往收到了資本等價以上的公債年金；這年金無疑會償還他們的資本，使他們能進行從前同一的或者更大規模的商業和業務；即是說，他們無論賣出此年金，或以此年金做擔保，借入資本，能由他

---

[2] 這次戰爭，曾證明比我們歷來戰爭所費更多，曾增加國債一萬萬英鎊以上。在十一年和平歲月中，雖償還了一千萬英鎊債務，在七年戰爭期中，竟舉借了一萬萬英鎊以上的公債。（譯者按：作者此註，是第三版附入）

人取得的新資本，都必等於或更多於他們以往所貸予政府的資本。不過，他們像這樣由他人取得或借入的新資本，以前一定是存在這個國中，並且與其他資本同樣用以維持生產勞動。一旦轉入國家之債權者手中時，在若干點上，對於這些債權者雖是新資本，對於該國並不是新資本，那不過是為要轉作其他用途，而由某種用途抽去之資本罷了。所以就他們私人而言，其貸予政府之資本，雖有所償，就通國而言，即無所償。如其他們不把這資本貸予政府，那該國用以維持生產勞動的資本或年生產物，就說不定要加倍了。

為支付政府的花費，而增加當年之自由的或未做擔保的賦稅收入時，人民收入的一定部分，不過是離開某種非生產性勞動，轉而維持他種非生產性勞動罷了。人民對於支付作為賦稅的若干部分，雖無疑可以蓄為資本，從而，用以維持生產勞動，但其餘大部分，仍恐不免用以維持非生產性勞動，消費完事。國家的公共費用，當以這種方式支應時，無疑會多少成為新資本進一步累積的妨礙，但不一定破壞現存的資本。

當國家費用由永久基金舉債的方式支付時，則該國既存某部分資本，必年有破壞；一向用以維持生產勞動之若干部分年生產物，必會轉而用以維持非生產性勞動。不過，這種場合所徵賦稅，較之前一場合為輕，所以，人民個人收入上之負擔較少，節約收入某部分以積成資本的能力，亦損害極少。起債方法，愈破壞舊資本，則比在當年度由徵收收入以支付國費的方法，愈少妨害新資本的獲得或累積。在永久基金化制度下，社會總資本不時由政府浪費揮霍所引起的破洞，是更容易由人民之節約與勤勞得到彌補的。

　　不過，永久基金制度優於其他制度的這種利益，只限於戰爭繼續期中。戰費如常能以當年所徵收入支付，則臨時收入所引出之賦稅，戰爭持續期間以外的時間即不會徵收。與在起債制度下比較，人民在這種制度下的累積能力，在戰時雖較小，但平時則較大。戰爭雖不一定會引起舊資本的破壞，和平則必會促成更多新資本的累積。在這種徵稅方式下的戰爭，一般比較快結束，比較不致於隨便引起戰爭。當戰爭持續期中，人民因疲於戰爭的全部負擔，不久便會對戰爭發生厭倦；政府因要迎合人民之意向，自會適可而止，不敢故意延長。戰役之興，繁重而不可避免之負擔，是可以前知的，設無真實或確定之利益可圖，人民當不肯盲目主戰。因此，人民累積能力多少不免受到損害的時期，是比較不常見到的，即使有那個時期，也是不會持續長久的。反之，與借債作戰的時期比較，累積能力日臻健旺之時期要長久多了。

　　況且，永久基金日益增加，則相伴而增加之賦稅，即使在平時，其損害人民之累積能力，亦往往與其他制度在戰時所行的同樣嚴重。現在英國平時收入，每年達一千萬英鎊以上。假若賦稅都是自由的而不曾用作擔保，並且把此種收入妥為經營起來，哪怕從事最激烈戰爭，亦無須起一個先令的新債。現在英國既已採用了有害的基金化舉債制度，所以居民個人收入，在平時所受負擔，居民累積能力，在平時所受損害，竟與在最多費的戰爭期間一般無二了。

　　有人說，支付公債利息，有如右手支給左手。所有貨幣，皆未流出國外，那不過把一國居民某階級的收入一部分，轉移到其他階級罷了；在此轉移間，全國民不會比從前更窮一

文。這辯解，全是基於重商學說的詭辯；作者對此學說既曾加以詳細的檢討，恐無須更加說明。但主張此說者，假定全公債皆是募自國人，殊非事實；我們的公債就有很大一部分是荷蘭人及其他外國人的投資。現在即使說全公債沒有外國人投資，這個理由，依舊減少不了公債的弊害。

土地及資本，是私人、公家一切收入的兩個來源。資本不論用在農業上、製造業上，還是商業上，全是支付生產勞動的工資。這兩個收入來源的經營，乃屬於不同的兩群人民，即土地所有者和資本所有者或使用者。

土地所有者為了自身收入，必願修理或建築其佃戶之房屋，營造維持其田莊之必要溝渠和圍牆，更從事其他應由地主設施經營的種種改良，這樣一來，其所有地乃能保持良好狀態。若土地稅繁多，致其收入大減；各種生活必需品稅、方便品稅，又使其收入的真實價值減而又減，他就覺得全然無力進行或維持這種種多費的改良了。可是地主一經停止其分內工作，想讓佃戶繼續進行下去，那全是不可能的。總之，地主的困難愈增加，該國的農業就必然要愈趨於荒廢。

當生活必需品、方便品諸稅之課加，致資本所有者及使用者，覺得以其資本所得同額收入，在某特定國度，不能購得其他國度那麼多必需品、方便品時，他便會打算把他的資本，移往其他國度。又當此類賦稅之徵收，致大部分或全部商人及製造業者；換言之，大部分或全部資本使用者，不斷受稅吏惡意的、麻煩的訪問時，那移居的打算，不久就要見諸實行了。資本一經移動，靠此資本支持的產業，將隨之沒落，而該國之商業、製造業，又將繼農業而歸於荒廢。

　　土地資本這兩大收入來源所生收入大部分，如由其所有者（他們對土地各特定部門之良好狀態，對資本各特定部門之良好經營，持有直接利益），轉到其他未持有這種直接利益的人（如國家之債權者）手中，久而久之，必定要引起土地的荒廢和資本的浪費或遷移。國家之債權者，對於該國農業上製造業上及商業上的繁榮，從而對於土地之良好狀態，資本之良好經營，無疑是持有一般利益的，因為這二者任何方面一般的失敗或衰退，諸種稅收就不夠支付他應得的年金或利息了。但是，單以國家債權者的資格而論，他對於土地任何部分的良好狀態，對於資本任何部分的良好經營，卻沒有一點利益；他關於這一切特定部門，全無所知，全未出以監督，他無從留意到那些。土地產業荒廢了吧，他有時全不知道。即使荒廢了，也不能使他直接受到影響。

　　基金化舉債的方法，曾經使採用此方法之一切國家，漸趨衰弱。發其端者，似為義大利諸共和國。諸共和國之殘存而保有獨立局面的，為熱那亞及威尼斯，此兩者均因起債而日趨微弱。西班牙似曾由義大利諸共和國學得此起債方法（也許因其賦稅較之義大利猶為不當之故），依自然國力而論，它是更加衰弱了。西班牙負債極久。在十六世紀末葉以前，即在英國未起一先令國債的百年以前，該國即負有重債。法國雖富有自然資源，亦苦於此同類債務之壓迫。荷蘭聯邦共和國因負債而衰弱。其程度殆與熱那亞、威尼斯不相上下。由起債而衰微、荒廢的國家，所在皆是，英國獨能行之而全然無害嗎？

　　說這各國之課稅制度，皆劣於英國，那是不錯的，我亦相信其如此。但是，這裡應當牢記一件事：當最賢明政府已將

一切適當課稅對象都課稅時，一有緊急需要，它是一定要進行不適當之課稅的。以荷蘭共和政府之賢明，遇有急需，也不得不像西班牙那樣，仰賴一些不適當的稅收。在國家收入上之重負尚未解除以前，如發生新戰爭，並且，在其發展上，所需費用又和最近戰爭同樣多，迫於不可抵抗之必要，說不定會使英國課稅制度，變成荷蘭稅制，甚至變成西班牙稅制那樣的繁苛。固然，我國拜現行課稅制度之賜，產業得不受限制的向上發展，從而，即使遭遇最多費之戰爭，亦不難由每個人之節儉與善行積蓄所得，以彌補政府由浪費在社會總資本上引起之缺陷。最近戰爭所費之多，爲英國歷來戰爭所未有，在此次戰爭結束時，全國農業與以往同樣繁榮，製造業與以往同樣興旺，商業亦與以往同樣發達。因之，支持這諸產業部門之資本，就一定與以往爲同樣多了。和平恢復以來，農業更有改進，國內各都市、各村落之房租益形增加——此爲人民財富及收入增加之實證——舊來諸稅大部分，特別是國產稅及關稅主要部門之收入，皆年有增進；這種收入的增進，爲消費增加之明顯證明。亦即消費所賴而維持的生產增加之明顯證明。英國今日易於支持的負擔，在半世紀以前，那是誰都不相信它支持得了的。然而我們切勿因著這種理由，就冒昧斷定英國能支持一切負擔。更不要過於自信，以爲再重的負擔，英國亦能不大吃苦的支持得了啊。

當公債一旦增大到某種程度時，公公道道的完全償還了的實例，我相信幾乎沒有。國家收入上的負擔，如果說曾經全然解除過，那就常是由倒帳——有時公然的倒帳，而大抵情況，則是貌爲償還，實爲倒帳——解除的。

　　錢幣面值的提高，那是公債假償還之名，行倒帳之實的償
伎。譬如，銀幣六便士，如依國會法令或皇上敕旨，提高其面
值爲一先令，又銀幣二十便士，如提高其面值爲一鎊，那麼，
依舊面值借入二十先令或銀約四盎司者，在新面值下，他就得
以六便士之銀幣二十枚或略少於二盎司之銀，償還其債務。英
國永久基金及無擔保公債之本金，約一萬萬二千八百萬英鎊，
如照此方法償還，約須現幣六千四百萬英鎊就行了。像這樣償
還債務實不過貌爲償還罷了，在實際上，國家債權者應得的每
一英鎊，都被騙去了十先令。可是，橫受此種災害的，不但
是國家之債權者，或私人之債權者，都各有其同比例的損失。
所以，這對於國家之債權者，不獨全無利益，在大多數情況，
還要附加他們一項大損失。沒錯，國家之債權者，如借有他人
之巨額債款，很可依同一方法償還，使其損失得到若干賠償。
可是在多數國家中，以貨幣貸予國家的人，多半是一些富有
者，他們對於其餘同胞市民，不是債務者的關係，而寧可說是
債權者的關係。因此，這種貌爲償還的辦法，對於國家之債權
者的損失沒有減輕，只有增大。在這種情況，國家得不到一點
利益，多數無辜人民，卻蒙受飛來橫禍了。這在私人財產上，
將引起普遍的、最有害的破滅；而在大抵場合，怠惰而浪費的
債務者，將犧牲勤勞的、節約的債權者而致富了；國家資本的
大部分，將漸漸由增益此資本者的手中，轉移到破毀此資本者
的手中了。國家評估有宣告倒帳之必要時，最好像私人一樣，
公平而開誠布公的倒帳；那方法，常於債務者無太嚴重的不名
譽，於債權者亦無太嚴重的大損害。國家爲隱蔽倒帳的不名
譽，而出此容易識破而又極端有害的欺瞞下策，那眞是再笨沒

有啊！

　　然而國家無論古今，每當有此必要時，大都是採用這欺瞞
的下策。在第一次布匿戰爭終結時，羅馬人減低亞斯——此為
當時計算一切其他鑄幣之鑄幣——價值，以前一亞斯含銅十二
盎司，此後只含銅二盎司，即他們提高銅二盎司之面值，使等
於以前銅十二盎司之面值。用這種方法，共和國此前所借巨
債，只須還其實額六分之一就行了。這樣突然的巨大的倒帳，
自我們今日設想一定是要引起極大的風波；然當時竟未發生。
推其原因，蓋因制定此方法之法律，全與其他一切關於鑄幣之
法律同，由保民官向民眾大會提出，通過施行；那在當時，恐
怕還是一種很得民心的法律。在羅馬，也與在古代其他共和國
一樣，貧民不斷向富者有力者借債，富者有力者為要在歷年選
舉上確保其選舉票數，常以法外高利，貸貨幣予貧民，此利息
從未償付，不久就積成了債務者不能償付，他人亦無從代付的
巨額。債務者憚於非常苛刻的逼債，遂迫而投票給債權者所推
薦的候選人，但是他不能從這債權者得到一點報酬。當時法律
儘管嚴禁贈賄及收買，候選者提供之報酬，及元老院不時頒發
之穀物，仍為共和國晚期貧窮市民賴以生活之主要資源。為要
解除他們對債權者之服從關係，這些貧窮市民不斷要求解除其
全部債務，或要求他們所謂新案（New tables），即償還積下
債務之一部分，得解除其全債務責任的新案。因此，把一切鑄
幣價值，減至其原先價值六分之一，他們就得以原先六分之一
的貨幣，償還其全部債務了，而制定此方法的法律，正好是一
種最有利的新案。富者及有力者為要使人民滿足，在許多場
合，他們不得不同意此破棄債務的法津及施行「新案」的法

律。不過，使他們同意此等法律的，一部分雖不外上述理由，一部分則因他們自身是政府的主要指導者，他們想藉此解除國家的負擔，恢復國家的元氣。用這種方法，一萬萬二千八百萬英鎊的債務，一次就減爲二千一百三十三萬三千三百三十三英鎊六先令八便士了。在第二次布匿戰爭期間，亞斯價值更曾經過兩次減低；首先是由含銅兩盎司，減至一盎司，往後更減至半盎司，即減至本來價值二十四分之一了。依此最後方法，則我國現幣一萬萬二千八百萬英鎊的債務，就可一次減至五百三十三萬三千三百三十三英鎊十六先令八便士。哪怕英國負債之巨，用這種方法，也是馬上可以償還的。

　　我相信，照此方法去做，一切國家的鑄幣，將愈益減至其本來價值以下，而同一名目的貨幣額所含之銀，將愈益成爲小量的了。

　　國家遇有倒帳必要時，有時是提高貨幣面值，有時卻是減低其標準成色，即在某種貨幣中攙以較大量的賤金屬。譬如，照現行法定標準，銀幣每磅（十二盎司）只能攙賤金屬十八便尼，若竟攙入八盎司，這種銀幣一英鎊或二十先令，就與現幣六先令八便士相當。而我國現幣六先令八便士所含銀量，遂幾乎提高至一英鎊的面值了。這種標準成色的減低，與法國人所謂「增大」（augmentation），即直接提高貨幣面值，確實有同一結果。

　　這種直接增大或提高貨幣面值的方法，常是公開的、顯然的，就其性質而論，亦必得如此。用此方法，較輕、較小的鑄幣，遂取得了從前較重、較大鑄幣之同一名稱。若減低貨幣標準成色的方法，則正相反，那大概都是保守祕密的。用此方

法，造幣局對於從前流通的同一面值的貨幣，雖竭力設法與以同一重量、體積，以及外觀，但其實際價值卻相去甚遠了。當法國約翰王欲償還其債務，而減低鑄幣標準成色時，所有造幣局之官吏，皆發誓保守祕密。以上兩種方法，皆是不正當的，不過單純的「升名」，乃公然橫暴的不正；而減低標準成色，乃陰險欺瞞的不正。所以後者一經發覺——絕無長久保守祕密之可能——常比前者要引起更嚴重的反感。鑄幣在大大「增大」以後，很少恢復其以前之重量，可是在極度減低其標準成色以後，卻幾乎常常會恢復其以前的成色。因為在後者，除了恢復成色以外，再沒有其他可平人民之激怒與怨氣的方法。

在亨利八世當國之末，及愛德華六世當國之初，英國鑄幣不但提高了面值，同時並減低了標準成色。在詹姆斯六世初年，同樣之欺偽行為，亦曾行於蘇格蘭，而此外，嘗實行此等方法之國家，確實不在少數。

英國國家收入之剩餘部分，即支付了常年經費後的剩餘部分，非常之少，想藉此完全解除國家收入上之負擔，不，想藉此相當程度減輕那負擔，已似乎全然絕望了。所以，非國家收入大有增加，或者，國家支出大有縮減，這負擔的解除，是永難實現的。

較今更公平的土地稅，較今更公平的房租稅，以及前章所述現行關稅乃國產稅制之變更，恐怕不待增加大多數人民之負擔，而只把這負擔平均分配於全體國民，就可使國家收入大大增加。然而，即使是一位極樂觀的計畫者，當他提出合理的希望，以為這種收入的增加，可以完全解除國家收入上之負擔，至少可以在平時減輕這負擔時，他能信得過戰爭不再發生，公

債不再增加嗎？

英國如把課稅制度擴張到帝國所屬各地，而不問那地方的居民爲不列顛系人，或爲歐洲系人。那樣一來，收入或可望大有增加。然而，那是很難行得通的，據英國憲法原則，各地方在議會中所占議員席數，與其納稅額保有一定比例，今若擴張稅制到一切屬地，勢必要承認那些屬地在議會中——如果它們願意的話，在帝國會議中——按照同一比例，加入其代表，否則就不免不公，就不免違背憲法原則。偌大的變革，當然爲許多強而有力者之私人利益，和大部分人民之固定成見所反對，求其實現，那是極感困難、甚或萬難做到的。然而，現在姑且不論不列顛與各屬地之統一是否可行，只要稍加考察：英國之課稅制度，究竟能在何種程度適用於該帝國一切屬地；假若有適用餘地，究竟可望得到多少收入；並且，這普遍統一完成後，究竟於全帝國各地之繁榮幸福有何影響；在這種種方面設想，也許沒有什麼不當之處吧。我看說得再壞，這種設想，也不過是一種新烏托邦，與摩爾之舊烏托邦比較確實趣味較少，但總不致更爲無用且更近於妄想吧。

英國稅收，主要有四種，即土地稅、印花稅、諸種關稅，以及貨物稅。

就付納土地稅之能力而論，愛爾蘭確實與英國不相上下，美洲及西印度殖民地且猶過之。地主在沒有負擔什一稅或救貧稅的地方，與課有此兩稅的地方比較，一定是更能付納土地稅的。什一稅如不用代金制，而竟徵收物品，那對於地主，比之每英鎊實徵五先令之土地稅，所費猶多。在大多數場合，這種稅，要超過土地眞實地租（即完全償還農業資本及其合理

利潤後之剩餘部分）的四分之一以上。假若撤廢一切什一稅代納金，一切俗人保管之教會財產，大不列顛及愛爾蘭之教會什一稅，全部將不下六、七百萬英鎊。假若大不列顛或愛爾蘭沒有任何什一稅，地主就很可提供六、七百萬英鎊附加土地稅，而不致加大其現有負擔。美洲是沒有什一稅的，課以土地稅，自輕而易舉。美洲及西印度之土地，大體上雖無租貸情形，致課稅沒有地租簿可資準據。但在威廉及瑪麗四年，英國的土地課稅，也並沒有準據地租簿，而是準據一種極為寬鬆、極不正確的評價。因此，美州的土地用這種方法課稅，亦未嘗不可，否則就照最近米蘭公國及奧地利、普魯士和薩丁尼亞諸領地之辦法，經過正確之測量後，再依公平評價徵稅好了。

印花稅推行於各屬地，那是顯然沒有困難的。一個地方的法律手續形式相若，動產不動產移轉契據無大出入，這種稅就可同樣照徵，不必要何等改訂。

設英國關稅法擴張到愛爾蘭及諸殖民地，相伴而擴張其自由貿易——就正義上講，應當如此——那於這兩者都有最高度的利益。現在為抑制愛爾蘭貿易而加之種種可惡的限制，將因此徹底廢除。對美洲產物所設之列舉非列舉的區別，將完全廢止。如現在芬厄斯特爾岬以南諸地，對美洲若干產物開放其市場一樣，該岬以北諸地，亦將對於美洲一切產物開放其市場。關稅法這樣劃一之後，英帝國各地間的貿易，將如現在大不列顛沿海貿易一樣自由。而帝國對於各地所有產物，將在領土內提供一個無限的國內市場。市場這麼擴大起來，愛爾蘭及諸殖民地因增加關稅所受的負擔，是立即會得到補償的。

英國課稅制度要適用到它一切屬地，只有貨物稅這一部分

要完全改訂。愛爾蘭王國之生產和消費，確實與英國具有同一性質，從而，或可適用那制度，而無須修改。若美洲與西印度之生產和消費的性質，就和大不列顛頗不相同了。課稅制度，適用到這些地方和適用到英國生產蘋果酒啤酒郡縣，是同樣需要修改。

譬如，美洲稱為啤酒之發酵性飲料，占有當地人民普通飲料之一大部分，因為那是由蜜糖製成，所以與英國所謂啤酒頗不相類。那種飲料的保存，只能經過數日，故不能如英國啤酒之在大釀造所調製、保存、販賣。自家要消費，就不得不以烹製食物的同一方法，在各家庭自行釀造。但是，各私人的家庭，如果須和那些以販賣為目的之啤酒店主及釀造家，同樣蒙受收稅吏之可厭的訪問及檢查，那是完全為自由所不許可的。假若為了公平的緣故，以為此飲料有課稅之必要，那可在製造場所，對於其製造原料課稅；如果商業的情形，不容課此貨物稅，那就不妨當原料輸入被消費之殖民地時，課以輸入稅。對於輸入美洲之糖蜜，除了英國國會所課每加侖一便士之稅外，如以其他殖民地之船舶，輸入麻薩諸塞灣，每浩格斯赫德（hogshead──按即五十二加侖半──譯者）課以州稅八便士；如由北部諸殖民地輸入南卡羅萊納，每加侖課以州稅五便士。假若這些方法都感覺不便，那就可仿照英國不徵收麥芽稅的辦法，各家庭隨其人數之多寡，付納一定金額；或可照荷蘭諸稅徵收的辦法，區別一家人之年齡性別，每年付納若干金額；或可按照德克爾所提議的英國一切消費品稅的徵收法。他那方法，我們前面已經講過了。對於迅速消費的課稅對象，那實在不甚便利，然在沒有較好方法可用的場合，還是不妨採

用的。

砂糖、甜酒及菸草，各地都不視為生活必需品，但各地幾乎都是普遍的消費，因此對此課稅，那就再適當沒有了。假若英國與諸殖民地之統一實現，此種商品，可在製造者或栽培者脫手前課稅；如若這種課稅方法，於他們不大方便，那就可把這待稅商品，積存於製造所在地及帝國諸港口之公營倉庫中，由其所有者及收稅吏共同管理，不到該商品交到消費者，國內零售商人，或輸出商人手上那時候，概不納稅。並且，輸出商人對於確實輸往外國，提出了適當保證，當運交時，亦予免稅。因此，英國與諸殖民地之統一成功，這幾種商品，恐怕就是英國現行稅制不得不大施改革的主要商品。

把這種稅制，擴張到帝國所屬各地，其所能產生之收入總額，究竟有多少呢？想得到相當正確的數字，顯然是絕不可能的。英國依此制度，對於八百萬以下的人民，每年可徵收一千萬英鎊的收入。愛爾蘭的人口，有二百萬以上。據某次在美洲議會提出的報告，北美洲十二聯邦的人口有三百萬以上。然而這種報告，為了鼓勵其國民，或威嚇我國人民，恐不免出於誇張。所以我們可以這樣假定：我國北美洲及西印度諸殖民地人民，合計不過三百萬；或者說，歐洲美洲之全英帝國人民，合計不過一千三百萬。如果這課稅制度，對於八百萬以下的居民，能徵收一千萬鎊以上的收入，那麼，對於一千三百萬居民，當可徵收一千六百二十五萬鎊以上的收入。在這假定能產生的收入中，愛爾蘭及諸殖民地，常年為開支政費而徵收的一項收入，是不能不減去的。愛爾蘭之行政費、軍事設施費，連同公債利息，就一七七五年三月以前之兩個年度平均計算，每

年還不到七十五萬英鎊。依據極正確之計算，在目前騷亂開始以前，美洲及西印度主要殖民地之收入，計達十四萬一千八百英鎊。不過這個計算當中，關於馬里蘭、北卡羅萊納的收入，以及我們最近在美洲大陸和西印度群島取得的殖民地之收入，全被遺漏了，這部分恐怕有三、四萬英鎊。爲使數字簡單起見，就假定愛爾蘭及諸殖民地支付行政費之必要收入爲一百萬英鎊吧。在一千六百二十五萬英鎊中，減除這一百萬英鎊，尚餘有一千五百二十五萬英鎊，可供帝國支付一般費用及償付公債利息之用。如果英國由現在的收入中，平時可節約一百萬英鎊償付公債，則在此增加的收入中，就不難節約六百二十五萬英鎊下來償付公債。況且這一大減債基金，又因以前諸年度既償公債不須支付利息，而逐年增大；減債基金這樣急速的增加，在幾年之內，就足夠償還全部公債，而完全恢復現在大英帝國之消沉憔悴的活力。同時人民亦得由若干最重負擔之賦稅，即生活必需品稅或製造原料稅中救出。於是勞動的貧民，乃能過較好的生活，以較廉的價格勞動，並以較廉價格提供其貨物於市場。貨價既廉，那種貨物的需要增加，結果，生產那種貨物之勞動需要增加。勞動需要增加，則勞動貧民的人數加多，其境遇亦有改善。這樣一來，他們的消費增加，同時，由他們消費的一切課稅品所生之收入，也因而增加。

　　然而，由這種課稅制度所生的收入，並不一定會立時按照被稅人民之數目的比例而增加。對於帝國領土內從未受慣此負擔，而方始課以此負擔的諸屬地，在若干時期內，是應當大大從寬處置的；即在各處盡可能的正確徵收時，亦不會處處按照人民數目之比例產生收入。因爲，在貧瘠地方，有關稅及貨物

稅可課之主要商品的消費，非常之少；而在居民稀疏的國度，
走私之機會，又非常之多。蘇格蘭之下層人民，飲用麥芽飲料
者極少，對於麥芽、啤酒，以及麥酒的貨物稅收入，就人民數
及稅率——麥芽品質有差異，故其稅率亦有差異——相較，
蘇格蘭要比英格蘭少多了。至於關於這些特定部門之走私，我
相信，在這兩國是不相上下的。課加於釀造所之稅，及關稅收
入的大部分，各就其人口比較時，蘇格蘭要比英格蘭爲少，這
原因不但是被稅商品在蘇格蘭消費較少，且走私亦在該地行之
較易。愛爾蘭之下層階級人民，較之蘇格蘭尤貧，而其國土大
部分的居民，卻與蘇格蘭同樣稀疏。因此，以人民之數爲比
例，愛爾蘭之被稅商品的消費，雖比蘇格蘭更少，而其走私之
容易，則幾乎相同。在美洲、在西印度，哪怕是最下層階級的
白人，其所處境遇，遠非英格蘭同一階級人民所可企及。而對
於一切奢侈品——他們通常愛好的——的消費，恐怕要大得多
了。固然大陸南部諸殖民地及西印度群島的居民，大部分皆爲
黑人，他們現在還是奴隸，其處境無疑較之蘇格蘭或英格蘭之
最窮人民，尤爲惡劣。但是，我們切勿根據這種理由，就想像
他們比之英格蘭之最下層人民，所吃的更壞，所消費的輕稅物
品更少。爲使他們好好工作，好好提供他們食物，照料他們，
那是他們主人的利益；正如好好餵養勞動家畜，是家畜所有者
的利益一樣。不論何處，黑人幾乎與白人僕役同樣在甜酒、糖
蜜酒或針樅酒方面，享有定期供他們零用的數量，縱令對那些
物品課以適度之稅，這些零用數量很可能不會被取消的。因
此，就居民數比例而言，美洲及西印度群島之被稅商品的消費
量，恐不亞於英帝國任何地方。不錯，就國土廣袤比例而言，

美洲的人心相對於其土地面積的比例來說，遠比蘇格蘭或愛爾蘭要稀疏得多，從而那裡走私的機會也要大得多。但是，假若現在對於麥芽及麥芽飲料諸稅所徵收的收入，由單一的麥芽稅徵收，則貨物稅最重要部門之走私的機會，殆可完全杜絕；假若關稅不課加於一切輸入物品，而只局限於用途最廣、消費最多的少數物品，徵收起來，全照貨物稅法那樣，那麼，走私的機會，縱不全然杜絕，也要大大減少的。經過這兩種非常簡單容易的改革，哪怕在人口最稀疏的地方，就消費比例而言，其關稅及貨物稅，可能亦會產生現在人口最稠密地方那樣大的收入。

有人曾這樣主張過：美洲人未保有金幣，亦未保有銀幣。那個地方的內地貿易，全由紙幣通行。偶爾有金銀流到那裡，又由交換我們的商品，全部送來英國了。沒有金銀，是不能納稅的。我們既已取得了他們所有的金銀，再要去榨取，那怎樣能夠呢？

然而美洲現在金銀的稀少，不是因為那個地方貧乏，也不是因為當地人民沒有購買這些金屬的能力。與英格蘭比較，那裡的勞動工資是那麼高，而其食品價格又是那麼低，假若他們大多數人民以購買更多量金銀為必要、為便利，他們一定是有能力購買的。因此，這些金屬的稀少，就必定是他們自動選擇的結果，而非不得不接受的結果。

金幣、銀幣之所以成為必要或便利，主要不外為了進行國內、國外的交易。

本書第二篇講過，各國國內的交易以紙幣進行，與以金幣、銀幣進行，殆有同一程度的便利。至少，在和平無事時，

是如此。美洲人不論以再多的資本，使用在土地改良上，都可得到利潤，因此，盡量節省其剩餘物中必須用以購買高價金銀的部分，而用以購買生財器具、衣料、家具，以及開墾耕作必要的鐵製農具等；換言之，不購入死的資本，而購入活的生產資本，在他們必定是有利的。殖民地政府發覺了，供給人民以足夠——大概會超過足夠限度以上——流通國內交易的紙幣量，於他們有利。在它們之中，特別如賓夕凡尼亞政府，往往以紙幣貸予人民，由厚利取得了一項收入。此外，如麻薩諸塞政府，一有急需，便發行紙幣，以供公共費用。往後，為該殖民地之便利，紙幣價格逐漸折減，再予收回。一七四七年③，該州依此方法，以所發行紙幣價格十分之一，償還其大部分的公債。省去國內交易上使用金銀的費用，那是殖民地人民的便利；供給一種媒介物——這雖伴有幾許的不利——使此費用節省成為可能，那是諸殖民地政府的便利。紙幣過多，勢必由諸殖民地國內交易上，驅逐金銀貨幣，這理由正如紙幣過多，曾由蘇格蘭國內大部分交易上，驅逐這些金屬一樣；在這兩國，由紙幣過多所引起的，不是人民的貧乏，卻是他們企業的冒險進取精神。他們都希望舉其所有資財，用作活動的生產的資財。

　　諸殖民地與英國所行之對外貿易，因多少有使用金銀之必要，故正確的按此必要比例，而多少使用金銀。不需要金銀的地方，自罕能見到金銀，需要金銀的地方，大概是不愁沒有金銀的。

---

③ 見哈琴生著《麻薩諸塞特史》第二卷，四三六頁以下。

　　英國與產菸草殖民地間所行的貿易，大概是英國貨物，先行賒交予殖民地人民，經過相當長期之後，再取償於一定價格的菸草。以菸草支付，不以金銀支付，在殖民地人民，固然比較便利；對於購買的貨物，不付金銀，而付以他自己偶爾要脫手的他種貨物，在商人方面，亦比較便利。商人為應臨時的必要，往往須在他營業資本中，劃出一定額現金，保存不用。在這種場合，他就無此顧慮，他可在店鋪或倉庫中，儲存更多量的貨物；或者從事更大的營業。但是，一個商人對於其他一切交易關係者的貨物，全以另一種貨物支付，收受者又都感到便利，那種事，畢竟是罕見的。若英國商人在維吉尼亞及馬里蘭進行貿易，其情形又另當別論，他們對於賣給這些殖民地的貨物，與其取金銀，實不如取菸草來得便利。出售菸草有利潤可圖；出售金銀卻無利潤可得。因此，在英國與此等產菸殖民地間所實行的貿易上，金銀是極其少見的。馬里蘭及維吉尼亞無論對於國內貿易或對於國外貿易，幾乎同樣沒有使用金銀的必要。從而，它們的金銀，就比美洲其他任何殖民地為少。然而就繁榮說、就富裕說，它們並不弱於一切鄰近的殖民地啊。

　　在北部諸殖民地，即在賓夕凡尼亞、紐約、紐澤西、新英格蘭四州等地，輸往英國之產物價值，以及為它們自己使用，或其他殖民地使用——在這場合，由它們擔任輸送——而由英國輸入之製造品價值，並不相等。從而這項差額就不能不以金銀付給母國；大體上，它們總是不愁無金銀支付的。

　　產砂糖諸殖民地年年輸往英國之生產物價值，較之它們由英國輸入一切貨物的價值要大得多。假若送往母國之砂糖及甜酒的代價，須支付於這些殖民地，那英國每年就不得不送出

一巨額貨幣，塡補這差額；因此，對西印度貿易——如某政治家等所指陳的——就成爲極端不利的貿易了。但事實是這樣：許多砂糖產地的所有主，都住在英國。他們的地租，當以其所有地之產物，即砂糖、甜酒，送給他們。據西印度商人自己計算，在這些殖民地購入的砂糖及甜酒的價值，亦不能等於他們年年在那裡賣掉的貨物的價值。這個差額亦必然要以金銀支給這些商人；然而，那大概也是不愁無金銀支付的。

諸殖民地對英國償付的困難與延滯，皆與各殖民地應償付的差額大小，不成比例。北部諸殖民地通常應償付相當大的差額，而產菸殖民地償付的差額，有時全然沒有，即有亦甚微，但是就一般而論，前者每能按期償付，後者卻不能按期償付。諸產糖殖民地償付的困難，不是按照這各殖民地應償付差額大小的比例，而寧可說是按照於它們所含荒地面積大小的比例；荒地面積愈大，激勵栽培者，使從事本人資力以上的開荒墾殖的誘惑亦愈大，從而，其償付就愈不容易；反之，荒地面積愈小，則其結果正相反。依此理由，與那些完全耕作多年，以致栽培者無機可投的小島，如巴貝多、安地卡島及聖克里斯多福島比較，尙存有極多荒地之牙買加大島的償付，就大概是不規則的、不確定的了。新領地格瑞那達、多巴哥、聖文森及多明尼克，對於這種投機，已開了一個新的舞臺；而這諸島嶼最近償付之不規則與不確定，與牙買加大島沒有兩樣。

因此，就大部分殖民地而論，其餘銀之所以稀少，並不是由於貧乏。它們對活動的生產資本有大需要，故以盡量節省死的資本爲便利，以那較金銀爲不便，然甚廉價的通商媒介物爲滿足。這樣一來，它們就得以金銀的價值，轉用在職業用具、

衣料、家具及開墾耕作必要的鐵製農具上了。在那些如果沒有金銀貨幣就無法進行的那些生意部門，它們往往總能找到必要的金銀量，如其找不到的話，那不是它們迫於貧乏的結果，卻是不必要的、過大的企業的結果。它們對於償付的拖延不定，不是它們貧乏了，卻是它們致富的熱望太過了。設使殖民地稅收中，即使超過支應他們自己的民政費與軍事設備費所需的那一部分，統須以金銀送往英國，他們也有充裕的資源購買必要金銀量。在這種場合，沒錯，他們不過以其現在購買活動的生產的資本的一部分剩餘生產物，轉用以購買死的資本罷了；因此，它們進行國內交易，就不得不捨卻廉價的通商媒介物，改用高價的通商媒介物，而這高價的通商媒介物的費用，就不免對於它們改良土地的過度進取的活力與熱心，有所抑制了。然而美洲收入的任何部分，都沒有以金銀送往英國之必要，普通大抵以匯票匯寄（由英國特殊商人或特殊公司出票及認受，這特殊商人或公司曾訂購若干美洲剩餘生產物，它們收割貨物後，即照價以貨幣支付國庫）。這樣一來，美洲無須輸出任何一盎司金銀，一切都辦理妥當了。

　　愛爾蘭及美洲殖民地協助償還英國公債，就正義上講，那是應當的。英國之起公債，原為支持由光榮革命建立的政府。有賴這政府，愛爾蘭之新教徒，才得在自己國家享有全部權威，他們的自由、他們的財產，乃至他們的宗教，才得有所保護；並且，有賴這政府，美洲若干殖民地，才有其現在的特許狀，現在的憲法，而美洲所有殖民地的人民，才從那時享有自由、安全和財產。因此，這公債之起，並不僅為了防禦英國，同時也是為了防禦英國一切屬地。特別是最近戰爭中所產生的

龐大公債，以及在那之前的那一次戰爭所產生的大部分公債，
其本來的用途，都是爲了保護美洲殖民地。

　　愛爾蘭之歸併於英國，除享有自由貿易的利益外，更獲得
了其他重要得多的利益，這利益補償其隨歸併而增加的賦稅，
大大有餘。蘇格蘭歸併於英國，以往被貴族權力壓制的中下層
人民，完全得到解脫了。貴族權力之在愛爾蘭，其壓制更甚，
受其害者更多，自從歸併之後，大部分人民，亦同樣從貴族壓
迫之下，得到了解脫。如同蘇格蘭貴族一樣，愛爾蘭貴族之形
成，不是由於門第財產那樣自然的、可爲尊敬的差別，其差別
乃生於最可憎的宗教偏見及政治偏見。這種差別尤能助長壓制
者的傲慢，以及被壓制者的怨恨與憎惡，其結果，同國居民間
相互懷抱的敵意，就比之相異國民間厲害得多了；假使愛爾蘭不
歸併於英國，其居民今後數十百年，也許還難被視爲同一民族。

　　在美洲諸殖民地間，原無專橫的貴族存在。然而就幸福與
安定言，那裡的人民，其受歸併於英國之賜亦不淺。至少，他
們由此，得免去了小型民主政體下必然會發生之仇視凶惡的黨
爭了。那黨爭，屢屢分裂人民間的感情，並擾亂政治的安定。
假若美洲完全與英國脫離關係——如非由這種歸併加以防止，
那是很容易發生的——此黨爭，將更比以前凶暴十倍。在目前
之擾亂開始以前，母國的強大壓力，常能制止黨爭，使僅出於
無禮及侮辱。設無此強大壓力，恐怕不久就要訴諸暴力而演成
流血慘劇了。隸屬於一個統一政府下之黨派的傾向，在一切
大國通常皆盛行於帝國中心，在僻遠地方，則較爲冷淡。與首
都隔遠了，即與黨爭和野心之主要漩渦隔遠了，這樣，對於任
何黨的見解，就比較沒有成見，而對於各黨的行動，亦得公正

無私的觀察。以目前而論，在蘇格蘭之黨爭，當不若英格蘭之激切，諸屬地歸併實現後，在愛爾蘭之黨爭，又當不若蘇格蘭之激切；不久美洲諸殖民地之無黨爭的融和一致的景象，那將為英帝國任何屬地所夢想不到。固然，歸併實現之後，愛爾蘭及美洲諸殖民地不免受到重於現在一切負擔的賦稅。但國家收入設能勤勉而忠實的應用，從而公債得繼續的償還，不久，英國國家收入，縮減至夠維持平時設施就行了，現在大部分的賦稅，當不致繼續徵收下去。

東印度公司獲得的領土，那無疑是屬於國王的，即英國國家與人民的權利。由那些領土導出之另一個收入來源，或許比上述諸來源還要來得豐富。與英國比較，據說，那些地方更豐饒、更廣大，而在面積廣袤的比例上，更加富裕，其人口更為稠密。不過，就賦稅而論，那已經徵到十足的程度了，有的且超過十足程度以上了；要從那裡抽取一大收入，恐不必另加新稅。我覺得，比較妥當的辦法，與其增加那些不幸人民的負擔，倒不如減低其負擔，與其設新稅以增收入，倒不如阻止既徵賦稅大部分之濫用與中飽。

假若要由上述諸資源引出大大的收入，在英國實行不來，那剩下的唯一辦法，就是減少費用。在徵稅方法上，在國家收入的開支方法上，無疑尚有改良餘地。不過，與其他鄰國相較，英國至少在收支上都是比較有效率的。英國平時的國防軍事設備，較之富均力敵之歐洲任何國家，尤為適當。所以想在這個項目上節省費用，似乎不易。在目前之擾亂開始以前，美洲諸殖民地之平時設施費用，為數頗鉅，假若不能由這些殖民地取得何等收入，它們這項費用，總應該一定是可以完全節

省的。不過，這些殖民地平時的經常費雖再大，比之英國爲保護它們作戰所耗費的，那就微乎其微了。英國完全爲保障殖民地而發生的最近戰爭——前面講過——其所費在九千萬英鎊以上。主要爲保障殖民地之一七三九年之西班牙戰爭，以及由此次戰爭結果引起之對法國戰爭，所費在四千萬英鎊以上；這項費用的大部分，當然應由諸殖民地負擔。在這兩次戰爭上，英國爲諸殖民地所費，遠過於前一次戰爭開始以前之總公債額兩倍以上。假若不從事這幾次戰爭，當時的公債，已可完全償還，或者實際完全償還了也說不定。假若不爲了這些殖民地，前一次戰爭，也許不會開打；後一次戰爭，則確定不會戰。戰爭爆發，支出了這大的費用，就因爲想到這些殖民地是英國領土之故。但是，對於維持帝國，既未提供財力，又未提供武力的地方，絕不能視爲領土。那也許可以算是附屬於帝國的一種壯麗華美的裝飾吧。然帝國既已不能支持這裝飾的費用，早就應當廢棄，假若不能按照其支出比例而增加收入，至少應當使其量入爲出。如其不問諸殖民地拒絕納稅與否，仍必視爲英帝國之領土，那在將來保護殖民地的戰爭上，恐不免還要耗去英國以前幾次戰爭那樣多的費用。百餘年來，英國統治者曾以我們在大西洋岸保有一疆土的想像，使人民引爲快慰。然爲一大疆土，迄今仍只存於想像中。不是疆土，只是疆土的計畫，不是金礦，只是金礦的計畫。總之，同樣是一種計畫而已。這計畫，在過去以至現在，已使英國花費得太多了，設今後依同一方法繼續下去，將來所費，正自無限。加之，費了這麼多，還收不到一點利潤。因爲，前面講過，殖民地貿易獨占的結果，對大部分人民是有損無益的。我們的統治者，將實現其一向所

沉迷的黃金之夢——人民也許同樣沉於此夢中，還是自己先由那夢中醒過來，再努力喚醒人民呢？現今確是不容他們躊躇的時候。如其計畫不能完成，自應當放棄。如有任何大英帝國的省分，不能對於全帝國維持有所貢獻，這時候，英國就當自行免除為保護那領土而支出的戰費，乃至平時承擔維持它們的任何行政軍事設施的一部分費用，並努力使其將來的目的與計畫，合乎立國之常道。

亞當·史密斯年表

年　代	年　平　記　事
一七二三年	生於蘇格蘭法夫（Fife）郡柯克卡迪（Kirkcaldy）市，生日不詳（於六月五日受洗），父親爲一名海關官員，在亞當史密斯出生前過世。在Kirkcaldy市立學校上學。
一七三七～四〇年	格拉斯哥（Glasgow）大學的學生。Francis Hutcheson是他的一位老師，教授道德哲學。
一七四〇～六年	牛津（Oxford）Balliol學院的學生，享有一筆豐厚的獎學金，由Snell基金會提供。
一七四八～五一年	· 在Henry Home即Lord Kames的保護推薦下，在愛丁堡（Edinburgh）大學擔任公共講師，起先講授修辭學與純文學，後來也講授法理學和哲學史。 · 成爲愛丁堡主要啓蒙運動圈的一個成員，並結交他畢生最重要的朋友休謨（David Hume）。
一七五一～二年	格拉斯哥大學邏輯學教授，並且代課教授道德哲學。
一七五二～六四年	格拉斯哥大學道德哲學教授。
一七五五年	在《愛丁堡評論》第一期發表兩篇文章，評論強森（Samuel Johnson）編的《英文字典》（*Dictionary*），法國《百科辭典》（*Encyclopedie*），和盧梭（Rousseau）的*Second Discourse*。
一七五九年	發表《道德情感論》；第二版，經過顯著修訂，一七六一年；第三版，一七六七年；第四版，一七七四年；第五版，一七八　年；第六版，經過大幅修訂，一七九〇年。
一七六一年	發表〈關於語言初始形成的若干省思〉（Considerations concerning the first formation of languages）。
一七六四～六年	擔任Buccleuch公爵的伴遊導師，主要在法國逗留，認識法國啓蒙運動的主要人物，諸如伏爾泰（Voltaire）以及主要的重農學派學者，包括揆內（Quesnay）和特哥（Turgot）。因導師工作而獲得一份終身年金。
一七六七～七三年	待在Kirkcaldy的老家撰寫《原富》。
一七七三～六年	在倫敦完成該部經濟巨著，並且看它付梓出版。成爲主要文藝和知識圈，諸如強森俱樂部的成員；加入英國科學院院士行列。

年　　代	年　平　記　事
一七七六年	發表《原富》；第二修訂版，一七七八年；第三版，經過顯著修訂，一七八四年；第四版，一七八六年；第五版，一七八九年。
一七七八年	被任命爲愛丁堡關稅局長，一個酬勞極爲豐厚的職位，他擔任此職至生命告終。寫了一份備忘錄給副檢察長，討論英國和美洲殖民地的衝突，建議讓北美殖民地分離。
一七七九年	建議英國政府和愛爾蘭組成聯邦。
一七八七年	成爲愛丁堡科學院建院院士。
一七九〇年	七月十七日於家中逝世；葬於愛丁堡Canongate教會墓地。
一七九五年	他的《哲學論文集》（*Essays on Philosophical Subjects*）由Joseph Black和James Hutton遵照他的遺願出版。

經典名著文庫 056

原富（國富論）（下）

An Inquiry into the Nature and Causes of the Wealth of Nations

作　　　者 —— 亞當·史密斯（Adam Smith）
譯　　　者 —— 郭大力、王亞南
審　　　定 —— 吳惠林
發 行 人 —— 楊榮川
總 經 理 —— 楊士清
總 編 輯 —— 楊秀麗
文 庫 策 劃 —— 楊榮川
主　　　編 —— 侯家嵐
責 任 編 輯 —— 李貞錚、侯家嵐
文 字 校 對 —— 劉天祥、許宸瑞、石曉蓉
封 面 設 計 —— 姚孝慈
著 者 繪 像 —— 莊河源
出 版 者 —— 五南圖書出版股份有限公司
　　　　　　 地　　　址 —— 臺北市大安區 106 和平東路二段 339 號 4 樓
　　　　　　 電　　　話 —— 02-27055066（代表號）
　　　　　　 傳　　　眞 —— 02-27066100
　　　　　　 劃撥帳號 —— 01068953
　　　　　　 戶　　　名 —— 五南圖書出版股份有限公司
　　　　　　 網　　　址 —— https://www.wunan.com.tw
　　　　　　 電子郵件 —— wunan@wunan.com.tw
法 律 顧 問 —— 林勝安律師事務所　林勝安律師
出 版 日 期 —— 2020 年 7 月初版一刷
　　　　　　 2022 年 7 月初版二刷
定　　　價 —— 650 元

國家圖書館出版品預行編目資料

原富（國富論）/ 亞當·史密斯 (Adam Smith) 著；郭大力, 王
亞南譯；吳惠林審定. -- 初版 -- 臺北市：五南圖書出版股份有
限公司，2020.07
　　冊；公分.
　　譯自：An inquiry into the nature and causes of the
　　　　　wealth of nations
　　ISBN 978-986-522-021-1(上冊：平裝). --
　　ISBN 978-986-522-022-8(下冊：平裝)

1. 斯密 (Smith, Adam, 1723-1790) 2. 經濟思想
3. 國富論

550.1842　　　　　　　　　　　　　　　　　109006676